2017年度《温州文化丛书》编辑指导委员会

温州市社会科学学术著作出版资金资助出版

刘伯温珍稀史料集

金邦一　编著

ZHEJIANG UNIVERSITY PRESS
浙江大学出版社

前　言

一、编著目的

随着改革开放的持续推进，综合国力的提升，中国在世界取得了持续的、应有的影响。在全球化的背景下，如何提炼有价值的鲜明的中国符号，传递中国精神和话语，是我国加速向社会主义现代化强国迈进，传播东方文明话语背景下的重要课题。

刘伯温是中华五千年来优秀知识分子的代表，是一个超越浙江地域、体现中国庙堂和草野鲜明精神的国家符号；刘伯温家族是古代以“世家”为考察点的中国家族发展的优秀案例。首先，刘伯温辅佐朱元璋，建立明朝，并对明代的典章制度作出奠基性规划，被明王朝称为“开国文臣第一，渡江国士无双”，清顺治年间，入选中国历代帝王庙名臣祭祀，承载中华传统官僚治理的知识分子集团的经验以及品格，构成了历史上的“刘伯温”知识分子和名臣符号。其次，因刘伯温的巨大功业、预测事情走向能力等，产生了众多的传说，附着了象纬、堪舆、前知等众多事实上存在过的民俗现象和民众心理，他是一个活泼的民间符号，“凡有华人处，都有刘伯温传说”。第三，古代的刘伯温家族的发展涵盖了从北宋到清代的时间段，呈现了“世家”发生、发展的世系，附着丰富的正史及地方文献记载，是以“世家”论题为中心、以家族为视点研究中国社会截面的一个优秀案例。

二、编著方法和原因

当下越来越明显的文献数据电子化、网络化的浪潮，无疑为学院内外的研究者提供了更多的材料。作为在学院之外的研究者，本书的缘起是2014年，原文成县文化广电新闻出版局拟制作的某学术研讨会刘伯温材料展板，最早采取的史料是文渊阁四库全书电子版(2001)。随着本人对学院资源的逐渐掌握，在二稿修改时，增加了爱如生中国基本古籍库(2005)里的数据，并按照学院的系统性成书方法，对各材料进行了按专题、按时间先后顺序的重新梳理；以首次记录文献为基准，删去了后见的重复记载的史料；增加了引用书籍、作者生平等背景材料的注释，以便读者和研究者能更深入全面地理解文献；引用了个别可靠的网络文献。

本书亦是民间史料介入史学记载的一个案例。因为正史的宏大叙事性，主流言说的文人限于政治立场、信息获取、地域视野等，主流文献在对刘伯温的观察、叙述视角、叙述模式上存在盲点。本书认为，民间史料是对正史和主流文人视角的有益补充，因此采取了文成本地乡贤刘耀东的《南田山志》(民国)，《桐庐县志》(1984)、文献库(如中国方志库)里已有的地方志材料等主要在地方发生影响的材料，引用《永嘉郡刘氏族谱》《浯溪古齐郡富氏宗谱》《萧山任氏族谱》《桐庐李氏族谱》《桐庐华氏族谱》《龙泉叶氏宗谱》等族谱材料从乡土、家族、非主流叙事的视角观照刘伯温被遗漏的生平、交游，并补充有根据的佚文等。本书采取并置主流文献和民间文献历史的方法的原因在于，历史是由不同时代、不同身份的人的记载及言说构成的，是一个众声喧哗的"调整—偏移"往复的场。

首先，在"史实刘伯温"的记载系统中，以本书占据主体的知识分子集团的言说为例，"史实"亦充满了记载上的冲突，以及相互的空白及补足(并由此可能产生出虚构场)。在"史实刘伯温"的记载系统中，以奠定刘伯温传奇性的预测大师地位的鄱阳湖大战为例，明初史料《太祖实录》和刘辰的《国初事迹》关于朱元璋形象的塑造和刘伯温的出场与否就有很大不同。《太祖实录》云："癸卯(1363)秋七月癸酉，上自将救洪都……上于是召诸将谕之曰：'陈友谅构兵不已，复围洪都，彼累败不悟，是天夺其魄而促之亡也。吾当亲往尔，诸将其各整舟楫，率士马以从。'是日会师祃纛于龙江。舟师凡二十万俱发。"朱元璋的形象颇为雄壮威武，刘伯温根本没有出场。而《国初事迹》云："友谅闻援至……与太祖大战。太祖颇惧，问刘伯温：'气色如何？'"更贴近当时陈友谅兵盛及朱元璋作为普通人面强而惧的人之常情，刘伯温作为此时朱元璋的主要意见咨询者出场。另如明初刘伯温与詹同建言"加礼大臣"："(1369 年三月)刘基(刘伯温)疏请加礼大臣，(詹)同因取《戴记》及贾谊疏以进，且复开说剀切。"朱元璋的反应有两种不同的记载：《殿阁词林记》记载"上深纳之"，而《雍正湖广通志》云"上为默"。因此，《明史·卷一百三十六》关于朱元璋对此事的反应记载为空白。即使在刘伯温壮阔的一生中一个并不起眼的细节，如"仕(元)江西行省掾"之事，记载者也往往对事实进行有意无意的错载、缺失和补足。明中期的《殿阁词林记》对此事记载为"江西行省辟掾史，基辞去”，则表述为行省有聘，但刘伯温没有之任；明中后期的《国朝列卿纪》延续了这一说法；《今献备遗》改为“（以）议事不合去”。而明末的《明书》作为一部以写“明史”为标的的史书，则详尽描写了刘伯温因“反新昌故狱”被检官“嗛谋中伤”，而“行中书省移塞入幕府避之”，后“与其长抗议不合，投劾去”的始末。到了清初，这一已经被傅维麟《明书》及其后查继佐《罪惟录》定型的历史事件，因朝议有“灵寿故少司空傅维麟所作《明史》，持论颇不甚正”以及查继佐卷入“明史案”文字狱，王源的《居业堂文集》又对此事片语不提。另外，历史事件的“空白”和“补足”，“呈现”和“删除”，亦受到文学表现手法的影响，举以“著史思继太史公”为志的明末人张岱为例，其在《石匮书》记述刘伯温“在高安，与幕僚不合去”后，丝毫不提任职“江西行省辟掾史”之事，从文学的角度来说，如果放在文章开头叙述，事实上存在的刘伯温的两个在江西地区的事件，则很明显降低了叙述速度，并偏移了张岱撰写此传记的重心，即于明末清初战乱的时局下树立一个传奇的英雄（刘伯温），展现明政权的力量。

第二，关于“传说刘伯温”的记载空白、冲突、补足。以其在记载中反复被提及的“阴阳风水”为例。作为官史的《明史·列传十六》对其存在与否及效果给予不予置评的态度：“世所传为神奇，多阴阳风角之说，非其至也。”“不予置评”应出于对民间传说的“阴阳风角……为神奇”多半不经的考虑。这种方法，在文人的记载系统里也得到一定的体现，如明中期顾应祥、杨慎、王世贞以来对当时普遍流传的刘伯温传说的辩谬。但“阴阳风水”作为我国古代精英和民众对自然界和社会解释的一种范式，有基于经验观察的合理性，并形成一定的解释系统和术语系统。如果我们从家族溯源的角度看刘伯温的“阴阳风水”才能，无疑首先会在较为清晰的家传脉络中得到合理支撑。南宋洪迈在追溯刘光世（刘伯温七世祖）发迹的原因时，就采取了“刘尧仁（刘光世子，为洪迈的同时代人）说”的“择墓师立地”及“驴骑人过时”的择葬地、葬时的说法，这个记载，与1980年代采访的刘伯温祖父刘廷槐“天葬坟”的择葬家族传说呈现的类型类似。刘伯温祖父刘廷槐，明天启年间的《两浙名贤录》亦记载其“究极天文、地理、阴阳、医卜诸书”，则从刘光世——刘尧仁——刘廷槐——刘伯温的家族风水事件的记述系统中，刘伯温阴阳风水的家学可以成立。另外，在刘伯温的“阴阳风水”实践上，我们可以从文人系统的亲历记载中得到证实。以和刘伯温生活在同时代的元末明初人为例，睦州（今建德一带）人姚桐寿在《乐郊私语》中记载了刘伯温在海盐横山望气海上，观察南龙的实践，同时代的黄岩（今台州黄岩）人陶宗仪在《说郛》中转述了姚桐寿的记录；刘辰在《国初事迹》中记载了朱元璋帐下“刘基（刘伯温）”“江西铁冠”“孟月庭”三人的“能天文”幕客集团，刘辰在“明初，尝使方国珍，又尝在李文忠幕下”事件中的亲历者身份，无疑加强了“所见旧事皆真确”说服力度。这些同时代人的说法，和后世刘伯温传记里其对冯胜、李文正的军事指导及鄱阳湖大战军事实践互相呼应，构成有首尾的记载系统。特别是其择葬地的记载，张岱《石匮书》追溯了元末“基时往来（绍兴）云门诸山，或为人择葬，用粒粟法亦数”，和明清笔记文献里记载的刘伯温在长三角一带的遗留择葬地的说法是一致的。虽然我们不知道刘伯温是以什么样的阴阳学范式进行诸种实践，但根据葬地关联者的刘伯温墓地选择成效记载，至少存在刘伯温于择葬的阴阳风水学实践的结论是令人信服的。

第三，本书正文的另一个呈现对象刘伯温家族（世家）的史实补正。明代刘伯温家族，是以刘伯温的巨大功业、人品为基础奠定，和朝廷互动紧密的勋臣家族。一般的大众传播或研究表述，叙述了刘伯温作为南人（汉族），作为有功于明，而有百年未封爵、受到与其功业不相符待遇的家族形象。但丰富的文献无疑让刘伯温家族的族源、在明代的发展过程以及家族风貌，呈现出与大众传播有异、更为复杂的形态。刘伯温的族源其实是西夏（一般被认为是党项族），其十一世祖刘怀忠是大约与西夏主李德明同时接受北宋招抚的内附者，前五世的直系或旁系祖先在《陕西通志》等地方志或《宋史》等经典文献中多见记载，身份一般表述为“番将”；《顺治保安县志》并记载刘伯温与陕西保安军族人在明初的互动。大众传播中刘伯温家族在明前期的直节殉道形象和文献大体相符，但其与朝廷的互动却更为双面和复杂。永乐元年（1403），刘璟拒绝朱棣的劝降，在狱中“辫发自经”后，刘伯温家族一度面临与“郑朱子”类似的灭族之灾。然而就在次年（1404），刘璟子刘貊便“进太祖高皇帝所赐其祖诚意伯基手诏八道、祭文一道”，朱棣“赐钞五锭”，显示出即使在和朝廷关系最不好的永乐时期，刘家亦有与朝廷主动、良性的互动。永乐后的宣德年间，朱高煦“以（刘）基故复刑部照磨”，此后的景泰、天顺、成化、弘治时，刘家成员担任世袭的“五经博士”“处州卫指挥使”，虽不能和徐达等开国勋臣后裔巨大的明王室“报功”所得并列，但亦体现出刘家作为“勋臣”家族受到的照顾，体现了刘家熟悉与朝廷互动模式，并事实上形成与朝廷的良好互动。另外，与大众传播刘氏家族风气并不完全一致，刘氏家族风气在明中期复袭诚意伯后亦发生变化，从刘世延、刘荩臣、刘孔昭等诚意伯被朝议弹劾者众的情况来看，明中后期的刘氏家族风气及相关的行政风评，与明初有较大区别。

因此，基于史料记载的刘伯温正史形象、传说形象、刘伯温家族形象是比一个大众传播场更为复杂的系统，并且在主流和民间史料两个系统之间，以及两个系统各自的内部，史料的被遗忘及史料的复杂性有待得到进一步的关注，本书按时间排列刘伯温相关史料，作为对比、补充和辨析的材料，以期呈现刘伯温相关形象的发生过程。

三、本书内容

本书分为三篇，列“史实刘伯温”“传说刘伯温”“刘伯温家族”三个论题，并有附录(三章)。第一篇收集作为历史人物的刘伯温形象史料，涵盖第一章到第七章。收集了刘伯温传记、生平事迹、历史评价、文学及其他才能、凭吊诗文等。具体内容包括：(1)刘伯温传记收集整理。收集了明天顺年间《明一统志》到清初的刘伯温传记书写。(2)刘伯温生平细节史料。收集了明初刘辰《国初事迹》以来的编年体史书、方志、年谱等材料里记载的刘伯温生平细节。(3)刘伯温的历史地位。收录了刘伯温的封爵、后裔录用及袭爵、入明太庙、入地方祠、入历代帝王庙等史料以呈现历史的相关认定。(4)后人对刘伯温的评价(包括凭吊诗歌)。呈现主要由高官、文人、学术领袖等社会精英对刘伯温的历史功业、生平遭遇、性格等方面的评价。(5)刘伯温的文学才能。总结刘伯温的文学著述文献；通过中国基本古籍库、期刊网、家谱等数据文献，对照《诚意伯文集》，收集刘伯温的佚诗佚文，并对其进行必要的时间确认和文字考订；通过对刘伯温文学以及分类的文、诗、词、赋等的风貌及作品评述，呈现刘伯温的文学成就及文学史地位；附入刘伯温的理学评价。(6)刘伯温的其他才能。通过对刘伯温琴艺、书法、绘画等文人技艺等材料的整理，呈现刘伯温才能全面的文人形象。

第二篇以传说刘伯温形象为呈现对象，涵盖第八章。鉴于《明史・列传十六》等文献记载的刘伯温对事件的强大预知力，以及一些相关人物传记往往将刘伯温传说作为信史记录带来的“实践”和“传说”的区分难度，因此本篇对其阴阳学实践及传说不作体例上的区分。阴阳学以外的传说史料另按门目归类。

第三篇为刘伯温家族人物概况，涵盖第九章。本篇收录了以保安军为中心的番将先祖、以南田武阳为迁居地的儒户先祖、以刘伯温为中心的明代诚意伯家族及清代后裔情况，对诚意伯家族有初步、整体的事迹和相关文献材料呈现。

附录部分整理了刘伯温的交游、唱和及浙江印记。交游情况主要呈现了刘伯温在元末的交游，以及相关人士在明初接受其荐举，并以此为契机获得家族繁盛的典型情况(如王守仁六世祖王纲、解缙父亲解开)；唱和部分为刘伯温交游细节的补充;刘伯温与浙江的史料呈现,表明刘伯温的“浙产”性质和其作为“浙江”符号对浙江文风及事业的带动。

四、本书价值

本书作为一本分类较为明确、点校较为严谨、材料排列顺序较为清晰并附有必要的背景注释的书,一定程度上拓宽、丰富了刘伯温研究的基础史料,成果具有一定的基础性学术价值和应用价值:

一是试图改变当下刘伯温研究界专注于研究黄梦池(字伯生)《行状》、张时彻《神道碑》、《明史·列传十六》等常见刘伯温史料、现代刘伯温传说,以及附带在朱元璋或其他人物研究下面的搭边研究的倾向,期待以史料的拓张和挖掘,构建较为全面坚实的史料基石,为有可能的“刘伯温学”奠定一定的史料基础。

二是试图以史料为基础,构建较为全面的“刘伯温”形象。试图通过对史料的脉络梳理,呈现名臣刘伯温、传说刘伯温、刘伯温家族的立体复杂的形象。

三是本书涉及的刘伯温评价、凭吊诗文、刘伯温与地方等基础史料,为相关部门的文旅布置、产业开发打下一定的基础。

四是试图以中国历代帝王庙名臣(刘伯温)为中心,通过刘伯温个案史料的整理,为历代帝王庙名臣的史实研究、影响研究做出有益尝试。

五、编著体例

本书在编写体例上,遵循以下原则:

(1)所有文献在门类下按时间先后排列。大部分的文献编写及成书确切时间无法查找,以作者生年先后为准排列;生年不能确认的,以设定五十岁的著书时间、设定三十岁的进士时间、设定二十岁的举人时间为准倒推。以期得出大体的文献排列顺序,为刘伯温相关论题的论述流变提供必要的时间节点支撑。

(2)文中涉及文献大多数来自上海人民出版社的文渊阁四库全书电子版(2001)、北京大学的爱如生中国基本古籍库(2005)。在正文后标注所涉及刻本(或抄本)。

(3)为方便读者阅读,原文繁体字改为简体字,异体字改为通行字,并进行标点、分段;对讹字、衍字、漏字在脚注中作出校注;所有年号及年数标出公元纪年(如“洪武元年”,括号标注“1368”)。

(4)为方便读者和研究者了解文献相关背景,在文献条目下有“笺注”,标明文献引用书目的概况、撰写者生平，涉及的作者籍贯标注现地名（如“会稽”，括号标注“今属浙江绍兴”）明确撰写者地域，以方便读者对文献有更立体的文献发生缘起和作者倾向的把握；正文必要之处作出考证和笺注。

需要特别强调的是：

中国基本古籍库、中国方志库、文渊阁四库全书电子版是由知名学者、高校、正规出版社编纂、监制，有较高的学术水准的、目前国内较为成熟的古籍电子数据库。鉴于古籍孤本、善本的难以查找以及电子数据库利用的便利，本书摘引了大量的电子数据库文献。在当下学术圈电子化、数据库引用方兴未艾的背景下，本书做了电子数据库文献的搜索、引用、校对的尝试。

本书的完成要特别感谢以下人士：

感谢我的本科同学周庆化，在七八年前，他或亲到文成，或远程帮我安装了文渊阁四库全书电子版，为我本书的材料收集撰写提供了方便。感谢我的母校温州大学图书馆提供的中国基本古籍库、中国方志库、中国期刊网等数字资源，使得本书的材料和注释更为扎实和充实。感谢好友桐庐县委宣传部吴宏伟提供刘伯温在桐庐印记的材料。感谢中山大学周松芳教授的鼓励以及其著作《自负一代文宗》给本人的巨大启发。感谢母校温州大学所给予的学术训练。感谢刘伯温家族刘天健、刘伟津、刘晓宾诸位先生孜孜不倦的帮助。最后感谢原文成文化广电新闻出版局、文成县社会科学界联合会、中共文成县委宣传部领导和同事们的大力支持。

由于本人的学识有限，故本书一定会有各种不足乃至错误存在，请学界同仁和各位读者不吝赐教。

金邦一

2020 年 4 月 29 日

目　录

第一章　传　记

按：常见引用史料为明初黄梦池（通行称“黄伯生”）《故诚意伯刘公行状》、张时彻《诚意伯刘公神道碑铭》、万斯同《明史·列传十六》本传，此处不另列出。

1.《明一统志》[1]

本朝刘基，青田人，元进士，后弃官归隐。本朝初，召至金陵，陈时务十八策，自是屡从征伐，仰观天象，谋谟帷幄，知无不言，言无不应。授太史令，累迁御史中丞，兼弘文馆学士，论功封诚意伯。致仕，卒。所著有《郁离子》《覆瓿集》《写情集》《犁眉公集》。子琏，官至江西右参政。孙廌，袭封伯爵。今录其后一人，为翰林五经博士。（《明一统志》卷四十四，清文渊阁四库全书本）

【笺注】：

[1][明]李贤（1408—1466）、彭时（1416—1475）等纂修。本书仿《大元大一统志》体例，记载建置沿革、山川形胜、风俗、古迹、人物、建筑等。后列“外夷”，记朝鲜、日本、安南等国。保存了大量明代史料，但引用古事颇多错讹。李贤，邓（今河南省郾城区东南）人，宣德八年（1433）进士。景泰初，由文选郎中超拜吏部侍郎。英宗复辟，进吏部尚书，入直文渊阁。宪宗即位，进少保、华盖殿大学士、知经筵事。以善于识拔人材知名。卒谥文达。另著有《古穰集》等。彭时，安福（今江西安福）人，正统十三年（1448）状元。授修撰。郕王监国，入内阁参预机务。升侍读。景泰时，升左春坊大学士。修《寰宇通志》成，升太常寺少卿兼侍读。天顺时复入内阁，兼翰林院学士。宪宗即位，建议上两宫尊号，与李贤力主并上钱皇后、周贵妃、皇太后尊号。礼成，升吏部右侍郎兼学士，同管经筵。成化改元，升兵部尚书。修《英宗实录》成，加封太子少保。立朝三十年，忠心为国，有所推荐，不使其人知其推荐。赠太师，谥文宪。另著有《彭文宪集》等。

2.《殿阁词林记》[1]

刘基，字伯温，浙江青田人。年十四，即领《春秋》大义。元至顺癸酉（1333），以明经举进士，授高安丞。揭文安公曼硕一见奇之，曰："此魏征流也，而英特过之，他日其济时之器乎！"初，基游燕京，见书肆有象纬占经，阅之经夕，谈诵如流。其人大惊，欲举以授之。基辞曰："业已习矣。"及丞高安，有进贤邓祥甫者精于天文术数，乃以其学授基焉。治高安，有能声，江西行省辟掾史，基辞去。寻起为江浙儒学提举，又辞去。

尝与鲁渊、宇文公谅泛西湖，有异云起西北，祥光掩映，湖波如绮，诸人皆赋诗记之，基独纵饮不顾，徐呼曰："此天子气也，应在金陵。十年当有王者起其下，我当辅之。"众骇，以为狂，悉舍之去，基独与门人沈与京剧饮湖亭。时无能知者，惟西蜀赵天泽以为隆中诸葛也。

方国珍起兵海上，元帅多尔济巴勒被其诱胁，省宪遂举公为帅府都事。基募兵，平山寇吴成七①，改行枢密院经历，与参知政事舒穆噜宜孙守处州，以拒国珍，迁行省郎中。经略使李国凤上其功，执政者贪得国珍赂遗，奏入，不省，授以判官，基又辞去。归青田山中，乃著《郁离子》书。

我高皇帝取婺州，遣孙炎聘基，基指乾象谓人曰："此天命也，吾其行乎！"基至金陵，上时务十八策，上嘉纳之。会陈友谅入寇，或谋以城降，或以钟山有王者气，欲趋据之。上问基曰："先生以为何如？"基曰："先斩主降议及奔钟山者，乃可破贼尔。"上曰："先生计将安出？"基曰："天道后举者胜。若散府库，开至诚，以固士心，伏兵伺隙击之，取威制敌，在兹一举。"已而友谅至，果大败走。复将讨友谅于九江，基曰："金星在前，火星在后，克之必矣。"上大喜，即出师攻皖城，自旦至晡不拔，基请径趋江州，遂拔之。友谅走湖广，其洪都守将胡廷美遣子约降，预请禁约数事，上有难色，基自后踢所坐胡床，顿悟，许之，廷美以城降。先是，尝遣都督冯胜出攻，基授以方略："俾夜半，候望青云起，则我兵，宜伏；见黑云，则彼寇兵伏也，慎勿妄动；黑云渐薄，与青云接，此寇归也，宜急追之。"果如所料。

基以母富氏丧奔归，过衢州，值苗军叛杀守将胡大海、耿再成、孙炎等。夏毅时守衢城，惊惧失措，基徐为画计，且谕诸军以祸福，众乃定。遂与平章邵荣擒苗帅贺、李等，克复诸城。方国珍素畏基名，遣间致书问基，因宣布威德，讽使归顺，方氏纳款。上遣人访基以军国重事，基随问条答，悉合机宜。

---

① 原文无"七"，据《国朝列卿纪》卷七十等表述改。

及还都，道经建德，会张士诚寇其城，守将李文忠欲奋击之。基曰："不出三日，贼可成禽也。"比三日黎明，基登城望，曰："贼走矣。"趋使疾追，至东阳，悉禽之。

基至，入谒，上问曰："友谅据楚，士诚据吴，二者孰先伐之便？"基曰："友谅居上流，名号未正，宜先伐之；友谅既平，取士诚如囊中物尔。"已[①]而友谅复攻洪都，上亲征之，大战于鄱阳湖。胜负未决，基密谋移军湖口，以金、木相犯日制胜，上皆从之。陈氏平，遂决计伐士诚，暨北定中原，基运筹居多。上时至基所，屏人语，移时乃去，人莫知之。

乃以基为太史令。一日，基见日中有黑子，奏曰："东南当失一大将。"时参军胡深征闽，果覆没。他日，上欲刑人，基曰："何为？"乃语以所梦。基曰："三人头上有血，此众字也，以土傅之，得土得众之象也。后三日当有验。"越三日，海宁果以城降，上大喜，悉以所留刑者，俾基纵之。是年，荧惑守心，群臣震惧，基劝罪已以回天意，上即诏谕群臣，人心始安。值大旱，命基谳滞狱，多所平反，天降澍[②]雨。

张昶上请："群雄既平，宜及时为乐。"基曰："是欲为赵高也。"昶色动，乃使齐冀岩等伺基，欲中之伤。上廉得其情，昶、冀岩伏诛。

未几，为御史中丞，兼太子赞善大夫。上北巡，命丞相李善长及基留守京师，且敕以督察奸恶，以肃辇毂。基素刚严，凡中书、内府阉人、吏胥有犯，即捕治，宦者监工匠不肃及宿卫舍人奕棋，基启皇太子，悉置于法。有中书都事李彬者犯法，基即废之，善长祈缓其狱，弗得，遂衔之。上还都，基言曰："凤阳固帝乡，非天子所都之地，虽置中都，不宜居也；库库特穆尔虽可取，然未易轻视。愿留意。"辞归青田。适章溢奏定处州田税，上命减税，亩止五合，且曰："使刘伯温子孙世为美谈也。"

厥后定西失利，库库特穆尔北走沙漠，上乃手诏召基，略曰："尔从朕于群雄未定之秋，居则匡辅治道，动则仰观天象，察列宿之罗布，验日月之光华，发踪指示，无征弗克。攻皖城，拔九江，抚饶郡，降洪都，取武昌，平处州，尔多力焉。至于彭蠡鏖战，炮声如雷，鬼神悲号，星日晦冥，自旦至暮，如是者四，尔时在舟中，备尝患难。今久而未至，朕心慊焉，命驾一来，朕心良慰。"基至，上欲拜之爵，基曰："陛下乃天授，臣何敢贪天功？"固辞，不拜。上以事诘责丞相善长，基曰："善长勋旧，且能辑和诸将。"上曰："是数欲害汝者，汝反为之地耶？汝之忠勋，足以

① 原为"巳"，据文意改。

② 原文为"澍"，同"澍"。

任此。”基曰：“譬如易柱，必得大木，若用小木，为之将速颠覆。如臣驽钝，尤不可尔。”上欲相杨宪，基与宪素厚，乃直言曰：“宪有相才，无相器。夫宰相者，持心如水，以义理为权衡而已，无与焉者也。今宪不然，能无败乎？”上曰：“汪广洋何如？”基曰：“器局褊浅，观之可知。”上曰：“胡惟庸何如？”基曰：“彼小犊尔，将偾辕而败犂矣。”上曰：“吾之相，无逾于先生。”基曰：“臣非不自知。但臣疾恶太深，不任繁剧，为之且孤厚恩。天下何患无才，愿明主悉心求之，如目前诸人，臣诚未见其可。”

上尝与论兵，曰：“克敌在兵，制兵在将，兵无节制，则将不任，将非其人，则兵必败。是以两军之间决生死成败之际，有精兵不如良将。”基曰：“臣每观庙算，初谓未必皆然，及摧锋破敌，动若神明，臣由是知将之胜又不若主之胜。然陛下不拘古法而胜，尤人所难。”上曰：“兵者，谋也，因敌制胜，岂必泥于古哉？战陈之事，阖辟奇正，顷刻变化如风云之无常，势要在通其变尔。”

三年(1370)七月，以为弘文馆学士。十一月，大封功臣，拜诚意伯，锡之诰命，追赠其祖、父皆永嘉郡公。

四年(1371)正月，赐归田里。遣子琏赴阙谢恩，并上《平西蜀颂》，上手书优答，且问以天象。基覆上言：“霜雪之后，必有阳春，今国威已立，宜济以宽。”上命以其书付之史馆。或有言杀运三十年未除者，基叹曰：“吾若当国，扫除弊俗，一二年后，宽政可复也。”

初，瓯、括间有隙地曰谈洋，基言于上，以为顽民负贩私盐，因挟方寇为乱，宜设巡检司，上从之。及设巡检司，民以为非便，适茗洋作乱，郡、县匿不以闻，基令子琏奏之。时胡惟庸柄政，憾其所奏，乃谓基图谈洋为已墓地。诏以基勋旧，赦弗治，仍夺其禄。先是，杨宪败后，汪广洋为相复败，胡惟庸继之，基大戚曰：“使吾言不验，苍生福也。如其验诸，其如苍生何！”八年(1375)正月，胡惟庸以医来视疾，饮其药二服，有物积腹中如石。基白于上，亦未之省也。乃御制文一通，遣使送归。及家一月而薨，年六十有五。所著有《覆瓿集》《写情集》及《犂眉公集》。

廖道南曰：“予观《诚意伯集》，慨然激叹，以为有子房之风，及诵我圣祖之言，亦曰：‘吾子房也。’夫子房椎击沙中，何异于伯温之愤方氏也？伯温受天文于邓祥甫，又何异于圯上老人之《三略》哉？汉之元功大封，子房愿封留足矣，乃辟谷导引，明哲保身，始神黄石之术，终从赤松之游。《易》曰：‘介如石，不终日，贞吉。’何其智也！而伯温乃徘徊容与，雉罹于罗，象以齿焚，岂其忠于国而弗智于身耶？”

彭韶赞曰：“治沦于弱，曷仕于时。爰归盛德，仕止乃宜。就桀就汤，节义奚亏。大哉王佐，烛物炳几。运筹制胜，翼龙以飞。昭回制作，文章是咨。允为宗

臣，尔爵尔祠。”[2]（《弘文馆学士、封诚意伯刘基》，见《殿阁词林记》卷六，清文渊阁四库全书本）

【笺注】:

[1][明]廖道南(1494—1547)撰。本书为记载词林(翰林院别称)、殿阁、宫坊、台、省诸臣旧事而编，仿列传体例，记载诸臣官阶恩遇。廖道南身在词垣很久，熟悉其中掌故事迹，因而该书所录较为可信。廖道南，蒲圻(今湖北赤壁市)人，正德十六年(1521)进士。选庶吉士，历编修，至侍讲学士经筵，论讲多所发明。另著有《文华大训箴解》等。

[2]本文叙述简略，对刘基在元末任职的记载论述不详，如“江西行省辟掾史，基辞去”，刘基实有于江西行省任是职，后以弹劾御史或与同僚不合而去，此为刘基在元任职讳。另外，对于刘基洪武元年(1368)狼狈离京(因祈雨不应)不提及，或亦为讳言一例。

3.《国朝列卿纪》[1]

刘基，字伯温，浙江青田人。元至顺癸酉(1333)举进士，授高安丞。揭文安公曼硕一见奇之，曰：“此魏征流也，而英特过之。他日，其济时之器乎！”初，基游燕京，见书肆有象纬占经，一夕谈诵如流，其人大惊，欲举以授之。基辞曰：“业已习矣。”及丞高安，有进贤邓祥甫者精于天文术数，乃以其学授基焉。治高安，有能声，江西行省辟掾史，基辞去。寻起为江浙儒学提举，又辞去。尝泛西湖，有异云起西北，祥光掩映，湖波如绮，诸人皆赋诗记之，基独纵饮不顾，徐曰：“此天子气也，应在金陵。十年当有王者起其下，我当辅之。”众骇，以为狂，悉舍之去，基独剧饮湖亭。时无能知者，惟西蜀赵天泽以为隆中诸葛也。

方国珍起兵海上，元帅朵耳只班被其诱胁，省宪遂举公为帅府都事。基募兵，平山寇吴成七，改行枢密院经历，与参知政事石抹宜孙守处州，以拒国珍，迁行省郎中。经略使李国凤上其功，执政者贪得国珍赂遗，奏入，不省，授以判官。基又辞去，归青田山，乃著《郁离子》书。

我高皇帝取婺州，遣孙炎聘基。基指乾象谓人曰：“此天命也，吾其行乎！”基至金陵，上时务十八策，上嘉纳之。会陈友谅入寇，谋者不一，或议以城降，或以钟山有王者气，欲趋据之。上问基曰：“先生以为何如？”基曰：“先斩主降议及奔钟山者，乃可破贼尔。”上曰：“先生计将安出？”基曰：“天道后举者胜。若散府库，开至诚，以固士心，伏兵伺隙击①之，取威制敌，在兹一举。”已而友谅至，果大败

① 原文为“拏”，据《殿阁词林记》卷六等改。

走。复将讨友谅于九江，基曰："金星在前，火星在后，克之必矣。"上大喜，即出师攻皖城，自旦至晡不拔，基请径趋江州，遂拔之。友谅走湖广，其洪都守将胡廷美遣子约降，预请禁约数事，上有难色，基自后蹋所坐胡床，顿悟，许之，廷美以城降。先是，尝遣都督冯胜出攻，命基授以方略："俾夜半候，望青云起，则我兵伏；见黑云，则彼寇兵伏也，慎勿妄动；黑云渐薄，与青云接，此寇归也，宜急追之。"果如所料。

基以母富氏丧奔归，过衢州，值苗军叛杀守将胡大海、耿再成、孙炎等。夏毅时守衢城，惊惧失措，基徐为画计，且谕诸军以祸福，众乃定。遂与平章邵荣擒苗帅贺、李等，克复诸城。方国珍素畏基名，遣间致书问基，因宣布威德，讽使归顺，方氏纳款。上遣人访基以军国重事，基随问条答，悉合机宜。

及还都，道经建德，会士诚寇城，守将李文忠欲击之，基曰："不出三日，贼可成擒也。"比三日黎明，基登城望曰："贼走矣。"趋使疾追，至东阳，悉擒之。基至，入谒，上问曰："友谅据楚，士诚据吴，二者孰先伐之？"基曰："友谅居上流，名号不正，宜先伐之。友谅既平，取士诚如囊中物耳。"已而友谅复攻洪都，上亲征之，大战于鄱阳湖，胜负未决，基密谋移军湖口，以金、木相犯日制胜，上皆从之，陈氏平。遂决计伐士诚，暨北定中原，基运筹居多。上时至基所，屏人语，移时乃去，人莫之知。

乃以基为太史令。一日，基见日中有黑子，奏曰："东南当失一大将。"时参军胡深征闽，果覆没。他日，上欲刑人。基曰："何为？"乃语以所梦。基基曰："三人头上有血，是众字也。头上有血，以土傅之，得土得众之象也。后三日当有验。"越三日，海宁果以城降，上大喜，悉以所留人，俾基纵之。是年，荧惑守心，群臣震惧，基劝罪已以回天意，上即诏谕群臣，人心始安。值大旱，命基谳滞狱，多所平反，天降澍雨。

张昶上请群雄既平，宜及时为乐。基曰："是欲为赵高也。"昶色动，乃使齐翼岩等伺基，欲中伤之。上廉得其情，昶、翼岩伏诛。

未几，为御史中丞兼太子赞善大夫。上北巡，命丞相李善长及基留守京师，且敕以督察奸恶，以肃辇毂。基素刚严，凡中书、内府阉人、吏胥有犯，即捕治，宦者监工匠不肃及宿卫舍人弈棋，基启皇太子，悉置于法。有中书都事李彬者犯法，基即废之，善长祈缓其狱，弗得，遂衔之。上还都，基求退，命归乡里，因言曰："凤阳固帝乡，非天子所都之地，虽置中都，不宜[①]居也；扩廓帖木儿虽可取，然未

① 原文为"害"，据《殿阁词林记》卷六等改。

易轻视。愿留意。"基辞归青田。适章溢奏定处州田税,上命减税,亩止五合,且曰:"使刘伯温子孙世为美谈也。"

厥后定西失利,扩廓帖木儿北走沙漠,上乃手诏叙基勋伐,且召赴京,略曰:"尔从朕于群雄未定之秋,居则匡辅治道,动则仰观天象,察列宿之罗布,验日月之光华,发纵指示,无征弗克。攻皖城,拔九江,抚饶郡,降洪都,取武昌,平处州,尔多力焉。至于彭蠡鏖战,炮声如雷,鬼神悲号,星日晦冥,自旦至暮,如是者四,尔时在舟中,备尝患难。今久而未至,朕心慊焉,命驾一来,朕心良慰。"基至,上欲拜之爵,基曰:"陛下乃天授,臣何敢贪天功?"固辞不拜。上以事诘责丞相善长,基曰:"善长勋旧,且能辑和诸将。"上曰:"是数欲害汝,反为之地耶?汝之忠勋,足以任此。"基曰:"譬如易柱,必得大木,若用小木为之,将速颠覆。如臣驽钝,尤不可尔。"上欲相杨宪,基与宪素厚,乃直言曰:"宪有相才,无相器。夫宰相者,持心如水,以义理为权衡而已,无与焉者也。今宪不然,能无败乎?"上曰:"汪广洋何如?"基曰:"器局褊浅,观之可知。"上曰:"胡惟庸何如?"基曰:"彼小犊耳,将偾辕而败犁矣。"上曰:"吾之相,无逾于先生。"基曰:"臣非不自知。但臣疾恶太深,不任繁剧,为之且孤厚恩。天下何患无才,愿明主悉心求之,如目前诸人,臣诚未见其可。"

上尝与论兵,曰:"克敌在兵,制兵在将,兵无节制,则将不任,将非其人,则兵必败。是以两军之间,决生死成败之际,有精兵不如良将。"基曰:"臣每观庙算,初谓未必皆然,及摧锋破敌,动若神明,臣由是知将之胜又不若主之胜。然陛下不拘古法而胜,尤人所难。"上曰:"兵者谋也,因敌制胜,岂必泥于古哉。战陈之事,阖辟奇正,顷刻变化如风云之无常,势要在通其变耳。"

三年(1370)七月,以为弘文馆学士。十一月,大封功臣,拜诚意伯。[2](《左右中丞行实》,见《国朝列卿纪》卷七十,明万历徐鉴刻本)

【笺注】:

[1][明]雷礼(1505—1581)撰。本书是以明代官职设置、沿革为框架,以职官年表为主线,以官员生平事迹为内容,从传记、文集、笔记中广搜博取,编纂而成的洪武至嘉靖时期的一部重要人物传记。雷礼,丰城县(今江西丰城市)人,嘉靖十一年(1532)进士。历任浙江提学副使、顺天府尹、右都御史。嘉靖三十七年(1558)迁工部尚书。多次主持修理三大殿等工程。另著有《皇明大政纪》等。

[2]本书"卷五"有《弘文馆学士行实》,记载与黄梦池《故诚意伯刘公行状》略同。本文与《殿阁词林记》传记记载略同。

4.《今献备遗》[1]

刘基，字伯温，括苍人也。元末举进士，授江西高安县丞，揭文安公曼硕见而奇之。寓燕京时，书肆有天文书一帙，因尽阅之，翼日，即背诵如流。其人欲以书授基，基曰："在吾胸中，无事于书也。"江西行省辟为掾史，议事不合去。复为江浙儒学副提举，上书言御史失职事，寝不行，遂投劾去。尝游西湖，有异云起西北，光映湖水中，时鲁道原、宇文公谅诸同游者皆以为庆云，基大言曰："此天子气也，应在金陵。十年后有王者起其下，我当辅之。"

方国珍反，省宪复辟为行省都事，基建议方氏首乱，宜捕而斩之。省以基所议请于朝，准招安，且授国珍以官，乃驳基所议。行省复以基为行枢密院经历，而经略使李国凤奏基有军功，执政者皆右方氏，遂置不录，授处州路总督府判。乃弃官屏居青田山中，著《郁离子》以自见。

人有谓公画江自守计者，基曰："吾尝恶方、张辈所为，可身自为之耶?"及高皇帝下金华，定括苍，基指乾象谓所亲曰："此天命也。"遂决计趋金陵，而总制官孙炎适以上命来聘，遂间道诣金陵，陈时务十八策。

伪汉陈友谅入寇，或谋以城降之者，或谋出据钟山者，或欲决死战者。基张目不言。上召问，基曰："议降与奔者，可斩也。如臣之计，莫若倾府库，开至诚，以固士心。宜伏兵龙湾，伺隙击之，取威制敌，以成王业，在此举耳。"乃用基策，乘东风，发伏击之，大败友谅军。上喜，赏基，基辞不受。

元旦，中书省设御座，将奉小明王行庆贺礼，基骂曰："牧竖，何能为?"因极陈天命所在。上大悟，遂定征讨之计。攻皖城，不拔，基请径取江州，上悉军而西，友谅走湖广。拔江州。

上使冯胜攻皖，命基授方略，基书片纸授之，令夜半出兵至某所，见某方青云起，是贼伏也，慎勿妄动，日中后，黑云渐薄，与青云接者，此贼归也，即衔枚蹑其后疾击之，可尽擒也。验之果然，如基所授计，擒贼而还，遂拔皖城。[2]洪都守将胡廷瑞使其子约降，请禁止诸事，上初有难色，基自后蹋所坐胡床，上悟，许之，廷瑞以洪都降。

以母富夫人丧，辞归。时苗军反金华、括苍，杀守将胡大海、孙炎等，衢州守将夏毅莫知所为。会基至，迎入城，一夕而定，即移书金、处属县，谕以固守，遂同诸军克复处州，擒苗帅。方国珍素畏基名，数遣人致书问，基不敢受，遣人白上。因令基与通问，因宣示国家威德，国珍遂纳土入贡。上时时使人以军国事问基，基条答，悉中机宜。

赴京，道严州，适张军寇严州，岐阳王欲奋击之。基使勿击，曰："不出三日，贼当自走，追击之，此成擒耳。"比三日，基登城望曰："贼走矣。"众见贼壁垒、旗帜如故，且鼓声戒严，疑，莫敢轻动。基趣使疾进，兵至，则皆空垒，击鼓者乃所掠老弱耳。追至东阳，悉擒之。

基既至金陵，时陈友谅据湖广，张士诚据浙西，众欲先取士诚，基曰："士诚，自守贼耳。友谅居上流，窃伪号，宜先伐之。陈灭，张不足定也。"时友谅复寇洪都，上亲征友谅，大战彭蠡湖。基密请移军湖口，期以金、木相犯日决胜，上从之。[3]友谅死，荆湖平。上还京，定计取士诚，因定中原，拓地西北，基密谋居多。上或时至基所，屏人语，移时乃去，人莫有闻者。

拜太史令。一日，见日中有黑子，奏曰："东南当失一大将。"时参军胡深伐闽，果败没。他日，基见上，时方欲刑人，基曰："何为？"上语以所梦，基曰："是众字。头①上有血，以土傅之，得土得众之象也。应在得梦时三日，当有报至。"上乃留所欲刑人。三日后，海宁以城降。捷至，上大喜，悉以所留人，命基纵之。荧惑守心，群臣皆惧，基密奏宜罪已以回天意。翌日，上临朝，即以基言谕群臣，众心始安。大旱，上命基谳滞狱，平反者甚众，天应时雨。上大喜。基因奏请宜立法定制，从之。

张士诚既灭，张昶欲乱政，使人上书颂功德，劝及时为乐。上示基，基曰："是欲为赵高也。"未几，昶以罪诛。

上尝以事责丞相李善长，宪使凌悦因弹之。基言："李公旧勋，能辑和诸将。"上曰："是数欲害汝，汝乃为之地耶？汝之忠勋，足以任此。"基叩头曰："易柱必得大木，小木为之，必将速覆。"上怒遂解。

洪武元年(1368)，上即皇帝位，基密奏立军卫法。拜御史台中丞。中丞章溢奏定处州七县税粮，如宋制，亩悉加五合，上特命青田县止科五合，且曰："使刘伯温乡里子孙世世为美谈也。"上幸凤阳，基居守，请曰："宋、元以来，宽纵日久，必使纪纲振肃，而后惠政可施。"乃命宪司纠察诸道，弹劾无所避。基劾中书省都事李彬不法事，罪当死，而丞相李善长素厚彬，请缓其事。不听，驰奏行在，上从基，处彬死刑，基承旨斩之。上还京师，李公愬之，基乃乞归。上问基何言，基因奏曰："凤阳虽帝乡，然非建都之地；王巴拜虽可取，未易轻也。"后定西失利，王巴拜竟走沙漠②。

---

① 原文后有"头"，疑衍字删。

② 原文为"汉"，从通行表述改。

上手诏叙基勋伐，召至京师，累欲进基爵。基曰："陛下天授，臣何敢当？"上欲相杨宪。基素善宪，以为不可。上怪之，基曰："宪有相才，而无相器。夫宰相者，持心如水，以义理为权衡者也，今宪不然，能无败乎？"上曰："汪广洋何如？"基曰："此褊浅，观其人可知。""胡惟庸何如？"基曰："此小犊耳，将偾辕而破犁矣。"上曰："吾知，无逾先生者。"基曰："臣疾恶太深，又不耐繁剧，为之且辜大恩。天下何患无才，愿虚心求之，如目前诸人，臣诚未见其可也。"

三年(1370)，授弘文馆学士，进封诚意伯。

四年(1371)，归老乡里。上尝以手书问天象事，基悉条答，大略言："霜雪[①]之后，必有阳春，今国威已立，自宜少济以宽。"书奏，悉以付史馆。寻入朝。

八年(1375)，疾作，命驰驿归，薨于家。

先是，杨宪败，汪广洋继之，寻贬广东，乃相惟庸。基语人曰："吾言而验，其如苍生何？"遂忧愤成疾。死之前数日，以天文书授长子琏，使上之，且戒勿习。复命其仲子璟曰："胡惟庸必败。我欲奉遗表，亡益。他日上必思我，如有问，当密奏之。"其略以为："修德省刑，祈天永命之本也，政之宽猛，如循环。然诸形胜要害之地，宜与京师声势相连络，幸圣主留意。"后胡惟庸败，世以基为知人。

琏，字孟藻，仕至江西右参政，有父风。

论曰："刘公以鸿渐之翼，困于燕雀，不卑小官，其与五就桀者何异？既佐真主，谋谟帏幄，言行计从，欢若鱼水。观其先楚后吴，决成败于一言，定皇业于呼吸，真王佐才也！及其功成身退，可谓明且哲矣！而卒困谗口，向非高皇圣明，不亦殆哉？《诗》曰：'谗人罔极。'又曰：'贪人败类。'吁！可畏也夫！"(《今献备遗》卷二，清文渊阁四库全书本)

【笺注】:

[1][明]项笃寿(1521—1586)撰。本书采明代名臣事迹，编为列传，起洪武讫弘治，搜罗丰富，可资参稽。项笃寿，秀水(今属浙江嘉兴)人，嘉靖四十一年(1562)进士。授主事，因母年迈，不能在京就任，改任南京考功郎中。母故后，调职赴京。时张居正改革朝政，项笃寿屡与张居正意见不合，由兵部郎中贬为广东参议，即称病辞官归里。另著有《全史论赞》等。

[2]此刘基以方略指导冯胜攻城事，其余文献亦多记载，地点为"皖城(时安庆下属县，今安庆市潜江市)""安庆""南康"等。事不见《明史》本传，为实写还是传说，或为实有其事而加以神秘渲染，待考。以朱元璋军中有谍报系统解释之较为合理。刘基言"黑云""青云"者，为军队行进之尘埃者，因冯胜等底层出身，刘基以此通俗之语晓之。

---

① 原文为"雷"，据《殿阁词林话》卷六等表述改。

[3]记载另见朱元璋《御名书》："六月二十二日克期回得教墨，谕以六月、七月间举兵用事，不利先动，当候土木顺行、金星出见则可。使愚一见教音，身心踊跃，足不敢前。"

5.《名山藏》[1]

刘基，字伯温，青田人，曾祖濠、祖廷槐、父爚。濠为宋翰林掌书，每阴雨积雪登高丘而望，其聚突无烟者赈之。宋亡，林融为宋举义，元使使簿录融，株连尽其里。濠盛治牛酒，延使者其家醉之，胠其箧，私记其渠率二百人，而自火其室。使者走火，失录，濠佯为使者游覈，第以所记二百人上。

基在元，年十一举于乡，十五成进士，授高安丞。揭曼硕见之曰："此魏征之流，将来济时器也。"进贤有老人邓祥甫者善天文，见基惊曰："公聪明绝世，器识宏深，当为一代伟人。"尽送所藏秘书于基。基负气甚豪，不可一世士，以屈强书生自命。在高安，以刚廉不合去。

方谷珍反，省宪复辟基为元帅府都事，基请兴兵捕斩之，而元大臣受谷珍金，谪基言，锢之绍兴。基时时往来云门诸山，或为人择葬，用粒粟法亦数。数遇异人，得其术。会山寇起，行省复召为都事，基自募义兵剿寇，与石抹宜孙守处，累授行省郎中。大臣录守江南功，基不与，遂弃官归隐青田山南田山下。

初，基尝游杭，饮西湖上，有祥云起西北，一湖皆光，座客尽惊诧，相与赋诗，以为祥兆。基独大言曰："此天子气也，应在建康。十年后，当有王者兴，我当辅之。"座客谓基狂，渐离席去，基独与其门生沈与京放歌，极醉罢。

基居南田山下读书，作《郁离子》十八篇，其丑物托类，皆悲生民之涂炭，叹国法之弁髦，庶几藏器，以遇真主，其辞甚多，其意一也。郁者，文也，离者，明也，其《九难》篇，仿《七发》《七启》而为之，而其末归于讲尧、禹之道，论汤、武之事，宪伊、吕，师周、召，稽考先王之典，商度救时之政，明法度，肆礼乐，以待王者之兴。

客或说基曰："今天下扰扰，以公才略，据括苍，并金华，明、越可折简定。因画江守之，此勾践之业也。"基笑曰："吾正恶方谷珍、张士诚刺促狐鼠，乃与同辙邪？天命有归，姑待之。"吴公下建康，定括苍，基大置酒，会亲客，指乾象曰："此天命也！岂人力邪?"客皆亡去，基决计趋建康。众疑，未决，基母富氏曰："自古衰乱之世，不辅真主，讵万全哉?"会总制官孙炎以吴公命来聘，遂由间①道诣见，陈时务十八策，因说吴公曰："明公因天下之乱，崛起草昧间，不用尺土一旅凭藉

① 原文为"闲"，据文意改。

他人，名号甚光明，行事甚顺应，此王师也。我有两敌国：陈友谅居其西，张士诚居其东。友谅包饶、九，跨荆、襄，几天下半，而士诚仅有浙西地，南不过会稽，北不过淮扬，与明公寇，势而侔威。然士诚鼠伏狸候，阴欲背元，阳则附之，此守虏耳，无能为也。友谅劫其君而胁其下，下皆乖怨，友谅剽悍轻死，不难以其国当人之锋，然实数战民疲，位乖则不欢，民疲则不傅，故汉易取也。夫攫兽先猛，擒贼先强，今日之计，莫若先伐汉。汉地广大，得汉，天下之形成矣。”吴公闻基言，大悦，称先生而不名。时诸将多从公滁、濠间，力战有功，基以儒生缓带称军祭酒。

陈友谅既杀花云于太平，弑徐寿辉而夺之，扬言东下，声势大震。诸将多恐，议降议奔，以人人殊。基后至，瞑目不言。吴公目基不言，召入内，问之曰：“寡人以国委先生，今汉兵旦夕压境，诸将纷纷，先生默不言，有意乎？”基曰：“请赐臣剑，先斩议降及奔者，臣乃言。”吴公曰：“寡人愿急闻其言，而后赐。”基曰：“友谅恃太平之胜，盛气东下，我师缩朒不称，势必败。今明公初有建康，图国之始，与汉决雌雄，在此一举。胜则王，败则虏，奈何使诸将人人持所见？夫骄易败也，创易惩也，败骄在彼，惩创在我。臣闻天道后举者胜，王师得人为本，明公若倾府库以兴士怒，开至诚以固人心，兴王之业，在此时也。且臣间者望二国气，敌衰我旺，擒之必矣。”吴公曰：“善。”于是赐基剑，令诸将尽拜基为军师，有不服者斩之，诸将竦然，是以有龙江之捷。公以克敌赏赏，基不受。公还攻友谅安庆，不下，基请弃安庆，直之江州，捣其巢穴，友谅出不意，丧魄，夜遁武昌。其丞相胡廷美欲以江西降而有疑意，请无散所部属之他将，公难之。基自后踢公所坐胡床，公悟，竟许廷美，以得江西。

既以母丧辞归处。处有李佑之、贺仁德之变，杀主将耿再成，括苍以东皆动摇。基夜入城，招谕其渠率，传书内外安抚之。诘旦，大定。基在处，时时语人以吴公必有天下状，处人与其邻近郡县翕然皆服。方国珍通书于基，基说之纳土，国珍从之。

久之，公与汉大战鄱阳湖，公坐胡床督战，基占气，排公床，连呼曰：“公更舟！公更舟！”公仓皇起，改舟，则汉炮碎舟，皆糜。公与汉相持湖中三日，基请移军湖口，以金、木相犯之日克之。友谅果以庚寅中矢死。

久之，诸将奉公为吴王，置太史监，以基为太史令。吴王使徐达、常遇春攻张士诚苏州，围三百余日不下，基曰：“苏城形如螺，取螺者，击首则缩击尾则出。齐门，尾也，盘门，首也，击齐门，盘门开矣。”诸将用其言破之。既献俘，王意欲杀士诚，基密言曰：“元失其鹿，天下共逐，豪杰之士云合乌集，谁不愿帝？士诚非有弑王篡君之罪，杀之无名，且业已称王一方，其志气不小，臣观其人，非为人用者，急则死耳。莫若好待之。”王乃使李善长慰问士诚。善长夜过士诚曰：“主公与足下共起逐兔之秋，人各求所获，非有宿怨深仇也；足下于元，又非有不讳之恶为世大罪也。特以天无二日，民无二王，天下之势，终当一耳。主公推心置人，待足下固甚厚，足下若爱其余生，顺天之命，异日者亦得剖符裂土，世为休臣。”士诚坚卧不起，出言不逊，善长大怒，骂，出。

是时，改监为院，基为太史院使，已为御史中丞，仍兼官。吴王即位为天子，置汴梁为北都，车驾行视之，使基与善长居守。基督察奸恶，辇毂肃然，宦者监工不肃，即亦启皇太子逮治之。中书省都事彬奸事觉，基驰奏请诛彬，既得旨，李善长以省僚欲庇之，会天旱，请基缓其狱。基不从，曰：“除奸彬，天必雨。”竟杀之。帝还，善长言基专恣，左右畏基，亦短之，帝皆不问。会有妻丧，告归。

其冬，手诏召还，曰：“前太史令御史中丞基世居括苍，怀先圣道。天下初乱，闻朕亲将金华，旋师建业，即别里闾，捐丘垅，应聘而起，相从群雄未定之秋。居则匡辅治道，动则仰观天象，发纵指示，无往不克。曩者攻皖城，拔九江，抚饶郡，降洪都，取武昌，定处城内变，尔多辅焉。彭蠡鏖战，炮声激裂，若雷临首，军士大呼，鬼神号怒，自旦至暮，如是凡四。尔时在舟，同我患难，今秋告归，久而未至，朕心缺然。今天下一家，尔当疾来，同盟勋册。言非儒造，实出朕诚，尔遂命驾，良慰朕心。”既至，赉赐甚厚，追封其祖、父皆永嘉郡公。

洪武三年(1370)，授弘文馆学士。其冬，授开国翊运守正文臣、资善大夫、护军、诚意伯，禄二千石，曰：“吾子房也。”上赋处州，御史大夫章溢请加之，宋赋亩五合，上曰：“青田便亩五合而已，令伯温乡里世世为美谈。”

四年(1371)春，赐老归。其秋，手书付基曰：“近西蜀悉平，称名者尽俘京师，我之疆宇，不少前王。胡元以宽失天下，朕今救之猛。然小人但喜宽恣，谤骂国家，扇惑是[①]非，莫能治。即今天象叠见，天鸣已八载，日中黑子见三年，今秋天鸣震动，日中黑子或二或三或一，日更有之，更不知灾祸自何年月日至？卿年高，静处万山中，必有真知。今遣刻期往卿问讯，使行，勿赉茶饭。”返之，基悉条对，而焚其草，大要劝上“国威已立，宜少济以宽大”云。

基还隐南田山中，饮酒奕棋而已，口不及功，守令访见，皆不得。一日，令微服为野人，入山求诚意伯。诚意伯方濯足水际，而固从之，因引入茅舍，摄衣出为黍食令。令告诚意伯曰：“不佞青田令也。”诚意伯惊起称“民”，因别去。其后，令终不得以微服见矣。

---

① 原文为“非”，从文意及《明书》卷一百四十三等改。

初，高帝尝与基论相，基谓“杨宪、汪广洋、胡惟庸皆不胜相”，惟庸衔之。而瓯、括间有地曰淡洋，南界福建，元末奸民盗鹾具间，方国珍所繇乱，基尝言上，设巡检[①]司守之，而民作奸如故。适盗周广三反温、处，吏匿，不以闻。基令长子琏径诣上奏，不先白中书省，惟庸以前衔，使吏讦基，言“淡洋地有王气，基欲得为墓，民不与，则请立巡检，逐民家”，庶几动上听，遂饮章以闻。高帝夺基禄，基跣而见帝，自引责而已，殊不辩，竟侍帝京师，不敢归家。

八年(1375)春，病，惟庸拉医来，中其蛊，遂笃，帝命传送归。临尽，以天文书授琏曰：“服阕进之，吾后世子孙毋习也。”且语琏：“爵当中绝五世，而复始。”

基之从帝也，帝使冯胜从基，授进止。基告胜：“夜半出兵至某所，见某方青云起，即伏兵，顷有黑云起者，贼伏也，日中后，黑云渐薄，回与青云接者，贼归也，蹑之可尽擒众。”初莫信，既果然，始以为神，遂奉而得胜。基赴京师，道建德，张士诚正入寇，李文忠欲出击，基止之曰：“不出三日，贼当走。”至期登城，望曰：“走矣。”众见其壁垒旗帜如故，鼓方严，基趣文忠疾迫垒，则皆空，而留其所掠老弱严鼓而已，遂追擒之。他日，入见，帝欲刑囚，语基梦“头有血而土傅”之故，欲刑囚。基曰：“头上血，众也，土傅之，得土得众之象。应不出三日。”帝停刑待之，果有海宁之捷，帝悉付基囚，使纵之。

基以先占奇智佐高帝，有天下言奇事者悉归基。亦闻曰：“帝初营中都而城之。基曰：‘临濠兴王之地，当避国姓，国姓音豕，豕不可圈。’帝用基言，而有意都焉。基曰：‘金陵负山之险，扼江之阳，江南形胜，帝王之都。中都虽帝乡，非建都地。’帝乃止。帝之都金陵也，使基相址，既定，基出，帝移其址数寸。明日入惊曰：‘谁改臣址？’帝曰：‘我也。’基对曰：‘固当。恐当终迁耳。’既成，帝与基周观之，曰：‘美哉，居乎！承阳而纳阴，永世之业也。’基对曰：‘美则弄矣，燕子得入焉。’帝曰：‘吾以朱丝网檐、铁网障栱，燕安得入哉？’又一日，帝与基周观之，曰：‘美哉，居乎！冠山而表江，王气之聚也。’基对曰：‘美则美矣，鸡鸣山犹有王气。’帝明日幸鸡鸣，厌之。帝治方中钟[②]山，孙权之冢当其前。基曰：‘臣闻圣人治天下，胔骼润泽，枯槁荣茂。孙权，人雄也，称王于吴，弹压江东，毋除残魄，为陛下守门，不亦可乎？’帝曰：‘善。’其后，成祖入靖难，先即位于鸡鸣山，乃知基所言‘燕’者燕也，‘鸡鸣山王气’者燕王即位也。”

初，高帝问基：“卿几子？”对曰：“臣子二，曰琏，曰璟。”帝召见之，曰：“阿琏明

---

① 原文为“简”，据官制及后文改。

② 原文为“种”，据文意改。

秀，阿璟凝重。”基曰：“臣子琏，有相才无相器。臣子璟，过刚不中，终不得其死然。”琏为江西参政，帝常欲相之，亦为胡惟庸党所胁堕井死，遗子廌七岁。初，基封止其身而已，惟庸败，上念基，欲使璟嗣，璟让廌。帝悦，赐之衣服、鞍马、居室，授閤门使。封廌为诚意伯，诰曰：“昔者元运既隳，海内瓜分，豪雄鼎峙。当是之时，士大夫甚众，然亦泛然从人，以至轻灭姓氏。所以贤智之士，树勋奠民，必择人而归。又若非义之从，虽死不移，噫！虽死名彰已！朕初与群雄并驱，孰辨真伪？尔祖诚意伯基，括苍之士，居勍敌之陲，一闻朕命，间道兼程，星驰来归，陈历数之有在，议戡定之先机。其为人也，义气凛然，莫之敢犯，所以父子相继没于奸邪。初授伯爵，以终其身，今特以前爵，授尔增禄二百六十石，共食禄五百石，子孙世袭，尔其敬哉！”廌四传孙禄，皆幼不爵。景泰中，授禄翰林五经博士。禄孙瑜，弘治中始授卫指挥，盖五世云。正德九年（1514），赠基太师，谥文成。嘉靖十八年（1539），侑享高帝庙，瑜仍嗣伯。璟见别记。

郎曰：“世言诚意伯读书山中，山石忽裂，伯窜入其中，取出《阴符经》，其后多验用，伯死，遗令燔尸扬灰。皆谩诞，不足信。及观世所传基，窃怪基以名世才佐高帝，五百年之会，不合徒多畸略小谋取屡中而已。予居京师，得与伯九世孙志学游，为余言伯所佐高帝，皆广论大义。志学言其家有诸父，年九十余，具述如此，因稍采而兼存焉。伯奇智先占，而不免胡丞相之毒，何也？迹其明哲保身，视子房让矣；至文治武略，求古佐命之臣，可谓兼焉。”[2]（《名山藏》卷五十七，明崇祯刻本）

【笺注】：

[1][明]何乔远（1558—1631）撰。本书基本属于纪传体史书，记载了自明太祖迄至穆宗（1368—1572）十三朝二百余年史事，多取材于当时流传的野史旧文，保存了不少稀有明史资料。何乔远，福建晋江人，万历十四年（1586）进士。授刑部主事，累擢礼部郎中，泰昌时为太仆少卿。崇祯二年（1629）以言事为权贵所忌引归。居家多年，博览群书，致力著述。另纂有《闽书》等。

[2]文末言刘基九世孙志学言“年九十余”诸父“具述（刘伯温事迹）如此”，“因稍采而兼存焉”，则为明代刘氏家族内部流传先祖刘伯温事迹，为文献中不多见的采刘氏家族说法入传的一例。

6.《本朝分省人物考》[1]

刘基，字伯温，浙江青田人。年十四，入郡庠，从师授《春秋》经，人未尝见其执经诵读，而默识无遗。习举业，为文有奇气，决疑义，出人意表，凡天文兵法诸书，过目洞识其要。讲性理于复初郑先生，闻濂洛心法，即得其旨归，先生大器之，乃谓基父曰："吾将以天道无报于善人，此子必高公之门矣。"

元至顺癸酉(1333)，举进士，授江西瑞州府高安县丞。揭文安公傒斯见之，谓："魏征之流，而英特过之，将来为济时器也。"基在燕京时，间阅书肆有天文书一帙，因阅之经夕，翼日即背诵如流。其人乃大惊，欲以书授之，基曰："已在吾胸中矣，无事于书也。"及丞高安，有进贤邓祥甫者精于天文术数，乃以其学授基焉。之官，以廉节著，发奸摘伏，不避强御，为政严而有惠，小民自以得基为慈父，而豪右数欲陷之。时上下咸知其廉平，卒莫能害也。江西行省大臣素知基，辟为掾史，以谠直闻，后与幕官议事不合，遂投劾去，隐居力学，至是而道益明。

尝游西湖，有异云起西北，光映湖水中，时鲁道原、宇文公谅诸同游者皆以为庆云，将分韵赋诗，基独纵饮不顾，乃大言曰："此天子气也，应在金陵。十年后，有王者起其下，我当辅之。"时杭城犹全盛，诸老大骇，以为狂，且曰："欲累我族灭乎！"悉去之。基独呼门人沈与京置酒亭上，放歌极醉而罢。时无能知者，惟西蜀赵天泽知其才器，以为诸葛孔明之流，尝作文以期之。

方谷珍反海上，元帅原儿只班被其诱胁，省宪复举为浙东元帅府都事，基即与元帅纳邻哈剌谋筑庆元等城，贼不敢犯。及帖里帖木耳左丞相招谕方寇，复辟为行省都事，议收复，基建议招捕，以为方氏首乱，掠平民，杀官吏，是兄弟者宜捕斩之，余党胁从诖误，宜从招安。方氏兄弟闻之惧，请重赂，基悉却不受，执前议益坚。帖里帖木耳左丞使其兄子省都镇抚以基所议请于朝，方氏乃悉贿，使人浮海至燕京省院台，俱纳之，准招安，授谷珍以官。乃驳其所议，以为伤朝廷好生之仁，且擅作威福，罢帖里帖木耳左丞辈，羁管基于绍兴。基发愤恸哭，血呕数升，欲自杀，家人叶性等力阻之，门人密里沙曰："今是非混淆，岂自经于沟渎之时耶？且太夫人在堂，将何依乎？"遂抱持，得不死，因有痰气疾。是后方氏遂横，莫能制，两越皆从乱如归。基在绍兴，放浪山水，以诗文自娱，时与好事者游云门诸山，皆有记。

行省复以都事起基，招安山寇吴成七等，使自募义兵，贼拒命不服者，辄擒诛之，略定其地。复以为枢密院经历，与行院判石抹宜孙守处州，安集本郡，□□行省郎中。经略使李国凤巡抚江西诸道，采守臣功绩奏于朝，时执政者皆右方氏，遂置基军功不录，由儒学副提举格授处州路总管府判。诸将闻是命下，率皆解体。敕书至，基于中庭设香案，拜曰："臣不敢负世祖皇帝，今朝廷以此见授，无以宣力矣。"乃弃官归田里。时从义者俱畏方氏残虐，遂从基居青田山中。乃著《郁离子》。

客或说基曰："今天下扰扰，以公才略，据括苍，并金华，明[①]、越可折[②]简而定，方氏将浮海而避公矣。因画江守之，此勾践之业也。舍此不为，欲悠悠安之乎？"基笑曰："吾平生忿方谷珍、张士诚所为，今用子计，与彼何殊耶？天命将有归，子姑待之。"会太祖下金华，定括苍，乃大置酒，指乾象谓所亲曰："此天命也，岂人力能之耶？"客闻之，遂亡去。

基决计趋金陵，众疑未决，母夫人富氏曰："自古衰乱之世，不辅真主，讵能□万全计哉？"众乃定。或请以兵从，基曰："天下之事，在吾所辅者尔，奚以众为？"乃悉以众付其弟升，俾家人叶性、朱佑等参掌之，且曰："善守境土，毋[③]为方氏所得也。勿忧我。"适总制官孙炎以上命遣使来聘，遂由间道诣金陵，陈时务十八策，上从之。

会陈友谅入寇，献计者或谋以城降，或以钟山有王气，欲奔据之，或欲决死一战，不胜而走未晚也。基独张目不言。上召入内，基奋臂曰："先斩诸议降及奔钟山者，乃可破贼尔。"上曰："先生计将安出？"基曰："如臣之计，莫若倾府库，开至诚，以固士心。且天道后举者胜，宜伏兵伺隙击之，取威制敌，以成王业，在此时也。"上遂用其策，设伏击之，斩获凡若干万。上以克敌之功赏基，悉辞不受。

中书省设御座，将奉小明王，以正月朔旦行庆贺礼，基大怒，骂曰："彼牧竖耳，奉之何为？"独不拜。适上朝，基遂陈天命所在，上大感悟，乃定征讨之计。是年，将讨友谅于九江，基曰："金星在前，火星在后，克之必矣。"上大喜，遂攻皖城，自昏达旦不拔，基以为宜径拔江州。上遂率军西上，陈氏率其属走湖广，江州平。上使都督冯胜将军攻城，命基授方略，基书纸授之，使夜半出兵，云："至某所，见某方青云起，即伏兵；顷有黑云起者，即贼伏也，慎勿妄动；日中后黑云渐薄，回与青云接者，此贼归也，即衔枚蹑其后击之，可尽擒。"众初莫肯信，至夜半诣所指地，果有云起，如基言。众以为神，莫敢违，竟拔城，擒贼而还。王汉二以饶、信降，上命基抚之。陈氏洪都守将胡廷美使其子纳降，请禁止若干事，上初有难色，基自后踢所坐胡床，上意悟，许之，廷美遂以城降。

初，基闻母富氏丧，悲恸欲即归，上以书慰留之，期以成功，基不得已，遂从征伐。至是辞归。上遣礼官伴送，累使吊祭，恩礼甚隆。时苗[④]军反金华、括苍，杀守将胡大海、耿再成、孙炎等，衢州或谋翻城应之，守将夏毅惧，无所措。会基至，

---

① 原文为"闽"，据《石匮书》卷四十四等改。

② 原文为"拆"，据文意改

③ 原文为"母"，据文意改。

④ 原文为"苗"，据文意改。

即迎入城，一夕定之。即发书金、处属县，谕以固守所部，遂同邵平、章荣诸军克复处城，擒苗帅贺仁德、李佑之，处州平。基至家营葬事，时与所亲论上必当有天下之状，于是乡里及邻近郡县翕然心服，方氏虽据温、明三郡，其士大夫皆仰基如景星庆云，其小民亦未尝不怀其旧德也。方氏素畏基名，时遣人致书奉礼，不敢受，使人白于上。上因令基与通问，因宣国家威德，方氏遂纳土入贡。上时使人以书访军国事，即条答，悉合机宜。

某年月日，赴京，道经建德，今严州也。适张氏入寇，时曹国公守建德，欲奋击之。基乃使勿击，曰："不出三日，贼当自走，追而击之，此成擒也。"此三日黎明，基登城望之曰："贼走矣。"众见其壁[①]垒、旗帜皆如故，且闻严鼓声，疑，莫敢轻动。基趣使疾进兵，至则皆空垒，击鼓者乃所掠老幼耳。遂穷追贼，至东阳，悉擒之以还。

基至京，时陈友谅据湖广，张士诚据浙西，皆未下。众以为苏湖地肥饶，欲先取之，基曰："张士诚自守虏耳。陈友谅居上流，且名号不正，宜先伐之。陈氏既灭，张氏如囊中物耳。"会陈氏复攻洪都，上遂与友谅大战彭蠡湖，胜负未决。基密言于上移军湖口，期以金、木相犯日决胜，上皆从之，陈氏遂平。上还京，定计取张士诚，因定中原，拓土西北，基密谋居多。上或时至基所，屏人语，移时乃去，虽至亲密，莫知其由。

命为太史令。一日，基见日中有黑子，奏曰："东南当失一大将。"时参军胡深伐福建，果败没。他日，基见上，上方欲刑人，基曰："何为？"上语以所梦，基曰："三人头上有血，是众字，头上有血，以土傅之，乃得土得众之象。应在梦后三日，当有报至。"上遂留所欲刑之人以待之。三日后，海宁以城降，果如基言。捷至，上大喜，悉以所留人，俾基纵之。荧惑守心，群臣皆震惧，基密奏于上，宜罪已以回[②]天意。次日，上临朝，即以其语谕群臣，众心始安。后大旱，上命讯狱，凡平反出若干人，天应时雨，上大喜。因奏请宜立法定制，上从之。

张士诚平后，张昶欲乱政，乃使人上书称诵功德，劝上宜及时为娱乐。上以示，基曰："是欲为赵高也。"上颔之。昶色动，知基得其情也，乃使齐翼岩等伺察其阴事，未及发而昶先事受诛。及司天台灾，翼岩因为书言之于上，其事多平日基密闻于上或上使为之者，翼岩未之知也。书奏，上切责翼岩，斩之，遂治党与，尽得其与昶通谋状。

---

① 原文为"璧"，据形似和文意改。

② 原文为"固"，据形似和文意改。

上适以事责丞相李善长，宪吏凌悦因弹之。基[①]为上言："李公勋旧，且能辑和诸将。"上曰："是数欲害汝，汝乃为之地耶？汝之忠勋，足以任此。"基叩头曰："譬如易柱，必须得大木，然后可；若束小木为之，将速颠覆。以天下之广，宜求大才胜任者，如臣驽钝，尤不可尔。"上怒遂解。

洪武元年(1368)正月，上登大宝于南郊，基密奏立军卫法，外人无知者。寻拜御史台中丞兼太子赞善。适中丞章溢奏定处州七县税粮，以宋制亩加五合，上特命青田县粮亩止五合起科，余准所拟，且曰："使刘伯温乡里子孙世世为美谈也。"或言有杀运三十年未除者，基慨然曰："使我任其责，扫除弊俗，一二年后，宽政可复也。"

上幸凤阳，使基居守。基志在澄清天下，乃言于上曰："宋、元以来，宽纵日久，当使纪纲振肃，而后惠政可施。"乃命宪司纠[②]察诸道。基素刚严，弹劾无所避，凡中书、内府阉人、吏胥有犯，即捕治，宦者监工不肃及府卫舍人奕棋，基启皇太子，悉置于法。案劾中书省都事李彬侮法等事，罪当死，丞相李善长素爱彬，乃请缓其事，不听，遣官赍奏诣行在，上从其议，处彬刑，基承旨斩之，由是与李善长大忤。上回京，李善长愬之，基乃求退，上命归里，基奏曰："凤阳虽帝乡，然非置都之地。王保保虽可取，然未易轻也。愿圣明留意焉。"遂辞归。后定西失利，王保保竟走沙漠。

上手诏叙基勋伐，且召赴京师，同盟勋册。比至京师，上赉赐甚厚，追赠祖、父爵阶永嘉郡公，累欲进基爵。基曰："陛下乃天授，臣何敢贪天之功，圣恩深厚，荣显先人足矣。"遂固辞不敢当。上欲相杨宪，基与宪素厚，以为不可，上怪之。基曰："宪有相才，无相器。夫宰相者，持心如水，以义礼为权衡，而已无与焉者也。今宪不然，能无败乎？"上曰："汪广洋何如？"基曰："此器局褊浅，观其人可知。"曰："胡惟庸何如？"基曰："此小犊，将偾辕而破犁矣。"上曰："吾之相，无逾于先生。"基曰："臣非不自知。但疾恶太深，又不耐繁剧，为之且孤大恩。天下何患无才，愿明主悉心求之。如目前诸人，臣诚未见其可也。"

上尝与论兵，曰："克敌在兵，制兵在将，兵无节制，则将不任，将非其人，则兵必败。是以两军之间决生死成败之际，有精兵不如良将。"基曰："臣每观庙算，初谓未必皆然，及摧锋破敌，动若神明，臣由是知将之胜又不若主之胜。然陛下不拘古法而胜，尤人所难。"上曰："兵者，谋也，因敌制胜，岂必泥于古哉？战陈之

① 原文为"台"，据形似和文意改。

② 原文为"斜"，据文意改。

事，阖辟奇正，顷刻变化如风云之无常，势要在通其变尔。”

三年(1370)七月，授弘文馆学士。十一月，进封诚意伯。

四年(1371)正月，赐归老乡里，二月至家，遣长子琏捧表，诣阙谢恩。是年八月，蜀平，复遣琏进贺《平蜀表颂》，上仍以文答之。八月，上使克其以手书问天象事，基悉条答，其大意以为“霜雪之后必有阳春，今国威已立，自宜少济以宽”。书奏，上悉以付史馆，其书稿并已前奏请诸稿皆焚之，莫能得其详也。

初，基言于上，瓯、括间有隙地曰淡洋，抵福建界之三魁，元末顽民负贩私盐，因挟方寇，以致乱累年，民受其害，俗犹未革，宜设巡检司守之，上从之。及设司，顽民以其地系私产，且属温州□，抗拒不服。适茗洋逃军周广三反，温、处旧吏持府县事，匿不以闻。基令长子琏赴京奏其事，径诣上前，而不先由中书省。时胡惟庸为左丞，掌省事，因挟旧忿，欲构陷之，乃谋以基欲求淡洋为墓[①]地，弗与，则建立司之策，以逐其家，庶几可动上听，遂以为案奏。赖上素知基，置不问。省部逮其长子，狱上，时已赦琏归，及奏，上曰：“既归矣，免之。”基入朝，惟引咎自责而已。

先是，杨宪败后，汪广洋为丞相，未几而贬广东，乃相惟庸。基乃大戚，尝谓人曰：“使吾言不验，苍生之福也；言而验者，其如苍生何?”遂忧愤，而旧疾愈增。洪武八年(1375)正月，胡丞相以医来视疾，饮其药二服，有物积腹如卷石，遂白于上，上亦未之省也。自是疾遂笃。三月，上以基久不出，遣使问之，知其不能起也，特御制为文一通，遣使驰驿送乡里。居家一月而薨，享年六十五。遗文《郁离子》十卷、《覆瓿集》二十四卷、《写情集》四卷、长子琏集所遗文稿五卷名曰《犁[②]眉公集》。

基未薨前数日，乃以天文书授琏[③]，使服阕进，且戒之曰：“勿令后人习也。”复命谨之。语次子仲璟曰：“胡惟庸必败，我欲奉遗表，无益也。日后上必思我，待有问，当密为我奏。”其略以为“修德省刑，祈天永命，且为政宽猛如循环耳，诸形胜要害之地，宜与京师声势相连络，幸圣主留意”。

基平生刚毅，慷慨有大节，每天下安危，则义形于色，然与人交游，开心见诚，坦荡无间，至于义所不直，无少假借，虽亲之者以此，而忌之者亦以此。惟上察其至诚，任以心膂，基亦以为不世之遇，知无不言，每遇急难，勇气奋发，计划立就，外人莫能测其机。累赞上成大功，上尝临朝称之，辄逡巡不敢当。家居，惟饮酒

---

① 原文为“基”，据《明史·列传十六》表述改。

② 原文为“黎”，据文意改。

③ 原文无“琏”，据上下文补。

奕棋，未尝自言其功，每天象有大变，则累日不乐，以天下苍生为忧喜。上天威严重，惟基抗言直议，不以利害怵其中，上亦甚礼之，尝称为“先生”而不名，又曰“吾子房也”。廷臣或有过失得谴者，密为救解而免，其人或知而诣谢者，则拒不纳；其人不知，亦未尝为言也。居乡里，守义，尚节俭，多阴德，不以富贵骄人。

初，与同郡叶琛、胡深、章溢，金华宋濂同出处，有通家之好，至于居官任政，则各行其志，俱以功名显于世，而基与宋公又文章为当代首称云。[2]（《刘基》，见《本朝分省人物考》卷五十六，明天启刻本）

【笺注】:

[1][明]过庭训(？—1628)撰。《郑堂读书记》卷二十三：“(是书)专辑明一代人物小传，而分省分郡以系之，始于洪武，以至万历初，元业经物，故见闻有据者始为采入，但主褒善宁恕，无苛全收，节取期于赅博，……或采之实录，或采之家乘野史，或从《吾学编》《列卿纪》各臣言行录献征录，与各省通志等书每传详者至十万余言，略者不过数十行数行，大都因其旧文，稍加润色，闲有事不尽覈，人不尽惬，俱沿袭之误，未及改正者也。”过庭训，平湖(今浙江嘉兴平湖)人，万历三十二年(1604)进士。授江陵知县。历官至应天府丞，未上任即卒。崇祯二年(1629)，追赠府尹。在政期间，清田亩、归民田、赈饥民、平冤狱，有政声。另著有《圣学嫡派》《名臣类编》等。

[2]此篇叙述有致，历史脉络清晰。而诸多细节为《明史》本传所不取，文末关于刘基的人品描述颇为细致。

7.《古今名将传》[1]

基字伯温，处州青田人。少颖悟绝群，读书蝇起□山□经学，工属文，旁通天官，阼管□□寇悉□□□。授瑞州高安丞，故秘书监揭□奇之，曰：“子魏玄成流也，而英特殆过之。”应□辟，与幕僚议不合，投劾去。再补江浙儒学副提举，充考官，复谕御史失职，受台抨，再投劾归。乃与鲁道元、宇文公谅日纵酒呼博，游武林，饮①西湖，见异云起西北，众皆谓庆云，公独引满不顾，曰：“此天子气也，应在金陵，十年后，有王者起其下，我当辅之。”西蜀赵天②泽复奇公曰：“公乃受魏玄成目邪？非诸葛武侯，未易当也。”

方谷珍反海上，省宪举公为行省都事，谷珍知不能抗，乃使人浮海至燕，以重赂贿元用事者。下有司招抚，授谷珍以官。公言贼弱易与，今不除，乃厚抚之，益

① 原文为“汛”，据《名山藏》卷五十七等表述改。

② 原文为“元”，据通行文献人名表述改。

长贼计。用事者以先入谷珍赂，大怒，谓公失天子悯念元元至意，当斩。羁管绍兴路。公感愤闻，哭流血，欲自杀，赖门人□理沙等力阻得不死。自是放浪绍兴诸山水，所游必有记，又多为歌诗自适，而谷珍益横肆，不可制。

盗所在蜂起，行省乃复以都事委公，公受兵，且拨昆讨寇，悉平。是时，石抹宜孙为枢密院，半负义铨，公与之相犄角，军声大振。自枢密经历迁行省郎中，而用事者右方氏，仅以公故儒学副提举资迁总管府判。公既左徙[①]，又失兵，乃纳告身庭中，拜曰："臣不敢负世祖皇帝，无所措足矣。"遂逃归青田山，著《郁离子》十卷以见志。众避谷珍，多依公自保。

会太祖已下金华，定括苍[②]，公置酒延客，指乾象示之，曰[③]："此岂人力也邪？"会上使孙炎以金帛来聘，公乃付其众于弟，嘱曰："众善保境，毋[④]为方氏所窥。"即日同章溢、叶[⑤]琛间道走金陵，且语[⑥]溢、琛："吾西湖言验矣。"既见上，陈时务一十八策[⑦]，上大悦。俄陈友谅倾国入[⑧]寇，压金陵，军势张甚。上欲发兵御之，而众恇据不决，有请背于借一者，有以钟山王气，请奔据者，有劝纳款者。公后至，独张目不言，上为起入内，趣召公。公言："先斩主纳款及奔钟山者。"上固问："计安出？"乃曰："贼骄矣，诱之深入，而伏兵徼取之，故易易耳。取威定霸，在此举，而言纳款及试何也？"上于[⑨]是定[⑩]筴，诱破友谅，尽覆其众。以克敌赏酬公，公辞[⑪]弗[⑫]受。

时上[⑬]虽已[⑭]定江东，称吴国公，而中书省设小明王以犹奉韩林儿，公怒骂不拜，曰："何为奉牧竖者为上？"陈天命所在，上感悟，始定征讨大计。师攻友谅，之皖城，不下，公谓："弹丸地，何足久劳师？友谅胆破矣，急进薄江州，彼必遁江州。下皖城焉。"往，友谅果遁。都督冯胜攻其城，上使公授之方略，公以一赫蹏

---

① 原文为"转"，据文意改。
② 原文为"仓"，据通行文献表述改。
③ 原文为"日"，据文意改。
④ 原文为"母"，据文意改。
⑤ 原文为"[illegible]"，从通行文献表述改。
⑥ 原文为"误"，据文意改。
⑦ 原文为"荣"，据文意改。
⑧ 原文为"人"，据文意改。
⑨ 原文为"千"，据文意改。
⑩ 原文为"吴"，据文意改。
⑪ 原文为"离"，据文意改。
⑫ 原文为"半"，据文意改。
⑬ 原文为"土"，据文意改。
⑭ 原文为"以"，据文意改。

封，曰[①]："夜半出兵，至某所，见某方青云起，即设伏；顷有黑云起者，贼伏也，勿轻动；日中昃而黑云渐薄，回与青云接者，贼归也，衔枚蹑其后击之，可尽擒也。"胜启读，亦未敢信。已而青云、黑云起，具如公言，遂奉而破贼，取其城。友谅之丞相胡廷瑞使其子请以洪都降，有所要质，上难之，公从后蹴所坐胡床，上悟而许，洪都下。

前是，公以母丧告归，上固留，不得行，至是，复申前请，始许。公至衢，而苗军叛，杀金华、括苍守将胡大海、耿再成等，衢人汹汹，其将夏毅忧甚，迎公入，众即帖伏。公为移书诸属邑，俾固守，俟邵平章之兵，而悉诛诸叛将。公治葬毕，因腾书宣上威德，以示方氏，方氏遂请降。

俄驿召，还道建德，而张士诚来寇，李文忠时为帅，奋欲击之。公使勿击，曰："三日后必走，走而尾之，可尽擒也。"三日，公登城望曰："贼走矣。"众见其壁垒、旗帜如故，且闻严鼓声，莫敢发。公复趣之，至其所，则空壁，所留皆老弱，追而薄之东阳，悉获其众。公入谢，上从容问曰："吾欲取陈友谅、张士诚，而鲰生谓'士诚密迩且富而弱，宜先'，若为我策[②]之。"公对曰："陈氏据上游，窃名号，乃心无日忘我，此不宜久蕴祟之。取陈氏，士诚则囊中物矣。"会友谅复攻洪都，上遂率师迎敌之，大战于彭蠡湖，虽小利，尚未决，公请移军湖口，以金、木相犯日决胜，陈氏遂平。

置太史令，秩正三品，公领之。日中有黑子，公奏："东南当失一大将。"俄而参军胡深伐陈友定败没。上方欲刑人，而公适入，亟语之梦，以"头有血而土傅之"，故欲应之。公曰："头上血，众也；傅以土，得众，且得土也。应在三日。"上为停三日待之，而海宁降。上大悦，悉以所停囚付公，纵归里。荧惑守心，群下皆惴惴，以上且有加僇，公密奏，宜下书罪已，以回天意，上许之，众乃安。大旱，上特命公谂滞狱，甫决，雨随澍。

上即位，擢御史中丞，领太史令。时处州七县粮，当加于宋岁额五升，而上独令青田仅以五升为额，曰文："令乡里子孙世世颂刘伯温也。"上欲相中书左丞杨宪，问公，公素与宪善，对曰："宪有相才，无相器。"又问右丞汪广洋。曰："此褊浅殆甚于宪。""参政胡惟庸何如？"曰："用之偾辕破犁犊也。"上曰："吾固难之，吾之相，终无逾先生。"公对曰："臣非不自知。臣疾恶太甚，又不耐繁剧。"其后，宪以怙[③]宠、广洋以巽懦、惟庸以大逆，皆不良死。

---

① 原文为"日"，据文意改，后同。

② 原文为"荣"，据文意改。

③ 原文为"枯"，据文意改。

会上幸凤阳，公与左丞相居守。请于上，谓："宋、元以宽纵失国，且今刑乱，用重必使纪纲肃，而后惠政可施。"乃饬诸御史，一切按劾权幸，无所避。中书省都事李彬坐贪纵见法，丞相以彬省僚，且素昵之，请公缓其狱。公不听，狱其，驰奏，报可，即斩之。丞相大恚恨。俟上归，诉公盛夏祈雨，僇人于坛壝之下，非所以奉承天意。上惜公，持其章不下，而风公以病请告，就医青田。时洪武四年(1371)[2]也。时上再幸凤阳，有欲建中都之意，又锐欲出塞，灭王保保。公濒行，谓："中都曼衍，非天子之居，王保保不可轻。"

明年，大封功臣，手诏叙公勋①伐，召赴京，命兼弘文馆学士。已封其祖、父皆永嘉郡公，乃封公开国辅运守正②文臣、阶资善大夫、上护军、诚意伯，勋级犹二品，而禄二百五十石[3]，仅得忠诚伯之半。

又明年，复予告归里。公既归，犹上章问起居，撰《贺平蜀颂》，上优诏答之。尝为上陈瓯、闽事，盖瓯、括之间有隙地曰淡洋，其南抵闽界曰三魁，为鹾盗薮，方氏所由乱，公奏于③其地立巡司以控扼之。其奸勿便也，相率挟逃戍之卒以叛，大豪复阴主之。公时使其子琏上奏，而不先白中书省，胡惟庸左丞摄相事，衔公旧语，使刑部劾公欲购淡洋地为自墓不得，则创立司之说，以窘其人，致激变。疏上，不问。复请逮其子琏，又不问，而第令移文使公知，夺其禄，伯爵如故。公驰入朝见上，但引咎自责，不敢言归矣。惟庸俄代广洋为右丞相，觇上之念公，怠乃阳为好者，以八年(1375)正月朔挟医来视疾，公饮之再，觉有物积胸中如拳石，又三月寝剧。上使问之，知不能起，乃为文以赠，给驿舟，护归青田。亡何，竟卒，年六十五。

公且卒，以生平所习天文秘书封授子琏，曰："服阕，亟上，毋令后人习之。"为书劝上"修德省刑，祈天永命，且宽猛若循环，毋④持一端，诸形势要害之地，宜宿重兵，与京师形势相连络"，授其次子仲璟曰："惟庸方在事，上之无益，不久必败，败，则上⑤必思我，其时可密闻也。"

公为人刚毅有大节，慷慨敢言，遇天下利害，果毅奋发，不复反顾而揣摩，事计多中，其于天文尤悬断，不爽若鬼神。初，上礼重之，呼"老先生"而不名，又时时谓人"伯温吾子房也"。洪武十三年(1380)，上诛左丞相惟庸等，果复思公言，召其子琏，拜考功监丞，迁江西右参政，蚤卒。二十三年(1390)，召琏子廌，复故

---

① 原文为"动"，据文意改。
② 原文为"王"，据文意改。
③ 原文为"千"，据文意改。
④ 原文为"母"，据文意改。
⑤ 原文为"王"，据文意改。

封诚意伯，岁禄五百石，予①世袭，二十五年(1392)卒。子法幼，而琏弟仲璟奏公遗疏，拜閤②门使，迁谷王右长史。靖难师起，谷王开金川门降，而仲璟独不屈，下狱，法亦停袭。法子枢、孙昙。曾孙禄，至景泰中，上思公功，授世袭翰林五经博士。子宪，前卒；孙瑜，至弘治中，因给事中吴士伟言，晋授处州卫指挥使。正德九年(1514)赐诰曰："刘基学为帝师，才称王佐，孔明之任，岂间人言？敬舆之谋，不负所学，占事考祥，明有征验，运筹画策，动中机宜。渡江策士无双，开国文臣第一。受爵能让，怀辞金蹈海之风，成功不居，从辟谷封③留之请。可谓明哲，允矣清贞。特赠尔为太师，谥文成。"嘉靖十八年(1539)，公入④祀太庙庑中，瑜嗣诚意伯，食禄七百石，与世券。二十年(1541)，瑜卒，子世延嗣。

李秃翁曰："中忌者之毒，以太直故；晚而上之顾寖薄，以刚故。不肯为子房之和光同尘，曲己藏身，明矣。此其人品识见，实居留侯前。世人惑闻见，反以公为不逮子房，非也。一进一退，自有定数，一胜一负，自有定时，而况于生死大事也。迷者俟命而行，达人知天已定。公既精天文，安有不知己死洪武八年(1375)、而已死之年⑤仅六十又五？今观公封天文秘书以授子琏也，且责令琏亟上之，又为书以授次子仲璟，而曰：'必待惟庸败后，乃可密闻。'至十三年(1380)，上竟诛惟庸，累坐夷灭者数万，果思公言，召琏拜官，而琏遂卒，孙廌继之，袭封诚意伯，增禄五百石，且予世券。公一时刚直之所贻，不可以观乎！而仲璟复奏公遗疏，拜閤⑥门使。琏与廌咸卒于洪武二十五年(1392)前，而仲璟独著节于靖难后。公为开国功臣第一，仲璟为死难忠臣，世济其美，孰谓公独授书于仲璟为无意哉？故曰：'皆天也。公唯知天，而已不然，何贵于知天文？'"[4]（《明刘基》，见《古今名将传》卷十五，明天启刻本）

【笺注】：

[1][明]陈元素(1575—1634)撰。本书撰法为辑录整理资料，而没有引《孙子》或其他兵家言，对传主的用兵得失加以评论。陈元素，长洲(今江苏苏州)人，万历三十四年(1606)乡试本拟解元，以嫌厄落第。与俞允文、张世伟最善。早以文学知名，曾为沈周《石田先生集》书序。画山水用墨清妙，画兰秀媚有盛名。尤善书法，精于楷书、行草。祀吴郡名贤。另著有

① 原文为"子"，据文意改。
② 原文为"阅"，据文意改。
③ 原文为"卦"，据文意改。
④ 原文为"人"，据文意改。
⑤ 原文无"年"，据文意补。
⑥ 原文为"阁"，据文意改。

·《南牖日笺》。

[2]根据通行表述，事在洪武元年(1368)。

[3]通行作“二百四十石”。

[4]本文错误颇多，叙述多涉鄙俗轻率。然其语气率直，有发人未发者，叙述方式颇似民间故事传播口吻。

8.《石匮书》[1]

刘基，处州青田人也。曾祖濠、祖廷槐、父爚。濠为宋翰林掌书，每阴雨积雪，登高丘而望其突不黔者赈之。宋亡①，林融为宋举义，元使使簿录融，株连尽其里，濠盛治牛酒，延使者其家，醉之，胠其箧，私记其渠率二百人，而自火其室。使者走火失录，濠佯为使者游覈，第以所记二百人上。

基在元，年十一举于乡，十五成进士，授高安丞。先是，瑞州有术士曾义山者从异人得秘书名《银河棹》，善占卜，临终藏其书于葫芦石洞中，诫其子曰：“某月日有刘姓过吾家，取书畀之。”至是，基经山家，得其书，益自负。在高安，与幕僚不合去。

方谷珍反，省宪辟基为元帅府都事，基请兴兵捕斩之，而元大臣受谷珍金，谪基言，锢之绍兴。基时时往来云门诸山，或为人择葬②，用粒粟法相地，多奇验。会山寇起行，省复召为都事，基自募义兵剿寇，与石抹宜孙守处，累授行省郎中。大臣录守江南功，基不与，遂弃官归隐青田山。偶至西湖，与鲁道元、宇文谅等纵饮呼博，日晡，有异云起西北，一湖皆光，客皆诧异，基独引满，大言曰：“此天子气也，应在建康，十年后，有王者起其下，我当辅之。”座客谓基狂，渐离席去，基独与门人沈与京③放歌，极醉罢。

基居山中读书，作《郁离子》十八篇。郁者，文也，离者，明也，其《九难》篇，仿《七发》《七启》而为之，其末归于讲尧禹之道，论汤武之事，宪伊、吕，师周、召，稽考先王之典，商度救时之政，明法度，肄礼乐，以待王者之兴。

有说基者曰：“天下扰扰，以公才略，据括苍，并金华，明、越可折简定，画江守之，此勾践之业也。”基笑曰：“吾正恶方谷珍、张士诚刺促狐鼠，乃效之邪?”吴公下建康，乃置酒高会，指乾象曰：“此天命，非人力也。”遂决计趋建康。客或尼之，

---

① 原文为“宋”，据文意改。

② 原文后有“葬”，疑衍字，删。

③ 原文为“原”，据《殿阁词林记》卷六改。

基母富氏曰:“自古衰乱之世,不辅真主,讵万全哉?”会总制官孙炎以吴公命来聘,乃由间道往见。公方食,召[①]之坐,指所用班竹箸,使基赋之,基曰:“一对湘江玉并看,二妃曾洒泪痕斑。”公蹙頞曰:“秀才气。”基曰:“汉家四百年天下,尽在张良一借间。”公大悦,日置帷幄,称“先生”而不名。时诸将多从公滁、濠间,力战有功,基以儒生缓带称军祭酒。

陈友谅既杀花云于太平,弑徐寿辉而夺之,扬言东下,声势大震,诸将多恐,议降议奔,言人人殊。基后至,独睅目不言。公召入,问之曰:“先生何以不言?”基曰:“先斩议降及奔者,臣乃言。”公前席曰:“事急矣,先生试言之。”基对曰:“贼骄矣,诱之深入,而伏兵徼取之,故易易耳。取威定霸,在此举,而言纳款及奔何也?”公善其策,勒大将军达等乘东风,发伏击,大破之。赏基功,辞不受。时正旦中书省尚设小明王座,奉龙凤正朔,基过,睨之曰:“是座为谁侍者?”曰:“小明王。”基向前蹴其床,怒骂而去。公大駴,趣召问,基曰:“牧竖耳,奉之何为?”遂为公陈天命所在,公感悟,始定大计。寻发师攻皖城,久不拔,基语公曰:“弹丸地,乃久劳我师。友谅胆落矣,急进薄江州,彼必遁江州。下皖城焉。”往至江州,友谅果夜遁武昌。其相胡廷美以洪都降,曰:“请无散所部隶他将。”公难之,基自后蹑座跗,公悟,亟许,洪都下。

初,基闻母讣乞归,公慰留再三,至是辞益力,公始许。值苗将反金华,杀胡大海,而衢州[②]谋翻城应之,夏毅惶逼无所措,闻基至,迎入,一夕而定,旋谕属邑固守。俟邵平章兵至,禽苗帅,平之。基治葬毕,辄为人言:“吴公神武,必有天下。蕞尔方氏,不为窦融,当且为田横。”而方氏素惮基名,遣人致赙隙之。白于公,公令基与通。因腾书,宣公威德,方氏遂纳土称臣。

复除入京道,建德张士诚正入寇,李文忠欲出击之,基止之,曰:“不出三日,贼当走。”至期,登城望曰:“走矣。”众见其壁垒、旗帜如故,鼓角方严,基趣文忠疾迫垒则皆空,而留其所掠老弱严鼓而已,遂追禽之。

当是时,吴、汉雄峙,议出兵奚先。公问基,基对曰:“士诚自守虏耳,友谅据上流,窃名号,宜先灭之。友谅灭,士诚囊中物也。”公意决遂伐汉。大战彭蠡湖,公方坐胡床督战,基占气,排公床,连呼曰:“公更舟,公更舟。”公仓皇起改舟,则汉炮碎舟皆糜。公与汉相持湖中三日,基请移军湖口,以金、木相犯之日克之。友谅果以庚寅日中矢死。

---

① 原文为“诏”,据文意改。

② 原文作“西安”,据《殿阁词林记》卷六等记述改。

久之，诸将奉公为吴王，置太史监，以基为太史令。吴王使徐达、常遇春攻张士诚，苏州围三百余日不下，基曰："苏城形如螺，取螺者，击首则缩，击尾则出。齐门尾也，盘门首也，击齐门，盘门开矣。"诸将用其言破之。是年，改监为院，基为太史院使，已为御史中丞，仍兼管。

吴王即位为天子，置汴梁为北都，车驾行视之，使基与李善长居守。基督察奸恶，辇毂肃然，宦者监工不肃，亦即启皇太子逮治之。中书省都事彬奸事露，基驰奏，请诛彬。既得旨，善长以省僚欲庇之，会天旱，请基缓其狱，基不从，曰："除奸彬，天必雨。"竟杀之。帝还，善长言基专恣，左右畏基，亦短之。皆不问。会有妻丧，告归。

其冬，手诏召还，诏曰："前太史令、御史中丞基，世居括苍，怀先圣道。天下初乱，闻朕亲将金华，旋师建业，即别闾里，捐丘陇，应聘而起，相从群雄未定之秋，居则匡辅治道，动则仰观天象，发纵指示，无往不克。曩者攻皖城，拔九江，抚饶州，降洪都，取武昌，定处城内变，尔多辅焉。彭蠡鏖战，炮声激裂，若雷临首，军士大呼，鬼神怒号，自旦至暮，如是凡四。尔时在舟，同我患难，今秋告归，久而未至，朕心缺然。今天下一家，尔当疾来，同盟勋册。言非儒造，实出朕诚，尔遂命驾，良慰朕心。"既至，赉赐甚厚，追封其祖、父皆永嘉郡公。

洪武三年(1370)，授弘文馆学士，其冬，进封诚意伯，禄二千石，曰："吾子房也。"上赋处州，御史大夫章溢请加之宋赋亩并。上曰："青田便亩五合而已，令伯温乡里世世为美谈。"

四年(1371)春，赐老归。其秋，帝手书付基曰："近西蜀悉平，称名者尽俘京师，我之疆宇，不少前王。胡元以宽失天下，朕今救之猛。然小人但喜宽恣，谤骂国家，非刑莫治。即今天象叠见，天鸣已八载，日中黑子见三年，今秋天鸣震动，日中黑子或二或三或一，日更有之，更不知灾祸自何年月日至？卿年高，静处万山中，必有真见。今刻期往卿问讯，使行，勿赉茶饭迓之。"基悉条对，而焚其草，大略以"霜雪之后，必有阳春。今国威已立，宜少济以宽"，帝命付之史馆。

基在青田，日饮酒奕棋，口不及时事。守令访见皆不得，一日，令微服为野人入山求诚意伯基。方濯足水际，令固从之，因引入茅舍，摄衣，出为黍食令。令告基曰："某青田令也。"基乃大惊，起，称"民"，因别去。其后令终不得以微服见矣。

初，帝尝与基论相，基谓杨宪、汪广洋、胡惟庸皆不胜相，惟庸衔之。会瓯、括间有地曰淡洋，南界福建，元末奸民盗鹾其间，方谷珍所由乱，基尝言上设巡简司守之，而民作奸如故。适盗周广三反，温、处吏匿不以闻，基令长子琏径诣上奏，不先白中书省。惟庸以前衔使吏讦基，言淡洋地有王气，基欲得为墓，民不与，则请立巡检[1]逐民家，庶几动上听。遂饮章以闻，帝夺基禄。基惧[2]而见帝，自引责而已，殊不辩，竟侍帝京师，不敢归家。

八年(1375)春，病。惟庸拉医来，中其蛊，遂笃，帝命传送归。临尽，集天文书鐍匮中，敕璟曰："服阕进之，吾后世子孙毋习也。"遗奏劝上"修德省刑，祈天永命，其宽猛若循环，毋持一端，诸要害之地，宜宿重兵，与京师形势相连络"，且戒璟曰："惟庸方在事，毋上，不久败，败则上思我言，其时可密闻也。"讣闻，帝急遣李铎至青田索遗书，璟奉匮出，缄钥如故，授铎，驰上之。

初，基之从帝也，帝使冯胜从，基授进止。基告胜："夜半出兵至某所，见某方青云起，即伏兵；顷有黑云起者，贼伏也；日中后，黑云渐薄，回与青云接者，贼归也，蹑之可尽禽。"众初莫信，既果然，始以为神，遂奉而得胜。一日入见帝，欲戮囚，语基梦以头有血，而土傅之，故欲戮囚。基曰："头上血，众也，土傅之，得土得众之象。应不出三日。"帝停刑待之，果有海宁之捷。帝悉付基囚，使纵之。

基以先占奇智佐帝，有天下言奇事者，悉归基。亦闻曰："帝初营中都而城之。基曰：'临濠兴□之地，当避国姓，国姓音猪，猪不可圈。'帝国基□而有意都焉。基曰：'金陵负山之险，扼江之阻，江南形胜，帝王之都。中都虽帝乡，非建都地。'帝乃止，遂都金陵。使基相址既定，基出，帝移其址数寸，明日入，惊曰：'谁改臣址？'帝曰：'我也。'基曰：'固当，恐终当迁耳。'既成，帝见殿角皆设铜罻，顾基曰：'何鸟能复飞入？'基笑曰：'除是燕子。'又一日，登高望曰：'美哉都乎！冠山而表江，王气之聚也！'基对曰：'美则美矣，鸡鸣山犹有王气。'帝明日幸鸡鸣山厌之。帝治方中钟山，孙权之冢当其前，基曰：'臣闻圣人治天下，骴骼润泽，枯槁荣茂。孙权，人雄也，称王于吴，弹压江东，毋[3]除残魄，为陛下守门，不亦可乎？'帝曰：'善。'其后文皇入靖难，先即位于鸡鸣山，乃知基所言'燕子'者燕王，'鸡鸣山王气'者，燕王即位也。"

初，帝问基："卿几子？"对曰："臣子二，曰琏，曰璟。"帝召见之，曰："阿琏明秀，阿璟凝重。"基曰："臣子琏有相才无相器，臣子璟过刚不中，终不得其死。"琏为江西参政，帝常欲相之，亦为胡惟庸党所胁堕井死，遗子廌[4]七岁。初，基封止其身而已，惟庸败，上念基，欲使璟嗣，璟让廌，帝悦，赐之衣服、鞍马、居室，授阁门使。封廌为诚意伯，予世袭。二十五年(1392)卒。子法幼，璟以抗文皇，庾死

---

① 原文为"简"，据通行职官名改。

② 原文为"跳"，据通行表述改。

③ 原文为"母"，据文意改。

④ 原文为"荐"，据通行人名记述改。本文下同。

狱中，法亦停袭。法子柜、孙昙，俱不爵。景泰中，授其孙禄翰林五经博士。弘治中，授其孙瑜处州卫指挥使。正德九年(1514)，赐诰曰：“刘基学为帝师，才称王佐，孔明之任，岂间人言？敬与之谋，不负所学，占事考祥，明有征验，运筹画策，动中机宜。渡江策士无双，开国文臣第一。受爵能让，怀辞金蹈海之风，成功不居，从辟谷封留之请，可谓明哲，允矣清贞。特赠尔为太师，谥文成。”嘉靖十八年(1539)，刑部郎中李谕言：“乡人刘基宜侑享高庙，世其封爵，如徐达。”世宗是谕，言下廷议，皆①言：“高皇帝收揽贤豪，创造基业，一时佐命功臣，并轨宣翼，而帷幄奇谋，中原大计，每每属基。故在军有子房之称，剖封发孔明之喻。基亡之后，孙廌嗣之，太祖常召谕再三，铁券②丹书，誓言世禄。廌嗣爵，未几旋即殒。世褫圭裳于末裔，委带砺于空言。或谓后胤孤贫，勿克负荷，或谓长陵绍统，遂至疏嫌，一辱涂泥，传闻多谬，而载书盟府，绩效俱存。昔者武王与灭，天下归心；成季无后，为善何劝？基宜侑太庙，其九世孙瑜宜嗣伯爵。”制曰：“可。”基入祀太庙庑中，指挥瑜嗣诚意伯，与世券。二十年(1541)，瑜卒，子世延嗣。

石匮书曰：“刘文成之功大矣，而报轻也，盖文成以术合，亦以术见疑。故文成终其身任情戆直，勿事婞阿，虽明尝不试之药，亦惟冀人主见谅。明已之不终，在文成岂不知？出此而英雄欺世之语，其在英主、疑主之前敢出乎哉？且赤松、黄石在留侯，亦仅能得之汉高而不能得之吕后，当其辟谷疆食，留侯又岂得已也哉！”[1]（《刘文成世家附刘璟》[2]，见《石匮书》卷四十四，稿本补配清钞本）

【笺注】:

[1][明]张岱(1597—约1679)撰，又名《石匮藏书》。崇祯元年(1628)，张岱利用家藏资料著纪传体明史，五易其稿、九正其讹，历时二十七年撰成是书。由于崇祯一朝既无实录，又失起居注，遂止于天启。张岱，山阴(今浙江绍兴)人，祖先做过太仆寺卿，但其一生不曾做官，过着游山玩水、落拓不羁的“风雅”生活。长寓杭州，于戏曲、音乐，乃至品茶、饮膳，无所不好。清兵南下，他入剡溪(今嵊州市)山中避居著书。史载其“披发入山、駴駴为野人”，以显示其民族气节。另《西湖梦寻》等。

[2]张岱为明末著名小品文大家，此文叙述，颇似《史记》列传手法。

9.《明书》[1]

刘基，字伯温，浙青田人。曾祖濠，为翰林掌书。每阴雨积雪，登高邱望其聚

① 原文为“佥”，据文意及《明书》卷一百四十三等改。

② 原文为“券”，据文意改。

突无烟者赈之。宋亡，林融为宋举义，元使簿录，融株连尽其里[①]，濠盛治牛酒，延使者其家醉之，胠箧私记渠率二百人，而自火其室。使者欲携簿走，寻之不得，濠佯惊，第以所记二百人上，曰："此烬余也。"众并得免。祖廷槐。父爚，有智计，通经术，为遂昌教谕。

基少颖脱，读书七行俱下，年十四，通《春秋》，遍及五经，工文章，凡天官阴符家言，无不精析其奥。讲性理于郑复初，闻濂洛心法。元末举进士，揭曼硕深爱重之，曰："子魏玄成流也，而英特过之，济时器也。"在燕市得天文书一册，阅之，翌日即背诵如流，其人惊，以归之。笑曰："书在腹中矣。"授高安丞，进贤有老人邓祥甫者善天文，一见惊曰："公聪明绝世，器质宏深，当为一代伟人。"尽出秘书相授。在官摧抑豪贵，人多怨之。尝反新昌故狱，检官以罪去，嗛谋中伤，行中书省移塞入幕府避之，与其长抗议不合，投劾去。寻补浙江儒学副提举，充考试官，上言御史失职数事，授台抨，归。乃与鲁道元、宇文公谅日纵酒，游西湖。一日有异云起西北，二人以为庆云，将赋诗。基大言曰："天子气也，应在金陵。十年后英主出其下，我当辅之。"众骇散，独门人沈与京[②]共饮，沉醉乃别。西蜀赵天泽尤奇之，以为诸葛孔明之流，天上方有事，幸自爱，勿落小盗手。

方国珍反海上，省宪辟为元帅府都事，筑庆元诸城逼之。时左丞帖里帖木儿议抚，基持不可，曰："国珍首乱，赦之，无以惩后。"左丞称善，进行省都事，闻之朝。而国珍使人浮海至京，贿用事者，许国珍官，听其降，坐基擅持威福，夺职羁管[③]绍兴，并罢左丞。基欲自杀，门人持之而免。乃放浪绍兴诸山水，游必有记，多为诗歌自适，而国珍遂不可制。

山盗蜂起，行省复以都事辟治兵，且抚且讨，寇悉平。而是时石抹宜孙为枢密院判，负义干，基与之相犄角，军声甚振，自枢密经历迁行省郎中。方上功，经略使李谷风[④]右方氏，仅以故儒学资迁总管府判，夺其兵权。即弃官，归集乡党自保，众避国珍者，多依以居。著《郁[⑤]离子》十八篇，其丑物托类，皆悲生民之涂炭，叹国法之弁髦，庶几藏器，以遇真主，其辞甚多，其意一也。郁者，文也，离者，明也。

客或说以句践事业，基笑曰："生平恶国珍士城辈所为，今乃效尤，可乎？天

---

① 原文为"理"，据文意改。

② 原文为"原"，据《殿阁词林记》卷六改。

③ 原文为"馆"，据文意改。

④ 原文为"李凤谷"，据《明史》卷一百二十八等人名记载调整语序。

⑤ 原文为"都"，据刘基生平撰述改。

命行有属，其姑待之。"时太祖已下金华，定括苍。基[①]置酒延客，指乾象示曰："此岂人力也耶？"会上使孙炎来聘，乃语其众、弟升曰："善保境[②]，勿为方氏窥。"遂与宋濂、章益、叶琛间道走金陵。既见上，陈时务十八事，盛言："明公因天下之乱，崛起草昧间，尺土一民，无所冯藉，名号甚光明，行事甚顺应，此王师也。我有两敌：陈友谅居西，张士诚居东。友谅包饶、信，跨荆、襄，几天下半，而士诚仅有边海地，南不过会稽，北不过淮阳，首鼠窜伏，阴欲背元，阳则附之，此守虏耳，无能为也。友谅劫君而胁其下，下皆疲位，乖则不欢，民疲则不传，故汉易取也。夫攫兽先猛，擒贼先强，今日之计，莫若先伐汉。汉地广大，得汉，天下之形成矣。"上大悦，称先生而不名。

陈友谅倾国入寇，陷太平，将犯龙江，上欲御之，而众恇扰甚，有请决一战者，有以钟山王气请奔据者，至有劝纳款者。基独张目视，不言。上召入问之，基曰："请赐臣剑，先斩议降及奔者，臣乃言。"上曰："事急矣，言而后赐。"基曰："友谅恃太平之胜，盛气东下，我师缩朒，势已不敌。然明公初有建康，图国之始，胜[③]则王，败则贼，奈何使诸将人人持所见？夫骄易败也，创易惩也，败骄在彼，创惩在我。臣闻天道后举者胜，王师[④]得人为本，明公若倾府库以兴士怒，开至诚以固人心，兴王大业，在此一举。且臣间者望气，敌衰我旺，决可取也。"上曰："善。"于是赐基剑，令诸将尽拜基为军师，有不服者斩之，诸将竦然。诱与战，覆其众尽。

时上虽定江东，称吴国公，犹奉小明王座于中书省，基怒骂曰："彼牧竖耳，奉之何为？"不拜，大陈天命所在。乃止。议伐陈友谅，力赞曰："金星在前，火星在后，往必克，此天意也。"遂进攻安庆，拔其水寨。请乘风直捣江州，从之。友谅仓卒战，败，遁去。冯胜攻南康，上使基授方略，书片纸付，曰："夜半兵至某所，见某方青云起，即设伏；顷有黑云起者，贼伏也，勿轻动；日中昃而黑云渐薄，回与青云接者，贼归也，衔枚蹑其后击之，可尽擒。"胜启读之，初亦莫信，已而具如所言，始以为神，遂破贼，取其城。洪都守将胡廷瑞使其子约降要质，请无分军，上有难色，公从后犄所坐胡床，上悟，许之，洪都遂为明守，友谅不敢越江直下矣。

前是，基以母丧告归，上固留，不得行，至是，复伸前请，特许，而以礼官馆伴赙祭逾等。归至，衢苗军叛杀守将，衢人汹汹，其将夏毅忧之，迎基入，众即帖伏，为移书诸属邑，俾固守。已邵平章兵至，悉诛诸叛将。方治葬，国珍卑辞以币来

① 原文为"塞"，据文意改。
② 原文为"灯"，据文意改。
③ 原文为"腾"，据文意改。
④ 原文为"帅"，据文意改。

唁，基[1]白之，上使受而答之。因腾书，宣上威德，方氏遂入贡献。上于军国有所谋，辄驰使以书来叩，署名称“老先生”，基事事条答，皆悬中机宜。

俄驿召还道建德，张士诚来寇，李文忠时为师，奋欲出战，止之曰：“三日后必走，走而尾击，可尽擒也。”三日，基登城望，曰：“贼走矣。”众见壁垒、旗帜如故，且闻严鼓声，莫取，基[2]复趣之，至其所，则空壁，留者皆老弱，追薄之东阳，悉获其众。

还京，会友谅复攻洪都，上率师逆击，遇彭蠡湖，方大战，基疾呼挥手曰：“难星过，急更舟。”遽易舟，返顾前舟，已炮碎矣。相持未决，请移军湖口，以金、木相犯日克胜，陈氏遂平。

乙巳(1365)，置太史监，秩正三品，基领之，上《戊辰大统历》。日中有黑子，奏东南当失一大将，已而参军胡深伐陈友定败没。上方欲刑人，基入，上[3]亟语之梦以“头有血而土傅”，故欲应之。基曰：“头上血，众也，傅以土，得众且得土也。应在三日。”上为停囚待之，果杭州及海宁降，上悦，悉付基纵归。荧惑守心，群下皆惴惴，以上且有诛僇。密言宜下书罪己，以回天意。明日，上见群臣，自引咎，众乃安。大旱[4]，上特命基谂滞狱，甫决，而雨随注。

时基最为上信，向言无不听。中书参政张昶[5]，故元臣，有二心，使人上书颂上功德，请及时娱乐，明得意。上出示基，基质责曰：“是欲为赵高也。”昶色动，怀忿，乃使其腹心齐翼严伺基阴事，未发，昶先坐事诛。司天告灾，翼严遂飞章论基专擅，顾所行皆取密旨，或有请报可者，上怒，诘问，知出张昶，斩之。

上即大位，擢御史中丞，仍领太史令，诸大典、制赏、册拜，皆基与左丞相李善长、学士宋濂计定。时处州七县粮税比宋制当加五升，上独令青田止五合为额，曰：“令乡里子孙世世颂刘伯温也。”或言有杀运三十年，基慨然曰：“使我任其责，扫除弊俗，一二年后宽政可复。”时李丞相贵盛，基独与抗，善长不能平，而适以事见谴，宪使凌说因弹之，基为上言：“李勋旧，且能辑和诸将。”上曰：“是数欲害汝，汝乃为之地耶？”基顿首曰：“计大体，安得及私？”上乃解累欲加封，谢曰：“陛下乃天授，臣何敢贪天？”固辞。

上每称曰：“伯温，吾子房也。”尝因卜相，问：“杨宪何如？”公素与宪善，对曰：

---

① 原文为“塞”，据文意改。

② 原文为“發”，据文意及通行表述改。

③ 原文为“儿”，据文意改。

④ 原文为“早”，据文意改。

⑤ 原文为“昹”，据《殿阁词林记》卷六等记述改。

“宪有相才，无相器。夫宰相者，任理为衡，而不以己与乃称，宪自用，且不学，未见其可。”问汪广洋。曰：“此褊浅，殆甚于宪。”问胡惟庸，曰：“此偾辕破犁犊也。”上曰：“吾固难之。吾之相，无逾先生。”基曰：“为巨室者，栋必大，轻易栋而得小者，宁无为室忧？臣非不自知，第臣疾恶太[1]甚，又不耐繁剧，恐辜陛下恩。”其后宪以怙宠、广洋以轻、惟庸以不逊，皆坐罪，一如所言。

上巡汴梁，基与善长居守，请于上，谓“宋、元以宽纵失国，且今刑乱用重，必使纪纲肃，而后惠[2]政可施计之”。遂督察宫、省，纠举奸恶，小者捕治，大者启皇太子施行。中书省都事李彬实纵事废，善长以彬省僚，且素昵，请于基求缓，不听，狱具，驰奏，报可，即斩之。善长大恨，俟上归，诉基方盛夏祈雨[3]，僇人坛壝之下，非所以奉承天意。上持其章不下，而会基以妻丧告归，得免。

寻手书召还，曰：“前太史令、御史中丞基，世居括苍，怀先圣道，天下初乱，闻朕亲将金华，旋师建业，即别里闾，捐邱垄，应聘而起，相从群雄未定之秋。居则匡辅治道，动则仰观天象，发纵指示，无往不克。曩者攻皖城，拔九江，抚饶郡，降洪都，取武昌，定处城内变，尔多辅焉。彭蠡□战，炮声激裂，若雷临首，军士大呼，鬼神号怒，自旦至暮，□是凡四。尔时在舟，同我患难，今秋告归，久而未至，朕心缺然。今天下一家，尔当疾来，同盟勋册。言非儒造，实出朕诚，尔遂命驾，良慰朕心。”既至，赉赐[4]甚厚。是时上方幸凤阳，建为中都，锐出塞，灭王保保。基谓：“中都曼衍，非天子居；王保保雄杰，不可轻忽。”进兼弘文馆学士。

二年(1369)，大封功臣。先已赠祖、父皆永嘉郡公，至是封开国辅运守正文臣、资善大夫、上护军、诚意伯，禄二百四十石。

四年(1371)正月，告归。八月，手书开曰：“近西蜀悉平，称名者尽俘，我之疆宇，不少前王。且元以宽失天下，朕今收平，非猛不可。然小人但喜宽恣，谤骂国家，煽惑是非，卒莫能治。即今天象叠见，天鸣[5]已八载，日中黑子又见三年，今秋天鸣震动，日中黑子或二或三或一，日更有之，更不知灾祸自何年月日至，卿深知历数休咎，讨论封来。卿年高，静处万山中，必有真乐，使者往回，勿赉以物、茶饭发回。”基悉条对而焚其草。又奏谓：“霜雪之后，必有阳春。今国威已立，宜少

---

① 原文为“大”，据文意改。

② 原文为“患”，据文意改。

③ 原文为“所两”，据文意和《明史》卷一百二十八等“祈雨”事等改。

④ 原文为“阳”，据通行表述改。

⑤ 原文为“鸣”，从文意改，本文后同。

济以宽大。”上是之，宣付史官。基遣[①]子琏上《平蜀》及《甘露》颂，上优诏以答。

时胡惟庸以右丞相摄左事，惮基，每思中伤，基亦自料两人不并立，深藏以待，凡天象及时务所宜，必驰书以闻。瓯、括之间有隙地曰谈洋，南抵闽界曰三魁，为鹾盗薮，元末应方兵为乱，基奏以其地立巡检司控扼之，奸民谓：“地属温州，乃民业，非隙地。”遂合逃军广三逆命，处州宿猾持郡邑事，不以时闻。基使琏上书奏之，不先白中书省，惟庸挟旧事，益怒基。及宿猾逮至，使诉基欲购谈洋地为墓不得，则创立司之说，以窘其人致激变，当坐罪。上不问。复请逮其子琏，又不问。基惧，驰入朝，请罪留京师待管，上曰：“基有功，不汝害也。”

六年(1373)，以文庙不陪祭受胙，夺俸一月。惟庸既益横，基私忧曰：“吾安敢希言验？即验，如国家何？”邑邑得疾。惟庸阳为修好，八年(1375)正月朔，挟医来视疾，饮药，觉有物积胸中如拳，久之浸剧。上遣使问之，知不能起，三月，给驿舟护归。御制文赐之，略曰：“君子绝交，恶言不出，忠臣去国，不洁其名。尔基括苍之士，少有英名，谒朕陈情，用征四方。天下一统，加以显爵，垂名后世，敕赐归老，以尽天年。何图衅生，致使不安？国有八议，夺禄存名，卿趋朝不辨，释疑亲君，可谓不洁其名者与？恶言不出者与？卿今年迈，居京数载，老病日侵，朕甚念之。可还乡，终天年，称朕优老之意。”四月念六日，卒，年六十五。先以生平所习天文秘书封授琏，曰：“亟上之，毋令后人习也。”又为一书，劝上以“修德省刑，祈天永命，且宽猛若循环然，毋持一端，诸要害地，宜宿重兵与京师形势相联络”，授其次子璟曰：“惟庸方在事，上之何益？是不久必败，败，则上思我，其时可密闻也。”

基刚毅有大节，慷慨敢言，遇天下事，果挚勇壮，不复返顾。受上特知，东西征讨，扫平中原，一切皆参密谋。上或召入宫中，或亲至基所，屏人语，移时乃去，自徐达而外，人莫得闻。上天威严重，群臣进对，每战摄失容，惟基抗言直议，不以利害祸福有所转移。与人交，开心见诚，遇所不可，义形于色。家居，日饮酒奕棋，未尝自炫。尚俭，好读书，多行隆德。所著自《郁离子》十卷外，有《覆瓿集》二十四卷、《写情集》七卷、《犁眉公集》五卷，皆峻洁严劲，为时宗工。

初，胡惟庸致毒，上闻而未察。尝问汪广洋，对以不知，上怒贬逐。十三年(1380)，惟庸[②]诛，于是深思基言，召见二子，慰谕之。琏既蚤卒，二十三年(1390)，命子廌复故封诚意伯，诰词谓“其父子俱没于奸邪紊政之时，其节不移，

---

① 原文为“遣基”，从文意调整。

② 原文为“朕”，据文意改。

故授前爵，加岁禄五百石，世袭”。二十五年(1392)卒。子法幼，而璟奏基遗疏，拜閤[①]门使，迁谷王右长[②]史。燕兵起，谷王开金川门降，璟独不屈，法亦停袭。永乐二年(1404)，法与璟子貊进太[③]祖书诏。宣德三年(1428)，授貊刑部照磨，卒。法子柜，柜子昙，昙子禄。景泰三年(1452)，命录基后，守臣言：“琏七世孙禄幼不堪授官，璟四世孙文谦可诏用。”禄，七年(1456)授世袭翰林五经博士。天顺二年(1458)，敕建祠于青田。成化十八年(1482)，敕取基像。禄子宪，未嗣官，卒。弘治十三年(1500)，给事中吴士伟言：“基子孙宜世爵。”宪子瑜，得为处州卫指挥使。正德九年(1514)，赐诰曰：“刘基学为帝师，才称王佐，孔明之任，岂间人言？敬舆之谋，不负所学，占事考祥，明有征验，运筹画计，动中机宜。渡江策士无双，开国文臣第一。受爵能让，怀辞金蹈海之风，成功不居，从辟谷封留之请。可谓明哲，允矣清贞。赠尔为太师，谥文成。”嘉靖十八年(1539)，刑部郎中李瑜言：“皇上明圣，斥姚广孝太庙侑享。臣乡人刘基宜侑享高庙，世其封爵，如徐达。”上是瑜言，下廷议，皆言：“太祖收揽贤豪，创造基业，一时佐命功臣并轨宣翼，而帷幄奇谋，中原大计，每每属基。故在军有子房之称，剖封发孔明之喻。基亡之后，孙廌[④]实嗣，太祖尝召谕再三，铁券丹书，誓言世禄。廌嗣爵，未几旋即陨，世褫圭裳于末裔，存砺带于空言。或谓后胤孤贫，弗克荷负，或谓长陵绍统，遂至疏嫌。虽一尊涂泥，传闻多谬，而载书盟府，绩效具存。昔者武王兴灭，天下归心，成季无后，为善何劝？基宜侑享太庙，其九世孙指挥使瑜宜嗣伯爵。伏惟圣明裁定。”制曰：“可。”乃入祀太庙庑中，列六王之下。寻以爵序。瑜嗣诚意伯，食禄七百石，与世券。二十年(1541)，瑜卒，子世延嗣。年少气锐，振武营之变，拥诸大臣至小教场呼噪，众皆悸，无人色，不能出一语，世延反覆谕以国威，骑颓墙骂曰：“汝等反，反即杀，我大军至，尽杀汝等。”众稍稍慑，乃散而听命。由是自负，藐诸公卿，喋喋上封事见格，忿而恣横，革管事，益纵其下侵夺民田。有诏勒回原籍，骜不肯行，曰：“我有铁券，捶死一人，纳一可免，谁难我者？”论者蜂起，倔疆自如故[⑤]。焰消，家益贫，不能支矣。万历丙午(1606)，下南京刑部狱，死。子孔昭嗣。

史官曰：“世以刘基多帷幄契，又善天官家言，相率为瑰怪之说，传之往往过

① 原文为“阁”，据文意改。

② 原文为“辰”，据文意改。

③ 原文为“大”，据文意改。

④ 原文为“荐”，据通行人名记述改。

⑤ 原文为“顾”，据文意改。

实，故不录。其天官家言，诚巧合命中矣。卒上之中秘，世无知者，然必有神秘者焉。大约基之为人磊落慷慨，不爱其奇，毕忠竭智，谟谋军国，诚英伟不群者矣。古称豪杰勇智士，不相用则角也，夫角，何以全？基数仕元不用，罢归以归太祖，是元遗太祖，以基不使角而使用也！呜呼奇哉！或谓其类张良，其筹策纵横，殊无逊美。至出处大节，明哲保身，方之远矣。然百余年而人主思之，三推德，而复故封，隆侑享，抑何笃厚也！功足当之云尔。"[2]（《刘基传》，见《明书》卷一百四十三列传九，清畿辅丛书本）

【笺注】：

[1][清]傅维麟（1608—1667）撰。纪传体史书，纂辑上起元天历元年（1328）下至明崇祯十七年（1644）约三百年间的明代遗书、家乘、文集、碑志三百余种，并参考实录而成，是第一部明史。书中对万历以前各朝史事记载较详，对泰昌、天启、崇祯三朝史实记叙简略，尤其是军国大政、典章制度比《明史》记载为详，有些是《明史》未收录者。傅维麟，直隶灵寿（今河北灵寿县）人，明末举人，清顺治三年（1646）进士。历任翰林院编修、东昌兵备道、左副都御史、户部右侍郎、工部尚书等职。博学多识，长于治史，所著《明书》，为后世史家重视。另著有《四思堂文集》等。

[2]此文细节记载颇细致。如龙湾大捷中朱元璋"赐剑""拜军师"以示一战的决心，朱元璋在刘基母葬时"赙祭逾等"等的记载与"学士刘基最贵幸，丞相之下莫敢望之"的记载逻辑相符；关于诚意伯家族明代的发展情况首尾甚细致。

10.《罪惟录》[1]

刘基，字伯温，浙江青田人。曾祖濠，为宋翰林掌书。家居，每晨登高丘，望其聚突无烟者赈之。宋亡，里林融为宋举义，元使簿录融，融连引多。濠盛治牛酒，邀使者至，醉而自焚其庐，失所连姓名，于是猝捕得二百人，余幸脱去。父爚，为元遂昌教谕。

基少颖悟，读书七行俱下，年十四，通《春秋》，遍及五经，工文章，兼通阴符家言。元末举进士，为秘书监揭曼硕所知，曰①："吾复见魏玄成氏，英特过之。"得天文书燕市，阅之竟夕，通举无遗。有进贤老人邓祥甫者，一见嗟异曰："吾尝语人王佐之学，率不省。子善自爱。"尽出秘书相示。或曰卜者曾义山得《银河棹②》之秘，遗命其子授基。授高安县丞，在官摧抑豪贵，尝尽反新昌故狱，检官

① 原文为"詑曰"，"詑"疑衍字，删。
② 原文为"掉"，据《石匮书》卷四十四等记述改。

以罪去，嗛谋中基。行中书省移基入幕府避之，辄与其长抗议不合，投劾去。寻补浙江儒学副提举，又辄上言御史失职数事，受台抨，归。乃与鲁道源、宇文公谅日纵酒西湖，见有异云西北起，时基已[①]醉，放言曰："嘻！此所为天子气，应十年，我其辅之。"众掩耳骇去，独门人沈与京[②]扶之归。西蜀赵天泽叹曰："孔明再生，天下可知矣。"为文以劝之。

方国真反海上，辟基元帅府都事，筑庆元逼之。廷臣重言兵间，议抚，基不可，曰："真首乱，不诛，无以惩后。"左丞帖里木儿以基计闻之朝，朝已入真贿，欲便官之，坐基擅威福，夺职羁管绍兴，并罢左丞。基愤呕血，放浪山水，多为诗歌自解。

于时山盗猬起，行省复以都事辟基治兵，与枢密判石抹宜孙相应援，捕盗有声，迁行省郎中。方上功，而有右方氏者，仅迁基总管府判，夺其兵，基益愤弃官，集乡练自保。著《郁离子》十八篇。郁者，文也，离，明也，其丑物托类，大率悲生民之涂炭叹，国法之弁髦，欲明制度，肄礼乐，以待王者之兴。

客说基曰："以足下才气无双，从好乱之众，蹛方氏而有明、越，画江守之，此勾践之业矣。"基笑曰："是又一国真也！天命行有属，子姑待之。"时太祖已下金华，定括苍，指乾象谓所亲曰："此岂人力所能哉？"会孙炎奉命来聘，付其家与弟升曰："守吾法勿失，可方氏不即至。"间道走金陵，上时务十八事，因曰："江南两敌耳。周士诚地南不过会稽，北不过淮阳，首鼠窜伏，阴阳于元，此其志不在大。汉友谅包饶、信，跨荆、襄，劫君而胁其下，下皆乖怨，惟剽悍轻死，然数战民疲，乖则不欢，疲则不传，故汉易取也。今日之计，莫若先汉，汉蹶而周从之。"上悦，称"先生"不名。

已[③]而友谅陷太平，弑寿辉自帝，狰犯龙江。众恇扰，计无所决。基独张目不言，因请，间曰："明公创有建康，方为生民造命，奈何使诸将人人持所见？请赐上方剑，先斩议降及奔钟山者。夫天道后举者胜，王师得人为本，臣夜望气，衰旺已判，急倾府库，以兴士怒，审谋以敌敌势，兴王大业，在此一举。"上乃决计，设伏诱致之。友谅大败去。

当是时，上为宋吴国公，奉小明王[④]座中书省，晨朝之。基独漫骂曰："彼牧竖，何为者？"不拜。因密陈天命所在。寻友谅拥众江州，陷我安庆，基曰："金、火

① 原文为"巳"，据文意改。

② 原文为"原"，据《殿阁词林记》卷六改。

③ 原文为"己"，据文意改。

④ 原文为"玉"，据通行表述改。

相逐，其胜在我。师出有殊获。”乃以其策阳攻安庆，间走江州，友谅仓卒夜奔武昌，复我安庆略地。至蕲、黄，帝命冯胜攻南康，基密授一函以行，至期启之。书曰：“夜半出兵某所，某方青云起，宜为伏；有黑云起者，贼伏也，勿犯；日中昃，而黑云渐薄回，与青云接者，贼归也，疾衔枚蹑其后。”胜初不信，已具如所言，贼败，取其城，诸以为神。时汉胡廷瑞以洪都降，要上无分军，上难之，基从后掎上坐数，上悟，许之，洪都为我守。

至是，始申请母丧。归道出衢，衢降苗叛杀守将胡大海，将为乱。基入城戒谕，稍定。会国真以币唁基丧，基腾书，宣上威德，方氏入贡则。上于军国有所谋议，辄驰使请决也，修奏皆悬中。

召赴京，抵建德，而周士诚寇急。左丞李文忠奋欲出战，基止之，曰：“待三日定而击之。”至期，壁垒、旗帜如故，且闻严鼓声，莫敢发，基曰：“迟之勿及矣。”则果空壁，追薄之东阳，大获其众。彭蠡之战，刻以金、木相犯日定之。

乙巳(1365)，领太史院监，献《戊申大统历》。上尝以梦故，欲刑人厌之。基为作解曰：“头有血，众也，傅以土，得众，且得土也。应在三日。”海宁降。荧惑守心，群臣惴惴，恐大诛僇。基密言：“宜降书罪己，以回天意。”众乃安。大旱，上特命基谂滞狱，甫决而雨随注。

时基最为上信，向言无不听。中书参政张昶，故元臣，上书颂功德。基廷叱昶曰：“是殆欲为赵高耶！”昶色动，使人伺基阴事，未发，而昶先他坐诛。齐翼严者飞章论基专擅，上怒，诘之，出昶所使，亦磔西市。

上即大位，奏定军卫法，擢御史中丞，仍领太史令。诸大典制，皆基与左丞相善长、学士濂稽定。时处州属岁课，亩浮宋额五升，独青田浮十之一，曰“以太史故，令其乡世世颂基德”云。

丞相善长贵盛，基每以事相左，善长恶基于上。久之，丞相别坐谴，基曰：“善长勋旧，或念其辑和诸将。”上曰：“是犹不知丞相之于先生哉？”基顿首曰：“臣顾大体，安得及私。”上意乃解。尝从容问基曰：“吾欲相杨宪，如何？”基素与宪善，对曰：“宰相者任理为衡，而不以已与。宪有相才，无相器。”“然则汪广洋？”曰：“褊殆甚于宪。”“胡惟庸云何？”曰：“此偾辕破犁犊也。”上曰：“吾固难之，相无逾先生者矣。”基惶恐谢曰：“臣宁不自知？ 臣疾恶太甚，又不耐繁，恐终负陛下。”其后三人递相，皆至败。

上巡汴梁，基与丞相居守。请于上肃清纪纲，诏许小者捕治，大者启皇太子施行。中书省都事李彬坐贪纵，丞相素昵彬，为请于基，基不听，狱具，驰奏，报可，辄斩之。丞相乃大恨，称基盛夏祈雨僇人坛壝之下，非所以奉承天意。上持其章不下。会基以妻丧告归，得免。

久之，手书召还，曰："前太史令御史中丞基，怀先圣之道，应聘而起。居则匡辅治道，动则仰观天象，发纵指示，无往不克。彭蠡鏖战，炮声激裂，若雷临首，军士大呼，鬼神号怒，自旦至暮，如是凡四。尔时在舟，同我患难，今秋告归，久而未至，朕心缺然。"既至，赉赐甚厚。

是岁，上方幸凤阳，建为中都，锐出塞，灭廓扩。基谓："中都曼衍，非天子居；廓扩未可用兵也。"后皆如基论。

进兼弘文馆学士。先是，累欲加封，谢曰："陛下天授，臣何敢贪天为功。"帝曰："伯温，吾留侯也。"赠其祖、父皆永嘉郡公，大封"开国辅运守正文臣、资善大夫、上护军、诚意伯"，禄二百五十石。

四年(1371)，告归。寻手书问曰："即今天象叠见，天鸣已[①]八载，日中黑子或二或三或一，日更有之，不知灾祸自何年月日至？卿深知休咎，讨论封来。卿年高，静处万山中，必有真乐，使者往回，勿资以物，茶饭发回。"基条对，大率谓"霜雪之后，必有阳春，今国威已立，宜少济以宽大"云。

时胡惟庸以右丞相摄左事，恨基前语，思以中基。会瓯、括之间有隙地曰淡洋，为鹾盗薮，基奏以其地立巡检司控扼之。奸民合逃军周广三等猾不奉命，而大豪复阴持其窔。基使子琏上书，而不先白中书省。惟庸益怒，使刑部尚书吴云怵罪吏诬基欲购淡洋为寿藏，不遂，乃为此计窘之，致激变，请并逮其子琏。上皆不问，夺其禄，伯爵如故。基惧，驰入朝引罪，不敢归。

六年(1373)，以文庙不陪祭受胙，夺俸一月。惟庸既益横，基伤之，邑邑得疾。惟庸乃阳为好，挟医来视，饮药，觉有物积如拳。久之浸剧，给驿归，赐之书曰："君子绝交，恶言不出；忠臣去国，不洁其名。尔基显爵垂名，敕赐归老，何图衅生，致使不安。卿趋朝不辩，释疑亲君，可谓不洁其名者欤？恶言不出者欤？"以八年(1375)四月卒于家，年六十有五。预缄所习天文秘书，诫子琏亟上之。又为一书，授其次子璟，曰："惟庸久必败，败，上必[②]思我，其时可以密闻。"中书[③]"修德省刑，祈天永命"，以为"宽猛若循环然，毋持一端，诸要害地，宜宿重兵与京师形势相联络"。

基虬髯电目，刚毅有大节，遇所不可，义形于色，受上特知，一切皆参密谋，自

---

① 原文为"巳"，据《石匮书》卷四十四等记述改。

② 原文为"必上"，根据文意和通行文献记载调语序。

③ 原文为"书中"，根据文意调语序。

中山王而外，人莫得闻也。上晚岁威严，群臣进对，每战失措，基独抗议，不以利害移。家居饮酒纵奕，未尝言功。所著更有《覆瓿集》二十四卷、《写情集》七卷、《犁眉公集》五卷行世。

初，惟庸之毒基也，御史中丞涂节言之上，上以问汪广洋。广洋不对上，怒贬之。十三年，惟庸伏诛，上乃深念基，召二子慰谕之。

……[2]

初，琏子廌复故封诚意伯，加禄共五百石，世袭。会以璟故，廌子法亦停袭。宣德三年(1428)，授璟子貊刑部照磨。景泰中，录基后法、曾孙禄世袭翰林五经博士。天顺中，敕祠基于青田。成化中，敕取基像入宫。弘治中，录世爵，禄孙瑜得为处州卫指挥使。正德中，赐诰赠基太师，谥文成。嘉靖十八年(1539)，斥姚广孝太庙侑享，刑部郎中李谕请以基祔入，序六王之下，而世其封。制可。于是指挥使瑜嗣故伯爵，食禄七百石，与世券，而提学副使万潮请肖像璟配享文成祠。瑜卒，子世延嗣。振武营兵变，世延方佥府事，与少司马李遂以义叱之，乱者沮散，由是自负，藐诸公卿，纵其下侵夺民田，有诏勒回原籍，傲不肯行，下南京刑部，狱死。子孔昭嗣。弘光中，以已意多所讫讦，南都败，蹈海去。尝从张名振肆兵金山，无所成。子将军永锡，从鲁监国奋战，水死，有子。

论曰："至正辛卯(1351)而后，论元臣从违，宜有变格。准以《春秋》大义，义在用夏，原非畔经。弇州必以余阙例诚意，犹未审于砥运之大矣！义帝不终，汉高得以名诛项氏，使中书设小明一座，而后以瓜步了之，安必无邵荣、谢再兴等引夏玉真以为辞，外援敌国，执是而内难？然则诚意之不拜中书座，其所以全帝德者，宏哉！子璟以一字责文皇，是以一字效让皇矣！父所持在运，子所维在义，先后不相厄也。明末，其裔孙永锡间关海岛以死，志亦谅矣，与祖璟称两节云，而孔昭之赞南都颇愎。按方孝孺送刘士端归括苍有诗云：'欲请天朝重褒锡。'时未见燕事，而琏巳卒，廌已封，胡为乎而有请？岂阍①门之衔例革，士瑞系璟子，且代父匍匐希恩欤？永乐二年(1404)，青田民貊，系璟子，进高皇帝所赐先诚意手诏八道、祭文一道，以父得罪，故不敢存先恩，上不深求，赐钞五锭。宣德中，授貊照磨刑部。嗟乎！'殿下'犹优璟②后矣。"[3](《罪惟录》列传卷之八中，四部丛刊三编景手稿本)

① 原文为"阁"，据文意改。

② 原文为"环浅"，据吴兴刘氏嘉业堂藏手稿本改。

【笺注】:

[1][明]查继佐(1601—1676)撰。原名《明书》,为明朝到南明史事的纪传体史书。查继佐,浙江海宁人,崇祯六年(1633)举人。少有异才,善诗文词曲。清顺治二年(1645),清军南下,与黄宗羲等募义师投入抗清斗争,事败归里。六十二岁时,因庄廷鑨纂修《明史》案受株连,被吴六奇力救得免。晚年辟敬修堂于杭州铁冶岭下,授徒讲学,世称"敬修先生"。著作有《敬修堂集》《罪惟录》等。

[2]下叙述刘琏、刘璟生平,见下"刘琏""刘璟"条目。

[3]本传叙述刘基生平甚晰,有可补《明史》本传者。从刘基到其子至明末,为"刘诚意世家"之撰法。结尾评述,言"'殿下'犹优璟后",为查继佐之拥戴故朝思想之贯通。

11.《居业堂文集》[1]

诚意伯刘文成公,名基,字伯温,青田人。曾大父濠,宋翰林掌书,宋亡,隐于青田之武阳。邑人林融倡义旅复宋,败,元使簿录其党,将歼焉。使者次武阳,会大雪,市酒濠家,濠询知其故,间①行谒使者,得所簿录甚众,归恻焉,谋救之,不知所出。孙爚方十岁,为画计,盛供具,迎使者,醉之,胠其箧,录渠二百人,而火其居,仓皇掖使者出。使者大恚,曰:"将何籍以复阙下?殆诛死不赦矣。"濠谢曰:"濠家不幸火,震惊使者,诚死罪,顾舍何自火意者,簿录多冤,天欲生之乎?"曰:"即如此,且奈何?"曰使者:"事已竟,不复可往,濠幸有密亲于彼,使密录所知名相报,何如?"使者曰:"幸甚已。"而以所录二百人者授之使者,大喜去。于是全活者无算。爚即公父也。

公幼奇迈,神智绝人,博学工文章,洞识兵法。元至顺时,以明经举进士,除江西高安丞。邓祥甫者,进贤人,精象纬,见公,奇之,尽以其术授焉。后以浙江儒学副提举投劾归。尝游西湖,有云起西北,甚异,郁郁光射湖水中,众以为卿云。公独呼酒满引,掀髯啸睨,大言曰:"此天子气也,应在金陵。十年后,有王者起其下,吾当辅之。"时元政日弛,公慨然有济世安民之志,世无知者,独揭徯斯谓"其英特过魏征",而赵天泽以诸葛孔明目之,曰:"此王佐才也。"

至正八年(1348)戊子,黄岩民方谷珍作乱。公为元帅府都事,请讨之。元以贿授谷珍官,罢公,锢之。公遂归隐青田山中。当是时,元主淫昏佞幸,权奸相继,灾祲迭见,群雄竞起,所在窃据,争雄长。壬辰(1352),太祖起濠州。乙未

① 原文为"闲",据文意改。

(1355),渡江,克集庆,遣将分定诸路,神武不杀,所至人心悦服。公闻之曰:"天命在是矣。"己亥(1359),胡大海下处州,荐公及宋濂、章溢、叶琛。庚子(1360)三月,太祖遣总制官孙炎以币聘之。公至,陈时务十八策,太祖大喜,使居帷幄。

公虬髯,貌伟秀,善谋刚毅,慷慨敢言,遇事应机立断,观象指示,战无不克。暇则开陈帝王之道,论说《诗》《书》大义,太祖每恭己听之,呼为先生而不名。是时,太祖开基江左,西逼陈友谅,东与张士诚壤地相错,皆勍敌。公至,未几,友谅大举入寇,陷太平,守将花云战殁,友谅乘势顺流直捣应天,又约士诚同时并举,应天大震,诸将惶惶,议御敌策不决。太祖问公,公曰:"贼锋诚不可当,然骄矣,骄则易败。若倾府库,固人心,按甲不动,待其深入而伏兵邀之,破之易耳。取威成王业,在此举,夫何畏?"太祖曰:"善。"于是诱致友谅,大破之,乘胜复安庆,取江州,纳胡廷美之降,悉下江西诸路,皆公策也。

先是,太祖假宋声援,中书省犹设小明王位,奉之。公飏言曰:"彼牧竖耳,奉之何为? 天之历数有归,庸可诬乎!"太祖感悟,然犹未肯改元易号。癸卯(1363),士诚攻小明王于安丰,急,太祖自将救之。公曰:"二寇伺隙,可轻出乎?"太祖不听,友谅果倾国入寇,围洪都。初,太祖欲并吴、汉,谋所先。诸将以吴地饶,易取,汉强,宜后。公曰:"不然,友谅据上流,窃名号,乃心无日忘我,若先攻士诚,友谅必来乘我,则我东西受敌,非胜算矣。士诚自守虏,攻友谅,必不能救。陈氏灭,张氏囊中物耳。汉宜先。"太祖从之。至是,解安丰之围,自将救洪都,与友谅拒战鄱阳湖中。太祖方督战,公忽大呼,趣上过别舟,顷之,飞炮击所乘舟,立碎。复鏖战。旬日,友谅大败,中流矢死于是。太祖谓公曰:"不用先生言,几败大事,向使友谅不围洪都而袭应天,吾何以御之? 今友谅死,天下不足平矣。"吴元年丙午(1366)①,禽张士诚。明年,太祖即皇帝位,改元洪武。灭元,天下大定。公未尝在军,而运筹力为多,顾语多秘,笺、奏率焚其草,虽亲近不得详焉。

公之始见太祖也,事多草创,每匡论治道,议礼谳狱。后为太史令,上《戊申大统历》。洪武元年(1368),拜御史中丞。三年(1370),授宏文馆学士,封诚意伯,予告归。参政张昶②者,故元臣,欲乱政,使人上书颂功德,劝上及时为乐。太祖以示公,公曰:"是欲为赵高者。"上颔之,诛昶。昶之党齐翼岩中公,而丞相李善长亦数毁公于上,上皆不听,而斩翼岩。既而太祖欲以杨宪为丞相,公不可。太祖问之。曰:"宰相者,持心如水,以义理为权衡而已,无与焉也。今宪不然,能

① 通行作至正丁未(1367)或吴元年丁未(1367),此处应为编者讹误。

② 原文为"昹",据《殿阁词林记》卷六等记述改。本文后同。

无败乎?”太祖曰:“汪广洋何如?”曰:“此褊浅,观其人可知。”“胡惟庸何如?”曰:“此小犊,将偾辕而破犁矣。”太祖曰:“吾之相,无逾于先生。”公曰:“臣岂不自知。臣疾恶太深,又不耐烦剧,为之且辜上恩。天下何患无才,愿明主悉心求之,如目前诸人,诚未见其可也。”惟庸闻之大恨,后因事构公,上疑之,公入谢,引罪留京师。惟庸遂相。公大戚曰:“使吾言不验幸也,不幸而验,如苍生何?”居无何,疾作。八年(1375)正月,惟庸以医来视疾,饮其药,遂笃。遣归,一月卒,年六十五。

公文章与宋濂为一代之宗,而非所重。阴阳术数虽精,然所以佐太祖定天下者,多不传所传,率其余也,乃往往借以陈善闭邪,尝因荧惑守心劝上罪己回天意。上问天象,则曰:“国威已立,宜稍济以宽。”卒之日,谓子仲璟曰:“为政宽猛如循环,吾欲劝上修德省刑,祈天永命,天下诸要地宜使与京师形势相联。不能为遗表,上问遗言,可以此密陈之。”既而仲璟奏其言,上为感动。后六年,惟庸果以反诛,株连甚众,上始思公之先见云。

子琏[①],字孟藻,有文行。洪武十年(1377),授考功监丞,试监察御史,出为江西参政。太祖欲大用之,为惟庸党所胁,堕井死。

仲璟字孟光,生时月蚀复光,公叹曰:“天坠乃绪,而卒能斡乎?”幼沉朴峻厉,群于儿,恒坐视,弗逐弄。弱冠咀嚅经传,喜谈兵,究极韬略,握奇诸说,傍及释老。尝与琏侍父入朝,太祖称之曰:“阿琏明秀,阿璟凝重,伯温有子矣。”公爵止其身,琏亡,上以仲璟为唐胜宗决策破瓯寇,有父风,使袭公爵,辞曰:“兄子廌世适也。”上嘉之,又闵公父子死于奸,遂封廌世袭诚意伯,以仲璟为阁门使,书“除奸敌佞”四字于铁简赐之,命纠朝臣不法者。已授谷王府长史,并敕调肃、辽、庆、宁、燕、赵六王府事。太祖崩,靖难兵起,赴阙献十六策,惠宗不能用。成祖继统,强以官,不受,下狱自经死。

廌既封坐事,戍甘肃,赦还,卒。子法停袭。景泰三年(1452),授法曾孙禄世袭五经博士。宏治十三年(1500),以禄孙瑜为处州卫指挥使。正德九年(1514),赠公太师,谥文成。嘉靖十年(1531),以公侑享高庙,复其世爵,瑜遂嗣伯。卒,孙世延嗣,掌南京右军都督府事,以抚定振武营变自负恣横,为不法,论死,卒。适孙莱臣幼,庶孙荩臣借袭其爵。荩臣卒,子孔昭复据之。崇祯时附温体仁,为众所疾,寻出督南京操江,即捕莱臣,毙之狱。十七年(1644),闯贼陷京师,孔昭与马士英等定议立福王,因与士英、阮大铖朋比,乱朝政。及败,马、阮俱遁降、死,孔昭竟未易节,航海去,不知所终。

---

① 原文为“连”,据通行人名记述改。本文后同。

王源曰:“刘诚意之功伟矣,而《实录》所载何其略也!岂欲归功于上与?汉高帝自谓不如三杰,而能用之,乃所以为高帝也,又何忌焉?世之称诚意者多神奇之说,不知诚意王佐之才,非道衍比也。当日,李善长既属庸才,杨宪、胡惟庸皆佥邪小人,太祖尝谓诚意‘学贯天人,资兼文武’,则相才孰有如诚意者?乃置之不用,而用惟庸卒致罢中书省,废丞相而三百年,遂无相业,岂不惜哉?”(《刘诚意伯传》[2],见《居业堂文集》卷一,清道光十一年读雪山房刻本)

【笺注】:

[1][清]王源(1648—1710)撰。此书所作多为序、传,记叙南明诸多人物遗事,常论兵法治略及其关塞险隘攻守之策,悲明之亡。王源,顺天大兴(今属北京大兴区)人,康熙三十二年(1693)举人。中举后弃去,不应礼部试。另著有《兵法要略》等。

[2]体例类似傅维麟《明书》,然本文记叙颇涉简略,或有避新朝政治压力的原因。傅维麟《明书》“持论”在清初曾受到批评,康熙二十二年(1683),黄俞邰曾认为“灵寿故少司空傅维麟所作《明史》,持论颇不甚正”(《三鱼堂日记》卷八),并将《明书》“送在史馆,赴刘名超凡酌”。

第二章　生平事迹[1]

【笺注】:

[1]刘基传记中其生平为择其大略，又多不见编年，故以史书、地方志、笔记、文人文集等补充，并作编年。

---

1. 考取元进士(1333年)

张宗元，开化人。刘基，青田人，御史中丞。徐祖德，青田人，中书省管局。叶岘，青田人。(至顺二年辛未余阙榜[1]，见《雍正浙江通志》卷一百二十九，清文渊阁四库全书本)

【笺注】:

[1]刘基中至顺四年癸酉(1333)余阙榜进士，此处记载为“至顺二年辛未”(1331)，不知何故。原文节录备考。

---

2. 任高安县丞(1337—1339年)

刘基，字伯温，青田人。幼颖异，至顺间举进士，除高安丞，发奸摘伏，不避强御，为政严而有惠，百姓安之。以行省辟谢去。(《雍正江西通志》[1]卷六十，清文渊阁四库全书本)

【笺注】:

[1][清]谢旻等监修，成书于雍正七年(1729)。

---

3. 游黄山(1343年秋)

“……至正癸未(1343)秋，与刘伯温订朝白岳，泛舰溯流，由桐江经严台之睦州。路闻水砰砰，心怀骇骇，辘轳而上于万山之中①。至时，已十有七天星月矣。历阶而升几十里，始得睹一天门，参谒圣像，眺玩山川。步壶天、五老峰，仙洞珠帘，远峰岌岌，而参天穿云，森森而列。前询及乡人，答以黄山计一日程，可至其间。于是乘兴悠游，见怪松奇石，巍峨峭壁，飞瀑温泉，丹台鼎灶，瘦僧异兽，猿吟鸟语，留我身心，遏我神思。援萝及巅，长江一线，金陵了然，南北无几，四隅八荒，悉障目前。而刘曰：'前误入仙山也。'咏吟不已。于是强余摸写，余亦勉涂。"黄冠道人冷谦[1]作，并题于朱砂庵，下有冷谦之印一，印前有竹斋一印，左方上刘基题云："茅檐无事日长闲，中有山人不记年，观瀑已知秋雨过。听松欲拂夏云还。餐霞拟似神仙举，种竹情同君子坚。莫问朝来新历日，桃花红近野桥边。青田刘基题。"(《石渠宝笈》卷十七，清文渊阁四库全书本)

【笺注】:

[1]冷谦，武林(今浙江杭州)人，刘基好友。洪武初(约 1368)以善音律官太常协律郎，作效庙乐章，多所撰定。又善养生术。撰有《修龄要指》。

[2]清代乾隆、嘉庆年间张照(1691—1745)等参与的宫廷编纂大型著录文献，初编成书于乾隆十年(1745)，共编四十四卷。著录了清廷内府所藏历代书画藏品，分书画卷、轴、册九类。张照，娄县(今上海松江)人，康熙四十八年 (1709) 进士。康、雍、乾时分别任翰林院检讨、刑部尚书、刑部尚书，并供奉内廷。卒谥文敏。著有《得天居士集》等，主撰宫廷御用剧本二十卷。

---

4. 江东流馆(1343—1346 年)

(1)桐庐翙岗(1343—1346 年[1])

刘基元末流寓桐庐数年，设馆于翙岗华林寺，与李近山、李宁之及徐舫等交游。(1991 年版《桐庐县志》，桐庐宣传部吴宏伟整理提供)

华林寺北寺湾里，昔时曾设学馆，元末刘基曾在此寓居数年。(1984 年版《浙江省桐庐县地名志》，桐庐宣传部吴宏伟整理提供)

【笺注】:

[1]系年不能确定，因通行年谱均有刘基江西弃官后"游学江东(范围约为两宋时期的江南东路)三年"之语，故与设馆丹阳并列，假定其江西辞官后曾设馆桐庐。

---

① "中"原缺字，据同书卷三十九补。

(2)馆于嘉兴(1343—1346年[1])

“古屋深于洞，门前种白莲。好寻当日社，重结此生缘。”附考：寺在郡城东八里，旧名“接待院”，后废为赵倅隽之“锦庄”。宋绍兴二年(1132)重建，洪武初定为讲寺。元季刘伯温馆于其中。(《嘉禾百咏》[2]，民国宜秋馆刻本)

【笺注】:

[1]因找不到确切纪年，故从刘基江西辞职后“游学浙东三年”，系于此。

[2]《钦定四库全书总目·卷一百六十五》：“宋张尧同撰。尧同，秀水(今属浙江嘉兴)人，仕履未详。”

白莲讲寺，在治东八里，旧名曰“白莲接待院”。宋为赵倅隽之锦庄，绍兴初复为寺。元末诚意伯刘基尝寓馆，著述于此。洪武初，并于东塔。(《(嘉靖)嘉兴府图记》[1]卷三，明嘉靖刻本)

【笺注】:

[1]赵文华(1503—1557)撰。赵文华，浙江慈溪人，嘉靖八年(1529)进士。授刑部主事。佞事严嵩为父，日益贵幸。累官通政使。嘉靖三十四年(1555)，东南倭患紧急，献平倭策，遂奉命南下祭海神，主持军事。在任时，颠倒功罪，讳败为胜。晋工部尚书，加太子太保。次年(1556)以右副都御史，总督江南、浙江诸军事。后以骄横失宠，革职病死。另著有《嘉靖平倭祇役纪略》等。

(3)馆于丹阳(1346年[1])

欧阳苏荣《安轩初稿》有《蛟溪怀青田刘先生》诗并序：“先生以元季弃官，隐于我里，居村西蛟溪书屋，十二世祖太守公遣子弟受学先生。每与人言：‘凡事皆由前生定。’一日，逢重九，太守公开筵席赏菊，先生以是年春，因事他适，席将终，而始至，止余酒一杯，鸡头半个耳，太守公重命整肴核。先生曰：‘此前生定也。’太守公曰：‘有说乎？’先生命观户后，题句云：‘去时三月三，来时九月九，半个鸡头一杯酒。’读毕大笑。”至今传为佳话。今书屋岿然尚存，而先生不可复见矣。(《元刘伯温先生基年谱》[2]，台湾商务印书馆本；《南田山志》[3]卷十，文成县政协学习文史委2008年版)

【笺注】:

[1]从王馨一《元刘伯温先生基年谱》说。其24页“至正六年(1346)”：“隐居丹徒，约在是年。”

[2]王馨一撰。王馨一，生平不详。

[3]刘耀东(1877—1951)撰。文成县政协学习文史委“文成文史材料”第二十一辑收集整

理。刘耀东,刘基裔孙,曾入东京私立法政大学学习,后任温州府学堂讲习、金华学堂总讲,从政至浙江省资政院议员,松阳、鄞县等县知县。著有《刘伯温年谱》《南田山志》《南山谈》《疚庼日记》等。

5. 谏诛方国珍(1353 年三月)

元末方谷珍反,举刘基为行省都事,用事者受谷珍赂,下有司招抚。基谓:"贼势易与,抚之长贼计。"用事者反羁管基于绍兴路,而谷珍益横难制,盗蜂起。(《兵机类纂》[1]卷三十二,明崇祯刻本)

【笺注】:

[1][明]张龙翼撰。纂辑类兵书,该书在小类下辑历代用兵事例,一至数则不等,自《左传》以下至明,辑选事例重谋略机变,选材范围以经史为主,不涉野史不经之谈。所谓"事博而赅,文简以严"(《序》)。然作者辑纂此书并非出于用兵实战之需要,"盖是书之作,本为武闱答策之用",故仅可为查检兵史资料之书。张龙翼,松江(今上海松江)人,明末人,生平不详。

三月□□朔,元将贾鲁死,元江浙左丞帖里帖木儿复招方谷珍。行省都事刘基议谷珍首乱当诛,余党当招安。省院不听,编管基于绍兴,授谷珍徽州路治中,谷瑛信州路治中,谷璋广德路治中。而谷珍犹疑惧,拥众千艘,阻漕运。复遣江浙右丞阿儿温沙击之。(《国榷》[1]卷一,清抄本)

【笺注】:

[1][明]谈迁(1594—1658)著。谈迁初不满诸家编年体明史之讹陋肤冗,又因明代历朝实录颇多忌讳失实,遂以实录为本,参阅有关明代史书一百余种,编成是书。谈迁,浙江海宁人,明诸生。终生未仕。好审古今治乱,熟于历代典故,立志编撰明史。另著有《海昌外志》等。

元末之于国珍、士诚,刘诚意不惜以死争之。(《历代诗话》[1]卷四十一,清文渊阁四库全书本)

【笺注】:

[1][明]吴景旭撰。吴景旭,归安(浙江吴兴)人。明末诸生。入清后隐居不出,筑室于元赵孟頫之故宅,名南山堂,为遗民名士燕集之所,在其中读书著述至终。著有《南山堂自订诗》等。

先是，江浙左丞特哩特穆尔议招抚，浙东元帅府都事青田刘基持不可，曰："国珍首乱，赦之无以惩后。"左丞称善，进基行省都事。闻之朝，而国珍使人浮海至京，贿用事者。许国珍官，听其降，坐基擅持威福夺职，羁管绍兴。(《资治通鉴后编》[1]卷一百七十五，清文渊阁四库全书本)

【笺注】:

[1][清]徐乾学(1631—1694)撰。徐乾学，昆山(今属江苏)人，康熙九年(1670)进士。授编修。二十四年(1685)，召试翰林院和詹事府诸臣，乾学列第一，入直南书房。后历任礼部侍郎、左都御史、刑部尚书等职。另著有《憺园文集》《读礼通考》等。

有司惮于用兵，一意招抚，惟都事刘基以国珍首逆，数降数叛，不可赦，朝议不听。(《明史》[1]卷一百二十三，清文渊阁四库全书本)

【笺注】:

[1][清]万斯同(1638—1702)撰。万斯同，鄞县(今浙江宁波鄞州区)人。与兄万斯大皆为黄宗羲弟子。博通诸史，尤精于明史，为浙东史学代表人物。康熙十七年(1678)被荐博学鸿儒，力辞不就。次年(1679)到北京，参加修撰《明史》，不署衔，不受俸，前后十九年，书稿多出其手，故《明史》质量较高，但几经删削，原有反民族压迫的思想丧失殆尽。熟悉汉以下制度沿革，主张撰史必"事信而言文"。另著有《历代史表》等。

《方克勤传》："台州盗起，吴江同知金刚努奉行省命，募水兵御，克勤献策。弗纳。"(按：是时，行省募民为水兵，克勤诣金刚努，谓曰："民皆有盗心，奈何授之兵?"弗听。既而果叛去，金刚努逾垣走。未几，左达勒实哩至郡，招谕都事刘基为之副，克勤陈剿殄方，谓："不可姑息。"基韪之，亦不能用。见识大录，所谓献策者指此。)(《明史》考证擴卷三十，民国嘉业堂丛书本)

---

6. 朱元璋闻刘基象纬名(约1354年十月左右)

至正甲午(1354)，高皇帝南略滁阳[1]，善长伏谒……上曰："汉高用三杰。今徐达勇略或可方韩信，张良、萧何，先生可当之乎?"善长对曰："张良后世鲜伦，善长何敢望? 若何之供给馈饷，或可勉耳。"上曰："古张良不可得，今可为张良者，先生幸以教孤。"对曰："今天下才智之士甚众，不能悉知。所知者，惟金华宋濂博学，且知象纬。"上曰："以孤所闻，知象纬者，无如青田刘基。"善长曰："雅闻其名，宜悉招致之。"(《今献备遗》卷二，清文渊阁四库全书本)

【笺注】:

[1]事约在当年十月。

7. 剿浙南山寇(1356 三月—1359 年末)

(至正)十四年(1354),侯[1]从辨章[2]还杭,时青田吴德祥啸众倡乱,焚掠府库、室人、女妇,日杀伤无算,处、温、婺及建宁均被其毒,官兵捕逐,辄失利。

十五年(1355)六月,宪府辟侯摄同知处州,总管府事,往安定之。或劝侯寇情难测,当严重兵以自卫,侯麾去,乘匹马行,从以数苍头,径至县。县民柔驯者闻侯至,大喜,咸从岩穴归,依侯以居。诸寇亦出见,自首服。十月,有妄男子谓吴德祥曰:“叶使君给尔大兵,旦夕且至,善为尔计,莫若劫使君以自安。”吴德祥信之,欲为变。项生、留由之颇闻其事,急趣侯避之东瓯。侯曰:“县民恃我无恐,故来归吾,若去,其如彼何?饥虎见肉,其暴辄止尔,寇得我亦然,否则,必屠戮无噍类。吾纵苟活,义弗忍为也。”二人泣去。未几,贼党张惟德、吴伯贤等持旗帜、刀槊直入县庭,侯盛服出坐听事,问曰:“尔来欲何为?”张惟德跽而请曰:“山中氓德明公厚,欲见,且久思屈玉趾一幸临之,无他虞也。”侯曰:“我行即行,尔汝慎毋毒我民也。”语未毕,遂拥侯登舟至黄坛,诸贼先后出迎,舍侯吴德祥家,供张饔饩甚盛,时命伶人陈杂戏以娱侯,侯终不假以辞色,每为陈祸福逆顺,凿凿不少厌,群寇颇感悟。

十六年(1356)四月,复椎牛豕燕侯,送还州城。先是,黄坛寇列砦栅百余,气势联络,首尾应援,人畏之,不敢深入。侯留黄坛久,阴察寇所出没,悉得其要领,喜曰:“天殆使吾平此寇也。”侯既归,寤寐亦不忘去时丽水之礶硿、青田之庐茨,皆大盗所巢,有众号数万。侯谓不剪二寇,他日或与黄坛连,则势益大,不可制。会行枢密院判官舒穆噜宜孙遣参谋官龙泉胡君深、章君溢统兵讨礶硿,侯急帅师与之会,三面围合,矢石乱下如雨,寇出战,大败,擒渠魁十余人。会,欲进歼之,侯及二参谋相谓曰:“作乱者此数贼耳,余皆良民家,因胁逐而至此,彼何罪,欲使之作齑粉邪?”乃下令退师二十里,俾尽挈妻孥以遁,始焚其砦。

十七年(1357),行中书论功,承制升侯浙东道宣慰副使、佥都元帅府事,兼同知处州路,总管府事。四月,侯入沐鹤溪治兵。八月,遣裨将陈仲珍平芦茨。芦茨既平,寇所俘傍县子女七百余,侯具舟洎粮,命老卒悉护还其家。

十八年(1358),中书承旧阶,改处州路总管府治中。侯帅师讨黄坛,获伪将军李夹等十人。三月，进攻杨山及黄坑等二十余砦，皆降，复引兵围长坂。寇力拒不服，食尽，乃就烹，师遂次高洋。八月，寇大惧，尽输玉帛，乞助于三佼。群寇率兵七千来援，殊死战。侯亲领锐卒，至三岱岭，以据其冲，调别将夏廷辉衡击之，寇败北，斩首五百级，擒三百余人。遂乘胜直捣周奥，屯支坳，贼党周宝、宋茂等皆遁，侯分兵为十道，以扼其吭。宋茂复同吴德祥别作新砦于洞尖山，山下翼以七管，竭力死守。九月，侯命陈仲珍引骁勇卒三千自瑞安出其背，击杀宋茂，新砦平，吴德祥夜遁，退保百丈林。寇会尚余千，皆壮锐善战，树大旗出，跳斗，鼓声振天，官兵皆甲坐不动，贼帅操巨戟突而前，官兵大呼，曰："杀入寇。"披靡而退，擒伪将军七人。至晚，寇又遁去，遂进焚百丈林，火照耀如昼，急分兵作三队追之。至篠村，吴德祥父子自缢于林中，千夫长徐德俊斩首以献，余寇次第伏诛，黄坛悉平。（《文宪集》[3]卷三，清文渊阁四库全书本）

【笺注】:

[1]即叶琛（1314—1362），刘基好友、时浙东四先生之一。元末从元将石抹宜孙守处州，官至行省元帅。朱元璋取处州，避走建宁。后与刘基、宋濂、章溢同被聘请重用，授营田司佥事，寻迁洪都知府，佐邓愈镇守。祝宗、康泰叛，邓愈脱走，叶琛为叛将所杀。明洪武元年（1368），追封南阳郡侯。

[2]诸本均作"辨章"，但史上并无"辨章"地名记载。根据宋濂《故江南等处行省都事追封丹阳县男孙君墓铭》，其来处州之前为华阳府（今安徽池州）知府。

[3][明]宋濂（1310—1381）撰。此宋濂《叶治中历官记》，记载今文成黄坦（即文中"黄坛"）吴成七（即文中"吴德祥"）乱首尾甚悉，文中虽主要叙述传主叶琛功绩，然刘基亦参与其事。据郝兆矩《增订刘伯温年谱》，1356年三月九日，刘基自杭州归处州，与石抹宜孙同谋栝寇。叶圭《宝庄公传》（见《梧溪富氏宗谱》）亦云："诚意伯刘公伯温、万户侯叶君良器，同发兵讨之，贼（吴成七军）尽歼焉。"宋濂，刘基好友，浙江浦江人。曾受业于吴莱、柳贯、黄溍。博览群书，元至正中荐授翰林院编修，然其以亲老辞不赴，隐东明山著书。明初命授太子经，修《元史》，累官至翰林学士承旨、知制诰，深得太祖宠信。后因长孙宋慎牵涉胡惟庸案，全家谪茂州，中途病死于夔州。正德中，追谥文宪。著有《宋学士文集》《浦阳人物记》《孝经新说》《龙门子》等。

（1357年）宜孙行枢密院判官，总制处州，分院治于处，又以江浙儒学副提举刘基为其院经历，萧山县苏友龙为照磨，而宜孙乃又辟郡人胡深、叶琛、章溢参谋其军事。处为郡，山谷联络，盗贼凭据险阻，辄窃发不易平治。宜孙用基等谋，或捣以兵，或诱以计，未几，皆歼殄无遗类。（《资治通鉴后编》卷一百七十八，清文渊阁四库全书本）

(1359年)即命耿再成驻兵缙云之黄龙山,谋取处州。至是佥院胡大海帅师入境,伊逊遣元帅叶琛屯桃花岭,参谋林彬祖屯葛渡,镇抚陈仲贤、照磨陈安屯樊岭,元帅胡深守龙泉以拒敌。久之,右司郎中刘基弃官而归,伊逊无可与谋者,将士怠弛,皆无斗志。[考异:《元史·顺帝纪》:"取处州,在癸卯(1363)。"今从《明太祖实录》。又《实录》于此下云:"胡深叛伊逊,间道来降,具言处州兵弱易取,胡大海闻之大喜。"云云。钱氏辨证曰:"按《神道碑》与《行述》,深出见大海,在克处州之后,而《实录》则以为深间道来降,乃献谋取处州,此大异也。以《实录》《本传》考之,似当从《碑》与《行述》。胡公受实茂公国士之遇,既解甲内附,而又献谋以取处州,此穿窬小人之为,而谓君子为之乎?"苏伯衡撰《缪美列传》云:"己亥(1359)十一月,美从胡公击处州,军据砚岭,其地险隘,众莫利先登。美率敢死士,持梃鱼贯奋击,夺其壁以入我师,守将石抹参政弃城而窜,分兵略定浮云,得元帅叶琛,使谕元帅胡深。深乃出降。"然则深之降,在处州既下、实茂弃城之后,彰彰矣。实茂既遁,深不得已来降,岂有背实茂来降,复献计取处之事哉?此可以证《实录》一时之讹,白仲渊千载之诬矣。今从钱说,据《碑》《传》修入,不用《实录》。](《资治通鉴后编》卷一百七十九,清文渊阁四库全书本)

8.嘉兴舆地(1359年[1])

括苍刘伯温,多才艺能诗文,尤善形家言。尝以儒学提举得相见于钱塘。后十年,刘已解官,复见于海盐之横山,把臂道故,至于信宿。谓余曰:"中国地脉俱从昆仑来,北龙、中龙,人皆知之,唯南龙一支,从峨嵋并江而东,竟不知其结局处。顷从通州泛海至此,乃知海盐诸山,是南龙尽处。"余问:"何以知之?"刘曰:"天目虽为浙右镇山,然势犹未止,蜿蜒而来,右束黟、浙,左带苕、云,直至此州长墙、秦驻之间而止。于是以平、松诸山为龙,左抱以长江、淮泗之水;以庆、绍诸山为虎,右绕以浙江、曹娥之水,率皆朝拱于此州,而后乘潮东出,前后以朝鲜、日本为案。此南龙一最大地也。"余问:"此何人足以当?"曰:"非周、孔其人不可,然而无有乎尔!吾恐山川亦不忍自为寂寂若此。"(《乐郊私语》[2],清文渊阁四库全书本;《说郛》[3]卷十八下,清文渊阁四库全书本)

【笺注】:

[1]文中提及"后十年,刘已解官",刘基从石抹宜孙幕下解官通常认为是1359年春夏。

[2][元]姚桐寿(约1340年前后在世)撰。姚桐寿,桐庐(今属浙江桐庐)人。至元五年(1339)出任余干州教授,任职时间较长,后被解职还归旧里。元末江南兵乱,避兵寓居于海

盐，与杨维桢、贝琼等人来往于丰阳别业之间，并且不时于春林夏泽寻访旧迹，借以聊遣旅怀。以寓居海盐的见闻与感受写成《乐郊私语》，另有少量的诗传世，散见于《槜李诗系》等书中。根据本条史料，则其与刘基有"把臂道故，至于信宿"的交往。

[3]明陶宗仪(1329—约1412)编。陶宗仪，黄岩(今属浙江黄岩)人。自幼刻苦攻读，博览群书，曾师事张翥。学识渊博，工诗文、善书画。元末兵起，张士诚据吴，陶宗仪隐居松江乡下，出门躬耕，闭门著书。明洪武中曾任教官。勤于记述典章制度，编有《南村辍耕录》。亦能诗，有《南村诗集》。又节录前人笔记小说史志为《说郛》。

元末，伯圭公字璋叔(《查氏宗谱》"任元为校书郎，孙均宝号仁斋、贻，迁袁化、迁槜李"；《一统志》"吴越槜李，今嘉兴")，复迁海宁之龙山(《州志》"作妙果山"；周光斗《怡园记闻》"袁花之山总名为龙山，分则主峰为妙果山")，俗称园花镇，刘青田望气海上(《海宁寓贤传》"刘基，字伯温，青田人，元末尝来海宁"；《外志》"龙尾山即妙果山尾，相传刘诚意凿断"；《许志》"镇在县东六十里"；《金牛随笔》"袁市之为市，自唐宣宗以来有之。")，游龙山，与伯圭为密友，先生盖伯圭公十五世孙也(考《查氏宗谱》，实十三世)。(《查东山[1]先生年谱》[2]不分卷，民国嘉业堂丛书本)

【笺注】:

[1]即查继佐。查继佐，见前注。

[2][明]沈起(约1660年前后在世)撰。沈起，秀水(今浙江嘉兴)人，明末诸生。天姿颖俊，与金喟相善。明亡，为沙门以终。另著有《学园集》等。

9. 处州招募(1359年冬)

太祖克婺州，遣使往处州，招参政石抹①宜，辞不从。后命佥院胡大海克其城。太祖闻刘基、章溢、叶琛皆国士也，特遣宣樊观赍帛礼征聘。基等到京，授基中丞，溢中丞，授琛洪都知府。基知天文，太祖尝以"国师②""先生"称之，后封诚意伯。(《国初事迹》[1]不分卷，明泰氏绣石书堂抄本)

【笺注】:

[1][明]刘辰(1341—1418)撰。刘辰，浙江金华人。初受朱元璋命，出使方国珍，后为李

① 原文为"抹"，据通行人名表述改。

② 原文为"帅"，以浙南一带对刘基的"刘国师"通行表述改。

文忠幕僚，以亲老辞归。建文时，授监察御史，出为镇江知府。重修京口闸，得漕运、灌溉之利。成祖时升江西参政，奏免九郡荒田税粮。因忤上司意免官。永乐十四年(1416)起为刑部左侍郎。著有《国初事迹》。

会处州降，择镇安之者，咸以处在山海间，盗贼凭结，非君[1]莫可治。上亦才君，入省月余，遂命为处州总制，钱谷、兵马之柄悉委之，不取中报，且以省符未署者付之，听其自辟任。君匹马入处州。时城外七里即贼营，老猾黠蛮狼嗥虎踞，不奉官府约束。君至坐厅事，驱城中民跽阶下，谕以元将亡，及上起兵，意谓“民奉法则生，否，必为齑粉”语，甚剀切。民皆叩头流血，誓不敢二心，退则转告其乡民，以为孙使君仁且武，不比旧官可玩狎。君亦下檄，属县遍谕之，由是投兵来降者相继于门，数月皆化为良民。君复择其骁勇者练为兵，时时肄习之，拔其服众者为长，有寇则率以禽寇，事罢散归为农，有所警发，驰一符立至军门，无敢或后。奸吏巨族素骄横者，敛手吐舌，畏之如神，不敢出声语，虽在数百里外，皆缩气屏息，如临其家。郡民赖以安，皆谓：“得孙使君治郡晚。”时上欲用人，而秀民有才能者见方战争胜负未分，皆伏匿山谷中不肯出。君患之，钩致一二人问：“有才者为谁今皆安在?”录其姓名，为书遣使者招之。而刘君基、章君溢尤为处士所推，刘君最有名，亦豪侠负气，与君类，自以仕元，耻为他人用，使者再往返不起，以一宝剑奉君。君作诗，以为“剑当献之天子，我人臣不敢私用”，封还之，为书数千言，开陈天命以谕。刘君无以答，逡巡就见。君置酒与饮，论古今成败，如倾河决峡，略无疑滞。刘君乃深叹服曰：“基始自以为胜公，观公论议如此，基何敢望也?”(《故江南等处行省都事追封丹阳县男孙君墓铭》，见《宋学士文集》[2]卷第七十一朝京稾卷第一，四部丛刊景明正德本)

【笺注】:

[1]即孙炎(1323—1362)。孙炎，应天府句容(今江苏句容)人。朱元璋下金陵(今江苏南京)后，任池州府同知、华阳府知府、处州(今浙江丽水)总制等，至正二十二年(1362)，在衢州苗军作乱中被杀。洪武元年(1368)，追赠丹阳县男，谥忠愍。

[2][明]宋濂(1310—1381)撰。宋濂，见前注。

自辟任，(孙)炎匹马入处，时贼营、城外酋蛮咸狼虎踞，不肯奉官府约束。炎至坐厅事，驱城中民跽阶下，谕：“上意在生民，无自取齑粉为也!”语气慷慨甚，民皆叩头流血退，而转相告，以为孙使君不比旧官可玩狎矣。炎又为檄，遍属县谕之，皆投兵相继为良民。又择其骁勇者为兵，拔其服众者为长，时练习之，以备

寇，罢则归农，驰一符立军门，至无敢后者，奸吏豪族束手畏之，虽在数百里外，常若炎临其家，不敢出声语。时上方事延揽，秀民伏匿山谷中，咸未肯出，炎钩致一二人，问："有才者为谁？今皆安在？"录其姓名，遣使者以书招之。当是时刘基、章溢最为处士所推，基又最有名，使者再往返，不起，以一宝剑奉炎。炎以为剑当献天子，作诗封还之，仍为数千言书，开陈天命，以谕基，基乃肯就见。置酒与基饮，论古今成败，如倾河决。基深叹服曰："基始以为胜公，公论议若此，基何敢望公也？"（《拟孙炎列传》，见《俨山集》[1]卷六十一，清文渊阁四库全书本）

【笺注】：

[1][明]陆深（1477—1544）撰。陆深，南直隶松江府（今上海）人，弘治十八年（1505）进士。嘉靖中，官至詹事府詹事。卒赠礼部右侍郎，谥文裕。另著有《南迁日记》等。

时上方寤寐豪杰而秀民有才能者，皆窜匿山谷中。炎访得姓名，为书招之。青田刘基最有名，自以尝仕元，耻事二姓，使者再往返，不起，以宝剑一奉炎。炎赋诗报之，以为："剑当献之天子，我人臣不敢私用。"封还之，且为书数千言，开陈天命人事以论。刘亡何就见炎，炎置酒高会，纵论古今成败，亹亹可听。刘深叹服曰："基始自谓胜公，今听公论议，基何敢望也。"（《今献备遗》卷四，清文渊阁四库全书本）

（1359年）冬十一月，命胡大海等进攻处州。元部将胡深守龙泉，见元将士多怠弛不用命，深知天命有归，乃弃其军，间道来降，且献策处州策，大海用其言，破处州。上征浙东时，胡大海荐刘基、宋濂、章溢、叶琛之贤，可用；李文忠守金华，又荐王祎、许元、黄天锡诸儒。上皆遣使，以书币征之。（《鸿猷录》[1]卷二，明嘉靖四十四年高思诚刻本）

【笺注】：

[1][明]高岱撰。本书仿纪事本末体，对朱元璋至嘉靖年间的主要兵事，以及明初期的统一战争和明中期镇压农民起义的战事均有记述。所据多为当代人的记述、传志、书疏、案牍。高岱，京山（今属湖北京山）人，嘉靖二十九年（1550）进士。官刑部主事，时董传策、张翀、吴时来等疏劾严嵩，严嵩欲致之死，高岱力言于尚书郑晓，得遣戍。又为治装，送之出郊，严嵩大怒。会景王之国，出为长史。

我朝佐命元勋，每由荐举辟召，如宋濂、刘基、章溢、叶琛，则胡大海所荐。（《推篷寤语》[1]卷八，明隆庆五年李氏思敬堂刻本）

【笺注】:

[1]明李豫亨撰。本书自序云:"舟之亡所见者,篷蔽之。人之懵所知者,寐障之。此书欲启昔之寐,为今之觉,故曰《推篷寤语》。"李豫亨,松江(今属上海市)人。幼习诗书六艺,博通医卜星相。

炎能知人,有才略,刘文成最心折之,观其临难,从容殉义,自是不凡。(《牧津》[1]卷八节义下,明天启四年刻本)

【笺注】:

[1][明]祁承爜撰。祁承爜为官多年,深知吏治与民生之关系,遂广辑历代循吏事迹,分类编次,成为本书。本书集中了历代循吏事迹的资料,且分类很细,颇便读者,有一定的参考价值。但有些内容亦显烦碎丛杂。祁承爜,山阴(今浙江绍兴)人,万历三十二年(1604)进士,官至江西布政使参政。

基不出,炎使再往,基遗以宝剑。炎作诗,以为剑当献天子斩不顺命者,人臣不敢私封,还之,遗基书数千言。基始就见,送之建康。(《明史》卷二百八十九)

句容孙炎,字伯融。明祖命招致刘伯温基,基坚不肯出,以宝剑遗炎。炎作诗,以为剑当献天子,封还之。基无以答,遂逡巡就见。(《乾隆江南通志》[1]卷一百九十五,清文渊阁四库全书本)

【笺注】:

[1][清]黄之隽(1668—1748)等纂修,乾隆元年(1736)初刻。黄之隽,江苏华亭(今上海松江)人,康熙六十年(1721)进士。选庶吉士。雍正元年(1723)授编修。出为福建学政,迁中允。四年(1726)被弹劾降职,次年(1727)革职。乾隆元年(1736),荐试博学鸿词,以弱视不能作书,罢归。著有《香屑集》等。

10. 赴金陵幕(1360年三月)

太祖欲取士诚,谋于刘基。基曰:"方今陈友谅据上游,名号不正,兵力且强,宜先取之。友谅既平,取士诚如探囊中物耳。"太祖用其言,始置之。(《平吴录》[1]不分卷,明金声玉振集本)

【笺注】:

[1]传为[明]吴宽(1435—1504)作。吴宽,长洲(今江苏苏州)人,成化八年(1472)状元。授修撰,侍讲东宫。孝宗即位,以旧学迁左庶子,预修《宪宗实录》,迁掌詹事府,兼侍读学士,

入东阁，专典诰敕。弘治八年(1495)擢吏部右侍郎，十六年(1503)进礼部尚书。赠太子太保，谥文定。宽行履高洁，不为激矫而自守以正，博观群书，诗文有典则，工书法。著有《匏翁家藏集》等。

庚子(1360)三月，刘基、宋濂、章溢、叶琛至建康，谒见。上喜甚曰："吾为天下屈四先生。"从容与论经史，及咨访时政，甚见尊礼，命有司创礼贤馆处之。(《鸿猷录》卷二，明嘉靖四十四年高思诚刻本)

(1360年)夏四月，皇子棣生，即成祖文皇帝。上问左师郎中陶安："刘基等四人之才如何?"安对曰："臣谋略不及刘基，学问不及宋濂，治民之才不如章溢、叶琛。"上然之。未几，以濂为江南等处儒学提举司提举，遣世子受经，以溢、琛并为营田司佥事，基留帷幄，预机密谋议。(《皇明通纪法传全录》[1]卷二，明崇祯九年刻本)

【笺注】:

[1][明]陈建(1497—1567)撰。陈建，东莞(今属广东)人，嘉靖十一年(1532)会试副榜。选授福建侯官县教谕。后升任江西临江府学教授。二十三年(1544)以母老归，二十五年(1546)母卒，遂隐不出，潜心著述。其著的《治安要议》《皇明从信录》为后人撰写《明史》之先驱。另著有《经世宏词》等。

征青田刘基、龙泉章溢、丽水叶琛、浦江宋濂至应天。……(许重熙辨：刘基西湖彩云事云："高帝得金陵六年，方略浙东。基在石抹宜孙幕中，浮云寨战败，缪美执送金陵，放归。孙炎总制处州，龙泉叶子奇三上书，荐基。炎奏闻，始聘。基力辞，谢炎宝剑，却之。作《宝剑歌》劝其出，基乃就。")(《国榷》卷一，清抄本)

是月[1]，江南征青田刘基、龙泉章溢、丽水叶琛、金华宋濂至建康。……入见丞相，甚喜，赐坐，从容问曰："四海分争，何时而定?"溢起对曰："天道无常，惟德是辅，不嗜杀人者能一之。"丞相称善。基陈时务十八事，且言："明公因天下之乱，掘起草昧间，尺土一民，无所凭借，名号甚光明，行事甚顺应，此王师也。我有两敌，陈友谅居西，张士诚居东。友谅包饶、信，跨荆、襄，几天下半，而士诚仅有边海地，南不过会稽，北不过淮扬，首鼠窜伏，阴欲背元，阳则附之，此守虏耳，无能为也。友谅劫君而胁其下，下皆乖怨，性剽悍轻死，不难以其国尝人之锋，然实数战民疲，下乖则不欢，民疲则不附，故汉易取也。夫攫兽先猛，擒贼先强，今日之计，莫若先伐汉。汉地广大，得汉，天下之形成矣。"丞相大悦，称"先生"而不名。初，基之弃官而归也，集乡党以自保，避方国珍之乱者，多依以居。或说以勾践事业，基笑曰："生平恶国珍、士诚辈所为，今乃效尤，可乎？天命行有属，子姑待之。"及婺、处已定，基置酒延客，指乾象示曰："此岂人力也耶？"会孙炎使数至，乃来谒，既见，退谓人曰："天星数验，真可附也，愿委身事之。"[考异：《刘文成行状》云："公与鲁道元、宇文公谅日纵酒，游西湖。一日，有异云起西北，二人以为庆云，将赋诗。公大言曰：'天子气也，应在金陵。十年后，英主出其下，我当辅之。'撰《明史》者无不取以为美谈。"《钱氏实录》辨证曰："按刘文成以至正十一年(1351)为江浙儒学副提举，十月辞疾归。十二年(1352)，以浙东元帅府都事从纳琳哈喇，筑庆元城。十三年(1353)，以行省都事从特哩特穆尔招谕方氏，与朝议不合，羁管绍兴。十六年(1356)，行省复以都事起公，与实茂谋括寇。十七年(1357)，实茂伊逊总制处州分院治处，以公为其院经历，又辟郡人胡深、叶琛、章溢参谋其军事，用公等谋，尽平处盗。十八年(1358)，我兵取兰溪，且逼婺，实茂遣胡深等救婺，不克。上既定婺，即命耿再成驻兵缙云，以规取处。实茂遣胡深等分屯，以拒王师。公虽不在行间，然未尝不在实茂院中，实茂盖倚之，以谋我师也。"《实录》本传云："改行枢密院经历，与实茂守处州，以拒国珍。"当是时，实茂与耿泗国对垒于黄龙樊岭间，其所拒者非国珍也，国史纡其词耳。《元史》："是年，经略使李国凤至浙东，承制，拜宜孙为江浙行省参知政事。"《行状》载："公迁右司郎中，李国凤上其功，不录。则公之迁右司郎中，亦国凤承制拜之也。明年己亥(1359)，十二月我兵取处。"而实茂弃城去矣。公久在实茂院中，其弃官归青田山中，或在实茂未败之先，要亦不甚相远也。李国凤经略江南，上公之功，在十八年(1358)十二月王师克婺之后。《行状》《实录》《本传》俱云弃官逃归青田山中，以其时考之，当在十九年(1359)春夏间，去实茂败时无几也。方孝孺撰《孙炎传》云："上克处，方欲用人，而秀民有能才者皆伏匿山中不肯出。炎钩致一二人，录其姓名，为书遣使者招之，而刘基、叶琛、章溢尤为处士所推，基最有名，豪侠负气，自以为不当为他人用。使者再往反，不起，以一宝剑奉炎。炎作诗封还之，为书数千言，开谕天命，基无以答，逡巡就见，炎遂致基于京师。"又苏伯衡撰《缪美传》云："处州既下，龙泉、庆元皆平，遂以胡深、叶琛、刘基入见。处平之后，公迁延避匿，待孙炎辈钩致，久之，始入见。非独以仕元日久，不欲轻为我用，亦不忍负实茂也。"读《覆瓿集》与实茂倡和诗，公之心事，二百年后可以想见。《行状》载"西湖见庆云，谓金陵有天子气，我当辅之"，及"上取金华，指乾象示人"之云云，吾以为皆佐命之后，其门人子弟从而为之辞，非公之本心也。《封诚意伯诰》云："朕提师江左，兵至括苍，挺身来谒于金陵，归谓人曰：'天星数验，真可附也，愿委身事之。'于是乡里顺化。"《封宏文馆学士诰》云："当是时，括苍之民尚未深信，尔老卿一至，山越清宁，公之事我太祖，倾心佐命。”盖在金陵谒见之后。太祖之知公深矣！为著其梗概如此。今削去《行状》西湖占云之说，及明初野史附会云“预知为金陵佐命”者，一概不录。其指乾象示人之言，则与《封伯诰》辞“天星数验”相符，殆非行状附会，故仍取之。]（《资治通鉴后编》卷一百七十九，清文渊阁四库全书本）

【笺注】：

[1]三月。

（1360年）三月戊子，征刘基、宋濂、章溢、叶琛至。（《明史》卷一，清文渊阁四库全书本）

《叶琛传》：“王师下处州，琛避建宁，以荐征至应天。”（臣严福按：叶琛应聘，《明书》言：“‘王师下处州。’琛谓其下，曰：‘金陵必成大事。’遂来降。”嗣因孙炎招致，胡大海赴建康，遂同刘基等入见。不言走建宁也，史以为先避，而后应聘，或别有所据耶。谨识。）（《明史》卷一百二十八考证，清文渊阁四库全书本）

11. 建康之战（1360年闰五月）

陈友谅犯太平，挟寿辉以行，及太平陷，急谋僭窃，乃于采石舟中佯使人诣寿辉前白事，令壮士持铁挝，自后击之，碎其首。即以采石五通庙为行殿，称皇帝，国号“汉”，改元“大义”，群下立江岸，草次行礼。值大雨，略无仪节。友谅既陷太平，僭大号，声言东下，建康震动。（《皇明通纪法传全录》卷二，明崇祯九年刻本）

（1360年闰五月）庚申，陈友谅遣人约张士诚同侵建康，士诚未报。友谅自采石引舟师东下建康，大震。献计者或谋以城降；或以钟山有王气，欲奔据之；或言决死一战，战不胜，走未晚也。独刘基张目不言。丞相心非诸将议，乃召基入内问计。基曰：“先斩主降及奔钟山者，乃可以破贼。”丞相曰：“先生计将安出？”基曰：“天道后举者胜，吾以逸待劳，何患不克？明公若倾府库以兴士怒，开至诚以固人心，伏兵伺隙击之，取威制胜，以成王业，在此举也。”丞相意益决。（《资治通鉴后编》卷一百七十九，清文渊阁四库全书本）

友谅初破太平，僭称大号，兵来甚锐，议者欲降，独刘基以为取威定霸，在此一举，岂直周瑜决策孙不降曹，实乃随何绝使，汉终覆楚，安危之机，岂不以谋哉？（《明史纪事本末》[1]卷三，清文渊阁四库全书本）

【笺注】：

[1][清]谷应泰（1620—1690）撰。该书为顺治十三年（1656）其在浙江学政任上，于工作

之余延揽名士，借张岱《石匮藏书》与谈迁《国榷》，又广稽博采，至十五年(1458)年末编成的书。因该书成于《明史稿》《明史》之前，而且属私人著述，颇为当时人所重视。谷应泰，直隶丰润(今河北丰润)人，顺治四年(1647)进士。历任户部主事、员外郎等职。十三年(1656)，任浙江学政。

---

12. 不拜小明王(1361 年正月)

(1361 年)正月朔，中书省设御座奉小明王，庆贺礼，刘基怒骂曰："彼牧竖尔，奉之何为?"不拜。上召基入问之，基遂陈天命所在，上大感悟，乃定征代之计。(《皇明通纪法传全录》卷二，明崇祯九年刻本)

13. 下江州(1361 年秋八月)

(1361 年)秋八月……攻城自旦至暮，不拔。刘基请弃安庆，去径拔江州，倾其巢穴。太祖从之。(《明史纪事本末》卷三，清文渊阁四库全书本)

14. 奔母丧(1362 年秋)

三年通丧，古制极严……明初极重此制，以刘基、宋濂、章溢，当帷幄风宪之重，于天造草昧之时，而听其终丧，了不之强。(《春明梦余录》[1]卷四十，清文渊阁四库全书本)

【笺注】:

[1][清]孙承泽(1593—1676)撰。本书记载明代北京的情况，提供了研究明朝章典源流沿革的一手材料。孙承泽，山东益都人，世隶顺天府上林苑(今河北大兴)，明崇祯四年(1631)进士。官至刑科给事中。李自成大顺时期，为四川防御使。清顺治元年(1644)被起用，官至吏部右侍郎，加太子太保、都察院右都御史衔。另著有《尚书集解》等。

皇太祖以刘基、宋濂帷幄之任，特听其奔丧。(《读礼通考》[1]卷一百十二，清文渊阁四库全书本)

【笺注】:

[1][清]徐乾学(1631—1694)撰。徐乾学见前注。

《礼贤录》[1]:"刘基以母丧至家，营葬事，时语所亲，以上必当有天下之状，于是乡里及邻附郡县翕然心服。方氏虽据温、台、明三郡，其士大夫皆仰基如景星

庆云。上时使人以手书访军国事于基，其书多自制，皆称御讳，顿首奉书'伯温老先生阁下'而不名。"(《雍正浙江通志》卷二百八十，清文渊阁四库全书本)

【笺注】:

[1]原书未题撰者姓氏。一说刘基撰，《四库全书总目·卷五二》云："此书《艺文志》《千顷堂书目》皆作基撰。然录中所载，即明太祖任用基及叶琛、章溢、宋濂四人事，且有基驰驿归里，居家一月而薨之文，则非基所作审矣。"故阙名，不取刘基撰述说。

15. 平处、衢苗乱(1362年二月)

苗军左丞杨完者有军十万，自上江顺流而下，入杭城守之，调省部镇抚李才领兵围徽州，太祖命院判邓愈、胡大海拒战，杀死李才，苗众遁走。完者后胁浙江丞相塔失帖木儿主婚，强娶平章庆童之女为妻。张士诚降元朝，塔失帖木儿阴通士诚发兵，在湖州①市营围之，完者出兵不及，自缢死。兵散，部捋员同佥领元帅蒋瑛等二万人来降。太祖率瑛等攻克婺州，就遣胡大海镇守。壬寅(1362)二月初七日，瑛等刺杀大海，叛降张士诚。太祖痛悼不已，于聚宝门迎丧，复令金华城中建祠塑像，遣使祭之。后李文忠克杭州擒瑛等至京，太祖命取大海画②像于市曹悬挂，刺蒋瑛等血祭之，凌迟处死。(《国初事迹》不分卷，明泰氏绣石书堂钞本)

(1362年二月)丁亥，处州苗帅李祐之、贺仁德闻蒋英等杀胡大海，亦作乱。院判耿再成方与客饮，闻变即上马，收军不及，迎战骂曰："死贼，何负尔反耶?"贼直前刺再成，中颈死。分省部事孙炎被执，贼环率守之，胁炎降。炎不屈，大骂贼，贼拔刀叱炎解衣。炎曰："此紫绮裘，乃主赐吾者，吾当服以死。"遂被害。知府王道同及朱文刚皆不屈死。文忠复调兵屯缙云，图之。时二郡煽乱，衢州或谋翻城应之，守将夏毅惧甚。会刘基丁母忧回，即迎入城，一夕定之。基发书各处属县，谕以固守，所部候诸军，同进讨。时再成子天璧方奉命往处州，起发苗军，中途闻变，驰至李文忠，所得再成旧部曲朱绚等，遂集各部将士，会同邵荣、王佑等往讨贼，遇贺仁德，战败之。癸酉，复处州。李祐之自杀，贺仁德走缙云，耕者缚之，槛送，伏诛。(《明史纪事本末》卷二，清文渊阁四库全书本)

《辍耕录》[1]载杨完者所统苗军，异服异言，为五溪遗种。克复诸州，惨苦莫甚，而其论有曰："完者荣宠过分，岂有异志? 忠君爱民之道，颇亦有见诸行事。"

---

① 原文为"洲"，据通行表述改。

② 原文为"昼"，据文意改。

则完者之有功于元明矣。而《元史》甚称其能，致为达识铁睦尔所图，而张士诚遂不可制。完者固人杰也哉！而武冈、曾华镇、浦江，兵至安堵，总部完者檄之移镇，一夕去，不闻人马之声，则纪律之严，又见于部下。而完者之死，杨维桢、张昱等皆哭之以诗，独刘青田基纪事诗甚不满之，则古今人之不尽谐于人口也类然（《宝庆府志》）[2]。（《光绪湖南通志》卷末十四杂志十四，清光绪十一年刻本）

【笺注】：

[1]即[元]陶宗仪（1329—约1412）所撰的《南村辍耕录》。陶宗仪，见前注。

[2]衢州造反苗军为原杨完者部，故列于此。

16. 谏不救小明王（1363年三月）

（1363年）三月辛丑，朔，吴国公率右丞徐达、参政常遇春等援安丰，吕珍据城，更连营列栅。元帅汪同攻其中垒，拔之。会左右军败，亦走，阻于堑，力战，遇春冲击，大破之，又败君弼，兵各遁去。公还，令达等围庐州元将竹昌忻都，乘间入安丰。公迎韩林儿，同还应天，中书省设御座。刘基怒骂，不拜，曰："何为奉牧竖者？"因陈天命所在。公感悟，然用其纪元如初。（《国榷》卷一，清抄本）

（1363年二月）刘福通势穷，遣使征兵于建康。吴国公将救之，太史令刘基谏曰："不可，假使救出来，当发付何处？"弗听。（《资治通鉴后编》卷一百八十一，清文渊阁四库全书本）

先是，太祖救安丰，刘基谏，不听，至是[1]，谓基曰："我不当有安丰之行，使友谅乘虚直捣应天，大事去矣。"（《明史》卷一，清文渊阁四库全书本）

【笺注】：

[1]1363年秋八月。

明太祖之未践祚也，实奉宋主龙凤之朔。至丁未（1367），安丰既陷，始改号。吴元年（1367）其前之，称"行中书省丞相"暨"吴王"，皆宋主所命也。愚幼时犹及见太祖授我始祖令旨二道，其一方为丞相时，后题"龙凤五年（1359）"；其一则为吴王时，后题"龙凤十年（1364）"，而二札之上皆大书"皇帝圣旨"，则是太祖之初受命于宋主明甚。今国史及诸家传记皆没而不载，其意盖为国讳也。不知此，何必讳汉主不常受命怀王乎？韩氏之兴，与怀王何异？不闻汉史为高帝讳，今国史何必为太祖讳也？况韩氏事虽不成，而下中原，堕上都，云扰六合，卒致元氏失国，皆其首发难之功，则其所驱除，实开太祖之先初，非汉樊崇、隋扬玄感之比。《纲目》于玄感诸人，犹未尝书之为盗，则韩氏之立国，何不可大书特书，而乃为太祖讳也？他书言“岁元旦，太祖欲设宋祖位，而刘诚意去之”，则此岁之前，太祖固未尝不奉以朝也。太祖身未讳，而史官无识，致没其实，甚可恨也。愚故追记之，如此他日修正史者，或可以是为一证，而正旧史之失云。（《追记先世所藏令旨事》，见《群书疑辨》[1]卷十二，清嘉庆二十一年刻本）

【笺注】：

[1][清]万斯同(1638—1702)撰。万斯同，见前注。

伏读御批《明鉴》云：“明祖闻副元帅之檄，谓‘大丈夫宁能受制于人’？固己中情流露，瓜步沉舟之事，未必尽诬云云。”实《春秋》诛意之书。予谓当刘文成斥林儿为“牧竖”时，太祖固已心颔之矣。惜文成不能于平汉之后，上劝进之书，则当日君臣之两失也。（《明通鉴》[1]前编卷三，清同治刻本）

【笺注】：

①[清]夏燮撰。夏燮，安徽当涂(今安徽当涂)人，道光元年(1821)举人。曾任职于曾国藩的幕府，后在江西历任吉安、永宁、宜黄等县知县。另著有《中西纪事》等。

---

17. 入礼贤馆(1363年五月)

及克处州，又荐青田刘基、龙泉章溢、丽水叶琛、金华宋濂者，即遣使以书币征之……既而命有司即所居之西，创礼贤馆以处之。（《殿阁词林记》[1]卷二十一，清文渊阁四库全书本）

【笺注】：

[1][明]廖道南撰。廖道南，见前注。

(1363年五月)癸酉，吴置礼贤馆。先是，国公聘诸名儒集建康，与论经史，及咨以时事，甚见尊宠。至是复命有司即所居之西创礼贤馆处之，陶安、夏煜、刘基、章溢、宋濂、苏伯衡、王祎、许元、王天锡等皆在馆中。[考异：明太祖《实录》云：“朱文忠守金华，复荐诸儒之有声望者，王祎、许元、王天锡至，上皆收用之。”《钱氏辨证》曰：“按刘辰《国初事迹》，杨宪奏朱文忠在金华用诸儒，干预公事，上提祎等至京，诛屠性、孙履，而祎及许元、王天锡发充书写此事。《实录》及《行状》

俱不载，以家传考之，壬寅(1362)十一月召入京都，则刘辰所记发充书写之日也。发书写未几，即有儒台之授，又与许元、王天锡俱入礼贤馆，刘辰所记盖不谬也。而国史以为用文忠之荐入礼贤馆，盖文忠没后，家传特美其词，而国史因之也。”今从钱说，削去文忠之荐。]（《资治通鉴后编》卷一百八十一，清文渊阁四库全书本）

《续通考》：“明太祖时，学士刘基最贵幸，当帷中寄，丞相以下莫敢望之。”（《元明事类抄》[1]卷九，清文渊阁四库全书本）

【笺注】：

[1][清]姚之骃编。《钦定四库全书总目》卷一百二十三：“是编盖摘取元、明诸书分门隶载。”姚之骃，浙江钱塘(今杭州)人，康熙六十年(1721)进士。授翰林院庶吉士，官至御史。著有《后汉书补逸》《元明事类抄》等。

18. 鄱阳湖大战(1363年四月到八月)

张士诚围安丰，刘福通请兵援，太祖亲援。初发时，太史刘基谏曰：“不宜轻出，假使救出来，当发付何处？”太祖不听，经庐州，平章左君弼出迎，安丰解兵，回攻庐州，三月不克。时伪汉主陈友谅亲率高稍子战船，兵号六十万，围江西南昌，用云梯等攻具，百道进击，攻虽急，而都督朱文正城上发炮石、檑木、火箭无不破之。仅及三月，守具将尽，援兵不至。事急，文正遣“舍命王”诣友谅，诈言约日出降，友谅缓其攻。至期，城上旗帜一新，至暮不出。友谅缚“舍命王”于城下游营，杀之，攻城，以待援至。声息到庐州，太①祖才知之，谓徐达等曰：“为一庐州，而失江西大郡，岂兵家之法？”遂解围，亲率战舡蔽上，至鄱阳湖，友谅闻援至，解南昌围，退出康山，与太祖大②战。太祖颇惧，问刘基：“气色如何？”基曰：“我兵必胜之气，当力战。”友谅果中流矢死，兵舡尽降。太祖谓刘基曰：“我不当有安丰之行，使陈友③谅乘我之出，京城空虚，顺流而下，捣我建康，我进无所成，退无所归，友谅不攻建康而围南昌，此计之下者，不亡何待？”乃知天命有所归也，遂班师④。（《国初事迹》不分卷，明秦氏绣石书堂抄本）

刘基至京时，陈友谅据湖广，张士诚据浙西，皆未下，众以为苏湖地肥饶，欲先取之。基曰：“张士诚自守者尔。陈友谅居上流，且名号不正，宜先伐之。陈氏

---

① 原文为“大”，据文意改。

② 原文为“太”，据文意改。

③ 原文为“支”，据文意改。

④ 原文为“帅”，据文意改。

既灭，取张氏如囊中物尔。”会陈氏攻洪都，圣祖遂伐陈。因大战于彭蠡湖，胜负未决，公密言于上：“移军湖口，期以木金相犯日决胜。”皆从之。陈氏平，上还京。定计取张士诚，因定中原，拓土西北，密谋居多。(《中庸衍义》[1]卷九，清文渊阁四库全书本)

【笺注】：

[1][明]夏良胜(1480—1538)撰。夏良胜，南城(今属江西)人，正德三年(1508)进士。刑部主事。为谏南巡下诏狱，除名归。明世宗立，召复故官，后又以谏黜为民。为仇家所构，谪戍辽东三万卫。卒于戍所。两以直谏谪，风节凛然。另著有《东洲初稿》等。

抑汉之灭亡，议者皆谓刘基功最多，曰：“友谅倾国寇金陵，基请先斥纳款及奔钟山议，然后诱敌深入，计以伏兵徼取之。师攻友谅，皖城不下，基请‘勿以蕞尔地，令财匮师老，宜急薄江州，以破其胆’。又授冯胜方略，使之攻城，语以青黑云相接，尾而击之，贼自破。果如所言。计攻吴、汉缓急，则具言先宜攻汉，且期以金、木相犯日决胜，一无失策。”嗟乎！此皆人所共晓也！而孰知我圣祖之无言不纳，殆不止刘基一人者。是时闻有张中号“铁冠道人”，其于破友谅筹算，动称神绝。王师下豫章，邓愈因荐中，召至，问曰：“吾定豫章，兵不血刃，市不易肆，生民自此苏息乎？”中曰：“未也。旦夕此地当流血，庐舍焚毁殆尽，铁柱亦为灰烬，仅一殿存耳。”及康泰反言，皆奇中。友谅围豫章，帝问：“何日围解？”中曰：“当在七月丙戌。”暨报至，乃乙酉，是月日宫算历，差一日，实在丙戌解去。后我师举兵伐之，召中问焉。中曰：“五十日当大胜，亥子之日实。其首领其战，必在南康。”时中亦在师中，舟次孤山，无风不能，进中曰：“当祭之。”祭已①，风大作，遂达彭蠡湖。常遇春与敌战于②康郎山，被围，势甚危，佥谓不可救。中曰：“亥时当自出。”如期，果出。连战辄大胜。友谅中飞矢□，降其众数万。他所占验，往往类此。嗟乎！此孰非天生斯辈以赞助我圣祖，使得成灭汉之功者乎！汉既灭，取天下如反掌耳。信天授，非人力也！(《国朝武功纪胜通考》[1]卷一，明天启刻本)

【笺注】：

[1][明]颜季亨(1581)撰。成书于万历末至天启初，详记了洪武至万历年间四十五次征战的经过。颜季亨，镇江府丹阳(今江苏镇江丹阳)人。出身于书香门第，家富藏书，然屡试不第。后弃举业改而学医，“以医奕游越、闽”，“居家好施予，乐与贤豪长者游，堂中座客常满，捐

---

① 原文为“巳”，据文意改。

② 原文为“干”，据文意改。

百金济人急难者，不一而足。……自设局施药，所全活人无数。”

俞通海曰：“湖水有浅涩，舟难回旋，莫若入江，据上流，彼舟入，即成擒矣。”刘基亦密言于上，请移湖口，期以金、木相犯日决胜，上从之。(《昭代武功编》[1]卷一亲征，明崇祯刻本)

【笺注】：

[1][明]范景文(1587—1644)撰。本书记事上起朱元璋征陈友谅，下至万历年间李化龙平杨应龙叛乱，重叙兵事，略同《明史》。范景文，吴桥(今属河北)人，万历四十一年(1613)进士。除东昌推官，擢吏部主事。天启间，迁文选郎中，魏忠贤与魏广微中外用事，景文与其同乡不一诣其门，亦不附东林，谢病归。崇祯末官至工部尚书，兼东阁大学士，受命四十日而都城陷，投井死。弘光时谥文贞。另著有《大臣谱》等。

安庆之陷，公遂决意伐之，召谕诸将各厉士卒以从。徐达进曰：“师直为壮，今我直而彼曲，焉有不克？”刘基亦言于公曰：“昨观天象，金星在前，火星在后，此师胜之兆。愿主公顺天应人，早行吊伐。”公于是命徐达、常遇春等先发。(八月)庚寅，亲率舟师以进，乘龙骧巨舰，建大旗于前署，曰“吊民伐罪，纳顺招降”。诸军溯流而上，友谅江上斥候望风奔遁。(《资治通鉴后编》卷一百八十，清文渊阁四库全书本)

(1363年)二月，伪汉太尉张定边陷饶州，于光走还。

四月，陈友谅忿其疆埸日蹙，大作舟舰，高数丈，饰以丹漆，上下三级，级置走马，棚下设板房为蔽，置橹数十其中，上下人语不相闻，橹箱皆裹以铁。自谓必胜，载其家属百官，空国而来，兵号六十万，攻南昌。壬戌，薄城下，诸将分门拒守，邓愈守抚州门，赵德胜守宫步、士步、桥步三门，薛显守章江、新城二门，牛海龙等守琉璃、澹台门，文正居中节制，自将精锐二千往来策应。丙寅，友谅亲督兵攻抚州门，兵各戴竹盾如箕状，以御矢石。城坏二十余丈，邓愈以火铳击退其兵，随竖木栅。贼争栅，文正督诸将死战，且战且筑，通夕复完。李继先、牛海龙、赵国旺、许珪、朱潜等皆战死。

五月丙子，友谅复攻新城门，薛显将锐卒开门突战，斩其平章刘震昭，敌兵退。百户徐明被执，死之。

六月辛亥，友谅增修攻具，欲破栅，自水关入。文正使壮士以长槊从栅内刺之，敌夺槊，更进。文正乃命锻铁戟、铁钩穿栅复刺，敌来夺，手皆灼烂，不得进。友谅尽攻击之术，城中备御万方，杀伤甚众。友谅分遣饶鼎臣等陷吉安，李明道叛，守将曾万中死之，刘齐、朱叔华被执。陷临江，复执赵天麟，以三人徇城下，文正等不为动。贼复攻宫步、士步二门，赵德胜巡城至宫步门，贼伏弩，张弩射之，中腰膂，箭深入六寸，拔出，遂卒。南昌被围既久，内外阻绝，文正遣千户张子明赴建康告急，又诈遣卒号“舍命王”者诣友谅，约日出降，友谅信之，缓其攻。至日城上旗帜一新，友谅候至暮，见无降意，缚降卒至城下杀之。张子明取渔舟从水关出，越石头城，昼行夜止，半月达建康。太祖问：“友谅兵势何如？”对曰：“友谅兵虽盛，战死亦不少，今江水日涸，巨舰将不利，又师久粮乏，援兵至，必可破也。”太祖曰：“归语文正：‘但坚守一月，吾当自取之。’”乃遣子明先还，至湖口，为友谅兵所执。友谅曰：“若能诱降，非但不死，且富贵。”子明阳许之，至城下：呼曰：“主上令诸公坚守，大军且至矣。”友谅怒杀之。文正等闻之，守益坚。

七月癸酉，太祖自将救洪都，徐达、常遇春亦自庐州还，太祖亲督诸将会师，祃纛于龙江，舟师凡二十万。癸未，进次湖口，先遣指挥戴德以一军屯于泾江口，复以一军屯南湖嘴，以遏友谅归师，又遣人调信州兵守武阳渡，防其奔逸。丙戌，友谅围南昌，凡八十有五[①]日。闻太祖至，解围东出鄱阳，逆战，太祖率诸将由松门入鄱阳湖。丁亥，遇于康郎山。友谅列巨舟当我师，太祖见之，谓诸将曰：“彼巨舟首尾连接，不利进退，可破也。”乃命舟师为二十队，火器弓弩以次相佐，而列戒诸将：“近寇舟，先发火器，次弓弩，及其舟，则短兵击之。”戊子，徐达、常遇春、廖永忠等进兵搏战。达身先诸将，击败其前锋，杀千五百人，获一巨舟而还，军声大振。俞通海复乘风发火炮，焚寇舟二十余艘，杀溺死者甚众。元帅宋贵、陈兆先亦死战。徐达等搏战不已，火延及达舟，敌乘之，达扑火更战。太祖亟遣舟援达，友谅骁将张定边奋前犯太祖舟，舟胶于沙，汉兵匝焉，程国胜剑叱之，与陈兆先大奋击，牙将韩成进曰：“古人杀身以成仁，臣不敢爱其死。”乃服上冠袍，对敌自投水中。敌信之，攻少缓，宋贵、陈兆先俱战死，常遇春从傍射中定边，定边舟始却。俞通海来援，舟骤进，水涌太祖，舟遂脱。通海与廖永忠以飞舸追定边，定边走，身被百余矢，退去。会日暮，太祖鸣钲，集诸将，申约束，恐张士诚乘虚入寇，命徐达回守建康。己丑，太祖复亲布阵与友谅战，友谅悉巨舟连锁为阵，旌旗楼橹，望之如山，我舟小，仰攻，多却，太祖亲麾之，不前，右师少却，立命斩队长十余人，犹不止。郭兴进曰：“非人不用命，舟大小不敌也，臣以为非火攻不可。”太祖然之，命常遇春等分调渔舟，载荻苇，置火药其中。至晡时，东北风起，命以七舟束草为人，饰以甲胄，持兵戟若斗敌状，令敢死士操之，备走舸于后。将迫敌舟，乘风纵火，风急火烈，须臾抵敌舟，焚水寨数百艘，烟焰涨天，湖水尽赤，死者大半，友谅弟友仁、友贵及其平章陈普略等皆焚

① 原文为“正”，据《明史纪事本末》卷三等改。

死，我师乘之，又斩二千余级。友仁者，即所谓“五王”也，眇一目，有智数，枭勇善战，至是，友谅为之丧气。普略，即“新开陈”也。是日，张志雄舟樯折，为敌所觉，以数舟攒兵钩刺之，志雄窘迫，自刭。丁普郎、余昶、陈弼、徐公辅皆战死，普郎身被十余创，首脱犹植立舟中不仆，持兵若战状。时太祖所乘舟樯白，友谅觉，欲并力来攻。庚寅夜，令诸船尽白其樯，旦莫能辨，敌益骇。辛卯，复率众大战，自辰至巳不解。时刘基侍，忽跃起大呼，太祖亦惊起，回顾，但见基双手挥之曰：“难星过，急更舟。”太祖如言，入他舟，坐未定，旧所御舟以炮碎矣。友谅乘高见舟碎，喜甚，俄太祖麾舟更进，皆失色。廖永忠、俞通海、汪兴祖、赵庸以六舟深入敌联大舰，拒战，蔽之舟，若没。有顷，六舟旋绕汉军而出，势如游龙，诸将见之，勇气百倍，呼声动天地，波涛起立，日为之晦。时汉舟大，我师环攻之，杀其卒殆尽，而操舟者犹不知，呼号摇橹如故，已而焚其舟，皆死。至午，敌兵大败，弃旗鼓、器仗，浮蔽湖面。通海等还，太祖劳之曰：“今日之捷，诸君之力也。”友谅战不利，欲退保鞋山。我师先至罂子口，横截湖面，邀友谅。不得出，乃敛舟自守，不敢更战。是日，移舟泊柴棚，去敌五里许，诸将欲退师，少休士卒，太祖曰：“两军相持，先退非计也。”俞通海以湖水浅，请移舟扼江上流，刘基亦密言：“当移军湖口，期金、木相犯日决胜。”太祖从之。时水路狭隘，舟不得并进，恐为敌所乘，至夜，令船置一灯相随，渡浅，比明，已尽渡。乃泊于左蠡。友谅亦移舟出泊潴矶，相持者三日。初，友谅战不利，右金吾曰：“今战不胜，出湖实难，莫若焚舟登陆，直趋湖南，谋为再举。”左金吾曰：“今虽不利，我师犹多，勠力一战，胜负未可知，何至自焚以示弱？万一舍舟登陆，彼以步骑蹑我后，进不及前，退无所据矣。”友谅犹豫不能决，至是，失亡多，乃曰：“右金吾言是也。”左金吾闻之惧，来降。右金吾亦率所部来归。友谅兵益衰。太祖既驻师彭蠡，移书诮之。友谅得书，怒，留使者不遣，尽杀所获战士。太祖闻之，命悉出所俘友谅军，视其伤者，赐药疗之，皆遣还，下令曰：“但获彼军，皆勿杀。”又令祭其弟侄及将士战死者。师出湖口，命遇春、永忠诸将统舟师，横截之，又令一军立栅于岸，控湖口旬有五日。友谅不敢出。复移书与之，友谅忿恚不答。太祖与博士夏煜等日草檄赋诗，意气弥壮。友谅食尽，掠粮于南昌，朱文正遣人燔其舟，势益困。时我师水陆结营列栅，江南、北岸置火舟、火筏中流，戒严以俟。

八月壬戌，友谅计穷，冒死突出，绕江下流，欲由禁江遁回。太祖麾诸军追击，以火舟、火筏冲之，敌舟散走，追奔数十里，自辰至酉，战不解。至泾江口，泾江之兵复击之，张铁冠大笑，贺曰：“友谅死矣。”未几，有降卒来奔，言友谅在别舸中，流矢贯睛及颅而死。诸军闻之大呼喜跃，益争奋擒其太子善儿。明日，平章陈荣等悉舟师来降，得士卒五万余人。张定边乘夜以小舟载友谅尸及其子理，奔

还武昌，复立理为帝，改元“德寿”。（《雍正江西通志》卷三十一）

侯王氏，讳胜，字均德，少骁武，喜兵法，胆略过人。元至正间，闻明太祖起兵，自和州渡江，即领千人归之。从战有功，太祖用为右副元帅。至正二十一年（1361），攻败陈友谅，取江州。赐金带一、良马一，敕守江州。明年四月，友谅大举兵围豫章，号六十万，军势甚盛。太祖与刘基谋欲火攻之，先募死士诈降为内应，侯应募。太祖谓：“此行恐不生还。”侯曰：“应死募，岂有生心乎？”遂与枢密院同知丁普郎等三十五人降友谅，夜纵火焚其营。大军乘火奋击。大破之，诸降者皆烬。太祖既灭友谅，命立庙康郎山，祀死事三十五人，侯位弟三。赠怀远大将军、太原郡侯，赐养马圩于本邑白兔河。（《桐城耆旧传》[1]卷一，清宣统三年刻本）

【笺注】:

[1][清]马其昶（1855—1930）撰。该书荟萃桐城明清之旧闻，撰述先贤之事迹，重视道德评判，肯定了明清两代地方士人在重大历史变革中所表现出的高尚气节。马其昶，安徽桐城人，光绪二十一年（1895）授经安庆藩司署中，二十七年（1901）授经合肥李仲仙家。三十年（1904）回安庆协助吴汝纶办新学，主桐城中学堂。三十四年（1908）赴京任学部主事、京师大学堂教习。民国初南归桐城。越年，复入都，充清史馆总纂，成《清史稿·文苑》多卷。著有《周易费氏学》等。

---

19. 任朱元璋军太史令（1364 年三月）

（1364 年三月）以刘基为太史令。（《皇明通纪集要》卷三，明崇祯九年刻本）

20. 任吴太史令（1365 年七月）

乙巳（1365 年）七月，设太史监，以刘基为太史令。（《国朝典汇》[1]卷三十四吏部，明天启四年徐与参刻本）

【笺注】:

[1][明]徐学聚撰。徐学聚，兰溪（今属浙江）人，万历进士，官至右佥都御史。著有《历朝珰鉴》《国朝典汇》。

---

21. 预言胡深遇害（1365 年七月后[1]）

【笺注】:

[1]据[清]傅维麟《明书》，记叙排序在任吴太史令后。其卷一百四十三：“乙巳（1365），置

太史监，秩正三品，基领之……日中有黑子，（基）奏东南当失一大将，已而参军胡深伐陈友定败没。”

(1365年四月)时日已暮(胡)，深知营垒未安，而兵围未解，叹以持久，突围而出，德柔伏兵忽起，马蹶被执。有定礼遇之，深具道“天子仁圣，四海归心，群雄乐为之用”，援窦融归汉故事以感动之。定初无杀深之意，会元使者至，督迫之，遂遇害。先是，日中有一黑子，刘基奏曰：“东南失一大将。”至是，深果败没。深有文武才，守处州五年，威惠甚著，一方赖之。及殁，上深痛惜，追赠缙云郡伯。(《皇明通纪法传全录》卷三，明崇祯九年刻本)

22. 议宽民(始于1366年四月)

(1)1366年四月

(1366年四月己未)王谓刘基、王祎曰：“四方凋瘵，吾欲纾之。”基曰：“方今用武，殆未可。”王曰：“吾将定赋焉。定赋则用节，节则民不困；定赋则末兼，兼则国常裕。”皆对曰：“善。”(《名山藏》卷一典谟记，明崇祯刻本)

(2)1368年正月

(1368年正月)丁丑，大宴群臣奉天殿，三品上俱登殿余墀焉。谕曰：“朕赖诸将有今日。然念天下之广，生民之繁，忧悬于心，夜不得安枕。”御史中丞刘基曰：“今事定，宜少纾其忧。”上曰：“尧舜处治，尚犹忧之，况海内人民脱创残犹新也。”(《名山藏》卷二典谟记，明崇祯刻本)

(1368年春正月)上谓刘基曰：“曩者群雄角逐，生民涂炭，今天下次第已平，思所以生息之道，何如?”基对曰：“生民之道，在于宽仁。”上曰：“不施实惠，而概言宽仁，亦无益耳。以朕观之，宽民必当阜民之财，息民之力。不节用，则民财竭；不省役，则民力困；不明教化，则民不知礼义；不禁贪暴，则无以遂其生。”基顿首曰：“此所谓以仁心行仁政也。”(《明史纪事本末》卷十四，清文渊阁四库全书本)

(3)1370年四月

(1370年四月)顾谓刘基曰：“古贤圣之君不忘修省，富贵易骄，必至于荒纵，未有不覆。”基顿首曰：“陛下此言，万世之福也。”(《礼部志稿》卷六十七，清文渊阁四库全书本)

(4)1371年秋八月

(1371年秋八月)上手书问刘基曰：“近西蜀平，疆宇恢广。元以宽失天下，朕救之以猛。然小人但喜宽，遂恣诽谤，今天鸣八载，日中黑子叠见，卿宜条悉以闻。”基上言以为：“雪霜之后必有阳春，今国威已立，宜少济以宽。”上以其书付史馆。或有言杀运三十年未除者，基曰：“若使我当国，扫除俗弊，一二年后，宽政可复也。”（《明史纪事本末》卷十四，清文渊阁四库全书本）

（5）评述

古之大手眼君臣，只是善因时以制宽猛而已。汉高之用宽、诸葛亮之用严，与我太祖之用严，皆法此也。此意孔明后惟刘青田识之，青田尝语太祖曰：“自元氏纵驰，上下相蒙，遂至于乱。今当维新之治，非振以法令不可。”上曰：“不然，夫经丧乱之民思治安，犹饥渴之望饮食，则残苦之余，休养生息，犹恐未苏。若更殴以法令，譬以药疗疾而加之，以鸩将欲救之，乃反害之。乃为政非空言，要必使民受实恩，若徒事其名而无其实，民亦何赖焉？”章溢顿首曰：“陛下深知民隐，天下苍生之福也。”然究竟太祖制治之道，何尝不用青田之说，特恐奉法者失其意，故利器不欲示人耳。溢之顿首，正在云雾中也。异日，上谓青田曰：“曩者群雄角逐，生民涂炭，死亡既多，休养难复。今国势已定，天下次第而平，思所以生息之道，何如？”对曰：“生息之道，在于宽仁。”上曰：“不施实惠，而概曰宽仁，亦无益耳。以朕观之，宽仁必当阜民之财，而息民之力，不节用则民财竭，不省役则民力困，不明教化则民不知礼义，不禁贪暴则无以遂其生。”太祖本领学问和盘托出矣。君臣相契之深，必有所因却，于应对之际，各有时有机，亦不混混，此非解者，不足与道也。（《暇老斋杂记》[1]卷八，清光绪李文田家钞本）

【笺注】：

[1][明]茅元仪（1594—1640）撰。茅元仪，归安（今浙江湖州）人。博览群书，好谈兵，知古今用兵方略及九边厄塞形势，口述手画，了如指掌。明天启元年（1621）撰《武备志》，问世后，声誉鹊起，以边才荐授副将。充督师孙承宗幕僚，抵御后金南下，出谋划策皆得要领。崇祯即位，呈《武备志》，升翰林待诏。为权臣王在晋、张瑞图所中伤，以“傲上”罪名放逐定兴（今属河北）江村，缄口思过。崇祯二年（1629）冬，后金骑兵逼京，举朝震恐，随孙承宗出师，以副总兵署大将军印，督理觉华岛水师，又遭权臣梁廷栋所忌，被解职。后因兵哗下狱，以“贪横激变”罪名遣戍福建漳浦，忧愤而死。另著有《石民四十集》等。

23. 张昶伏诛（1366年六月）

数日后，太祖谓刘基、宋濂曰：“元朝送一大贤人与我，尔等可与之议论。”及出，乃张昶也。除部中省都事，不久升参政。自知，政多合上意，赏赐甚多，权豪震动。李文忠克平江，执平章长寿的管等官到京，太祖曰：“此等皆元朝大臣，给以脚力、路粮，送至境上，任其还乡。”昶心怀旧主，以国事通。获其书，太祖令杨国胜、杨宪鞠之，处以极刑。太祖谓丞相李善长①曰：“被他侮弄，我碎其骨投于水。”（《国初事迹》不分卷，明泰氏绣石书堂钞本）

（1366 年六月）癸酉……吴杀前使臣、户部尚书张昶。昶既被留为参知政事，外示诚款，内怀阴计，与杨宪、胡惟庸等皆相善。昶有才辩，智识明敏，熟于前代典故，凡江左建置制度，多出其手，裁决如流，事无停滞。昶自以奉使被羁，心不忘北归，阴使人上书颂功德，劝吴王及时行乐。王以语刘基，曰：“是欲为赵高也。”基曰：“然必有使之者。”王不欲穷治，但斥之，焚其书。后复劝王重刑法，破兼并之家，多陈厉民之术，欲吴失人心，阴为北方计。王皆不听。时帝谓昶已死，且擢用其子吴遣杭州，所获平章努都长寿北归朝，昶乃阴奉表于帝，且寓书其子，询存亡。会昶卧病，杨宪往候于昶卧内，得书稿，奏之，王令大都督府按书，昶书八字于牍曰：“身在江南，心思塞北。”王始惜其才，犹欲活之，及见其所书牍词，曰：“彼意决矣。”遂杀之。（《续资治通鉴》卷二百十九，清嘉庆六年递刻本）

24. 灭方国珍、陈友定（1367 年九月—约 1368 年十月）[1]

【笺注】：

[1]自[清]屠寄《蒙兀儿史记·杨完者陈有（友）定列传》记载的 1367 年九月朱元璋攻方国珍始，约 1367 年九月陈有（友）定被执止。

先是，汤和克方国珍，至是，又克福州，而江南之幅员尽属我版图。此虽阃外之熊罴，一乃心力，而帏幄中多，刘基之密谋，张铁冠之占候，帝皆虚心用之。（《西台漫纪》[1]卷一，明万历刻本）

【笺注】：

[1][明]蒋以化撰。是书杂记见闻，多及僻逸幽怪之事。全书议论，每过于叫嚣求快，似乎多恩怨之词，不尽实录。蒋以化，江苏常熟人，隆庆元年（1567）举人，官至监察御史。另著有《使淮采古录》等。

（1367 年五月）时福州鼓楼鸱吻，吐气若烟雾，见者以为不祥。先是，朱元璋以闽事访刘基，基谓：“有定守株虏，腹中无书，不足畏；方国珍负山跨海，可虞。既平国珍，由海入闽，取之如反掌耳。”是年九月，元璋遂命汤和、吴稹以兵三万讨

① 原为“良”，据明初大臣姓名改。

国珍。国珍请救，有定恨其部下尝误杀闽海戍，不之援。国珍遁于海，已而降吴。于是吴以十月大发兵，三道取闽：一出建昌，以胡廷瑞尝为陈友谅攻闽，知其地理险夷，命出此道；一出衢州，李文忠为主帅；一出庆元海道，汤和为主帅廖永忠副之，以方国珍所降海舟载兵。（《蒙兀儿史记》[1]杨完者陈有定列传第百十二蒙兀儿史记卷第百三十，民国刊本）

【笺注】：

[1][明]屠寄(1856—1921)撰。屠寄，江苏武进人，光绪十八年(1892)进士。曾入张之洞幕下，任广东舆图局总纂，主修《广东舆地图》。后任黑龙江舆图局总纂，主修《黑龙江舆地图》，并撰《黑龙江舆图说》。辛亥革命后，任国史馆总纂。长于史地之学，尤精于蒙古史。用数十年之功，撰有《蒙兀儿史记》一百六十卷。又著有《黑龙江驿程日记》《洛阳伽蓝记疏证》等。

25. 南京都城、宫殿规划(约始于1366年八月庚戌)

【笺注】：

[1]据《资治通鉴后编》卷一百八十三。

既都金陵旧城，西北控大江，东尽自下门外，距钟山颇涧远，而旧内在城中，因元南台为之，宫稍庳隘，上乃命刘基等卜地作新宫于钟山之阳，在旧城东，白①下门②之外二里许增筑新城，东北尽钟山之趾，延亘周回，凡五十余里，规制雄壮，尽据山川之胜焉。（《都城》，见《涌幢小品》[1]卷四，明天启二年刻本）

【笺注】：

[1][明]朱国祯(1558—1632)撰，本书于天启元年(1621)冬完稿，所记多为作者耳闻目睹的明代朝野典故、遗闻逸事，也有一些考证方面的内容，其中有关明代掌故和人物的记载有很高的史料价值。朱国祯，乌程(今浙江湖州)人。万历十七年(1589)进士，累官祭酒，谢病不出。二十九年(1601)，创议均田均役，屡遭绅衿论劾。天启元年(1621)，擢礼部右侍郎，未上任。三年(1623)拜礼部尚书，兼东阁大学士，改文渊阁大学士。魏忠贤专权，排挤首辅叶向高、韩爌，国祯继任首辅，为魏党李蕃所劾，三疏引疾辞官。著有《皇明史概》等。

---

① 原文为“自”，据文意改。

② 原文为“问”，据文意改。

太祖集诸地师数万人卜筑大内，填燕尾湖为之。虽决于刘基，实上内断，基不敢尽言也。二十五年后，知其误，乃为文祭光禄寺灶神，云“朕经营天下数十年，事事按古有绪，惟宫城前昂中洼，形势不称。本欲迁都，今朕年老，精力已倦，又天下新定，不欲劳民，且废兴有数，只得听天。惟愿鉴朕此心，福其子孙”云云。（《宫殿》，见《涌幢小品》卷四，明天启二年刻本）

26. 谏存苏、淞民（约 1367 年九月[1]）

张士诚之据吴也，颇长于守，徐达、常遇春辈尝尽力攻之而不破。士诚败后，明祖欲尽屠吴民，刘基止之曰：“困于重赋足矣。”乃以籍没前代官田，皆照其租额定税。未几，杨宪为司农卿，专事聚敛，复取民田之轻赋者，一亩改作二亩，故苏、松赋额，较浙江之嘉、湖，江西之南昌、袁、瑞等倍而又倍，遂为吴民之世患。嗟乎！刘青田之用心亦云厚矣，惜乎其说之不足以善后也。向使以桀犬吠尧之论，开悟其主，谓：“此而加以屠戮，何以为异日之固守其封疆者劝？”则堂堂天子，或未必终与海角之匹夫仇也。纵令忿犹未释，必欲困以重赋？亦当议定三年、二年以为程限，方见谪罚之公。奈何使其毒流无已，至于易姓之后而靡所究极也？是以君子未尝不扼腕于青田之说也。（《苏松历代财赋考》[2]，清康熙刻本）

【笺注】:

[1]根据《明史》卷一等，张士诚都城苏州被攻破在 1367 年九月。则此条事当在此时。

[2][清]周梦颜（1656—1739）编次。苏、松二郡（今江苏、上海一带）的田地仅占当时全国八十五分之一，而其所出之赋却占全国总数的十三分之二。明太祖以租额为官粮，万历之后，有司官以耗增充正数，长此以往，民困未苏，作者摘其大要，汇成此书。周梦颜，昆山（今属江苏）人。康熙三十八年（1699），帝南巡，与陆淳风等赴扬州上疏请减苏、松浮赋，后辑刊《东南财赋考图说》《苏松财赋考图说》，邮寄京师数百本，雍正三年（1725），得旨减免苏松浮粮四十五万石。另著有《安士全书》等。

27. 论北伐（1367 年九月）

（1367 年九月）王谓太史令刘基、学士陶安曰：“南方既平，今宜致力中原，以一天下。”基曰：“土广人众，正可席卷。”王曰：“惟广与众不可恃也。吾起兵以来，临小敌若大，以有成功，今虽垂就，一或不戒，成败关焉。”基曰：“近灭张氏，乘胜长驱，此其时也。”王曰：“彼方自相犄角，岂得遽云长驱，必吾持胜道，俟彼亡机，加慎重焉。”（《名山藏》卷一典谟记，明崇祯刻本）

28. 任御史大夫(1367 年十月)

御史台左右御史大夫,从一品;中丞,正二品;侍御史,从二品;治书侍御史,正三品;殿中侍御史,正五品。上为吴王,始创台,以汤和、邓愈为左右大夫,刘基、章溢为中丞,文原吉为治书,安然为中丞,基实干台事。复省治书、殿中不置。而汪广洋自左大夫入中书,陈宁代之,安然为右大夫中丞。涂节告变,而台以中丞为长官,安然任之。后改为都察院都御史,仅七品;御史九品,寻复升正三品。俄以左右都御史代大夫,为正二品,副都代中丞,为正三品,佥都代侍御,为正四品,与六部颉颃矣。(《弇山堂别集》[1]卷十二,清文渊阁四库全书本)

【笺注】:

[1][明]王世贞(1526—1590)撰。本书系著者据其见闻,记明代典故政绩。其中以史乘考误、诸王功臣百官表及中官考等,较为精深。永乐时期因修《太祖实录》而湮灭的太祖、建文两朝秘事,赖此书得以保存。尤其因实录编者不敢直书宫廷实情,而是书实记述宦官的政治活动,可补实录之不足。王世贞,太仓(今属江苏)人,嘉靖二十六年(1547)进士。授南京刑部主事,出为山东副使。时严嵩父子专权,杨继盛弹劾严嵩十大罪而被陷入狱。世贞竭力营救,既死,以棺殓之。嵩恨之,借故杀其父王忬,并免世贞官。穆宗即位,世贞偕弟世懋为父申冤,得昭雪复官。后历任太仆卿、右副都御史、南京刑部尚书。

(1367 年)十月……置御史台,以汤和为左御史大夫,邓愈为右御史大夫,刘基、章溢为御史中丞。谕之曰:"国家新立三大府,总天下政。中书,政本也;都督府,掌军旅;御史台,察百官。《诗》不云乎:'刚亦不吐,柔亦不茹。'"谕和曰:"今居文职,宜亲近儒生。"再命汤和为征南将军,吴祯为副将军,讨方国珍于庆元。(《名山藏》卷一典谟记,明崇祯刻本)

初,吴元年(1367),置御史台,设左右御史大夫(从一品)、御史中丞(正二品)、侍御史(从二品)、治书侍御史(正三品)、殿中侍御史(正五品)、察院监察御史(从五品)、经历(正七品)、都事(正七品)、照磨管勾(正八品)。以邓愈、汤和为御史大夫,刘基、章溢为御史中丞。谕之曰:"国家立三大府。中书总政事,都督掌军旅,御史掌纠察,朝廷纪纲,尽系于此,而台察之任尤清要。卿等当正己以率下,忠勤以事上,毋委靡因循以纵奸,毋假公济私以害物。"(《明史》卷七十三,清文渊阁四库全书本)

太祖自立国时,省、台[1]要地俱以勋旧充之,其所聘用如刘诚意、宋文宪辈,虽礼寄优崇,而颇循资序。(《弇山堂别集》卷十,清文渊阁四库全书本)

【笺注】:

[1]"台"即"御史台"。

明兴,其初制一循元旧。当是时,左右大夫汤和、邓愈数膺斧钺寄外出,而中丞刘基、章溢理台事。(《弇山堂别集》卷五十二,清文渊阁四库全书本)

附录:纠察地方官吏

平阳州吏目杜乙嗜财甚,考满入京,谒御史中丞刘基。基诘谒故,杜惶骇不能对,遽命执讯之。杜自陈在州时敛民白金三十两,又受杨某金,置杀人罪不问,守与佐皆相构为奸。有旨下君[1]鞫之,同知以下吏皆服罪,独知州梅镒廷辩不已。民数百遮司门外,争知州信无辜。君将听之,吏白曰:"今奉诏按狱,而释知州不治,情则得矣,如身受故出,何君再进?"民询之,辞不变,叹曰:"法以诛罪,吾敢身畏谴,而诛无罪人乎?"释镒,以情闻上。可其奏。(《故岐宁卫经历熊府君墓铭》,见《文宪集》卷十九,清文渊阁四库全书本)

【笺注】:

[1]即本史料传主熊伯颖。

29. 制定律令(1367年十月)

(1367年十月)十二日,上谓台宪官刘基、章溢、周祯等曰:"纪纲法度,为治之本。所以振纪纲明法度者,则在宪台,凡揭纪纲法度,以示百官,犹射者之有正鹄也。百司庶职操弓矢,以学射者于台宪,何以异?故审已不可以不慎。苟不知其本,察于小物而昧于大体,终非至正之道。尔等执法,上应天象,少有偏曲,则纪纲、法度废坏,而民不得其安。况或深文以为能,苛察以为智,若宁成、郅都、周兴、来俊臣之徒,巧诋深文,恣为酷虐,终亦不免。于公阴德,子孙后来贵显,天道昭①然,至可畏也。"(《南京都察院志》[1]卷一,明天启刻本)

【笺注】:

[1][明]施沛(1585—1661)撰。施沛,华亭(今上海松江)人,贡生,明末医家。天启初,授河南廉州通判。著有《藏府指掌图》等。

---

① 原文为"照",据文意改。

吴元年(1367)冬十月,命左丞相李善长为律令、总管官;参知政事杨宪、傅瓛,御史中丞刘基,翰林学士陶安等二十人为议律官。(《明史》卷九十三,清文渊阁四库全书本)

太祖初渡江,颇用重典。一日,谓善长:"法有连坐三条,不已甚乎?"善长因请自大逆而外,皆除之。遂命与中丞刘基等裁定律令,颁示中外。(《明史》卷一百二十七,清文渊阁四库全书本)

明周贞,字文典,江宁人。吴元年(1367),为大理寺卿,诏同李善长、刘基、陶安定律令。贞上疏曰:"立法贵简易,使人易晓,若条绪繁多,或一事而两端,可轻可重,吏得夤缘为奸,则所以禁残暴者,反以贼良善,非良法也。"上嘉纳之。(《乾隆江南通志》卷一百三十九,清文渊阁四库全书本)

30. 担任太史院使(1367年十月)

置太史院使,正三品,刘基为之。改院为监,使为令。(《弇山堂别集》卷十二,清文渊阁四库全书本)

(1367年十月丙午)吴改太史监为院,以太史监令刘基为院使,秩正三品。(《资治通鉴后编》卷一百八十四,清文渊阁四库全书本)

明初即置太史监,设太史令、通判太史监事、佥判太史监事、校事郎五官,正灵台郎、保章正副、挈壶、正掌历管勾等官,以刘基为太史令。吴元年(1367),改监为院,秩正三品(院使正三品,同知正四品,院判正五品,五官正、正官、典簿、两旸司、时叙郎、纪候郎、正七品,灵台郎及保章正正八品,副从八品,掌历、管勾从九品)。(《明史》卷七十三,清文渊阁四库全书本)

附录:明初太史监沿革

乙巳(1365)七月壬午,置太史监,以刘基为太史令。吴元年(1367)十月丙午,改监为院,仍以刘基为院使。洪武元年(1368)十月甲午,征元太史张佑、张沂等十四人,改太史院为司天监。二年(1369)二月,征元回回司天台官郑阿里等十一人议历,兼设回回司天监。三年(1370)六月甲子,改为钦天监,设令一人,丞一人。二十二年(1389)改令为监正,正五品,丞为监副,正六品。三十一年(1398)四月丁丑朔,罢回回钦天监,以其历法隶本监(《职官志·大政记》)。(《明会要》[1]卷三十九职官十一,清光绪十三年永怀堂刻本)

【笺注】:

[1][清]龙文彬(1821—1893)撰。该书摭辑《明史》等二百余种有关记载,参酌徐天麟《两

汉会要》及王溥《唐会要》例，以类编纂明一代典章制度。龙文彬，永新（今属江西）人，同治四年（1865）进士。授吏部主事。光绪元年（1875），充校《穆宗实录》。六年（1880），乞假归，历主经训、莲洲书院讲席。精史学，另著有《永怀堂文钞》。

洪武六年（1373），令本监人员不许迁动子孙，止习学天文历算，不许习他业（王圻《通考》）。（《钦天监》，见《明会要》卷三十九职官十一，清光绪十三年永怀堂刻本）

31. 上《戊申大统历》（1367年十一月）

明兴，高皇帝首严钦若之典，以刘青田为太史令，改为《大统历》，其实皆《授时历》法。其时刻漏博士元统上书，求改历，李德芳争之。上曰："二说难凭，独验七政交会，行度无差者为是。"于是以洪武甲子（1384）为历元而造历，依《授时》法，迄今不易。近时虽时有议及更改调均，然亦难言矣。夫历法一事，毋[①]论往古，我高皇之神智，刘青田之术数，盖庶几轩皇六相云者。诸凡厘正兴革，驾轶三代，乃卒不能易守敬《授时》之法，则是法诚千古不易之妙诀，天生之以待皇明万年之用者也！美哉乎！（《陈学士先生初集》[①]卷二十四，明万历刻本）

【笺注】：

[1]［明］陈懿典撰。陈懿典，秀水（今属浙江嘉兴）人，万历二十年（1592）进士。官至中允，请假归。崇祯初年朝廷欲起用少詹事，坚辞不就。博通经史。著有《读左漫笔》及《读史漫笔》等。

高皇帝精于观天，虽用守敬历，而特令刘基召集天下律历名家者赴京详议，复自置观星盘、《天文分野》诸书，且革回回监而别为一科，盖其慎也。（《新法算书》[1]卷八）

【笺注】：

[1]［明］徐光启（1562—1633）、李之藻、李天经及西洋人龙华民、邓玉函、罗雅谷、汤若望等所修。本书为西洋法新历，凡十一部，前有修历缘起，皆涉及当时历术的奏疏及考测辨论事由。徐光启，上海县法华汇（今上海市）人，万历三十二年（1604）进士。万历三十一年（1603）领洗入天主教。任庶吉士。崇祯五年（1632），升礼部尚书兼东阁大学士，并参机要。次年兼任文渊阁大学士。卒赠太子太保、少保，谥文定。译有《几何原本》《泰西水法》，著述有《农政全书》等。

---

① 原文为"母"，从文意改。

吴元年(1367)十一月①乙未。是日,太史院进《戊申岁大统历》。先是,本院会大常司议进历,仪宋,以每岁十月朔,明堂设仗,如朝会仪,受来岁新历颁之。郡县今拟先冬至一日,中书省臣同太史院使以进历闻。至日黎明,上御正殿,百官朝服侍班,执事者设奏案于丹墀之中,太史院官具公服,院使用盘袱捧历从正门入,属官从西门入,院使以历置案,上与属官序立,皆再拜。院使捧历由东阶升自殿东门入至御前,跪进,上受历。讫院使兴复位,皆再拜,礼毕,乃颁之中外,至是如仪行之。既而上召御史中丞兼太史院使刘基谓曰:"如古者,以季冬颁来岁之历,似为太迟,今于冬至亦为未宜,明年以后,皆以十月朔进。"初,《戊申历》成,将入梓,基与其属高翼以所录本进。上览之,谓基曰:"此众人之为乎?"基曰:"是臣二人详定。"上曰:"历数者,国之大事,帝王敬天、勤民之本也。天象之行有迟速,古今历法有疏密,苟不得其要,不能无差。春秋之时,郑国为一辞命,必裨谌草创,世叔讨论,子羽修饰,子产润色,然后用之,故少有阙失。辞命尚如此,而况于造历乎?卿等推步,须各尽其心,必求至当。"基等顿首而退。乃复以所录,再加详较,而后刊之。(《详定大统历》,见《礼部志稿》[1]卷八十八,清文渊阁四库全书本)

【笺注】:

[1][明]俞汝楫、俞廷教等纂辑。泰昌元年(1620)官修书,主要记载明代礼部建制、设官、职掌及有关制度。首载洪武至隆庆之诏谕、建官建署、礼部总职掌,其下分别记仪制、祠祭、主客、精膳四清吏司职掌及事例,并记录与礼部有关之奏疏。其中仪制清吏司之职掌及事例,详细记录了有关科举考试制度的各项内容。全书叙述详赡,首尾贯通,内容丰富,史料价值颇高。俞汝楫,《雒闽源流录》卷十三:"南直华亭(今上海松江)人,仁慈乐易,终身不见喜愠之色。少有文名,究心实学,遂综经济之务,与于东林讲席顾泾阳、高景逸诸先生莫不虚左迎之。尝奉大宗伯命辑《礼仪志》百卷,以疾卒,乡人私谥为端慤先生,知府方公岳贡改曰清惠。"俞廷教,上海生员。

吴元年(1367)十一月乙未冬至,太史院使刘基率其属高翼上《戊申大统历》。太祖谕曰:"古者季冬颁历太迟,今于冬至,亦未善,宜以十月朔。"著为令。洪武元年(1368),改院为司天监,又置回回司天监,诏征元太史院使张佑、回回司天太监黑的儿等共十四人,寻召回回司天台官郑阿里等十一人。(《明史》卷三十一,清文渊阁四库全书本)

---

① 原文记为"十月"。根据后文,"以季冬颁来岁之历,似为太迟,今于冬至亦为未宜,明年以后,皆以十月朔进",则是年上进历书时间为"十一月",即农历冬至日所在时间。《明史》卷三十一、《明太祖实录》卷二十七均作"十一月"。

附录:制定定钦天监晷景

惟我高皇帝时命宋濂、冷谦等所定乐律,及刘基等所定钦天监晷景可凭,而晷景尤其显者。宋和岘用西京铜望臬即司天台影表,臬下石尺也。影表上可测天,度数不爽,况其他乎。唐顺之曰:“今钦天监表尺,乃元郭守敬所造,比市尺止得八寸强。守敬精于律历,决非妄作。尝取其黑黍中者一千二百粒,日乾之秤量重五钱者,以九十粒横之,命为九寸,与表尺果合。于今欲求周尺,似不能舍是而他求矣。抑又有说焉。”高皇帝创制垂法,诒谋万世,当时制为镇圭,定按周尺,莫若以镇圭之尺为主。若欲别造准尺,是必博搜古器,如表尺之属,兼求真黍,参互考定,非可悬虚臆决也。工部据以回奏奉旨,既说周尺即镇尺,著照镇圭式造尺。(《钦定续文献通考》卷一百八)

32. 储教(1368 年正月)

(1368)是月[1]辛巳,安与中丞刘基言于上曰:“适闻仿元旧制设中丞令,欲奏以太子为之。”上曰:“取法于古,必择其善者而从之。苟惟不善,而一概是从,将欲望治,譬犹求登高冈而却步,渡长江而回擢,岂能达哉?且吾子年未长,学未充,更事未多,所宜尊礼师傅,讲习经传,博通古今,识达机宜,他日军国重务,皆令启问,何必效彼作中书令乎?”上因谓詹同等曰:“朕今立东宫,官取廷臣、勋德、老成兼其职。老成、旧人,动有典则。若新进之贤者,亦选择参用。夫举贤任才,立国之本;崇德尚齿,尊贤之道。辅导得贤,人各尽其职,故连抱之木,必以授良匠。”于是以李善长等兼东宫官。乃谕曰:“昔周公教成王,告以克诘①戎兵;召公教康王,告以张皇六师。此居安虑危,不忘武备。盖继世之君,生长富贵,泥于安佚,军旅之事,多忽而不务,一有缓急,罔知所措。二公所言不可忘也。”(失名《行省参政陶安传》,见《明名臣琬琰录》[2]卷九)

【笺注】:

[1]时为“正月”。

[2][明]徐纮编。徐纮,武进(今属江苏常州)人,弘治三年(1490)进士。以刑部郎中出为广东按察司佥事,分巡岭东。终云南按察司副使。

① 原文为“诰”,据《殿阁词林记》卷七等改。

明年戊申(1368)正月四日乙亥,即位,国号大明,改元洪武。时御史中丞刘基、学士陶安上言中书省及都督府,仿元旧制,设中书令,议太子为之。上曰:"取法于古,必择其善者从之。苟不善是从,而欲望治,犹登高冈而却步,渡长江而回楫,岂能达哉?元人事不师古,设官不以任贤,惟其类是与,名不足以副实,行不足以服众,岂可取法?且吾子年未长,学未充,更事未多,所宜尊礼师傅,讲习经传,博通古今,识达机宜,他日军国重务,皆令启之,何必仿彼作中书令乎?"乃命詹同取东宫官制观之,谓同等曰:"朕今立东宫官,取廷臣勋德老成者兼其职。老成、旧人,动有典则,若新进之贤,亦选参用。夫举贤任才,立国之本;崇德上齿,尊贤之道。辅导得贤,人各尽职。故连抱之木,必以授大匠;万金之璧,不以付拙工。"至是,以李善长为太子少师兼詹事,冯宗翼兼副詹事,胡廷瑞、廖永忠、李伯升同知詹事,赵荣、王溥同知副詹事,杨宪、傅瓛兼摄府丞,康茂才兼左率府,张兴祖兼右率府,顾时同知左率府,孙兴祖同知右率府,吴祯兼左率府副使,耿炳文兼右率府副使,邓愈、汤和兼谕德,刘基、章溢兼赞善大夫,文原吉、范显祖兼太子宾客。上谕善长等曰:"朕今于东宫官属,不别设府僚,而以卿等兼之者,盖军旅未息,朕若有事于外,必留太子监国。若设府僚,卿等在内,事当启闻,或有听断不明,而与卿等意见不合,卿等必谓府僚导之,嫌隙由是而生,朕所以特置宾客等官,以辅成太子之德,惟选名儒为宾友。昔周公教成王,告以克诘戎兵;召公教康王,告以张王六师。此居安虑危,不忘武备。盖继世之君,生长富贵,泥于安逸,军旅多忽而不讲,一有缓急,罔知攸措。二公所言不可忘也。"(《殿阁词林记》卷七,清文渊阁四库全书本)

御史大夫汤和、邓愈带左右谕德,中丞刘基、章溢带赞善大夫。善长、基、溢理省台,几事烦,日不暇给,而达、遇春等诸大将帅,征讨之不遑,然则以虚名被之而已。所日授经者,宋濂辈耳。(《东宫三师表上》,见《弇山堂别集》卷四十二,清文渊阁四库全书本)

洪武元年(1368)正月,立为皇太子。带刀舍人周宗上书乞教太子,帝嘉纳。中书省、都督府请仿元制,以太子为中书令,帝以元制不足法,令詹同考历代东宫官制,选勋德、老成及新进贤者兼领东宫官。于是,左承相李善长兼太子少师,右丞相徐达兼太子太傅,中书平章录军国重事常遇春兼太子少保,右都督冯宗异兼右詹事,中书平章政事胡廷瑞、廖永忠、李伯升兼同知詹事院事,中书左右丞赵庸王溥兼副詹事,中书参政杨宪兼詹事丞,傅瓛兼詹事,同知大都督康茂才、张兴祖兼左右率府使,大督都府副使顾时孙兴祖同知左右率府事,佥大都督府事吴桢、耿炳文兼左右率府副使,御史大夫、邓愈、汤和兼谕德,御史中丞刘基、章溢兼赞善大夫,治书侍御史文原吉、范显祖兼太子宾客。谕之曰:"朕于东宫,不别设府僚,而以卿等兼领者,盖军旅未息,朕若有事于外,必太子监国,若设府僚卿等在内,事当启闻太子,或听断不明,与卿等意见不合,卿等必谓府僚导之,嫌隙易生,又所以特置宾客、谕德等官者,欲辅成太子德性,且选名儒为之职。此故也。"(《明史》卷一百十五,清文渊阁四库全书本)

33. 军卫法(1368年正月)

洪武元年(1368)春正月,上以太史令刘基奏立军卫法,乃自京师达于郡县皆立军卫。大率以五千六百名为一卫,一千一百二十名为一千户所,一百一十二名为一百户所;每一百户下设总旗二名、小旗一十名管领钤束,通以指挥使等官领之,大小相维,以成队伍,抚绥操练,务在得宜,毋敢紊乱空歇。凡有事征伐,则诏总兵官佩将印领之,既旋,则上所佩印于朝廷,军士则各归其卫,而单身还第。其权一皆出自朝廷,而不敢有所擅调。(《洪武圣政记》[1]肃军政第四,清文渊四库全书本)

【笺注】:

[1][明]宋濂(1310—1381)撰。宋濂,见前注。

初,刘基奏:"自京师达于郡县,皆立卫所,大率以五千六百人为卫,一千一百二十人为一所,一百一十二人为百户,所设总旗二名,小旗十名,管领钤束,通以指挥使等官领之,大小相联,以成队伍,抚绥操练,务在得宜,毋致紊乱空歇。有事征伐,则诏总兵官佩将印领之,既旋,则上所佩印于朝,军士各归其业,复回本卫,大将单身还第。权皆出于朝廷,不敢有所擅调。"自是征伐,率以为常。(《国朝列卿纪》卷六十九,明万历徐鉴刻本)

明太祖洪武元年(1368),以刘基言立军卫法,遂为一代定制。八年(1375),改在外都卫为都指挥使司,以统各卫所。及永乐而后,随时省、置不一。(《钦定续文献通考》[1]卷一百二十八,清文渊阁四库全书本)

【笺注】:

[1][清]乾隆时三通馆臣奉敕编修,乾隆三十二年(1767)初稿完成后进呈。该书价值虽不能与马端临《文献通考》相提并论,但其采用的事迹以正史为主,参以说部杂编,议论则广取诸家文集,并传以史评语录,材料相当丰富,汇集了宋、辽、金、元、明五代400多年的社会政治经济情况。较之明代王圻所撰二百五十四卷的《续文献通考》,是书体例清晰,舛错较少,其史料价值也在《续通典》和《续通志》之上。

---

34. 修订朝会礼(约 1368—1370 年)

明太祖初定天下,他务未遑,首开礼、乐二局,广征耆儒,分曹究讨。洪武元年(1368),命中书省暨翰林院、太常司定拟祀典,乃历叙沿革之由,酌定郊社、宗庙,议以进。礼官及诸儒臣又编集郊庙、山川等仪及古帝王祭祀感格可垂鉴戒者,名曰《存心录》。二年(1369),诏诸儒臣修礼书,明年告成,赐名《大明集礼》。其书准五礼,而益以冠服、车辂、仪仗、卤簿、字学、音乐,凡升降仪节、制度名数,纤悉毕具。又屡策议礼臣李善长、傅瓛、宋濂、詹同、陶安、刘基、魏观、崔亮、牛谅、陶凯、朱升、乐韶凰、李原名等编辑成集,且诏郡县举高洁博雅之士徐一夔、梁寅、周子谅、胡行简、刘宗弼、董彝、蔡深、滕公琰至京同修礼书。(《五礼通考》[1]卷首第四,清文渊阁四库全书本)

【笺注】:

[1][清]秦蕙田(1702—1764)撰。清初徐乾学著《读礼通考》,只详丧礼一门,而于《周官·大宗伯》所列五礼,缺其吉、凶、嘉、宾四礼。秦蕙田为补徐乾学书的不足,依徐书体例,编为是书,分五礼为七十五个门类。其书考证经史,详密精核,井井有条,是有关中国古代礼制的重要参考著作。秦蕙田,金匮(今江苏无锡市)人,乾隆元年(1736)进士。授翰林院编修,曾任礼部侍郎、工部尚书、刑部尚书,并兼国子监算学,充经筵讲官,署翰林院掌院学士。另著有《周易象义日笺》等。

赞曰:"明初之议礼也,宋濂方家居,诸仪率多陶安裁定。大祀专用安议,其余参汇诸说,从其所长。凡祫禘,用詹同;时享,用朱升;释、奠、耕、耤,用钱用壬;五祀,用崔亮;朝会,用刘基;祝祭,用魏观;军礼,用陶凯。皆能援据经义,酌古准今,郁然成一代休明之治。虽折中断制裁,自上心,诸臣之功,亦曷可少哉!"(《明史》卷一百三十六,清文渊阁四库全书本)

35. 第一次致仕(1368 年八月)

京城自夏至秋不雨,有司祷求不应,太祖曰:"在京法司及在外巡按御史、按察司冤枉人,以致天旱。"差人提问京畿巡按御史何士弘等,太祖命捆缚于马坊,及谕中书省御史台都御督府言事。次日御史中丞刘基言①三事:"一曰出征阵亡病故军妻数万,尽令寡妇营居住,阴气郁结。二曰工役人死暴露,尸骸不收。三

---

① 后有"言",疑衍字删之。

曰张士诚投头降目不合充军。”太祖曰：“寡人听其嫁人，不愿者，送还乡里依亲；工役人释放宁家；投降头目免充军役。”旬日仍不雨。太祖怒曰：“刘基还乡为民。御史按察司官俱令自驾舡，只发汴梁安置。被问官赦罪还职。”后巡[①]北方，欲用旧人，太祖谓杨宪曰：“发在外梁汴御史等官，俱系旧人，尽用之。”太祖谓李善长曰：“出征阵亡及病故军妻俱令于寡妇营居住，不许出营。”令巡绰及把门在外，男子无故入营问罪。（《国初事迹》不分卷，明秦氏绣石书堂抄本）

上幸凤阳，使诚意伯刘基居守。基志在澄清天下，乃言于上曰：“宋、元以来，宽纵已[②]久，当使纪纲振肃，而后患政可施也。”乃命宪司纠察诸道，弹劾无所避。基按劾中书省都事李彬侮法等事，罪当死，丞相李善长素爱彬，乃请缓其事。基不听，遣官赍奏行在，上从基议，处彬死刑。基承旨，即斩之，由是与善长大忤，遂致仕。（《国朝典汇》卷三十一朝政大端，明天启四年徐与参刻本）

上之北巡也，命丞相李善长、刘基留守京师。上语基：“督察奸恶，以肃辇毂，虽内府之事，亦宜纠[③]举。”基素刚严，凡中书僚吏有犯，即为捕治，宦监工匠不肃，遂启皇太子捕置诸法，人皆侧目畏之。会中书都事李彬犯法，彬素附善长，窃弄威福，善长托基缓其狱。基不允，遣人驰奏请诛彬，上可。其奏时大旱，善长等方议祷于神，而诛彬之报适至，善长曰：“今欲祷雨，可杀人乎？”基曰：“杀李彬，天必雨。”遂斩彬。善长衔之，及上还，怨基者多诉之，善长亦言其专制，语颇切。上不听。会基有妻丧，因请告回籍。（《皇明通纪法传全录》卷四，明崇祯九年刻本）

（八月）御史中丞刘基致仕。先是，上北巡，命基同李善长留守京师。基言于上曰：“宋、元以来，宽纵日久，当使纪纲振肃，而后蕙政可施也。”上然之。基素刚严，凡僚吏有犯，即捕治之。宦者监工匠不肃，启皇太子捕置法；宿卫舍人奕棋于直舍，按治之。人皆侧足立。中书都事李彬骫法，事觉。彬素附善长，善长托基缓其狱，基不允，遣人驰奏请诛彬。上可其奏。时大旱，善长等方议祷雨，而诛彬之报适至，善长曰：“今欲祷雨，可杀人乎？”基怒曰：“杀李彬，天必雨。”遂斩彬，善长衔之。上还，怨基者多诉于上前，善长亦言基专恣，语颇切。会基有丧，告归。许之。（《明史纪事本末》卷十四，清文渊阁四库全书本）

李善长传与中丞刘基争法而诟，基不自安，请告归。（臣）章宗瀛按：洪武元年，太祖幸汴，使善长与刘基居守。中书省都事李彬坐贪纵抵罪，善长素昵之，请

---

① 原文为“浔”，据文意改。

② 原文为“巳”，据文意改。

③ 原文为“糾”，据文意改。

缓其狱。基不听，驰奏，报可。方祈雨，即斩之，由是忤。善长谮基，太祖知之，赐善长手敕，切责之，削禄一千四百石。《传》未载，见《明实录》，谨附考。（《明史》卷一百二十七考证，清文渊阁四库全书本）

（1368年八月）……御史中丞刘基致仕。（《明史》卷二，清文渊阁四库全书本）

36. 出塞用兵建言（1368年八月[1]）

（1370年二月）戊午，徐达兵至定西，扩廓退屯道岘，达进次沈儿峪，筑垒逼之。时日中频有黑子，太史令刘基曰："王保保虽可取，亦未可轻也。"上敕达曰："术者言西征有水警。昔唐裴行俭屯兵平川，暮徙高阜，人不之解。其夜水溢丈余，幸亡恙。将军慎之。"（《国榷》卷四，清钞本）

【笺注】：

[1]事在1368年秋八月刘基第一次致仕还家行前。如《明史·列传十六》记载，1368年秋八月，朱元璋自汴梁还南京，"基濒行，奏曰：'……王保保未可轻也。'"

五年（1372），太祖复遣大将军徐达、左副将军李文忠、征西将军冯胜将十五万众，分道出塞，取库库大将军，至岭北与库库遇，大败死者数万人。刘基尝言于太祖曰："库库未可轻也。"至是帝思其言，谓晋王曰："吾用兵，未尝败北。今诸将自请深入，败于和林，轻信无谋，致多杀士卒，不可不戒。"（《明史》卷一百二十四，清文渊阁四库全书本）

37. 召还（1368年十一月）

召刘基还京师，手诏曰："尔昔从朕于群雄未定之秋，居则匡辅治道，动则仰观天象，察列宿之罗布，验日月之何光，指示三军，往无不克。至于彭蠡之鏖战，炮声击裂，犹天雷之临首，诸军纳喊，虽鬼神也悲号，自旦至暮，如是者凡四。尔亦在舟，岂不同息艰也哉？今天下一家，尔当疾至，同盟勋册，庶不负昔日之多难，但著鞭一来，朕心悦矣。"基至京，诏赠基祖、父爵皆永嘉郡公。上欲投基爵，基固辞，曰："陛下乃天授，臣何敢贪①天之功？圣恩深厚，荣显先人足矣。"（《皇明通纪法传全录》卷四，明崇祯九年刻本）

（1368年十一月，上）手诏召御史中丞刘基，命以来春举行籍田礼。（《昭代

① 原文为"贫"，据文意改。

芳摹》[1]卷四，明崇祯九年徐氏知问斋刻本）

【笺注】:

[1][明]徐昌治(1582—1672)撰。徐昌治，浙江海盐人。

(1368年十一月)甲辰……诏刘基还。(《明史》卷二，清文渊阁四库全书本)

38. 朱元璋减青田赋税(约1368年八月后[1])

刘基言处州青田县山多田少，百姓多于上垒石作田，耕种农事甚艰。太祖曰:"刘基有功于我国家，本县田亩止是一等起科五合，使百姓知刘基之心。"(《国初事迹》不分卷，明泰氏绣石书堂抄本)

【笺注】:

[1]从[明]项笃寿《今献备遗》、[清]傅维麟《明书》等刘基传记记述的事件发生时间看，约在刘基1368年八月辞归青田后。另有洪武三年(1370)说，《名山藏》卷五十七:"洪武三年(1370)，授弘文馆学士。其冬，授开国翊运守正文臣、资善大夫、护军、诚意伯，禄二千石……上赋处州，御史大夫章溢请加之，宋赋亩五合，上曰:'青田便亩五合而已，令伯温乡里世世为美谈。'"

---

39. 论兵(1368年三月)

国朝乙亥①(1368)春，太祖御奉天门，与刘基论用兵，谓基曰:"克敌在兵，而制兵在将。兵无节制，则将不任;将非其人，则兵必败。是以两军之间，决死生成败之际，有精兵不如良将。"基对曰:"臣荷圣上厚恩，得侍左右，每观庙算，初谓未必皆然，及至摧锋破敌，动若神明，臣由是知任将在上将之胜，不若主之胜也。然臣观陛下常不拘古法而胜，此尤所难也。"乃谓之曰:"兵者谋也，因敌制胜，岂必泥于古哉?朕常亲矢石，观战阵之事，阖辟奇正，顷刻变化，犹风云之无常，势要在通其变尔，亦何暇论古法邪!"(《格物通》[1]卷七十四，清文渊阁四库全书本)

【笺注】:

[1]《钦定四库全书总目·卷九十三》:"明湛若水(1466—1560)撰……是编乃嘉靖七年

---

① 原文为"乙巳"。按:洪武无"乙巳"，与之相近。"乙巳"年为至正二十五年(1365)，时离鄱阳湖大战两年，剿灭张士诚的平江战役(1366)还未开始。根据文中刘基称朱元璋为"圣上"，则显在明开国之后，《皇明通纪法传全录》记载为"乙亥"(卷四，第67页)，即洪武元年，从之。

(1528)若水任南京礼部侍郎时所进。"湛若水,增城(今属广东)人,弘治十八年(1505)进士。选庶吉士,授翰林院编修,官至南京兵部尚书,曾两度出使安南(今越南)。晚年以讲学著述终其身。著有《春秋正传》《二礼经传测》《圣学格物通》《甘泉文集》等。

附录:刘基论兵记载

文中子有言:"强国战兵,伯国战智,王国战义,帝国战德,皇国战无为。"言战而至无为,则战法无所施。不得已而受命,焉知其所从事不可苟也。斯意刘诚意盖知之,曰:"善战者省敌,汤、武之所以无敌,以我之敌敌敌。"(《春明梦余录》卷四十三,清文渊阁四库全书本)

先臣刘诚意曰:"教天下之作乱者,其招安之说乎?遂使天下之义士丧气,勇士裂眦,贪夫悍客攘臂效尤,曰'不幸落魄',犹以亡命邀利禄,盗何畏而不长哉?故曰:'教天下之作乱者,招安之说也。'"(《春明梦余录》卷四十二,清文渊阁四库全书本)

刘基曰:"夫将,以一身统三军者也,三军之耳目,齐于一人。故耳齐则聪,目齐则明;心齐则一,万夫一力,天下无敌。"(《钦定执中成宪》[1]卷八,清文渊阁四库全书本)

【笺注】:

[1]清宫廷教育读物,成书于雍正十三年(1735)。

40. 谏礼遇大臣(1369年三月)

(1369年三月)刘基疏请加礼大臣,(詹)同因取《戴记》及贾谊疏以进,且复开说剀切,上深纳之。(《殿阁词林记》卷五,清文渊阁四库全书本)

时刘基疏请加礼大臣,忤上意。(詹)同因取《戴记》及贾谊疏以进,上为默。(《雍正湖广通志》卷四十八,清文渊阁四库全书本)

帝御下峻,御史中丞刘基曰:"古者公卿有罪,盘水加剑,诣请室自裁,所以励廉耻,存国体也。"(詹)同时侍侧,遂取《戴记》及贾谊疏以进,复剀切言之。(《明史》卷一百三十六,清文渊阁四库全书本)

刑法有创之自明,不衷古制者,廷杖,东、西厂锦衣卫,镇抚司狱,是已是数者。杀人至惨,而不丽于法,踵而行之,至末造,而极举朝野之命,一听之武夫、宦竖之手,良可叹也。太祖常与侍臣论待大臣礼,太史令刘基曰:"古者公卿有罪,盘水加剑，请室自裁，未尝敢轻折辱之，所以存大臣之体。”侍读学士詹同因取《大戴礼》及贾谊疏以进，且曰：“古者刑不上大夫，以励廉耻也，必如是，君臣恩礼，始两尽。”帝深然之。洪武六年（1373）工部尚书王肃坐法当笞，太祖曰：“六卿贵重，不宜以细故辱命，以俸赎罪。”后群臣挂误，许以俸赎，始此。然永嘉侯朱亮祖父子皆鞭死，工部尚书夏祥毙杖下，故上书者以“大臣当诛，不宜加辱”为言。廷杖之刑，亦自太祖始矣。（《明史》卷九十五志第七十一，清乾隆武英殿刻本）

41. 制定朝服、公服（1370年二月）

洪武三年（1370），命省部官会太史令刘基，参考历代朝服、公服之制。凡大朝会，上衮冕御殿，则服朝服；见皇太子，则服公服。仍命制朝服、公服，以赐百官。（《礼部志稿》卷六十四，清文渊阁四库全书本）

（1370年二月）命省部同太史令刘基考古朝服、公服之制。（《国榷》卷四，清钞本）

《洪武实录》：“三年（1370）七月，命省、部会弘文馆学士刘基等参考历代制度，作各官朝服、公服给赐。凡大朝会，天子衮冕，御殿则服朝服，见皇太子服公服。十月，诏凡朝觐、辞谢官皆公服。其或常服见者缀班。后如以军务远来，及承制使还，即时引见者，不在此例。”（《五礼通考》卷一百三十五嘉礼八，清文渊阁四库全书本）

42. 科举（1370年四月[1]）

【笺注】：

[1]《明史·志第四十六》云：“科目……盖太祖与刘基所定。”具体建言或商定时间不见史载，今暂以洪武三年（1370）四月朱元璋下令开科取士作为刘基参与科举制度商定的时间。

（1）八股制度及评价

（1370年四月）诏开科取士，定科举格。初场各《经》义一道、《四书》义一道；二场论一道，诏诰、表笺、内科一道；三场策一道。中式者后十日，以骑、射、书、算、律五事试之。（《皇明通纪法传全录》卷五，明崇祯九年刻本）

唐诗、元曲，法书、名画也；明之八股，则泥佛、彩花也。我明自高皇帝开国，与刘青田定为八股文字，专精亶力，一题入手，全于心灵、筋脉、声口、骨节中揣摩刻画，较之各样文体，此为最难。三场取士，又专注头场，二百八十二年以来，英雄豪杰埋没于八股中，得售者什一，不得售者什九，此固场屋中之通病也。百年以前，风气初开，尚无剿袭之弊，后自演习既久，房书社稿，充栋汗牛，好古力学之士，呕血刳心，屡遭辣刷，而少年稺子，熟读房书社稿数百余篇，便能联翩飞去。李卓吾曰："吾熟读烂时文百余首进场，时做一日誊录生，便高中矣此。"虽戏言，委是实录。故使后世帝王开科取士仍用时文，则家诵户弦，世世不衰，帖括之力，犹足以主持久远。若一朝更变，屏弃八股，则时文虽如山积，见之者如敝帚败屩，不待秦火，而决不复留半字矣。焉能与元曲、唐诗共有千古哉？是以我明人物埋没于帖括中者甚多，我明文章埋没于帖括中者亦甚多，盖近世学者，除四书本经之外，目不睹非圣之书者，比比皆是。间有旁及古文，怡情诗赋，则皆游戏神通，不著要紧，其所造诣，则不问可知矣。(《文苑列传总论》，见《石匮书》卷二百六，稿本补配清抄本)

取天下与守天下不同。取天下，可以不读书；守天下，不可以不读书。求定远诸公，屈首孔孟，然没起而应，马上之寄，鲜克济矣。按周之渡孟津也，迹《七书》中太公诸韬，虽不必果其书，然诗称鹰扬，亦定有法。然则马上亦不可以不读书，而定远诸公无有也，非素习此，一发而应，六王以下，诚有神授。虽然，当时帏幄之赞左右者，过半出刘文成基。□为元进士，从制科起家，则又以宏文，而兼赡武事。而况□祖睿算，往往暗合古兵法，或过之，然则和阳振策，指顾□清，诚非纯任马上之为也。四年一试，科举以文词不任□，罢之，然仍用前解额授官肄业，意不忘诸舞毫者也。古□干戈而矢文德，不审条例若何？料非放牛、发粟等事可？□帝曰："吾强之而天下不得不争，吾柔之吾不使与彼争。然则争我者亦寡矣。吾有法以柔天下，则无如复举制科，天下才智无所试，久必愤盈，诸负血气者遂凭之以起，使群屈首于其中，秃顶、枯髯弗释群藉，此以矜聪明，都华膴。"然则旦暮此圣贤口授，即糟粕亦神奇也，而况有过此者，诚彬彬右文之治哉。既又设武科目，弧矢而外，复试策论，通于公侯子弟入学及边卫立学之意，马上诚不可以不读。初，总兵进文臣朝阶一级，及其衰也，以文制武，武失制武，敝岂真科举之过哉？考历朝元魁及文章知名，咸能建奇勋，树劲节，千古不没，盖以副高皇帝崇儒好道之意，非偶然也。(《科举志总论》，见《罪惟录》罪惟录志卷之十八，四部丛刊三编景手稿本)

明之设科，首重明经，而论理一衷朱子，其制甚善。惜当时之臣宋金华、王义乌、刘青田皆文学之儒，不能大有建明，请于计偕之年，另设一科，仿宋人制科之意，令各省方面荐举道德之儒、积学之士礼致京师，命大臣稽其实行，勘其著述，再赐廷对，中得一、二人以置禁近，必有大儒如尹焞、黄干、陈真晟、胡居仁辈遗于科目者出于其中，而成就君德不小矣。(《藤阴札记》[1]不分卷，清雍正十一年刻本)

【笺注】:

[1][清]孙承泽(1593—1676)撰。孙承泽,见前注。

《明史·选举志》:“明制科目为盛,卿相皆由此出科目者,沿唐宋之旧,而稍变其试士之法。专取《四子书》及《易》《书》《诗》《春秋》《礼记》五经命题试士,盖太祖与刘基所定。其文略仿宋经义,然代古人语气为之,体用排偶,谓之‘八股’,通谓之‘制义’。”(《五礼通考》卷一百七十五,清文渊阁四库全书本)

顾炎武曰:“八股始于成化以后。股者对偶之名也,天顺以前,不过敷演传注,或对或散无定式。成化二十三年(1487),会试‘乐天者保天下’,文起讲,先提三句,即讲‘乐天’四股;中间过接四句,复讲‘保天下’四股;复收四句,再作大结。弘治九年(1496),会试‘责难于君谓之恭’,文起讲,先提三句,即讲‘责难于君’四股;中间过接二句,复讲‘谓之恭’四股;复收二句,再作大结。每四股中,一反、一正、一虚、一实、一浅、一深,其两扇立格,则每扇中各有四股,故相传谓之‘八股’。嘉靖以后,文体日变,而问之儒生,不知‘八股’之何谓矣。篇末自摅所见,谓之‘大结’。明初可及本朝时事,以后功令益密,恐有借以自炫者,但许言前代,不及本朝。至万历中,大结止三四句,于是国家之事,罔始罔终,在位之臣,畏首畏尾,其象已见于应举之文矣。”(《右元取士》,见《五礼通考》卷一百七十五嘉礼四十八,清文渊阁四库全书本)

(2)主京畿乡试

凡顺天府、应天府乡试,本府以考试官请,与会试同。盖重畿甸,以为天下先也。按洪武庚戌(1370),京闱主考为前御史中丞刘基、治书御史秦裕伯,同考为侍讲学士詹同、弘文馆学士睦稼、起居注乐韶凤、尚宝丞魏潜、国史宋濂。辛亥(1371),京闱主考则兵部尚书吴琳、国子司业宋濂也。(《乡试》,《殿阁词林记》卷十四,清文渊阁四库全书本)

洪武三年(1370),主乡试者,御史中丞刘基、治书侍御史秦裕伯。(《非翰林官主试》,见《弇山堂别集》卷八,清文渊阁四库全书本)

洪武三年(1370),应天乡试。特进右丞相汪广洋、左丞相胡惟庸知贡举,御史中丞刘基、治书侍御史秦裕伯主试,同考则侍读学士詹同、弘文馆学士睢稼、起居注乐韶凤、尚宝丞吴潜、国史编修宋濂。四年(1371),仍乡试。主试兵部尚书吴琳、国子监司业宋濂。寻会试,知贡举仍广洋、惟庸。又设主文官,为礼部尚书陶凯、前翰林侍讲学士潘廷坚,考试:翰林侍读学士詹同、国子监司业宋濂等。

(《丞相知贡举》,见《弇山堂别集》卷八,清文渊阁四库全书本)

按:洪武三年庚戌(1370)始开科,就试者,乡举士百二十三人,中式者七十二人。主试则御史中丞刘基、治书侍御史秦裕伯。同考则翰林侍读学士詹同、弘文馆学士睢稼、起居注乐韶凤、尚宝丞吴潜、国史编修宋濂,而序录出于濂。中式士未及会试,悉授官。(《弇山堂别集》卷八十一,清文渊阁四库全书本)

洪武三年(1370)八月初,开畿闱试,刘基、秦裕伯为主司士,来试者百三十三人。选溢毕焉,犹以兵后学废,不求修为词。至二十六年(1393),方正学序应天试录云:"衣巾笔牍而至者八百人,盛逾昔矣!"然仅取八十八人,额稍峻。又云:"出币征四方缙绅,程艺文高下。"当时规制可想。(《国史唯疑》[1]卷一,清康熙三十年抄本)

【笺注】:

[1][明]黄景昉(1596—1662)撰。黄景昉,福建晋江人,天启五年(1625)进士。崇祯十四年(1641),以詹事兼掌翰林院。次年(1642),因思宗召对称旨,以礼部尚书兼东阁大学士入内阁。十六年(1643),晋太子少保、户部尚书、文渊阁大学士。南京操江原设文武两员,思宗欲裁去文臣,专任诚意伯刘孔昭,上疏谏争,帝不悦,遂连疏乞归。弘光元年(1645),南明隆武帝即位于福州,以原官召,任户部尚书兼文渊阁大学士。清军陷福州,走泉州。家居十余年卒。著有《欧安馆诗集》等。

三年(1370),始诏设科取士,以裕伯与御史中丞刘基为京畿主考官。裕伯博辨善论说,占奏悉当帝意,帝数称之,出知陇州。卒于官。(《明史》卷二百八十五,清文渊阁四库全书本)

 附录:应天乡试考场记载

故明自洪武庚戌(1370)刘诚意为主文官始,迄崇祯壬午(1642),为一石植是堂侧,乃就坐仰视。(《刑部广西清吏司主事沈君墓碑铭》,见《西河集》[1]卷八十四墓碑铭,清文渊阁四库全书本卷八十四)

【笺注】:

[1][明]毛奇龄(1623—1716)撰。毛奇龄,清初经学家、文学家,扬州八怪之首金农及陈撰均为其徒弟。清初参与抗清军事,流亡多年始出。康熙十八年(1679)荐举博学鸿词科,授检讨,充明史馆纂修官。寻假归不复出。

43. 入弘文馆(1370年四月)

洪武三年(1370)四月庚辰置弘文馆,设学士一员,及校书郎等官。九年(1376)闰九月,定官制,遂罢之。居是职者,刘基、詹同、罗复仁、胡镃也。(《殿阁词林记》卷九,清文渊阁四库全书本)

三年(1370)四月,陕西宝鸡县进瑞麦,弘文馆学士刘基进《瑞麦颂》。(《殿阁词林记》卷十三,清文渊阁四库全书本)

洪武初设弘文馆学士,不言品秩。(《弇山堂别集》卷十二,清文渊阁四库全书本)

44. 发杨宪奸状(1370年秋七月)

《从信录》载:"宪入中书,欲尽一省中事,凡旧吏一切罢出,更用所亲,因欲恃权,乃创为'一统山河'花押示僚吏,以观从违。翰林编修陈极贺曰:'押字大贵,只有天在上,更无山与齐者也。'宪大喜,即奏极为翰林待制。阴令御史刘炳诬奏侍郎左安,上览之,下炳狱,炳吐其实。刘基并发其奸状,上怒,按问得实,宪与炳皆伏诛。"(《皇明通纪法传全录》卷五,明崇祯九年刻本)

中书省右丞杨宪为左丞,寻伏诛。宪,阳曲人,少从官江南,谙经史,善辨。上克金陵,留用,使张士诚,还,除博士所咨议,擢江南行省都事。敏决,颇好阴中,尝劝上督责之政,不听。历司农卿,倍税,浙西民甚苦之。自河南山西行省内迁,怙权更制,创"一统山河"之押,觇僚吏背附。编修陈桱贺其大贵,奏除待制。嗾侍御史刘炳劾罢汪广洋,又劾刑部侍郎左安善,上觉其枉,下炳狱,太史令刘基并发宪奸状,引伏,于是刘炳、陈桱、按察使凌总等俱弃市。(《国榷》卷四,清钞本)

(1370)秋七月……丙辰……中书左丞杨宪专恣倾险,太史令①刘基发其奸状,坐诛。(《明史》卷二,清文渊阁四库全书本)

45. 封诚意伯(1370年十一月)

(1370年十一月)乙卯,封御史中丞兼弘文馆学士刘基为诚意伯……诰曰:"朕观诸古俊杰之士,能识真主于草昧之初,效劳于多难之际,终成功业,可谓贤

① 原文为"太甲令"。按其余典籍记载,刘基担任"太史令",无"太甲令"之说。"太甲令"官职亦不见典籍记载。疑为传抄错误。

智者也，汉之张子房、诸葛亮独能当之。朕兵括苍，前御史中丞刘基挺身来归，委质事朕，累察天象，多效谋献，特加尔为开国翊运守正文臣、资善大夫、护军、诚意伯，食禄四百四十石[1]。”（《秘阁元龟政要》[2]卷六，明抄本）

【笺注】：

[1]一般认为是“二百四十石”，此处不知何所据。

[2][明]佚名作。《四库全书总目提要》认为是嘉靖后之人作。

铁券之制，其形如瓦面，刻诰文背，镌“免罪减死”之数字，嵌之金。上初欲制券，而未有定，台州民钱允一者，吴越忠肃王之裔，家藏唐昭宗所赐铁，遂取以为集，而损益之。高广有差，第为七等，刻而为二，一颁功臣，一藏内府，有故则取，台之以取信。（《皇明通纪法传全录》卷五，明崇祯九年刻本）

（1370 年）十一月……丙申，大封功臣，进……御史中丞刘基诚意伯。（《明史》卷二）

46. 遣僧抚绥日本(1371 年)

帝在位五年[1]，谓刘基曰：“日本夷固非北胡心腹之患，犹蚊虫警寤，自觉不宁。闻其俗尚禅教，宜选高僧，说其归顺。”遂命明州天宁寺僧祖阐字仲猷、南京瓦罐僧无逸字克勤往彼，化其来贡。（《往宣佛教》，见《明朝小史》[2]卷一洪武纪，旧抄本）

【笺注】：

[1]明代中日僧人往来最早见于洪武四年(1371)。《皇明驭倭录》卷一云：“洪武四年(1371)，日本国王良怀遣其臣僧祖来随莱州同知赵兵称臣奉贡，并僧九人来朝。是年即遣僧祖阐、克勤等八人护送还国。”故刘基与朱元璋议遣僧人入日本事系于洪武四年(1371)。“在位五年”，概以吴政权(总共一年)始计。

[2][明]吕毖(？—1664)撰。吕毖，明万历三十九年(1611)诸生。博学有文誉，究心史学。明亡为道士。著有《明朝小史》《买愁集》等。

（1371 年）高皇帝又尝与刘基议以倭国重佛，特遣僧往谕：“古之王者于四夷之不贡、不臣，则有威让之令。”文告之辞，兵交使在其间，以深得敌情而处之，切中其机也。（《筹海图编》[1]卷十二，清文渊阁四库全书本）

【笺注】:

[1][明]郑若曾(1503—1570)、邵芳绘图并撰写。自倭患猖獗于中国,郑若曾便潜心研究沿海兵要地理,绘制沿海图,后被总督胡宗宪延入幕中,编辑《筹海图编》等书,以助抗倭战事。成书于嘉靖四十一年(1562)。郑若曾传世兵书还有《江南经略》《海防图论》等。郑若曾,昆山(今属江苏)人,嘉靖十四年(1535)诸生。贡入北京国子监。后为胡宗宪、戚继光聘为参军,参赞抗倭机务有功,辞授锦衣职及荐修国史。四十一年(1562)归为苏松兵备道顾问,推行抚按经略。另著有《日本图纂》等。邵芳,生平不详。

47. 第二次致仕(1371 年三月)

(1371 年)三月丁未,诚意伯刘基致仕。(《明史》卷二,清文渊阁四库全书本)

48. 作《平蜀颂》(1371 年八月)

初[1],捷闻,上亲制《平蜀文》第其功,曰:“傅一、廖二。”复命刘基作《平蜀颂》以旌之。(《今献备遗》卷三,清文渊阁四库全书本)

【笺注】:

[1]时在洪武四年(1371)八月。

49. 侍宴(1371 年十一月)

(1271 年)十一月十五日,御史中丞、诚意伯刘基,偕学士宋濂、詹同侍上,燕乾清宫之便阁,同被酒而还。(《殿阁词林记》卷十二,清文渊阁四库全书本)

50. 因不预祭停俸(1373 年八月)

(1373 年)八月,遣释奠先师。丞相胡惟庸、参政冯冕、诚意伯刘基不陪祀而受胙,太祖以(陈)宁不举奏,亦停俸半月。自是,不预祭者不颁胙。(《明史》卷三百八)

明制,丁祭惟府州县正官,凡上司皆不与,此亦未是。总之,自为诸生以上,无一人不当与祭也。洪武中,释奠孔子时,诚意伯刘基、参政冯冕等不陪祀而受胙,帝震怒,停基等俸各一月。叶龙泉为县,祀孔子,群吏窃饮猪脑酒,系狱,坎坷终身。凡开辟圣明、大有为之主,无不敬孔子者,享国长久,非无谓也。(《思辨录辑要》[1]卷二十一,清文渊阁四库全书本)

【笺注】:

[1][明]陆世仪(1611—1672)撰。陆世仪,江苏太仓人。少有经世之志,南明建立后尝上书言事,又尝参军募。事既不成,乃凿池十亩,筑亭其中,相继讲学于东林、昆陵、太仓诸书院。当局屡欲荐之,力辞而免。关心现实,重视实学,凡农田、水利、兵刑、礼乐均为其所学对象。对当时西方传入的科学抱肯定态度,能够认识“西学之精”。主要著作有《思辨录》《陆桴亭先生遗书》。

51. 夺禄、居京师(1374年五月)

(1374年)五月……夺诚意伯刘基禄。先是,基言于上:“温、处之间有地曰谈洋,僻绝岩险,南抵闽界曰三魁,盐盗渊薮,方氏所由①乱。”基奏设巡简②司莅之,盗不便也,相率挟戍守卒以叛,大豪复阴为主。基遣琏奏,上其事,皆不先关白中书。时胡惟庸为丞相,既以旧语相恨,适有旨逮豪猾吏,惟庸乃使刑部尚书吴云劾基以“谈洋踞山面海,有王气,欲图为墓地,民弗与,则建立司之策,以逐其家”,遂为成案以奏上。下之有司,惟庸请加以重辟,又欲逮基子琏狱,上皆不听,惟夺基禄而已。既而基入朝谢恩,遂居京师,不敢归。(《皇明通纪法传全录》卷六,明崇祯九年刻本)

52. 还乡(1375年三月)

洪武八年(1375),岁次乙卯,春三月壬辰,皇帝御乾清宫召臣至,问:“前御史中丞刘基何日成行?”臣以翌日对。继问:“病势不革否?还可自力至家否?”臣复具以闻。时基有霜露之疾,上悯其为开国旧勋,特降手敕,令起居注郭传宣示之,俾还山,以便侍养。然圣衷犹念之弗置,于是延臣扣其详。(《恭题御赐文集后》,见《文宪集》卷十三,清文渊阁四库全书本)

八年(1375),授(桂德偁)[1]晋王右传,陛辞,上曰:“江南大儒,惟卿一人。”对曰:“臣不敢当宋濂、刘基。”上曰:“濂文人尔,基峻隘。不足取。”是时刘基已归,景濂方近密,而上于德称优奖如此,固不偀。(《孤树裒谈》[2]卷二,明刻本)

【笺注】:

[1]桂德偁,慈溪(今属浙江)人,元乡贡进士。为平江路(今江苏苏州等地)教授,罢归。

---

① 原文后有“基”,疑衍字,删。

② 原文为“蕑”,据文意改。

张士诚、方国珍征召，皆不就。洪武六年(1373)应召赴阙，授太子正字，迁晋王府右傅，更定王府官制，改左长史，上太平十二策。被太祖誉为“通达事体，有裨治道”的“通儒”。著有《清节》等。

[2][明]李默(？—1556)撰。本书皆录明朝野故事，用编年体例，叙小说家言。起自洪武，迄于正德，听述颇丰，然多委巷之谈。引用群书凡三十种，多采辑当代笔记，故保存史料较多。李默，瓯宁(今福建建瓯)人，正德十六年(1521)进士。累迁翰林学士、太子少保、吏部尚书，为赵文华诬陷，下狱瘐死，赠太子太保，万历中追谥文愍。

洪武八年(1375)三月，上御乾清宫，召学士宋濂，问前御史中丞刘基行期在何日？盖基时告归故也。因扣其详步出宫门，濂从后至丹墀上，忽顾内使张渊曰：“汝往取新刊《文集》一部赐濂。”濂叩头谢。讫渊引至典礼纪察司，与司副李彬言，记濂氏名于籍，始颁授焉。时受赐者，惟太师李善长、右丞相胡惟庸及濂三人。(《翰林记》[1]卷十六，清文渊阁四库全书本)

【笺注】：

[1][明]黄佐(1490—1566)撰。本书所载，乃有明一代翰林掌故。始于洪武，迄于正德、嘉靖间。内容广泛，本末赅具，首尾贯串，叙次颇为详悉，于制度记述甚详，足以备考核。本书提供了大量资料，有些是正史所未载者，故有一定的史料价值。后廖道南撰《殿阁词林记》即多采本书。黄佐，广东香山县荔山(今属珠海)人，正德十五年(1520)进士。历任翰林院编修、江西佥事、广西学政、左春坊左司谏、南京国子祭酒、少詹事等职务。卒赠礼部右侍郎，谥文裕。为学以博约为宗，所论多切实际；修志则以严谨著称。另著有《泰泉集》等。

太祖赐刘诚意还乡，诰明言“君子交绝，不出恶声”，所称许颇略，末云：“禽鸟生于丛木，翎翅干而飞去，时复顾恋旧巢，况人乎？”直以禽鸟为喻，未免唐太宗轻褚遂良意。其云：“商不忘于道，官终老于家，诚人生万幸，亦非吉祝？”噫！以开国君臣，鱼水欢投，尚致参差，矧其下此者乎？有志之士所为流涕于燕昭、乐毅之间也夫！(《国史唯疑》卷一，清康熙三十年钞本)

廖永忠为将军时，侈用龙凤等器物，盖相沿久，未奉特禁诸功臣率有之。永忠气高物恃功，语不谨，或醉中责佐酒伎女：“汝万岁我，免罚。”伎如言。偶闻于帝，执永忠付昇而未烹。刘基过之，哀辞：“为一言。”基谢不能。卒断两膊以死。[1](《廖永忠之死》，见《罪惟录》志卷之三十二中“诸臣传逸”，四部丛刊三编景手稿本)

【笺注】:

[1]廖永忠卒于1375年农历三月二日,其时约在刘基回乡之前,有一定的时间可信度,且史书云刘基"群臣有过,则密为排解"的性格,故系于此备考。

53. 死亡(1375年四月)

刘伯温既家居九日,诗曰:"薏苡明珠千古恨,却嫌黄菊似金钱。"其意可伤也。未几,卒。(《沙溪集》[1]卷十四,清文渊阁四库全书本)

【笺注】:

[1][明]孙绪撰。孙绪,故城(今属河北)人,弘治十二年(1499)进士。授户部主事,转吏部郎中,为中官诬事褫职,嘉靖初(1522)起太仆寺卿,旋致仕。其文学见解反对复古派崇古法古,论文重视作者的人品气节以及时代的治乱兴衰,论诗主悯时痛俗,体物尽性。在创作上,推崇李(白)、杜(甫)、韩(愈)粪土王侯、傲视强藩的风节,批评王(维)、孟(浩然)、高(适)、岑(参)而下的多数作者阿谀权贵,认为他们不敢尽所欲言,情不得伸,气不得畅。

俄有疾,惟庸觇上念基,怠乃阳为好者,以正月朔挟医来视疾,基饮之,觉有物积胸中,如拳石,间以白上。上不省也。又三月寖剧,使使问之,知不能起。驿舟护归青田,亡何,竟卒。(《明史纪事本末》卷十三,清文渊阁四库全书本)

大将军徐达深疾其奸,从容言于帝,惟庸遂诱达阍者福寿以图达,为福寿所发。御史中丞刘基亦尝言其短。久之,基病,帝遣惟庸挟医视[1],遂以毒中之。基死,益无所忌。(《明史》卷三百八,清文渊阁四库全书本)

【笺注】:

[1]事在1375年正月。

(1375年)四月……丁巳……致仕诚意伯刘基卒。(《明史》卷二,清文渊阁四库全书本)

54. 死亡原因追究(1379年十二月)

忠勤伯汪广洋,高邮人,谒太平,剸繁剧,驰驱多难,屡献忠谋。起令史,至陕西参政,召入为中书省右丞相。右丞杨宪嗾御史炳劾广洋不孝,斥还乡。宪再劾,重广洋罪。丞相善长奏诛宪,召还。洪武三年(1370),封开国翊运守正文臣、资善大夫、护军、中书右丞、忠勤伯,禄三百六十石坐惯猾,以中书右丞相黜为广东行省参政。上问广洋胡惟庸毒死刘基状，支吾对，以党谪海南，赐死太平舟中，除。广洋善篆隶大书、诗歌。(《名山藏》卷四十一勋封记一，明崇祯刻本)

十二年(1379)十二月，中丞涂节言刘基为惟庸毒死，广洋宜知状。帝问之，对曰："无有。"帝怒责广洋朋欺，贬广南。舟次太平，帝追怒其在江西曲庇文正、在中书不发杨宪奸，敕赐诛之。(《明史》卷一百二十七，清文渊阁四库全书本)

(1379年)冬十二月，赐汪广洋死。广洋与胡惟庸同相，惟庸所为不法，广洋知而不言，御史中丞涂节言："刘基遇毒死，广洋宜知状。"帝问之。对曰："无有。"帝怒责广洋欺罔，贬海南，舟次太平，赐死。(《御批历代通鉴辑览》[1]卷一百，清文渊阁四库全书本)

【笺注】:

[1][清]傅恒(约1701—1770)等奉敕编修。是书以明正德年间李东阳撰《通鉴纂要》一书为基础，重加编订。起自伏羲氏止于明代，依时间次序，通叙历代之事。因官撰、御批之故，清代科举考试皆以其为典范。傅恒，满洲镶黄旗人，外戚。初自侍卫擢至户部侍郎。乾隆十年(1745)，在军机处行走。后擢户部尚书，加太子太保。暂管川陕总督，经略军务，授保和殿大学士，率兵三万五千人赴四川镇压大金川萨罗奔，加太保。二十年(1755)，率师征准噶尔，克伊犁。三十四年(1769)，授经略，督师缅甸，虽获小胜，但士兵多染瘴而亡，命还师。卒谥文忠。

附录：胡惟庸谋反记载及涂节被牵引辨证

是时丞相胡惟庸谋不轨，欲召倭人为己用而无由，乘此机白于上，调金吾卫指挥林贤于明州备倭。阴遣宣使陈得中谕贤送归廷用，出境，谬指其贡船为寇，闻于中书，私其货物，与赏赐，贤听其计。惟庸佯奏贤失远人心，谪居倭国，既而复请宥贤，复职。上皆从之。惟庸以庐州人李旺充宣使召贤，且以密书奉倭王，借精锐百余人为用，王许之。贤还，王遣僧如瑶率倭兵四百余人助惟庸，诈称入贡，献巨烛，暗置火药、兵器于烛内，包藏祸心。比至，惟庸已败，上犹未悉贤通于惟庸，仅发倭人云南守御。

按史载，圣祖尝与刘基论宰相，曰："胡惟庸何如?"基曰："此小犊，将偾辕而破犁矣！"圣祖不以然，惟庸恨基，用药毒基死，而后果擅政横行，不惟颐指在廷诸臣，且计结远夷助逆，醴泉之观，使非云奇挺身告变，圣祖亦几堕其术中矣！呜呼危哉！(惟庸谋逆，诳言所居井涌醴泉，邀上往观，惟庸居弟近西华门，守门内史云奇知其谋，乘舆将西出，奇走冲跸道，勒马衔，言状，气方勃，舌駃不能达意。上怒其不敬，左右挝捶乱下，奇垂毙，右臂将折，犹尚指惟庸第，弗为痛缩。上方悟，登城眺察，则见满第内裹甲伏屏帷间数匝。上亟反遣兵，围其第诛之，召云奇，死矣。深悼之，追封右少监，赐葬钟山。）基初封诚意伯爵，止终身。至是，始思其先见，诏世袭焉。（《殊域周咨录》[1]卷二东夷，明万历刻本）

【笺注】：

[1][明]严从简撰。是书撰成于万历二年（1574），为兵备官员巡边或出使查阅地理杂志。分东夷、南蛮、西戎、北狄四门，含朝鲜、兀良哈等三十八个域外国家、地区和国内民族、卫所，分述其地理位置、历史沿革、疆域分界、山川形胜、交通道里、运输工具、动物、植物、矿物等物产、商业贸易、社会组织形式、风俗习惯、和中国历代王朝的关系等，记海上交通尤详，所载域外史事，多夹杂神话传说。但所载各国出产、工农业、城市建筑、土质、气温、各民族风俗习惯颇富史料价值。对研究明代域外地理、交通和周边各少数民族的社会制度、部落分布、与明王朝的关系等有重要意义。严从简，嘉禾（今浙江嘉兴）人，嘉靖三十八年（1559）进士。初授行人，后转工科、刑科给事中。隆庆元年（1567）遭陷害谪婺源县丞，历扬州同知，免官还乡。

刘基遇毒，及惟庸反状，皆自涂节发之，及狱成，而节亦同戮，且以逆党目之。揆之于理，殊未可信。节如果为惟庸谋主，宁不知事败之，必将自累，乃转以首告，希图幸免，实情事所必无。况从逆须有左证，如陈宁同坐省中阅兵马籍，附和之状昭然；若节，则并无一事载在爰书，而仅以"其党"两字坐之，又何异于"莫须有"定狱？且陈宁奸状，史传所载綦详，未尝有一语及节，而节亦别无事迹，是宁与节虽同以胡党见诛，其虚实判然可见。盖必惟庸憾节发其逆谋，妄加诬引，而当时亦不求左验，遽行具狱，节遂无以自明耳。今以《明史》及《洪武实录》互证之，足以释千秋疑案。后此蓝玉之反，载玉强辨不服，詹徽叱玉吐实，玉言徽即我党，遂并杀徽，事正与此相类。益可见当日断狱者之实，非信谳矣。（《涂节告胡惟庸反帝以节本预谋并诛之目》，见《评鉴阐要》[1]卷十）

【笺注】：

[1]乾隆三十六年（1771）刘统勋（1699—1773）等编次。刘统勋，山东诸城人，雍正二年（1724）进士。乾隆间，历任内阁学士、漕运总督、工部尚书、东阁大学士等。有《刘文正公集》。

第三章　历史地位

1. 封爵

本朝文臣封伯爵者，洪武中中书左丞相汪广洋封忠勤伯、弘文馆学士刘基封诚意伯，正统中兵部尚书王骥封靖远伯，天顺中都察院副都御史徐有贞封武功伯，鸿胪寺卿杨善封兴济伯，成化间兵部尚书兼都察院左都御史王越封威宁伯。广洋后坐累，有贞越不久革爵，谪远地。基善革于身后，子孙世禄，一人而已。（《菽园杂记》[1]卷六，清文渊阁四库全书本）

【笺注】：

[1][明]陆容（1436—1497）撰，本书被王鏊推为明代说部第一，对研究明代历史和风俗颇有史料价值。陆容，太仓（今属江苏）人，成化二年（1466）进士。少与张泰、陆釴齐名，时号“娄东三凤”。曾观政工部，后授南吏部主事，改兵部，历员外、郎中，因奏夺二武弁夤缘中贵升都督，当道不悦，出为浙江右参政。另著有《式斋集》。

洪武中大臣为三公者，皆开国功臣，三孤，亦无备员，如刘伯温、汪广洋宁封伯爵，而不以公孤加之，其慎重可知矣。（《菽园杂记》卷三，清文渊阁四库全书本）

按开国文臣膺爵封者甚罕。身封公者，惟李善长一人，追封公者，惟陶安一人，刘基、汪广洋二人，俱止封伯。（《皇明从信录》[1]卷四，明末刻本）

【笺注】：

[1][明]陈建（1497—1567）辑，沈国元订，为记载明朝泰昌、天启两朝史事的著作。陈建，见前注。沈国元，明末诸生，秀水（今属浙江嘉兴）人。

国初，文臣生受封爵者三人，曰李善长，以太师、中书左丞相封韩国公；曰汪广洋，以中书右丞封忠勤伯；曰刘基，以御史大夫封诚意伯。后李与汪皆赐死，惟刘公令终。（《古今说海》[1]卷一百三十六，清文渊阁四库全书本）

【笺注】:

[1][明]陆楫(1515—1552)编。陆楫,陆深子,嘉靖十八年(1539)以父荫由廪生入太学。为笔记小说丛刊《古今说海》主编者之一。另著有《蒹葭堂稿》。

故事,文臣少师、少傅、少保,赠太师、太傅、太保;东宫三太,赠三少;东宫三少,赠东宫三太。然亦有不及等者,有超等者。今记其超等者于左:……弘文馆学士刘基,俱赠太师(刘虽封伯,尚二品也)……(《公孤超赠》,见《弇山堂别集》卷十二,清文渊阁四库全书本)

太师。……御史中丞、弘文馆学士、诚意伯刘基。正德追赠。(《弇山堂别集》卷四十四,清文渊阁四库全书本)

文职冒武号。国初,公侯为辅运,伯为翊运,武为宣力,而文为守正。汪忠勤广洋、刘诚意基为开国翊运守正文臣,而无"推诚"字,盖杀其礼也。(《弇山堂别集》卷六,清文渊阁四库全书本)

国初,驸马都尉黄琛、王克恭诰称"镇国上将军",忠勤伯汪广洋、诚意伯刘基诰称"资善大夫、护军",以阶勋考之,盖正二品也。琛、克恭所尚主,于上从姊,例当裁为仪宾,上不忍,故仍其号,而下其阶。诚意岁禄二百四十石,仅视四品所不可晓。(《驸马伯二品》,见《弇山堂别集》卷九,清文渊阁四库全书本)

洪武、永乐间,文武大臣未有师保之加,如魏国公徐达、诚意伯刘基,皆无加秩。(《双溪杂记》[1],明万历刻今献汇言本)

【笺注】:

[1][明]王琼(1459—1532)撰。本书载明朝故事,于弘治以前颇有稽核,足与正史相参。王琼,太原(今属山西)人,成化二十年(1484)进士。历官吏部尚书。嘉靖元年(1522),被劾论死,改戍绥德,再改还籍为民。七年(1528),因吏部尚书桂萼力荐,起为兵部尚书兼右都御史,提督陕西三边军务。镇守三边期间,屡败吐鲁番,收复哈密,重创河套之敌内犯,使宁夏、山西、陕西诸边得以安全。抚定洮、岷番民七十余部。录功加太子太保。卒赠太师,谥恭襄。另著有《晋溪奏议》《环召新疏》《掾曹名臣录》《北虏事迹》《西番事迹》等。

2. 追谥

按《大明律》,文臣不许封公、侯,又云:"其生前出将入相,能除大患,尽忠报国者,同开国元勋一体,封侯,谥公;不拘此例,谥当作赠。"疑误也。按:称封侯谥公,又云不拘此例则侯,似可封。然所谓生前云云,恐亦追封也,国初自李韩公后不复见。成化中，欲进封王越，亦以此例而止。封公者，中书左丞相韩国公李善长，以开国辅政功封；封伯者，右丞相忠勤伯汪广洋以辅政封，御史中丞诚意伯刘基以筹策封，广东左布政使东莞伯何真以降附封。（《弇山堂别集》卷六，清文渊阁四库全书本）

汉留侯张良谥“文成”，明诚意伯刘基、新建伯王守仁亦谥“文成”，三公皆书生胙茅土，其智略勋名，略相仿佛。（《三文成》，见《弇山堂别集》卷十七，清文渊阁四库全书本）

文成。（文臣）御史中丞、弘文馆学士、太史令、诚意伯、赠太师刘基（正德追赠），右：修治班制，安民立政；新建伯兼南京兵部尚书、都察院左都御史、赠新建侯王守仁（隆庆），右：勤学好问，安民立政。（《弇山堂别集》卷七十一，清文渊阁四库全书本）

按古谥法，文之释义，盖不徒以词章述作称。故国初恩典，有非翰林而谥文者，若刘文成基、马文简京、姚文敏夔、唐文襄龙、叶文庄盛、魏文靖骥、储文懿瓘、郑文安赐、仪文简智、杨文恪廉、邵文庄宝、李文通奎、何文肃乔新、何文简孟春、黄文毅孔昭、萧文昭维桢、吴文恪讷、王文成守仁是也；有官翰林，而谥不以文者，如王毅愍文、陈庄靖文、袁荣襄宗皋、刘忠愍球、杨庄敏鼎盛、荣简端明、朱恭靖布周是也。成、弘以后，则翰林专谥文，而他曹不与矣。（《续文献通考》卷一百三十四谥法考，明万历三十年松江府刻本）

有谥在百年之后者，宋潜溪、刘诚意也。（《明臣谥考》后序，见《明谥纪汇编》[1]卷二十四）

【笺注】：

[1][明]郭良翰编。郭良翰，莆田（今属福建）人。万历间（1573—1620）以荫官任太仆寺寺丞。另著有《周礼古本订注》等。

文成。刘基：诚意伯，赠太师，正德年谥，“修治班制，安民立政”，浙江青田县人；王守仁：新建伯，赠侯，隆庆年谥，“勤学好问、安民立政”，浙江余姚人。（《明臣谥考》[1]卷上，清文渊阁四库全书本）

【笺注】：

[1][明]鲍应鳌撰。是书载明代文武诸臣赠谥与。鲍应鳌，歙县（今属安徽）人，万历二十三年（1595）进士。授户部主事，历任礼部郎中。有学识，议事守正不阿，终太仆卿。另著有《端芝山房集》。

文臣有谥自建文朝，王祎谥“文节”，始词臣得谥“文”。亦有不拘者，刘基、王守仁“文成”。（《春明梦余录》卷四十，清文渊阁四库全书本）

明逸史曰：“昔者高皇帝定谥，美恶并著焉。于功臣，或按古法，或建特义而锡之美名；于秦王，则曰‘愍’，于鲁王，则曰‘荒’，据行而名之，虽爱子弗顾也，斯所谓王者，无私褒贬，并行之道也。永乐以来，悉为褒嘉之典，应谥者皆美，非美者弗谥，得之者荣，弗得者泯而已矣。岂无慝行，惟抑之以隐恶矣？岂无疵名，亦易之以就徽矣？虽然，后之为臣者，观乎其所以得，必其位尊而贤有功也者也，道德勋庸、忠节表著者也，品诣树立，可与文成、武宁后先伯仲者也；可以观乎其所以不得，必其奸邪贪鄙、负君误国者也，骄恣淫奢、跋扈不臣者也，尸位肉食、碌碌无耻者也；可以惩观乎其举者、与夺与改者，畴为王章所不废也，畴为国宪所不容也，畴为公议所不诬也。可以思而惧矣。余故自洪武始迄于今，兹集其人，录其易名，文臣以刘文成为首，武臣以徐武宁为首。斯二臣者，德学才望，昭代第一人也，成启运之鸿猷，宁天下之伟绩，臣道之大，何以尚之哉！”（《二丸居集选》[1]卷八，旧钞本）

【笺注】：

[1][明]黎景义（1603—1662）撰。黎景义，《咸丰顺德县志》卷之二十五：“诸生。……景义少读于舅氏罗虞臣家，兼习朝章典故，上下千古，均有论说。于当时忠义如黎美周、梁未央、陈会份、陈云淙皆素与交好，即目所亲见事，各为之传，盖同习举业逐名场，而于岩野尤有深①契。鼎革后，奉母桃山不出，其抑塞磊落之气一见于文。”

我朝洪武之初，惟武臣有谥，如中山、武宁、开平、忠武、岐阳、武靖、宁河、武顺、东欧、襄武、黔宁、昭靖，皆武臣也。是时，文臣虽刘基之谋猷，宋濂之文学，陶安、章溢之治才，亦未尝有谥。（《历代赐谥之典》，见《博物典汇》[1]卷十二，明崇祯刻本）

【笺注】：

[1][明]黄道周（1585—1646）撰。黄道周，漳浦（今属福建）人，天启二年（1622）进士。选庶吉士，崇祯时官左春坊、左谕德，进少詹事兼翰林院侍讲学士。福王时任礼部尚书，南都覆，唐王召为武英殿大学士。抗清兵败被俘，绝食十四日不死，后被杀。

然求名肖其行，可法可传，褒所当褒奖，非过奖，使尽如徐武宁、常忠武之为

① 原文后有“深”，疑衍字，删。

武，王文节、刘文成、薛文清、王文成之为文，自殉难死事外，如于忠肃、杨忠愍、海忠介之为忠也，岂不磊落轩天地！而蹇夏称忠，李称文正，温称文忠，得无名实相反耶？（《明臣谥法考序》，见《宝纶堂诗文钞》[1]文钞卷五，清嘉庆二年刻本）

【笺注】:

[1][清]齐召南(1703—1768)撰。齐召南，浙江天台人，乾隆元年(1736)举博学鸿词科，授检讨，再大考一等一名，授内阁学士，累官礼部侍郎，晚年因族子齐周华反满言行案受到株连，坐罪削职。

3. 后裔录用、袭爵(见本书第九章“家族”)

4. 建祠

(1)家庙[1]

【笺注】:

[1]在天顺二年(1458)明英宗敕建诚意伯庙之前，今南田诚意伯庙山后有刘氏家庙(今南田刘氏族人语)，姚夔《诚意伯祠堂记》亦载刘基七世孙刘禄言：“于兹故有祠堂，毁。”诚意伯庙建成后，与在时处州、青田县的“开国元勋祠”“诚意伯庙”相比，因其在刘氏祖居地，承担了更多的家庙功能。今南田“太公祭”的家族性或亦为一证。民国时期，刘基后裔刘耀东在庙后建立追远祠，今奉刘基上七代神主，亦为诚意伯庙家族祭祀的延续。下从《明史》叙述明代家庙祭祀规章如下。

群臣家庙，明初未有定制，权仿朱子祠堂之制，奉高、曾、祖、祢四世神主，以四仲之月祭之，加腊月忌日之祭与岁时俗节之荐。其庶人得奉祖父母、父母之祀，已著为令。至时享于寝之礼，略同品官祠堂之制。堂三间，两阶三级，中外为两门。堂设四龛，龛置一桌。高祖居西，以次而东，藏主椟中。两壁立柜，西藏遗书衣物，东藏祭器。旁亲无后者，以其班附。庶人无祠堂，以二代神主置居室中间，无椟。

洪武六年(1373)，定公侯以下家庙礼仪。凡公侯品官，别为祠屋三间于所居之东，以祀高曾祖考，并祔位。祠堂未备，奉主于中堂享祭。二品以上，羊一豕一，五品以上，羊一，以下豕一，皆分四体熟荐。不能具牲者，设馔以享。所用器皿，随官品第，称家有无。前二日，主祭者闻于上，免朝参。凡祭，择四仲吉日，或春、秋分，冬、夏至。前期一日，斋沐更衣，宿外舍。质明，主祭者及妇率预祭者诣祠堂。主祭者捧正祔神主椟，置于盘，令子弟捧至祭所。主祭开椟，捧各祖妣神主，以序奉安。子弟捧祔主，置东西壁。执事者进馔，读祝者一人，就赞礼，以子弟亲族为之。陈设神位讫，各就位，主祭在东，伯叔诸兄立于其前稍东，诸亲立于其后，主妇在西，母及诸母立于其前稍西，妇女立于后。赞拜，皆再拜。主祭者诣香案前跪，三上香，献酒奠酒，执事酌酒于祔位前。读祝者跪读讫，赞拜，主祭者复位，与主妇皆再拜。再献终献并如之，惟不读祝。每献，执事者亦献于祔位。礼毕，再拜，焚祝并纸钱于中庭，安神主于椟。

成化十一年(1475)，祭酒周洪谟言："臣庶祠堂神主，俱自西而东。古无神道尚右之说，惟我太祖庙制，合先王左昭右穆之义。宜令一品至九品，皆立一庙，以高卑广狭为杀。神主则高祖居左，曾祖居右，祖居次左，考居次右。"帝下礼臣参酌更定。嘉靖十五年(1536)，礼部尚书夏言言："按三代有五庙、三庙、二庙、一庙之制者，以其有诸侯、卿、大夫上中下之爵也。后世官职既殊，无世封采邑，岂宜过泥于古。至宋儒程颐乃始约之而归于四世，自公卿以及士庶，莫不皆然。谓五服之制，皆至高祖，则祭亦当如之。今定官自三品以上立五庙，以下皆四庙。为五庙者，亦如唐制。五间九架，厦旁隔板为五室，中祔五世祖，旁四室，祔高曾祖祢。为四庙者，三间五架，中一室祔高曾，左右二室祔祖祢。若当祀始祖，则如朱熹所云，临祭时，作纸牌，祭讫焚之。其三品以上者，至世数穷尽，则以今之得立庙者为世世奉祀之祖，而不迁焉。四品以下，四世递迁而已。"从之。(《明史》卷五十二志第二十八，清乾隆武英殿刻本)

(2)民祠

Ⅰ.浙江青田

一曰改淫祠。国学、社、闱，与先帝邻，可并建祠乎？夹关壮缪、岳武穆而建祠，致名绅黄汝亨以一言而殒身，若尽撤之，不若易祀开国之刘基、宋濂有功社稷，之于谦、王守仁百折不回，几死靡悔，之方孝孺、孙燧可也。(《圣朝新政要略》[1]卷一，抄本)

【笺注】：

[1][明]外史氏撰。该书卷首云"今上皇帝于天启七年(1627)八月二十四日登极"，则本书记载崇祯朝初期事。纪事起于天启七年十月十五日，终于崇祯元年(1628)三月，历时五个月。

守臣题请礼官议覆事载实禄，年月可稽。至若有明一代之臣，抗美前史者，或以功勋，或以学行，或以直节，或以死事，胪于志，乘刻于碑板，匪一而足。……

青田祀刘基。(《明史》卷五十,清文渊阁四库全书本)

Ⅱ. 江西瑞州

瑞州旧有筠阳书院,在南城。奉宋之周子、二程子、张子以暨朱子、陆子,而明王文成亦与焉,号“七贤”。今太守杨公守兹郡,阅二载,百度具举,闵其即于坠弛且地隘,乃徙建北城高广地。地故为祀刘文成址祠,废碑识犹存,太守因以列七贤中而八,又筑后楹奉眉山二苏氏如旧制。苏、刘盖尝官是间①,留名贤迹也。(《风仪书院碑》,见《戴东原集》[1]卷十一,四部丛刊景经韵楼本)

【笺注】:

[1][明]戴震(1724—1777)撰。戴震,休宁隆阜(今安徽黄山屯溪区)人,乾隆二十七年(1762)举人。少聪颖勤学,对经学、天文、历算、地理、音韵、训诂等都有很深造诣,为清代著名思想家、考据学家。著作宏富,有《原善》《东原文集》等五十余种。纂有《汾州府志》《水地记》等。

十贤祠之在筠州是已,筠州府署曰“江西道院”。其后为碧落山,古真人李八百炼丹之所,故有碧落堂。宋景定间火于兵,文信国来守筠,复新之,又结野人,庐其旁以自居,与苏子由東轩密迩。文丞相既以身殉国,郡人因即碧落堂享之,则反从其朔,祠实权舆于一贤。夫仙之有无不可知,即有之何补于名教?改而祀忠臣,于义为允,虽仲尼犹许之。顾礼缘义起,而情以类生,后人因而广之,益以八人为九贤祠。陶靖节、苏东坡、黄山谷、米襄阳、朱文公尝游于是也,苏颖滨、杨诚斋、刘青田尝官于是也。诸君子所同者,有文章以饷来贤耳,迹其所处时地既殊,而中之所得浅深、大小,亦自有辨。其荐以馨香也,宜若是班乎!夫播迁海表,力扶危鼎,宋亡而有死烈士,自注甲子,义不臣宋;晋亡而有生逸民元亮,之与文山足相配矣,廷秀清劲,急流勇退,义可知也;苏黄通而介,元章高且旷,并卓然于流俗之外;彼匹夫而任斯文之统,晦翁蔓乎远哉!而成佐命之勋者,始以肥遯,终以劳谦,伯温亦不徒以才见。然则九贤心迹,不必燕同,大抵高节鸿文,乘时之衰而起,显谟大猷,乘时之盛而见,皆为三不朽人,大有补合而祀之,其理近是。(《筠州碧落山十贤祠记》,见《国朝文录续编》香国集文录[1],清同治刻本)

【笺注】:

[1][清]陈之兰撰。陈之兰,《光绪江西通志》卷一百五十四:“临川(今属江西)人,际泰曾孙。为诸生,九试不售,而文益工,抚州知府朱扆勤政事,尝以利弊访,访之兰,言之而不及私,扆多善政之,兰与有力焉。”按朱扆为康熙三十六年(1697)进士,其累官至知府需一定年限,则

① 原文为“闲”,据文意改。

陈之兰大体可断为清康乾时人。

Ⅲ.江西高安

文信国祠，在高安凤山，明增祀陶靖节、刘文成，为“三先生祠”。巡抚虞守愚有《并祀记》，知府陶履中有《重修记》。（《雍正江西通志》卷一百八，清文渊阁四库全书本）

(3)诚意伯庙(祠)

诚意伯庙，在青田县。伯乃本朝名臣刘基，天顺初，命有司建庙以祀之。（《明一统志》卷四十四，清文渊阁四库全书本）

英宗天顺间……又建诚意伯庙在青田县，祀本朝名臣刘基。（《续文献通考》卷一百十五宗庙考，明万历三十年松江府刻本）

（1458年三月）癸丑，立处州故诚意伯刘基祠。（《国榷》卷三十二，清抄本）

刘诚意伯庙。崇祯《处州府志》：“在县北混元峰下，祀诚意伯刘基。嘉靖间，诏立靖难死节谷府长史刘璟庙，春秋祀之，提学万潮令县立像配享诚意之庙，同日致祭。”（《雍正浙江通志》卷二百二十五，清文渊阁四库全书本）

刘诚意伯庙，在容城县[1]北一里许，祀明刘基。（《雍正畿辅通志》[2]卷四十九，清文渊阁四库全书本）

【笺注】:

[1]位于今河北雄安新区。

[2][清]唐执玉(1669—1733)等纂修。雍正十三年(1735)成书。唐执玉，武进（今属江苏常州）人，康熙后期进士。历官户科给事中、兵部尚书署直隶总督、刑部尚书。请查禁“缺主”，修筑密云堤防，措置寄庄田地等，皆得准行。

开国元勋祠，在府治南，祀明诚意伯刘基。又有诚意伯庙，在青田县北大鹤山混元峰下，以子璟配享。（《嘉庆大清一统志》卷三百五，四部丛刊续编景旧抄本）

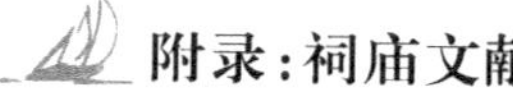

附录：祠庙文献

诚意伯祠堂记

姚　夔

上复大宝，之明年，故开国翊运守正文臣、资善大夫、御史丞兼弘文馆学士、太子赞善大夫、护军、诚意伯刘先生七世孙，翰林五经博士禄自括苍来朝，且言曰：“先臣基没垂八十年，于兹故有祠堂，毁，弗克称者久之。神无栖止，祀罔攸享。臣禄荷国厚恩,叨守宗祧,敢以为请。"诏可。其奏下礼部,移所在有司营建祠堂如制。于是,浙江布政司右参议史颐、处州府知府万安、青田县县丞郭仲礼咸奉行唯谨,佥议旧祠幽僻,用陟高亢,于神为宜,乃度地于宅之东南惟吉,方将有以规所需。邑父老闻之,奔走相告曰:"先生尝有大造于吾民。"欣然相与计田聚财,输于官,得若干万缗。乃涓吉辰,征工简材,首隆寝堂,翼以两庑,屏以二门,斋戒有室,炮湢有舍,而又饰以黝垩,缭以周垣,制度弘深,规模轩敞,神主攸奠,焕然光辉,猗欤休哉!告成于天顺三年(1459)十二月之朔。禄诣谢恩毕退,而属夔为之记:

窃惟先生之谟谋,功业载在国史,著之《翊运录》,昭若日星,人皆知之,无所庸喙。独出处之节,或者以尝仕元为疑,则不可不为先生白其心也。

先生负豪杰之才,当元之季,以《春秋》之学登进士第,累仕累发其奇,辄不合而去,则先生非无意于用世,不能用,遂归隐括苍山中,以耕食为乐,盖元氏一遗民耳。及皇师下浙西,搜罗人才,先生坚卧不出,亦岂无所见耶?既而吴、汉角立东南,中原割据如蜂蚁然,天下非元有矣,先生之心,诚不忍天下之棼棼也!矧高皇帝握真符,而定金陵,先生固预占于十年之前。于是慨然以天下为己任,束帛朝临,而夕起一见之,顷首陈天命有在,高皇帝敬而信之,自谓"吾之子房",谋无不用,用无不效,卒成天下大业,厥功伟哉!夫元运去矣,为元氏遗民,犹迟迟不肯轻于他就,及不得已,必择真主,自辅运筹,决策取天下于群雄之手,非取元氏也。先生于此,盖亦审之熟矣。昔伊尹五就桀,不用,退而耕于有莘之野,及遇成汤,翻然起而成佐商之功。圣贤所以汲汲于斯世者,岂有他哉?诚以畏天命,悲人穷,不得已而然也。先生之心,其即伊尹之心欤?伊尹无愧于桀,先生无愧于元氏,则无愧于出处之节,夫何疑哉!嗟夫!自元氏主诸夏九十三年,华风沦于腥羶,我高皇帝一旦出,而扫尽无遗,以雪神人之愤,使天下复见二帝、三王之治,真有功于天地万世者也!抑先生之心,殆有见于是哉!由是言之,比之伊尹,功无愧矣。于乎!如先生者,虽百世祀可也,况祠堂乎!是宜我皇上特垂意于斯,岂惟昭崇德报功之礼,又将兴起其子孙俾,得以贤其贤而亲其亲,可谓仁之至、义之尽也欤!

夔生也晚,忝与先生同浙水,而高山仰止之心,为日久矣。敢书此于丽牲之石,以白先生之心,后知先生者,尚考于斯。(《姚文敏公遗稿》卷七,明弘治姚玺刻本)

【笺注】:

[1][明]姚夔(1417—1473),浙江桐庐人,正统七年(1442)状元。授吏科给事中。英宗复位,出任南京刑部右侍郎。天顺七年(1463),进礼部尚书。斥在京番僧,以挫其势。成化五年(1469),转吏部,力主赈灾荒、抚流民、去冗费。用人偏爱南籍。后加太子太保,卒于任。谥文

敏。著作有《姚文敏公遗稿》。

请重建刘诚意伯祠疏

潘　润[1]

洪惟高皇帝应天顺人，龙飞淮甸，不数年间，奄有大业。当时佐命诸臣，奉行天讨，削平僭乱于外者，有徐达、汤和辈，而徐达为最；察观乾象，运筹帷幄之内者，惟刘基一人而已。是刘基之功，与徐达相伯仲也，太祖常礼敬之而不名，每曰“吾子房也”，所以待之者，至矣。当功成之日，举报锡之典，封徐达为魏国公，食禄甚厚，春秋祭祀之外，时享不一；封刘基为诚意伯，恩宠有加，所以报之者，亦至矣。厥后徐达之子曰辉祖者，袭封公爵至今，世代相承，久而不替；刘基之孙曰刘廌者，袭封诚意伯，自廌之后不传。

臣原籍直隶广德州建平县人，密迩南都，自龆龀之时，闻父兄遗论，谓刘基之功，与徐达相等，而达之子孙袭爵如故，基之子孙寂无所闻山林僻处，莫知所由。及臣幸登仕版，闻士夫议论，及睹基《翊运录》，知景泰年间钦取基七世孙刘禄，授翰林院五经博士。天顺元年(1457)，刘禄奏请立诚意伯祠，荷蒙英宗皇帝诏可其奏，下有司营建祠堂于基原籍青田县，以安其灵，恩至渥矣！然五经博士之袭，似未惬然，祠堂规制，俱涉苟简。事出不详，有怀未吐。嘉靖五年(1526)六月，内臣钦承上命，知处州府。事值公干，至青田县，参谒诚意伯祠，果见规模卑隘，及询仪物，亦不加隆；其孙刘豫见袭处州卫指挥使。乃追思父兄所以为刘基论者，有由然也。

仰惟太祖之兴也，群臣协辅，如云龙风虎之相，从其报赏也，论功锡予，如权衡轻重之不爽。奈何历世未远，事体顿殊。如徐达者子孙，辉映百年无异；如刘基者子孙袭荫，仅一指挥，春秋祭祀，率多简略。功之在太祖，实相颉颃；报之在今日者，似觉霄壤。非惟无以慰刘基泉壤之望，恐我太祖在天之灵，亦不欲报刘基之止于如此也。及查弘治十五年(1502)，礼科给事中臣吴仕伟请建祠堂于府城，前任知府臣梁宸谨奉钦，依事理，尝置官地一所于皇华铺前，规模窄狭，尚未建立，故云和民人郑以璋、郑浤父子相继为言者，亦天理人心之不能已也。

臣昔虽耳闻，今乃目击，有激于中，不忍缄默，为此披沥愚悃，冒死上陈。伏乞皇上念太祖创业之难，悯刘基功绩之大，特敕礼、兵二部查照徐达、汤和等，于其袭荫，稍加爵；于其祠宇，稍加壮丽；于其祭祀，稍加丰隆，较之徐达等递减一等，使彼子孙世守。则上副太祖锡报元功之诚，下协天下臣民之论，而抑有以厉

人心于将来矣。(《雍正浙江通志》卷二百五十九,清文渊阁四库全书本)

【笺注】:

[1][明]潘润(约1482—1540),建平县(今安徽郎溪)人,正德九年(1514)进士。官仪部郎,擢浙江处州知州,吏治精明,当道官员议增赋税,润力争得免。不受下属馈赠,郡民建“却金亭”纪念。后任云南兵备副使。

祭诚意伯文

吴公愿[1]

维元政之失驭兮,豪杰奋其并兴。驱齐民使荷戈兮,销锄犁以为兵。胜负迭其相受兮,弱之肉而强是食。竞侵略以僭窃兮,纷盗据乎南北。尘滃滃兮而眯目兮,焰炎炎而涨天。计剽杀为功庸兮,孰黔首之汝怜。繄穹苍之念乱兮,实挺生夫圣明。擐仁义为甲胄兮,婴忠信以为城。江淮翕其景从兮,顾瞻金陵而是都。

岂有君而无臣兮,畴启予之雄图。惟先生之壮志兮,夙蕴皇王之学。鄙管、乐之陋或枉兮,谓伊、吕之可作神。谅兆于几先兮,吾将察夫璇玑。睹王气之攸属兮,知帝命之所归。虎啸谷以生风兮,云出岫而随龙郁。予衷之耿耿兮,舍圣人其焉从。应聘命以效忠兮,欢契合于诺。唯神筹秘计不可以言喻兮,恒决胜于千里。彼伪汉之抢攘兮,舳舻肆其横江。陈我师于彭蠡兮,殪封豕于庄浪。长驱直抵其巢穴兮,循豫章而东之。蕲、黄与鄂、岳兮,固风靡而无遗。先声詟兹两浙兮,复禽张而系方。操破竹之形势兮,七闽惴其敢当。闻西北鄙之人兮,曰“奚为而后我”?征不庭而抚顺兮,不再鼓而俱下。虽天道之助佑兮,亦将军之用力也。发踪迹以指示兮,允先生之成绩也。皇锡爵以酬劳兮,位次亚夫公、侯。效子房之勇退兮,愿从赤松以遨游。胡二竖之构患兮,动宸衷之悯恻。帝曰“卿其遄归”兮,畀优游于禄食。赐丝纶以褒美兮,示睿眷之不忘。驾蒲轮以言旋兮,桑梓贲其宠光。

仁者必得其寿兮,谅理数之可推?谓阴骘之获报兮,宜愈享于期颐。泰山颓而梁木坏兮,忽溘焉其云亡?不憖遗于一老兮,使斯文之遽丧。古之人图夫不朽兮,惟立功与立言。建茂勋于开国兮,况著述之必传。秉二美而并载兮,流芳蔼于青史。求鸿名于无斁兮,亘万古其犹不死。

嗟鲰生之多幸兮,望余光之有年。曩叨班于朝著兮,沐数载之嘉言。承恩例以联归兮,敢景行于先哲。偕同心之友朋兮,敬瓣香之是爇。登瘠牲于几俎兮,崇清酤之盈觞。匪饮食之足尚兮,庶至诚之馨香。菊采采而垂华兮,露泠泠而凄

其灵。惝怳之不昧兮，魂髣髴而来思。尚飨！（《诚意伯文集》[2]卷二十，清文渊阁四库全书本）

【笺注】：

[1]吴公愿，即吴从善，公愿为其名（据刘鹰《盘谷集》卷之七《〈青松文选〉序》）。丽水人，洪武四年（1371）应州郡辟举，以《尚书》试曹，擢翰林国史院编修官。转工部、水部主事，从学宋濂。另撰有《〈郁离子〉序》。与刘基子有通家之好。刘基有为其七世祖作《有柏一章为吴太常作》诗。

[2][明]刘基撰。刘基，本书传主，不另出注释。

谒诚意伯刘文成公告文

刘　瑞[1]

维正德十三年（1518），岁次戊寅，夏六月己巳朔越十八日丙戌，浙江司副使提督学校刘瑞，谨以牲醴致祭于皇明开国翊运守正文臣、诚意伯、赠太师、谥文成刘公之神曰：

公之出也，定天下之大计；公之退也，炳沉晦之先知。迹类伊尹，而道无忝；知似子房，文学过之。信可谓名世之杰，帝者之师矣。瑞窃有恨焉，用不尽才位，莫酬志，凡公之所抱负于中者，十盖吐其三四。胡天之遇公者，始焉若是其奇，而终焉若是其忌也！天乎？人与？匪夷所思。公逝百载，梦寐见公，瑞也何人，精神感通。拜公遗像，俨乎德容不忘者。存伟誉丰功。尚享。（《南田山志》卷十三，文成县政协学习文史委2008年版）

【笺注】：

[1]刘瑞（？—1525），四川成都府内江县（今四川内江）人，弘治九年（1496）进士，选庶吉士。官至南京礼部右侍郎，卒赠南京礼部尚书。隆庆元年（1567），追谥“文肃”。著有《五清集》。

祭诚意伯文

胡继升[1]

维万历四十五年（1617），岁次丁巳，五月甲子朔越十五日戊寅，钦差巡按浙江等处监察御史胡继升等，谨致祭于开国翊运守正文臣、诚意伯，赠太师、谥文成刘公。词曰：

名世聿兴，垂勋竹帛。于铄我公，实开国录。西湖庆①云，十年而验。金陵征书，师臣是眷。翊赞皇家，肇造区夏。后先谋臣，孰兴方驾？中山、开平，方昭勋卓。运筹决胜，皆推帷幄。景文黼黻，润色太平。让谋让断，励勷弥深。世俗稗官，谈者近术。启心沃心，伊、周俦匹。功成身退，介不终日。四时驰□，□云丞弼。在汉为留，在唐为邺。赤松白衣，归藏马鬣。五百过期，岳渎储精。一代云龙，挺生传人。升横琬琰，社稷书庸。揽辔山川，扬圪高踪。苍风若郁，莲水如蒙。肃陈一卮，谡谡长风。尚飨！（《南田山志》卷十三，文成县政协学习文史委2008年版）

【笺注】：

[1]胡继升，万历甲辰（1604年）进士，四川铜梁（今重庆市铜梁区）人。

---

(4)入太庙

Ⅰ.经过

嘉靖七年（1528），中允廖道南议将姚广孝移祀大兴隆寺外，独有祀文臣，诚意伯刘基一人而已。（《两朝从信录》卷五，明崇祯刻本）

世宗嘉靖九年（1530），中允廖道南言广孝髡徒不宜入庙，礼官李时与张璁、桂萼亦以为言，遂移祀大兴隆寺。十年（1531），以刑部郎中李瑜议，进刘基侑祀高庙，位次六王。十六年（1537），武定侯郭勋乞进其祖英侑享高庙，下廷议不可。户部侍郎唐胄疏争言："庙祀诸臣位次，上下且不可易，况有无之额，敢辄增损乎？"勋言："往年进刘基祔享，以文臣故，举朝翕然顺从，臣祖英武臣，乃纷然阻忌。"上是勋言，进英祀。先是，二庙侑享功臣位，各以爵，及进基，伯位公侯上。帝不喜，曰："何上基而下英也？"令礼官考议，乃合二庙功臣叙爵，于是列英永义侯上，河间、东平二王，黔宁王下，基永义侯下。初，郭英未进侑，时礼官夏言言："礼有功宗之祀，汉祭功臣于庙庭，魏祀尚书令荀攸于太祖庙，唐高祖至宪宗庙，或六七八人，或二三四人，宋太祖至光宗亦然。如魏征、李沆、司马光皆文臣，不必皆武功也。守成诸君，亦各有与享者，不必皆创业也。我朝二祖，开国、靖难固有功臣，仁宗以无事武功，其间相与辅赞治平，岂无有如魏征、李沆辈者？今侑享二祖凡十七人，十七人中，惟基、广孝二人文臣耳，自后六庙缺焉，无闻。乞下廷议，考求六朝文武大臣有功在当时，泽在后世者，请上裁定进侑庙庭。"帝不允。配享功臣十七人，中山武宁王徐达、开平忠武王常遇春、岐阳武靖王李文忠、宁河武顺王邓愈、东瓯襄武王汤和、黔宁昭靖王沐英、河间忠武王张玉、东平武烈王朱

① 原文为"卿"，据文意及通行表述改。

能、虢国忠烈公俞通海、蔡国忠毅公张德胜、越国武庄公胡大海、梁国武桓公赵德胜、泗国武庄公耿再成、营国威襄公郭英、宁国公王真、永义侯桑世杰、诚意伯刘基,皆左右叙。(《续文献通考》卷一百十四宗庙考,明万历三十年松江府刻本)

嘉靖十年(1531),世宗皇帝以刑部主事李瑜言进享刘基太庙,伯其子孙,仍命求四臣后,许之传袭,以不废高皇帝报功之意。(《名山藏》卷四十分藩记五,明崇祯刻本)

(1531年三月)庚子,祭西苑帝社帝稷,建历代帝王庙于京师,进诚意伯刘基侑享太庙……闰六月,裁冗官尽罢,镇守内臣,诏求刘基、常遇春、李文忠、汤和、邓愈后,爵之。(《名山藏》卷二十三典谟记,明崇祯刻本)

(1531年闰六月)复诚意伯世爵,及鄂、曹、卫、信四公后,以刘基配享太庙。初,撤姚广孝配享也,刑部郎中李谕上言:"陛下明圣,斥去姚广孝,万世颂仰。第臣乡人刘基翊运有功,不在广孝下宜侑食高庙,世其封爵,与徐达同。"帝然,谕言下廷臣集议。吏部侍郎唐龙等上言:"高帝收揽群豪,创造鸿基,一时佐命诸臣并轨宣翼,而帏幄奇谋、庙堂大计,每每属基,故在军有子房之称,剖封发孔明之喻,厥勋懋矣。基亡,孙廌嗣爵,铁券金书,誓言永世。廌殒,遂褫圭裳,委砺带。或谓胤绪孤孱,弗克负荷,或谓长陵嗣统,遂至疏嫌,虽一辱涂泥,传闻多谬,而载书盟府,绩效具存。昔武王兴灭,天下归心,成季无后,何以劝善?基宜配享太庙,其九世孙指挥瑜可嗣伯爵。"帝从之,以瑜为诚意伯,岁禄七百石,因命吏部并常遇春、李文忠、邓愈、汤和子孙各与侯爵,以副皇祖报功之意。(《皇明肃皇外史》[1]卷十一,清宣统津寄庐抄本)

【笺注】:

[1][明]范守己撰。范守己病实录繁重,难于阅读,乃兼采诸家之长而撰。本书记嘉靖一朝事迹,自正德十六年(1521)四月至嘉靖四十五年(1566)。首列条目,各条之下低格记载大事,摘引诸书,颇有条理,引据诸书颇多,其中如《钦天记颂》《双溪杂记》等今已佚,赖以保存许多珍贵资料,惜每条下不注出处。范守己,洧川(今属河南尉氏)人,万历二年(1574)进士。授主事,因疏论张居正,出为云间推官。历山西提学、陕西参议、建昌兵备,官至兵部右侍郎。疏陈"治平十二议",切中时弊。有文武才,工于史学,精于天文。时历法失度,上表予以更正。迁太仆卿总理钦天监,命下而卒。旌表其门"学贯天人"。史学著作另有《明史提纲》等,天文学著作有《天官举正》等。

诚意伯刘基,嘉靖十年(1531)增。(《礼部志稿》卷二十七,清文渊阁四库全书本)

(1531年三月)壬子,故诚意伯刘基侑祀太庙,次六王下。(《国榷》卷五十五,清抄本)

(1535年三月)癸巳,故武定侯郭英从祀太庙,从裔孙勋之请。礼部议配位叙爵,诚意伯刘基列六王之次,群公之上,非等命。仍叙爵。(《国榷》卷五十六,清抄本)

嘉靖九年(1530),以廖道南言罢姚广孝。十年(1531)以刑部郎中李瑜议,进刘基,位次六王。十六年以武定侯郭勋奏,进其祖英。初,二庙功臣位各以爵及进,基位公侯上。至是,复令礼官议合二庙功臣叙爵,于是列英于桑世杰上,张玉、朱能于沐英下,基于世杰下。二十四年,进诸配位于新太庙西壁,罢分献。……(嘉靖)十六年(1537),以武定侯郭勋奏,进其祖英。初,二庙功臣位各以爵及进,基位公侯上。至是复令礼官议,合二庙功臣叙爵,于是列英于桑世杰上,张玉、朱能于世杰下。(《明史》卷五十二,清文渊阁四库全书本)

嘉靖十年(1531)三月,诏太庙夏秋冬祫祭,两庑配享,并如孟春仪,以诚意伯刘基配享庙庭。(《钦定续文献通考》卷八十四,清文渊阁四库全书本)

今观庙庑所列,以诚意伯刘基列于六王之次,群公之上,似为不伦。今因营国公郭英定列从祀之时,亦照封爵定列上,请圣裁,得旨,庙中配享,与朝廷宴礼相同,岂可怀私?位次一以爵序。(《重建配享功臣位次》,见《礼部志稿》卷八十三,清文渊阁四库全书本)

何乔新得谥"文肃",虽发自林俊,卒赖广昌令张潨续请力此令,故非凡物。嘉靖中续封刘基诚意伯侑享太庙,亦本其乡人刑部郎中李瑜疏。二名臣定论,竟决于外吏庶僚之口,天下事,益惟患不为耳。(《国史唯疑》卷六,清康熙三十年抄本)

……开国翊运守正文臣、资善大夫、赠太师、谥文成、护军、诚意伯刘基凡十七人。(《西庑功臣侑享》,见《春明梦余录》卷十七,清文渊阁四库全书本)

Ⅱ.评论

高庙配享不及文臣。洪熙中,以太子少师赠少师姚恭靖公广孝配文皇帝;嘉靖中,以御史中丞赠太师刘文成公基配高皇帝。姚至嘉靖中革赐,祀于大兴隆寺。(《弇山堂别集》卷八,清文渊阁四库全书本)

若乃两仪混而乍辟,七曜昏而复昭,扫百叶之尘氛,运九有于再造,巍乎如天荡乎难名则,孰有几我高皇帝者乎?古称大人云蒸龙变,股肱心膂,奔走御侮,不亦茂又林林哉?是故……推测象纬,筹算帷帐,群力自归,独智潜起,此则诚意氏之所以赞帝谟也。……余以三吴蠛蠓之畯,误忝簪履,端委熙朝,概颇牧之英声,则抚鼙思奋,仰晏子之嘉谟,则执鞭愿驭。尝游鸡山睹丹青之绩,已而获骏奔太庙，观配位，徘徊怅慕者久之。爰序所怀人，别为赞，庶几杨、班、袁、陆之旨，凡三十三人。曰……御史中丞、诚意伯、赠太师、刘文成公基……赞曰："英英刘公，卓识朗诣。洞往千载，知来百世。人谋鬼谋，生天生地。力赞安攘，默纾真秘。揣敌阴符，悬揵兵气。定鼎卜洛，仰裨天计。相排虽切，主恩毋替。返驾青田，遗荣芝桂。"(《弇州四部稿》[1]卷一百一，清文渊阁四库全书本)

【笺注】:

[1][明]王世贞(1526—1590)撰。王世贞，见前注。

太庙东近门处，十六王设主于低席祔祭焉，西则开、靖功臣。前御史徐文华言："祖宗亲尽且祧，何有于诸王?"竟不报。靖难功臣位次，旧逊开国者自郭勋请进其祖武定侯英，廷臣争之。勋言："刘基配享，时群臣以文臣无间言。臣祖英武臣，故多议阻。"世宗入其言，特准英配享，又令叙爵，诚意伯遂居末行，恐靖难诸公亦自不安耳。议礼之朝，必有折衷也。始封功臣，殁公赠王，侯赠公，伯赠侯，祖训也。王文成已进赠新建侯矣。乃刘文成尚仍伯爵，大是缺典。余每言之以赠太师，且止然须一议请耳。(《由庚堂集》[1]卷三十六，明万历刻本)

【笺注】:

[1][明]郑汝璧(1546—1607)撰。郑汝璧，缙云(今属浙江)城东人，隆庆二年(1568)进士。累迁云南司郎中。张居正闻其才，迁任仪制司。在任因革除陋习，后官至兵部右侍郎兼佥都御史。在任期间行为刚直，赈灾、防倭、整理军务颇见成效，卒于致仕途中。著述颇丰，另著有《功臣封爵考》《臣谥类钞》等。

臣等谨按：明惟太祖、成祖二庙有配享功臣，自仁宗以后皆无之。二祖配享之臣，惟刘基、姚广孝为文臣，后广孝被黜，文臣惟基一人而已，余皆武臣也。嘉靖时，夏言尝请考求六朝文武大臣功在当时、泽及后世者进侑庙庭。天启时，太常少卿裴应章亦请以文臣配享，事皆不行。《周礼·司勋》："凡有功者祭于大烝。"而其言功之别有王、有国、有民、有事、有治、有战，乃独以战功为功，义亦狭矣。(《钦定续通志》[1]卷一百十三，清文渊阁四库全书本)

【笺注】:

[1]清乾隆三十二年(1767) 奉敕撰。该书大抵仍郑樵《通志》原文，于列传因诸史旧文标题错互时有所改窜，体例自相矛盾之处参考异同，全书条理分明，考证精核，较《通志》原书更为完备。

Ⅲ.祭享

洪武二十六年(1393)初定仪。一斋戒。前一日,太常司官宿于本司。次日,具本奏致斋三日。次日,进铜人一省,牲牛九,羊八,山羊十,豕十九,鹿一、兔十三。祫祭犊十九、北羊十八,豕三十五,兔十五,山羊、鹿不加。正祭前二日,太常司官奏。明日,与光禄司官省牲。至次日,省牲毕同,复命一陈,设皇高祖前。犊一,羊一,豕一,登二,铏二,笾、豆各十二,簠、簋各二。帛二,白色,奉先制帛,皇曾祖陈设同皇祖陈设、同皇考陈设,同共设酒尊三,金爵八,瓷爵十六,篚四于殿东,祝文案一于殿西。后奉祧四祖,太祖而下,诸庙陈设,并同嘉靖二十九年奉祧。仁宗升祔孝烈皇后后,前止设金爵一,瓷爵二,通设酒尊九,金爵十七,瓷爵三十四,篚九。祫祭则尊加五,金爵加十,瓷爵加二十,篚加五。亲王配享四坛,共二十一位:第一坛,寿春王,配妃刘氏,犊一,羊一,豕一,登二,铏二,笾,豆各十,簠、簋各二,爵六,帛二,展亲制帛。第二坛,霍丘王,妃翟氏;下蔡王;安丰王,妃赵氏;南昌王。犊一,羊一,豕一,登六,铏六,笾、豆各十,簠、簋各二,爵十八,帛六,展亲制帛。第三坛,蒙城王,妃田氏;盱眙王,妃唐氏;临淮王,妃刘氏。陈设与二坛同。第四坛,宝应王,六安王,来安王,都梁王,英山王,山阳王,昭信王,犊一,羊一,豕一,登七,铏七,笾、豆各十,簠、簋各二,爵二十一,帛七,展亲制帛,共设酒尊三、篚四于殿东南北向。功臣配享十坛,今十七坛,中山武宁王徐达,开平忠武王常遇春,岐阳武靖王李文忠,宁河武顺王邓愈,东瓯襄武王汤和,黔宁昭靖王沐英,虢国忠烈公俞通海,蔡国忠毅公张德胜,越国武庄公胡大海,梁国武桓公赵德胜,泗国武庄公耿再成,永义侯桑世杰,河间忠武王张玉。以下四坛俱洪熙元年(1425)增:东平武烈王朱能,宁国忠庄公王真,荣国恭靖公姚广孝,嘉靖九年(1530)迁于大隆兴寺。诚意伯刘基,嘉靖十年(1531)增。荣国威襄公郭英,嘉靖十六年(1537)增。每坛羊一,豕一,铏一,笾、豆各二,簠、簋各一,帛一,报功制帛,爵三,篚一,共设酒尊三于殿西南北向。

一正祭。典仪唱乐,舞生就位,执事官各司其事,导引官导引,皇帝至御拜位,内赞奏就位,典仪唱迎神,奏乐,乐止,内赞奏四拜,典仪唱奠帛。行初献礼,奏乐执事官各捧帛、金爵,受酒,献于神,御前读,祝官取祝,跪于神御,右内赞奏跪,典仪唱读、祝读。讫,奉安于神御前,内赞奏,俯伏兴,平身乐止,典仪唱行亚献礼。执事官各以瓷爵受酒献于神御前,乐止。典仪唱行终献礼,乐止。太常寺卿进立殿东西向,唱赐福胙。光禄寺官捧福酒胙,自神御前中门左出,至皇帝前,内赞奏跪搢圭,光禄寺官以福酒跪进,内赞奏饮福酒。光禄寺官以胙跪进内赞,奏受胙出圭,俯伏兴,平身。内赞奏四拜,典仪唱,彻馔,奏乐执事官彻馔,乐止。

太常卿诣神御前，跪奏礼毕，请还宫，奏乐，内赞奏四拜，乐止。典仪唱读，祝官捧祝，进帛官捧帛，各诣燎位，奏乐，内赞奏礼毕。

一祝文："维洪武某年，岁次某月某朔某日，孝玄孙皇帝敢昭告于高、曾、祖、考四庙，太皇太后。时维孟礼，严祭祀，谨以牲醴庶品，用申追慕之情。(《时享》，见《礼部志稿》卷二十七，清文渊阁四库全书本)

(5)入历代帝王庙

皇上御书。增顺治二年(1645)定岁春秋仲月诹日，遣官祭帝王庙。增辽太祖、金太祖、金世宗、元太祖、明太祖五帝；增辽代功臣呼噜，金代功臣宗翰、宗望，明代功臣徐达、刘基等从祀。(《钦定日下旧闻考》[1]卷五十一，清文渊阁四库全书本)

【笺注】:

[1]乾隆三十九年(1774)于敏中(1714—1780)等奉勅撰。该书是有关北京历史、地理、城坊、宫殿、苑囿、名胜古迹等的一部最大最完全的资料书。于敏中，江苏金坛人，乾隆三年(1738)状元。授修撰。乾隆二十五年(1760)，任户部侍郎兼军机大臣。在军机处近二十年，累官至文华殿大学士兼户部尚书，廷谕多出其手。交通内侍，广收地方官员贿赂。乾隆三十九年事露，大受诘责。死后数年，被撤出贤良殿，剥夺子孙世职。著有《临清纪略》。

圣祖仁皇帝谕旨。增祀帝王，各立神牌，每代合原祀为一龛，增祀功臣亦各立牌位，合原祀入两庑，依次安设正殿。……原祀五龛，增二龛，共七龛。东庑原祀功臣风后、傅说、召公奭、召穆公虎、张良、曹参、周勃、房元龄、李靖、许远、李晟、韩世忠十有二人，增祀仓颉、毕公高、仲山甫、魏相、耿弇、宋璟、裴度、李沆、王曾、富弼、文彦博、李纲、文天祥、博果密、常遇春、杨士奇、于谦、刘大夏十有八人，并自西庑原祀移入之夔、伯夷、伊尹、邓禹、诸葛亮、郭子仪、曹彬、宗翰、穆呼哩、徐达十人共四十人。西庑原祀力牧、周公旦、太公望、方叔、萧何、陈平、杜如晦、张巡、岳飞九人，增祀仲虺、吕侯、尹吉甫、刘章、丙吉、马援、赵云、狄仁杰、姚崇、李泌、陆贽、斡鲁、吕蒙正、寇准、范仲淹、韩琦、司马光、赵鼎、托克托、李文忠、杨荣、李贤二十二人，并自东庑原祀移入之皋陶、龙伯益、冯异、耶律赫噜、宗望、巴延、刘基八人共三十有九人，东西共增祀四十人，合原祀以次分列，共七十有九人。

上谕大学士等曰："此所议应崇祀处皆是，但其中尚有宜详细斟酌者。从前所定配享功臣，大概开国元勋居多，如明之徐达不过一草莽武夫，刘基系元之进士，遭遇成功，遂以元勋配享耳，其有治安之世，辅佐太平有功军国者，反不得与配享之列，是皆未为允当也。又如有明天下皆坏于万历、泰昌、天启三朝，愍帝即位，未尝不励精图治，而所值时势无可如何，明之亡，非愍帝之咎也。朕年少时，曾见明耆旧甚多，知明末事最切，野史所载，皆不足信。愍帝不应与亡国之君同论，万历、泰昌、天启实不应入崇祀之内。尔等会同九卿，将此详细分别，确议具奏。”（《圣祖仁皇帝圣训》[1]卷五十六，清文渊阁四库全书本）

【笺注】：

[1]雍正九年(1731)敕纂。雍正九年，在实录馆进呈刚修成的《圣祖实录》的同时，雍正皇帝又命令馆臣另修《圣训》一书，使之与《实录》相经纬，各有侧重。

第四章　评　价

公学足以探三才之奥，识足以达万物之情，气足以夺三军之帅。（徐一夔[1]《郁离子序》，见《明文衡》[2]卷三十八）

【笺注】：

[1][明]徐一夔（1319—1398），浙江天台人。博学善属文，擅名于时。至正八年（1348），为避兵乱，隐居嘉兴，与宋濂、王祎、刘基等结交，相与切磋诗文。二十七年（1367），朱元璋平定江、浙，广征宿学耆儒，徐一夔入诰局，与著名文士杨维桢、朱右、林弼等撰写诰文。洪武二年（1369），奉诏纂修礼书，次年（1370）书成，王祎荐续修《元史》，以病辞。未几，荐署杭州教授，召修《大明日历》，书成，授翰林院官，又以足疾辞，回杭州旧任。著有《始丰稿》《（洪武）杭州府志》《艺圃搜奇》等。

[2][明]程敏政（1446—1499）编。程敏政，南直隶徽州府休宁县（今安徽休宁）人，成化二年（1466）进士。历任左谕德，直讲东宫，其学问渊博，为一时冠。官至礼部右侍郎。

子房之策，不见辞章；玄龄之文，仅办符檄。未见树开国之勋业而兼传世之文章如公者，公可谓千古之人豪矣！（杨守陈[1]《重锓诚意伯文集序》，见《诚意伯文集》）

【笺注】：

[1][明]杨守陈（1430—1489），鄞县（今属浙江宁波）人，景泰二年（1451）进士。选庶吉士，孝宗嗣位，迁吏部右侍郎。上章乞解部务，以本官兼詹事府，专事史馆。卒谥文懿。与其弟杨守阯学行相埒，曾对掌两京翰林院，人尤艳称之。诗文俱有时名，诗格深稳，为台阁体作者之一。著有《晋庵》《桂坊》诸稿，后合为《杨文懿集》行世。

诚意伯人品甚高，其立处尽得圣贤大分限，用行舍藏，几希收放，得去所病，或未能透底，与入细不来要之，断非世儒见解可比拟也。心无倚著粘带，方发动不滞不倚，著粘带，是甚次第。有得之天者，有成之人者，若诚意则，得之天者多也。（《寄李株山娟友》，见《念庵文集》[1]卷三，清文渊阁四库全书本）

【笺注】:

[1][明]罗洪先(1504—1564)撰。罗洪先,江西吉水人,嘉靖八年(1529)状元。授修撰,官至春坊左赞善,因违嘉靖帝意除名。隆庆初,赠光禄少卿,谥文庄。性嗜学,精地理,得元人朱思本《舆地图》,悉所见闻,增其未备,费时十数年,撰成《广舆图》二卷,为我国地理志中佳作之一。

赵士完曰:"予少闻前辈言:'太祖有将而无相。'心窃异之,乃后知太祖自有两相未及用,中山王及诚意伯是也。"曩在留都,观所谓大功坊者,徘徊久之,惜当时知其功未知其德,寻于书肆,得史侍读《致身录》,归示伯兄。伯兄大喜,旁采诸书,以为是谱于魏公辉祖忠烈尤详,予读而叹曰:"父为勋臣首,子为忠臣冠,金陵之世守宜哉!钦请守墓,寓忠于孝,魏国有子,中山王更有孙矣。"(《建文年谱》[1]卷下,清初刻本)

【笺注】:

[1][明]赵士喆(1593—1655)编撰。该书记明建文帝始末,从洪武十年(1377)出生始,迄正统五年(1440年)迎居西内止,皆据程济《从亡随笔》一书而成。每条下引证诸家之说而附以己说,篇末又附年谱后事数则,书首有钱谦益、张遗二序。士哲此书不仅在于作谱,且在于兼寄亡国之痛。赵士喆,东莱(今山东莱州)人,明末贡生,明亡隐居荣城之成山。另著有《观物斋诗稿》《拟辽宫词》《石室谈诗》等。(生平材料据孔祥惠《赵士喆研究》。)

伯温深护唐太宗不知"仲尼之徒无道桓文之事",伯温智谋之士,不知王道之大故也。(《居业录》[1]卷四,清文渊阁四库全书本)

【笺注】:

[1][明]胡居仁(1434—1484)撰。胡居仁,余干(今属江西)人。曾师事吴与弼。不求功名,绝意仕进,筑室山中,以讲学为事,学者日众,寻主白鹿书院,以布衣终身。著有《居业录》及《居业录类编》等。

刘基、徐达辈固元生之也,我太祖用之而兴世。无人邪?有人邪?(《空同集》[1]卷六十五,清文渊阁四库全书本)

【笺注】:

[1][明]李梦阳撰。李梦阳,庆阳(今属甘肃)人,后迁河南扶沟。弘治七年(1494)进士。曾官户部郎中。曾因反对宦官刘瑾下狱,瑾死,迁江西提学副使,后因事免职,闲居故里。明"前七子"之一。著有《空同集》。

问财成天地之道，辅相天地之宜。先生曰：“只是因时制宜耳。如元朝以贪官污吏而乱，我太祖遇刘伯温、徐达辈，诛杀贪污以致治，如汉高时民遭干戈疮痍，至文帝遇周勃，便生养安息。故曰：‘天地交泰后，以财成天地辅相云。’”（《泾野子内篇》[1]卷九，清文渊阁四库全书本）

【笺注】：

[1][明]吕柟（1479—1542）撰。吕柟，陕西高陵人，正德三年（1508年）状元。授翰林修撰。因故下诏狱，降解州判官，后任国子监祭酒、南京礼部右侍郎。卒谥文简。另著有《泾野集》等。

厥后元政益乱，四海糜沸，进不可为，退无所容，不得已乃转而为救民之举，出求真主佐之，竟使天地再立，日月再明，纲常华夏之分再正，孔子曰：“微管仲，吾其被发左衽矣。”如其仁如其仁，伯温之谓也。况其去元就明，而所辅尤正，孔子固不以先事子纠为管仲病焉。予敢谓伯温去元之迹似百里奚，忧国之忠似杜甫，攘夷之功似管仲，岂特知谋之似子房耳哉？（《梦蕉诗话》[1]不分卷，明刻本）

【笺注】：

[1][明]游潜撰。游潜，丰城（今属江西）人，弘治十四年（1501）进士。官云南宾川知州。另著有《梦蕉存稿》《博物志补》等。

盖本朝配享之臣多重武功，若文臣得配，惟刘基、姚广孝二人而已。臣愚以为戡祸乱于已然者，固在武臣，弭祸乱于未萌者，则在于文臣其功，不惟相当，先儒尤以为过之。（《夏桂洲文集》[1]卷十一，明崇祯十一年吴一璘刻本）

【笺注】：

[1][明]夏言（1482—1548）撰。夏言，贵溪（今江西贵溪）人，正德十二年（1517）进士。授行人，擢兵科给事中。世宗即位后奉命清理庄田，又定祭祀典礼，得宠。嘉靖十五年（1536）进武英殿大学士，预机务。十七年（1538）任首辅。为严嵩所忌，渐失帝意。二十一年（1542）被严嵩排挤，革职归。二十四年（1545）复任，力主收复河套，忤帝意，削职处死。著有《南宫奏稿》《桂洲奏议》《桂洲集》等。

天生贤才，所以寄之生天下之职者也。其功配夫化治，其德通乎雨露，故世治而贤才登也；犹之夫昼曜而熙，世乱而乱者也。甚矣哉贤才之不可一日摈也！贤才摈则小人长，小人长则苛法行，苛法行则生民殆，生民殆则天心离而国祚斩矣。甚矣哉贤才之不可一日摈也！诚意伯刘公基者，元之贤才也，以进士起家，

朴樕于高安之丞，而以幕议投蹇汗于府省之末，而以诏狱废愤旺于经略之卑，而以执政舍卒之呕血恸天，卷道长遁，使绝代之英雄竟委之林草之下，而瑶图玉玺徒付之二三庸奸之手。于是灭意青山，闭趾黄石，吐其愤激穷愁著，书思乎盛理，命曰《郁离》。章总十八条，累二百，莫非触倾愤之势，而为之吁叹感沸，扰之俗而为之流涕伤残，毁之政而为之抚膺者也。或托古以尽其词，或假喻以抒其蕴，或危陈以测祸，或微述以显几，灼如龟言，洞若神告，且挽旋救药之方，经纬康平之策，往往纪敷而粲出遡其撰著之心，殆将穷则抱重泉，达则佐王明者也。未几，圣主勃兴，云龙相际，有献必受，靡筹不嘉，所以戡定群雄，清廓宇海，创酌训度，盘尊封建，犬牙文武，粉饰礼乐，斧锧贪人，诛剪豪右，凡所以生天下，而永社稷者，大抵皆公之谟猷也。自今观之辉赫于云台之上，超冠于勋蝉之表，照耀于竹策之远，所以盟河山而垂万世者，乃当时摈弃之匹夫也！呜呼伊尹夏之才也，摈于畊亩，遗之成汤而启商；吕望，商之才也，摈也鼓刀，遗之武王以兴周；三杰，秦之才也，摈于困饿，遗之沛公以立汉；刘公，元之才也，摈于莽薮，遗之高皇以造明。而天命人心，皆于贤才之去决，故曰："有国家者，贤才不可摈也。"（《弘文馆学士诚意伯刘公郁离子序一首》，《五岳山人集》[1]卷二十五，明嘉靖刻本）

【笺注】:

[1][明]黄省曾(1490—1540)撰。黄省曾，吴县(今属江苏)人。嘉靖十年(1531)举人。以任达放佚终其身。于书无不览，从王守仁、湛若水游，又学诗于李梦阳，为七子派旁支。另著有《西洋朝贡典录》等。

刘基痛中华之沦于蒙古，翊运宣城，以复文明之统，是变之变而达权也。（《中庸衍义》卷五，清文渊阁四库全书本）

明兴，攀鳞崛起。若刘文成而下，章、叶数君子并以丰功伟烈，彪映史册。（《皇甫司勋集》[1]卷五十二志铭，清文渊阁四库全书本）

【笺注】:

[1][明]皇甫汸(1497—1582)著。皇甫汸，长洲(今属江苏苏州)人，嘉靖八年(1529)进士。官工部虞衡司郎中，名动公卿，严嵩等人皆引与酬和。因监运陵石稽缓，贬为黄州府推官。累官至南京稽勋郎中，再贬为开州同知，量移处州府同知。擢云南佥事，以计典论黜。罢官后，复为陈御史所窘，几破其家。著有《司勋集》《庆历集》等。

按国初将才甚众，相才却鲜。陶安、章溢继卒，当时可目者，实无逾于刘基，使其爰立事业，当有可观。（《皇明从信录》卷四，明末刻本）

忠勋如刘基。(《世纬》[1]卷上,清文渊阁四库全书本)

【笺注】:

[1][明]袁袠(1502—1547)撰。是书其言皆指陈无隐,切中时弊,虽立说不免过激,而忧时感事,发愤著书,亦贾谊痛哭之流亚也。袁袠,吴县(今江苏苏州)人,嘉靖五年(1526)进士,授刑部主事,仕至广西提学佥事,病归。另著有《胥台集》《吴中先贤传》等。

(齐)庄公虽无道,不胡元如也。然则诸人欲死之者,为非不死者为是;国初起义,而元末诸贤皆不仕,而其仕者或嗤其失节,如刘基、宋濂、詹同等故著此论,以明仕元而欲死者皆非节,而不知圣人通变之道也。(《论臣节》,见《孟龙川文集》[1]卷十三,明万历十七年金继震刻本)

【笺注】:

[1][明]孟思(约1508—1566)撰。孟思为直隶大名府(今属河南)人,幼敏慧,读书一目数行,为古文辞,下笔立就,嘉靖四年(1525)举人。后选南阳府通判,未之官而卒(生卒年据朱仙林《孟思生平家世小考》)。

承寄《刘文成集》,乃今始见新编。我国家命世之才,惟两文成并跱,王元美独不可,不佞持此议,岂直以作者绳墨之邪?宋潜溪以文学鸣,大都承宋、元之习,徒以博洽称雄耳。不佞尝谓宋公为章句之文,刘公为经纬之文,即无论事功,刘岂出宋下?公及十山公孳孳表章先达,不亦快睹乎哉?惜文成殁,仅得《行状》一篇,未足以发,即司马公所为铭,若志又皆祖述,其陈辞自愿。今遍考《实录》及诸野史,为文成立传①,传信方来,则公名家事也。公岂无意乎?(《何观察》,见《太函集》[1]卷九十九,明万历刻本)

【笺注】:

[1][明]汪守昆(1525—1593)撰。汪守昆,歙县(今属安徽)人,嘉靖二十六年(1547)进士。历任兵部左侍郎等职,曾在沿海参加抗倭战争。另著有《大雅堂乐府》等。

当高皇帝之甫下金陵也,西则强汉耀兵于上游,南则狡周蓄谋于肘腋,披舆图而指皇业,仅一弹丸,登钟陵而盼四垂,皆吾敌国。天眷有德,俾丞相宣公、信公辈,诸熊罴之士、不二心之臣以为羽翰股肱,然奔走实繁,而筹策犹窘。时则有若资善大夫、护军、御史中丞、弘文馆学士、太史令、诚意伯、赠太师括苍刘文成公

① 原文为"傅",据文意改。

基，字伯温，首膺辟书，遂参大计。天颜甫接，默征庆云之祥；御座不拜，遂辍龙凤之号。至于运筹奏策，授算遣将，推步则周天掌上，指撝则千里目前，语无不雠，往鲜空返，子房之在“三杰”，独推天授，曲逆之夸，六出尚惭，鬼谋垂拜。相而力辞，有余让矣；甫归田而论事，有余忠矣。（《浙三大功臣赞》，见《弇州四部稿》卷一百二，明万历刻本）

我高皇帝神武定天下，而一时忠荩硕画之士，若徐中山、常开平、李韩公、刘诚意辈，各出其长，以就功名之会，所谓“云蒸龙变”，盖先后无偶焉。（《弇州四部稿》卷一百十六，清文渊阁四库全书本）

谓中山王之贤，三代而下鲜比也。其用兵也整而简，武而不残；其居功也安，其事上也共；其藏身也哲。盖韩淮阴、邓高密、曹济阳合而为一者也。于乎休哉！李韩公之功大矣，而不终也，其人非反者也，不善避功也；刘诚意之功大矣，而报轻也，以术合者也，非以天下大策合也。（《弇州四部稿》卷一百四十，清文渊阁四库全书本）

赫哉太祖之圣也，而臣不称，盖有将无相矣。李韩公一时之才也，而学不足；刘文成可以将相矣，而量不足。（《弇州四部稿》卷一百四十，清文渊阁四库全书本）

赞曰：“高帝神武，所断决皆自臆，而善长奉行之，即善长功，胡能比萧酂侯哉？爵为上公，位至太师，赠王之约，同于带砺，其班先徐武宁，恩数百刘文成，而中不恧人，亦不异议者，帝固有以心知之也。”（《弇州山人四部续稿》[1]卷八十四，清文渊阁四库全书本）

【笺注】：

[1][明]王世贞(1526—1590)撰。王世贞，见前注。

赞曰：“刘诚意之事太祖，与姚荣公之佐太宗，俱策帷帐，勒鼎钟，顾所以报，诚意乃不若荣公之丰，至传荣公者，寥寥焉。岂身讳之而不自明，抑史讳之而不有其庸？嗟乎！首发杀机，睢盱就功，不娶亡子，蹈迷复凶，所谓归儒者不尽，而为墨者不终耶。”（《弇州山人四部续稿》卷一百四十六文部，清文渊阁四库全书本）

《震泽纪闻》谓：“宋公景濂既以孙慎坐法，累徙蜀之茂州，遇一僧，问曰：‘濂何以至此？’僧曰：‘公岂尝有愧心乎？’景濂曰：‘无之。’僧曰：‘先生于胜国尝为官乎？’曰：‘翰林国史编修。’僧默然。公至夜乃自缢而死。”考《王忠文小传》及《郑楷行状》，俱云："至正己①丑(1349)，用大臣荐，拜翰林国史编修，自布衣入史馆，为儒者之特选。先生以亲老不敢远违固辞。会世乱，益韬秘，乃入小龙门山著书属文。"又言："景濂足迹未尝逾乡里。"则景濂实未受官至京师也。若刘文成伯温，则举元进士，为高②安丞、江西行省掾史、江浙儒学副提举、行省考试官，两为元帅都事行枢密经历，行省郎中、处州总管府判，前后九政矣。今缙绅之论不考本末，辄以议宋公，而于刘公不之及。人固有幸有不幸哉！(《弇山堂别集》卷二十，清文渊阁四库全书本)

弇州外史曰："世以诚意伯多帷幄契，又善天官家言，相率为神鬼之说，传之往往过实。天官家言，诚巧合命中矣。然不明其所由，授死而上之中秘，虽其家亦无习者，世所传皆谬。以故余尽绌之不录，大较诚意伯之为人，磊落慷慨，不爱其奇，以佐英主，男子哉！至明哲保身之微，视少伯、子房小让矣。百余年而人主思之，三推德，而复故封，抑何笃厚也？同诚意伯荐者，章溢亦至御史中丞，著绩方面；叶琛守洪都死事，宋濂为学士承旨，掌故侍从，有声；基之文与濂等，而材过之。"(《弇州史料》[1]前集卷二十五，明万历四十二年刻本)

【笺注】：

[1][明]王世贞撰，董复表辑。本书皆采掇《王世贞文集·说部》中有关朝野记载者，裒合成书，无所考证。王世贞，见前注。董复表，华亭(今上海市)人。

李宏甫曰："公中忌者之毒，以太直故；晚而上之顾寝薄，以刚故。其不肯为子房之和光同尘，曲已藏身，明矣！此其人品识见实，居留侯之前，而世人惑于闻，见反以公为不逮子房，非也。一进一退，自有定数；一胜一负，自有定时。而况于生死大事也，迷者俟命而行，达人知天已定。公既精晓天文，安有不知已之死日在洪武八年(1375)而已？死之年，仅六十又五也。今观公之封天文秘书，以授子琏也，且责令琏亟上之矣。又为书以授次子仲璟，而曰：'必待惟庸败后，乃可密闻。'至十三年(1380)，上竟诛惟庸，累坐夷灭者数万，果思公言，召琏而拜官，遂卒；孙廌继之，袭封诚意伯，增禄五百石，且予世券。公一时刚直之所贻也，不可以观乎！而仲璟复奏公遗疏，拜阁门使。琏与廌咸卒于洪武二十五年(1392)之前，而仲璟独著节于靖难之后。公为开国功臣第一，仲璟为靖难忠臣，世济其美，孰谓公之独授书于仲璟也为无意哉？故曰：'皆天也。'公唯知天而已，

---

① 原文为"乙"，据宋濂生平及至正年号干支改。

② 原文为"万"，据文意改。

不然何贵于知天文?”(《续藏书》[1]卷二,明万历三十九年王惟俨刻本,又见《熙朝名臣实录》[2]卷二,明末刻本)

【笺注】:

[1][明]李贽(1527—1602)撰。李贽,晋江(今属福建泉州)人,嘉靖三十一年(1552)举人,其后不再应试。授教官,历任南京刑部主事、姚安知府。五十四岁辞官独居,先后在黄安、麻城讲学,掊击道学,抉摘情伪,被统治者和正统封建文人视为“妖幻”“异端之尤”“淫僧异道”。明万历三十年(1602)下狱,被迫自杀。在文学上,提出著名的“童心说”,认为“天下之至文,未有不出于童心焉者也”。反对复古主义者的剽窃模拟。另著有《李氏焚书》等。

[2][明]焦竑(1540—1620)撰。作者谓明代诸帝皆有实录,而诸臣之事却不详,故撰成此书。书中自王侯将相以至庶人、方外、缁黄、僮仆、妾伎,无不备载。书中人各为传,并附李贽评语。该书所记材料,许多皆明史志传所无,故颇能有助于考证明史。然其中亦多引录寓闻杂记等稗官小说材料,则又不足征信。其录李贽评语又尤多妄诞,更不足据为定论。焦竑,江苏南京人,万历十七年(1589)进士第一。授翰林修撰,曾任太子讲读官,主顺天乡试,官至南京司业。与李贽交厚。

李善长安敢望萧酂侯哉?特其一时同起丰沛,迹相类耳……或曰:“设身处地,当如何?”曰:“汉祖大封功臣之日,何乃三杰中人材,亦只封文终侯,未尝敢与韩、彭埒也。我又何人,偃然而径据于中山王之上乎?”百顿首,力辞封,甘心退让自处于刘诚意之下,则帝必喜。且夫岁入禄米五千余石,何人不赡也?推其半以分给伯叔、兄弟、子侄、宗党、朋友,毋使一人与职任事,得以怙势作威福,则怨奚自生,祸何从至?(《李善长》,见《续焚书》[1]卷三,明刻本)

【笺注】:

[1][明]李贽(1527—1602)撰。李贽死后,门人汪本轲编辑成集。李贽,见前注。

基刚毅,慷慨有大节,论天下安危,义形于色,与人交,开心见诚,至义所不可,则无少假借。高皇称基忠诚,任以心膂,自谓不世之遇,知无不言,每遇急难,勇气奋发,计划立就,人莫能测其机。今观御书诏诰之推奖,国计事数之商确,弥纶参赞,殷周以来,一人而已。(《万姓统谱》[1]卷六十,清文渊阁四库全书本)

【笺注】:

[1][明]凌迪知(1529—1600)撰。凌迪知,乌程(今浙江吴兴)人。嘉靖三十五年(1556)进士。官至兵部员外郎。另著有《左国腴词》《太史华句》等。

太常氏曰："世咸以刘文成拟张文成，即高皇亦谓为'吾之子房'。弇州独以明哲少之，余尝谓：'张文成叩而后应，迫而后起，苟可袖手，不难旁观；刘文成知无不言，亦无不为，即处嫌怨，不复顾忌。其作用故相悬矣。张文成，师道也，出世之学也，故其言曰掉三寸舌，为帝者师。刘文成，臣道也，经世之学也，故其言曰'十年后有英主出，非我谁名世者？'各有攸当焉。虽然，使张文成而不遇圯上老人，亦一刘文成而已。当时识者以魏玄成许之，良有见也。要之以为其身，吾从张；以为其君，吾从刘乎！少以圯上之教济之，身名其两全矣。"（《刘诚意基》，见《皇明辅世编》[1]卷一，明崇祯十五年陈睿谟刻本）

【笺注】：

[1][明]唐鹤征（1538—1619）撰。唐鹤征，武进（今属江苏常州）人，隆庆五年（1571）进士。官至南京太常。以博学闻名，晚年讲学于无锡东林书院。另著有《周易象义》《宪世编》等。

汉留侯状如美妇人，本朝刘诚意亦状如妇人，然皆临大事，决大几，若镜中见眉目然，当世无与等者。（《跋证道歌》，见《紫柏老人集》[1]卷八，明天启七年释三炬刻本）

【笺注】：

[1][明]真可（1543—1604）撰。真可，世称紫柏大师，俗姓沈，名真可，江苏吴江人。与袾宏、德清、智旭并称明代四大高僧。少任侠，十七岁时仗剑远游，于虎丘遇僧明觉，遂从出家。受具足戒后即去各地参游，并誓志恢弘禅宗，但却不"出世"、不"开堂"（即不以"禅师"自居而传法启众）。于万历十七年（1589）创刻方册大藏经于五台山，后移至浙江径山，由嘉兴的楞严寺负责流通。后因宫廷争权牵连而身陷囹圄，备受拷讯，愤死狱中。另著有《茹退集》等。

尔先太师青田公，英灵间气，古今神人，道登阴符，智宣黄石，功存丹书，义蹈沧海，用能光辅日月，再清华夷。寄情踪于溟滓，等富贵若浮云，寥寥千载不三数。公北斗第六亮哉！如某鲰生，每读遗编，想见大人龙德，辄使青天雷电生于胸怀，造物者何乃复生！（《答刘诚意书》，见《白榆集》[1]文集卷六，明万历龚尧惠刻本）

【笺注】：

[1][明]屠隆（1542—1605）撰。屠隆，鄞县（今属浙江宁波）人，万历五年（1577）进士。除颍上知县，曾修堤防汛，民筑绿波亭于堤上，以志其功。官至礼部主事，为刑部主事俞显卿所诬陷，罢官，以卖文为生。隆有奇才，尝从沈明臣学诗，落笔数千言立就，善戏曲，能鼓琴，为王

世贞所列“末五子”之一。另著有《由拳集》《鸿苞集》等。

刘文成公基胜国取士也，负绝世才略，三任幕职，三被诎。高皇帝收揽隽杰，乃束身归命，得亲帷幄密议，光赞大业，称佐命谋臣，此天与奇遇也。如公之英资博识，若早知废知兴，而直以韦素际云龙之会，则子房何多逊焉？传者谓公殁不土葬，遗命燔尸扬灰，未得问。公封域，果有无诚若传语，是遵何法典？盖公曾以淡洋巡司事为愠口所诬，赖高皇帝神圣，直置不问，公亦不敢自理，入朝留居京师，病笃乃归，卒于家，遗命之意，将毋虑身后，指目由一抔土与。公素博精占候、推算诸秘术以策高皇帝，兵谋国事，皆奇中，世所传闻若神。淡洋之事，谤者谓公识其地有王气，欲营葬而不得，故假艖盗，奏设巡司以踞之，言者巧乘其能，公亦难以本情自解，而知公之能者，又何由信其不出此？嗟哉！乃术之为累乎！夫术数之事杳渺，圣贤之所不道，古之君子以道正世，天下信其道，尚不能无诎于其身，况乎持世所不可知之术，而欲天下必能谅其心，亦难之矣。（《采芹录》[1]卷四，清文渊阁四库全书本）

【笺注】：

[1][明]徐三重撰。此卷四多论明代人物臧否，大致皆考稽典故，究悉物情，持论较为平实，无激烈偏驳之见，也无恩怨毁誉之私，胜过明人所作的说部文献，也胜过徐三重所作的其他语录。徐三重，南直隶松江府华亭（今上海松江）人，万历五年（1577）进士。授刑部主事。另著有《庸斋日记》《徐氏家则诸书》《鸿洲杂著》等。

论曰：“世称诚意几于子房。彼其首陈大计，上赞庙谟，曾不十年，功成一统。子房复生，亡以过之。傥封留之愿既酬，赤松之游必果。虽有惟庸百间，何缘而起，徒抱杞忧，致滋物议。及夫中毒之日，下之不自白千寸衷，上之不见察于明主，啜其泣矣，嗟何及矣！”

赞曰：“英英刘公，卓识朗诣。洞往千载，知来百世。人谋鬼谋，生天生地。力赞安攘，默纾真秘。定鼎卜洛，仰裨天计。相狒虽切，主恩毋替。返驾青田，遗荣芝桂。”（《皇明史窃》[1]卷二十一，明崇祯刻本）

【笺注】：

[1][明]尹守衡（1549—1631）撰。尹守衡，广东东莞人，万历十年（1582）举人。授福建清流教谕。后屡试春官不第，就任江西新昌县。另著有《明史稿》等。

自昔文人厄运，位遇通显，百不二三。至以勋业自见者，千古寥寥。刘元海耻绛、灌无文，随、陆无武；欧阳氏慨元、刘事业，姚、宋篇章。盖造物乘除，大数应尔。惟国朝勋业才名兼者，颇不乏人。帷幄则刘文成，密勿则杨文贞，靖难则于肃愍，出塞则王威宁，勘乱则王新建，平盗则林司寇，行边则杨太保，御虏则唐文襄，治水则宋司空，定变则张司马，皆文武兼该，声实咸备，前代所罕睹者。（《诗薮》[1]续编一，明刻本）

【笺注】:

[1]胡应麟(1551—1602)撰。胡应麟，兰溪（今属浙江）人，万历四年(1576)举人，久不第，筑室山中，购书四万余卷，从事著述，记诵淹博。曾携诗谒王世贞，世贞激赏之，置诸“末五子”之列。另著有《少室山房类稿》《少室山房笔丛》等。

钟惺曰：“青田不独深识相体，明于知人，其一腔忠，盖可谓‘知无不言，言无不尽矣。’”（《明朝通纪会纂》[1]卷一明纪，清初刻本）

【笺注】:

[1][明]王世贞撰。王世贞，见前注。

高皇帝之于刘青田也，称之为“老先生①”，比之子房。至洪武元年(1368)十一月十八日，诏中有云“彭蠡之战，炮声轰裂，犹天雷之临首，虽鬼神亦悲号，自旦至暮，如是者四，尔亦在舟中同患难也。今年夏，镜妆失脂粉之容，遗子幼冲，暂回去，久未归，朕心有欠。今天下一家，尔当疾至，同盟勋册，著鞭一来，朕心悦矣”等语，述往日艰虞之苦，及近日鳏居之戚，真如家人、父子。至封诚意伯，制云“如诸葛亮、王猛，触能当之”，其赞誉极矣。至四年后，以弘文馆学士告归，则宰相得请也。未几，以请设本乡淡洋巡司事，为胡惟庸所谮，谓“刘欲以淡洋为墓”，因再入京师，不敢复归。居久之，遂为惟庸所毒，胸有卷石二物，上始遣归其敕，略曰：“君子绝交，恶言不出，忠臣去国，不洁其名。尔刘基千里兼程谒朕，用征四方，尔亦②助焉，是用加以显爵敕归老桑梓，以尽天命。何期祸生于有隙，致是不安？若明以宪章，则轻恕有不可恕；若论相从之始，则国有八议，故不夺其名，而夺其禄，亦国之宪也。若愚蠢之徒，将谓已是而国非，卿善为忠者，所以不辨而趋朝，可谓不洁其名、恶言不出者与？卿今年迈，居京数载，老病日侵，朕甚悯之。

① 原文无“生”，据文意加。

② 原文为“赤”，据文意改。

禽鸟生于业木，翎干飏去，恋巢复顾，禽鸟①如是，况人乎今？可速往括苍，共语儿孙，以尽考终之道，岂不君臣两全者与？”此洪武八年(1375)三月诏也。抵家甫一月而卒矣。是年正月，胡惟庸以医来视疾，其进毒即此时，而上之赐敕，明数其罪，则刘晚年留京其危可知，且比之禽鸟②飏去，则入③胡之谮已深，即胡之肆酷于刘，上虽闻之④，亦未必怒也。云龙会合，千古稀觏，而不克终如此，君臣之际难矣哉！今刘《行状》出同乡黄伯生手，其仲子璟所乞，更不载夺禄赐敕诸事，盖讳之也。口基殁后十五年，为洪武二十三年(1390)庚午十月二十七日，上命基孙廌袭爵，其制略曰：“尔刘廌祖父诚意伯刘基，括苍之士，居勍敌之陲，迩山贼之寨，间道兼程，驰来附朕，历数有在，议戡定之机。其为人正气凛然，奸邪莫可犯，所以父子相继殁于奸臣紊政之秋，此果不移节也。初授伯爵终身，固节弗移，今特以前爵授尔廌为诚意伯，增禄二百六十石，共五百石，子孙世袭。朕与尔誓，若非谋逆，其余杂犯死罪，免一死，以报尔祖父之德。”按：是年五月，韩公李善长以罪自杀，而后下此诏，则当时谗基者不止胡惟庸一人，韩公与胡善，当亦与焉。故至此时上始大悟，昭雪青田，以流爵而得世封，且加禄免死，基亦可无憾于地下矣！后廌子又不得袭，至宪宗朝始授五经博士，孝宗改处州卫指挥使，武宗朝追赠基太师，谥文成。世宗嘉靖八年(1529)，绍封功臣，以廌之后瑜嗣爵，加禄为七百石，至今不绝。(《刘基》，见《万历野获编》[1]卷五，清道光七年姚氏刻同治八年补修本)

【笺注】:

[1][明]沈德符(1578—1642)撰。本编为其追忆祖父及父亲所述明代朝野掌故和自己的见闻杂事而成。沈德符，嘉兴(今属浙江)人，万历四十六年(1618)举人。另著有《清权堂集》等。

谈迁曰：“汉之兴，藉三杰。明初，徐中山类淮阴侯，而劳慎过之；刘文成则子房也，保身之道不足。李太师褒然酇侯矣，声荣冠于列服，究其终去，菹醢无几耳。末年，刑书定自家奴之口，此厮养者流，果足蔽大狱、示大信于天下乎？噫！贵贱有等，胡嚣乱之甚也！又史称礼葬之厚，恤其家。夫当时籍入六万金，仅免孥僇，则所云‘礼恤’，或史笔曲为之饰也耳。”(《国榷》卷九，清钞本)

赤又云：“且如刘青田勋业造邦，文章传世，比之子房，优劣如何？”某亦云：

① 原文为“岛”，据文意改。

② 原文为“乌”，据文意改。

③ 原文为“人”，据文意改。

④ 原文为“子”，据文意改。

“不知。但如太祖德过汉高，自然青田优于圯下也云。”赤默然良久，张勗之见过，问曰：“向吴兄问八贤，此是读书窾隙，为何不甚开答？”某云：“知人不易，各有当心处，令人忆愧，如何答他？”勗之云：“他可不答，如刘、张优劣，答之何妨？”某云：“青田在上，前贬剥诸贤，了无回护，自家抽身，非久正命，此间岂有异事异书、疑情疑案？如留侯之与韩、彭、萧、曹，功过上下，高祖自知，即如周昌，岂是留侯商量得到？青田之于汪、胡，缄口不得，安得于此，看有异同？”（《榕坛问业》卷一，清乾隆刻本）

断曰：“刘基何品？魏征之流。画江以守，勾践可谋。基曰：‘不可，天命已优。谷珍之事，吾岂效尤？’金陵既立，征聘是求。牧竖不奉，骄贼何忧。诱之深入，尽覆其俦。冯胜战迹，验云而收。衢苗叛逆，基入而休。士诚守虏，陈据上流。况窃名号，宜先断头。难星将过，急请移舟。有谋皆应，无言不酬。上识天意，故尔优游。论功封伯，高逊一筹。”（《刘基》，见《广名将传》[1]卷十八，清文渊阁四库全书本）

【笺注】：

[1][明]黄道周(1585—1646)撰。本书为其于崇祯癸未(1643)在福建漳浦老家辑评，录西周至明代名将一百七十五人，首吕尚、孙武，终戚继光、俞大猷。传中述其生平事迹，在“断曰”中评其功过，究其作战得失，欲借历代名将事略，为人们提供教训，引以为鉴。黄道周，见前注。

愚以为本朝之大①功，大②约出于文臣。若刘文成之翊运开休，适逢其时；于忠肃之再造社稷，身在中枢；王文成之芟夷篡逆，本非其敌。若夫襄懋以数千之弊卒，扫数十万之积寇，内无贤相，外无强援，而指顾成功，则亦本朝文帅一人也。特不幸，而无一佳传详、序指画以发远度之心尔。此近日朱文宁司成亦尝悲之，命仪诠叙其，事为立一传，倘可以备采择乎？若戚少保者，较之古人，诚所不及，然不得与俞、沈并列，亦痛心也。此五其战略郭汾阳，亘古一将，而史止详其居身之妙，此古今人之读书不察，而仪日夜痛心，尝与远度言而莫逆于心者也。然以之归咎于史臣，则可；因以遗其人，则不可。必欲以文而弃人，则本朝刘文成之传，亦不能如史迁之传留侯而远度之存之者，以其人尔，此所谓自相背戾之甚者也。愿远度存此二人，无以为白圭之玷；若远度必欲弃此二人，而后见此书之

① 原文为“太”，据文意改。
② 原文为“太”，据文意改。

异，则又杨雄、王通、李贽之偏见，而非望于远度者也。(《石民四十集》[1]卷七十八书，明崇祯刻本)

【笺注】:

[1][明]茅元仪(1594—1640)撰。本书为明代规模最大的兵学类书，在古代兵学史上亦占有一定地位。元末辽东战事危机，茅元仪极力主张抗敌御侮。目睹武备废弛状况，他汇集兵家、术数之书二千余种，历时十五年辑成此书，对后世影响较为深远。茅元仪，见前注。

刘基、胡深、叶琛、章溢没后，并为高帝所追念，字呼之，召其子诣阙，褒赉有差，独于宋濂之谪永漠然，何也？先时，尝面奖濂曰："方今四夷尽闻卿名，卿善自爱。"危哉，濂蚤宜知惧矣！后来茂州祸本是。刘诚意素峭直，于杨宪、汪广洋、胡惟庸咸显疏其过，持法严，贵幸弗挠；宋承旨一味和柔而已，终同得祸，曷衷焉为国谋学？刘为身谋学，宋①子孙以交惟庸死，竟至和柔之累。士君子各从其性所近焉，可也。(《国史唯疑》卷一，清康熙三十年抄本)

识者谓洪武朝有将无相，仅一刘基不能用。至末年，文武名臣几尽矣，所留之隐处，老其才以遗后人者，才②得方孝儒、解缙。(《国史唯疑》卷一，清康熙三十年抄本)

昔者胡元之亡，王原吉、舒道原、钱思复辈皆以遗民不应辟召，他如戴叔能、王子让或咏剩水残山之句，或以铁杖采山谷之诗，皆感旧哀时，指斥无忌。当其时，虽以高皇帝之神圣，刘文成、宋文宪之经纶文雅，曾不能平其悲愤，箝其歌啸也。诸君子不幸生际□□，徒以食毛履土，即国亡庙墟，惓惓大义，若使□文明之朝服，高曾之矩，其哀伤怆恫，不万万于此乎？即谓诸君子争光日月，比寿岱华可也。(《寒支集》[1]初集卷五，清初檀河精舍刻本)

【笺注】:

[1][明]李世熊(1602—1686)撰。李世熊，福建宁化人，天启元年(1621)进士。隆武时，授翰林博士，不就。入清后，屡征不出。另著有《国变录》等。

当太祖之时，先臣刘基以管、葛之智，参帷幄之谋，忠猷奇计，三尺童子皆知之。(林有麟《感时触事疏》，见《甲申纪事》[1]卷九，明弘光元年刻本)

① 原文后有"宋"，疑衍字，删。

② 原文为"财"，据文意改。

【笺注】：

[1][明]赵士锦撰。本书略叙甲申(1644)三月十九日前明政府兵饷、用人诸大事，而详记李自成农民军攻入北京后见闻，并记有得自农民军将士的关于开封战役、昌平士兵起义和农民军的内部情况，叙述比较客观，内容信实。赵士锦，常熟人，明崇祯十年(1637)进士。授广东化州知州，复罗江书院并置社田，政简刑清，称名宦。十六年(1643)，补工部营缮司员外郎。十七年(1644)，守阜成门，拒就李自成职，被释归。南明福王复原官。弘光元年(1645)，补南京工部都水司员外郎。入清归隐。另著有《北归记》《壹是堂集》等。

刘文成与孔明极相似，然先主取刘璋，先儒以为此孔明之失，所以不得为纯王，若文成则一无可疵议。(《思辨录辑要》卷三十一诸儒类·明儒，清文渊阁四库全书本)

刘文成一生出处行事，亦无可疵，皆与道暗合，欲不谓之儒不得也。虽尝事元，复事明，然其心事，则一以救民为主，非爱功名也。其诗集中有《长歌续短歌》一首，具见心事，予于诗鉴论断中，颇发明之。(《思辨录辑要》卷三十一诸儒类·明儒，清文渊阁四库全书本)

问刘诚意先曾出仕，而后佐太祖，何如？曰："焉有天生真主，为天下扫除祸乱，既抱大才，而不辅之者乎？诚意之差，差在前此之轻出。"(《明儒学案》[1]卷五十八，清文渊阁四库全书本)

【笺注】：

[1][明]黄宗羲(1610—1695)撰。本书据明代学者文集语录，摘其要点，辨别宗派，列十九"学案"，上无师承下无传人者，别立"诸儒学案"。每学者先列小传，后载其语录。对各人生平、著作、思想、学术传授都有扼要叙述。黄宗羲，浙江余姚人。清兵入关后，积极组织抗清斗争。南明鲁王立浙东，历任兵部职方司主事、监察御史、左副都御史等职。晚年隐居绍兴、鄞县等地，专心从事讲学和著述。学问极博，天文、历算、乐律、经史百家及释道之书，无所不读，且重实际，善思考。文学方面，强调诗文必须反映现实，表达真情实感。所著《宋元学案》《明儒学案》为我国最早的学术史之一。另著有《明夷待访录》等。

刘文成公自言："疾恶太甚，不可为相。"相者，贤不肖之所取裁，以操治乱之枢机者也，好善不笃，恶恶不严，奚可哉？刘公之言，何以云邪？今绎其语，而思之"太甚"云者，非不能姑纵之谓也谓，夫恶之而不如其罪之应得，不待其恶之已著而擿发之已亟也；形于色，发于言，无所函藏，而早自知其不容，一斥为快，而不虑其偾兴以旁出也。如是，以赞人主赏罚之权，而君志未定，必致反激，以生大

乱。赵高邑为总宪，欲按崔呈秀之贪，而考覈未速，瞋恨先形，乃使投权奄以杀善类。古今之如此者多矣，然后知刘公之自知明而审几定也。长孙无忌之恶李义府正矣，既熟察其凶险之情，则不宜轻示以机，而使之自危，乃不待其罪之著见，而无可逃，而遽欲谪之于蜀，儆抑不能迅发以决行，而使得展转以图徼幸。于是义府之奸迫以求伸，用王德俭之谋请立武氏，一旦超擢相位，而无忌不能不坐受其穷，然则为相臣者，不能平情，以审法持法以立断，徒挟恶恶之心，大声疾呼，赪颜奋袂，与小人争邪，正以自祸而祸国也有余。好恶赏罚，治乱之枢机，持之一念，岂易①哉？韩魏公之处任守忠也，其气不迫，而后其断不疑，函之从容，而决之俄顷，故守忠弗能激，出以反噬；申屠嘉一失之邓通，再失之晁错，皆疾恶甚而无持重之断，以一泄而易穷也。刘公之言，为万世大臣之心法允矣。（《读通鉴论》[1]卷二十一，清船山遗书本）

【笺注】：

[1][明]王夫之(1619—1692)撰。本书以《资治通鉴》所载史实为背景，上自秦始皇，下迄五代，旁及宋、元明，对社会政治、经济、军事、文化、民族以及意识形态等方面的问题作了论述，反映了作者的政治观、哲学观和历史观。王夫之，湖南衡阳人，崇祯举人。清初曾参加抗清斗争，后隐居四十余年，读书著述。博学多闻，通天文、历数、经史、地理，尤精于经学、史学、文学，学术成就甚大，一生坚持爱国主义和唯物主义精神，学者称其为“船山先生”。

建文立而无托孤之旧臣，则兵连祸结，而尤为人伦之大变，徐达、刘基有一存焉，奚至此哉？虽然，国祚之所以不倾者，无谀臣也。（《读通鉴论》卷一，清船山遗书本）

商之兴也以伊尹，周之兴也以吕尚，汉之兴也以张良，明之兴也以刘基。（《兼济堂文集》[1]卷十五达公作字记，清文渊阁四库全书本）

【笺注】：

[1][清]魏裔介(1616—1686)撰。魏裔介，柏乡(今属河北)人，顺治三年(1646)进士，由庶吉士授工部给事中，累官吏部尚书、保和殿大学士、太子太保。颇有政声，不以文学名世。但诗文皆擅，风格醇正儒雅。著述丰富，文存《兼济堂文集》。

刘伯温天文策，岂在江都之下？真是如数家珍。元朝得士如此人，而不能用，焉知帖括中有伊、吕耶？（《与周子俶》，见《兼济堂文集》卷十，清文渊阁四库

① 原文后有“易”，疑衍字，删。

全书本）

又曰："古帝王致治，不过数人，周四友，汉三杰，高皇帝用刘基、宋濂，亦一二人耳。"（《东林列传》[1]卷八，清文渊阁四库全书本）

【笺注】：

[1]明末清初陈鼎撰。陈鼎，江阴（今属江苏）人。少喜任侠，长乃折节读书，留心史事，尤注意于乡邦文献。明亡后，虑史之失传，乃橐笔奔走海内，计二十余年，采访死难死事忠臣义士事迹，得四千六百余人，著成《忠烈传》六十余卷，但被人窃去。后寓梁溪惠山倪高士祠，整理旧稿，著《东林列传》。又著有《留溪外传》。

又如刘文成开国名臣，出幽迁乔，似不当在杂传之例。然或又曰："置之杂传，亦可提醒朝秦暮楚一流。"《鲁论》之仁管仲，程、朱谓："管仲与子纠，未可以君臣名分绳之，与王珪、魏征事体不同，故孔子犹有取焉。"若文成既为元进士矣，又为高安丞矣，又为儒学提举矣，又在行中书幕矣，其于元也，将与子纠一例乎？将与建安一例乎？儒者之道，惟出处两端，出处中间，更别无路。若文成既已仕元，又不妨佐明，是出处之间①，又有一道矣，可乎哉？向使如金仁山、许白云辈一生高蹈，遇风云之会，奋袂而起，又当别论，文成岂其伦乎？诸葛孔明高卧隆中，未曾受人爵禄，故可择君而仕，文成身登仕版，见异云起曰："天子气也，十年后英主出，我当辅之。"是何言也？如以伊尹就汤就桀之例，言之非常之事，固不可以常理论。然苟其心事，丝毫不类伊尹，杂之一字，恐被之而不能辞。抑以纲目诛廉丹、予孟达之例，言之守贞者，未必是，而达权者，未必非。然恐文成所处，又未可与廉、孟同论，杨铁庵《老妇谣》是或一道也。但曰："出幽迁乔，即不为杂，不知何以服危太朴乎？"故谓文成之杂，异于赵孟頫、留梦炎之杂，则可矣，然不可谓非杂也，犹之江陵立朝，未尝无功，谓其异于分宜之权则可矣，然不可谓非权也；张桂议礼，不无可采，谓其异于邓通、董贤之佞则可矣，然不可谓非佞也。此其为说，然乎否乎？伏祈裁教传君之书，卷帙浩繁，未经付梓，其家无副本，不肯远借，往岁曾录一本送史馆，可就观也。其他未纯之处，亦颇有之，其亦不敢尽，以为是获鹿、临城两令亲，皆古道照人，得托舟谊，幸甚。便中附，候兴居，率泐不既。（《复房师赵耐孺先生书》，见《三鱼堂集》[1]文集卷五书，清康熙刻本）

① 原文为"闲"，据文意改。

【笺注】:

[1][清]陆陇其(1630—1692)撰。陆陇其,平湖(今属浙江嘉兴)人,康熙九年(1670)进士。历官江苏嘉定知县、直隶灵寿知县、四川道监察御史。与陆世仪并称“二陆”。雍正二年(1724),从祀文庙。乾隆元年(1736),赠内阁学士,兼礼部侍郎,追谥清献。后人编有《陆子全书》。

世或称刘基类张子房,非也。子房三世相韩,而不忘韩,基三仕元,献策不用,罢而归太祖,其所遇何殊耶!子房从入关导引,不食谷,明于进退,存亡之理矣。基不能远怨毒,谓有周身之智,则然欤?然其筹策纵横,而执于正,古所称豪杰之士也,过陈平远矣。(《刘基·子璟》,见《遂初堂集》[1]文集卷十一,清康熙刻本)

【笺注】:

[1][清]潘耒(1646—1708)撰。潘耒,吴江(今属江苏)人。康熙年间,举博学鸿词科,授翰林院检讨,参与编修《明史》。早岁师事徐枋、顾炎武,对经史、历算、声韵之学都有研究。另著有《类音》等。

青田(刘基)命世大贤,敷布兵、农、礼、乐,日不暇给。(《儒林外史》[1]第四十四回,人民文学出版社 2007 年版)

【笺注】:

[1][清]吴敬梓(1701—1754)撰。清小说。吴敬梓,安徽全椒人。诸生。少颖异,善记诵。性豪迈,旧产挥霍俱尽,遂移居江宁。安徽巡抚欲荐其应博学宏词试,因病不赴。晚年自号文木老人,客居扬州,尤落拓纵酒。善诗文,尤以小说著称。另著有《文木山房集》。

三代后,佐命伟略,留侯、武乡、魏文贞、诚意四人而已。武乡丁艰厄之运,弗竟厥用;留侯遇主合志,犹参阴谋;文贞得君,与留侯同世,以事隐太子不终,少之,其推本仁义,绵唐三百季之祚,功过不相掩可也;诚意为元之进士,官元帅府都事,复应明祖之聘,而出疑与文贞同,不知非也。夫诚意之志大矣!褒仁负智,匡扶本朝,义也不得,乃佐新主,澄清天下,此伊尹就桀就汤,劝商伐夏之志事也。文贞之为人,特纵横者流,始依李密,依窦建德,依隐太子,求立功名耳,幸遇太宗,乃说之以大道,用其言福,被乎一世,其初志未必尔也。吾观诚意之议论文辞,方其处元之季,栖迟小官,固以天下为量矣,一出而扫群雄,定大业,致太平,垂名竹帛,庆流子孙,与国无极,两汉以来,足配伊、吕者,武乡之下必推诚意,以失节绳之,非论世之识也。且诚意之进言于明祖,有至大者五焉:

明祖已得应天诸路，犹奉韩林儿正朔，岁朝中书省，设御座行礼，诚意挥之曰①："牧竖耳，何拜为？"其识天命真伪，定君臣名分，以汤武待其主，卓识过人。一矣。

明祖问征取计，诚意曰："士诚自守虏，不足虑。友谅劫主胁下，名号不正，地据上流，宜先图之，陈氏灭，张氏孤，一举可定。"然后北向中原，王业以成，此与淮阴、武乡登坛、隆中两对，皆预定大谋，后若符契，克敌制胜，如风振槁，虽善谋如李善长、陶安，善战如徐、常诸公，未及知也。二矣。

四方既定，谓宋、元宽纵失御，必先肃纪纲，而后惠政可行，纠劾严正，权贵敛手，与子产、武乡之治郑、蜀何异？其言既用，复谓雪霜之后，必有阳春，国威大立，宜济以宽。此又兢䌽相剂殷、汤，建中之令德也。三矣。

与明祖论相，极斥杨宪、汪广洋、胡惟庸之不可用，谓宰相者持心如水，以义理为权衡，而己无与，愿上悉心以求，尤合古帝王慎重爰立之义。明祖不寤，始而误任偾辕，继遂永除钧轴，以致良弼无闻，贻谋不远，旋构内乱。四矣。

帷幄奇策，飙举颖竖，号以子房，良无愧色。独其慷慨论天下安危，义形于色，暇则敷陈王道，明祖称其"数以孔子之道导余"，此则留侯所当逻舍失步者。五矣。

然则明祖有诚意而不尽从其言，故治术杂而不古。明祖若无诚意，则天下事未可知；即得天下而立国苟且，不过与元之世祖并驱争先，乌得整齐文物，躬致雍熙，跨越唐、宋哉？诚意初游京师，揭傒斯以为魏征之流，而英特过之；西蜀赵天泽论江左人物，至侪诸②葛孔明。可谓知言矣。呜呼！三代下，儒者之学不克振起，卓卓如诚意者，人徒以术数相傅会，否。

或疵其出处，谓仕明之后，内有惭怍，故文辞萎薾无气。此可谓小夫之谬说也。余标之为伊、葛，以彰儒者之志，事且见其少时所闻濂洛之学于郑氏复初者，为不负若志，事猥琐，不足以救天下，而依倚二姓，以来口实，则儒者之秕莠，而诚意之罪人而已矣。(《论刘诚意》，见《养一斋集》[1]卷十三论，清道光刻本)

【笺注】:

[1][清]李兆洛(1769—1841)撰。李兆洛，阳湖(今属江苏常州)人，嘉庆十年(1805)进士。改翰林院庶吉士，授安徽凤台县知县。在县七年，辖境大治，以父丧去，遂不出。主讲江阴书院近二十年，以实学课士，成才颇众。另著有《皇朝文典》七十卷等。

① 原文为"日"，据文意改。

② 原文后有"诸"，疑衍字，删。

论文成一段，令人悚然。窃谓文成出处似伊尹，其始仕元非为禄也，欲救民耳。知元不可为，遂皤然应明主之命，亦犹尹之先就桀，而卒就汤耳。此予私见，惜不及质之先生。此其为说然乎？否乎？伏祈裁教。（《国朝文录续编》三鱼堂文录[1]，清同治刻本）

【笺注】:

[1]应由陆陇其《三鱼堂文集》选录而成。《三鱼堂文集》，陆陇其均见前注。

明待功臣之薄甚于汉。刘文成归后，惟棋酒度日，盖即子房辟谷之意，然犹不免于胡惟庸之毒害，可慨也。（《明待功臣》，见《冷庐杂识》[1]卷四，清咸丰六年刻本）

【笺注】:

[1][清]陆以湉(1802—1865)撰。陆以湉，桐乡（今属浙江）人，道光十六年(1836)进士，官台郡、杭州府学教授。咸丰十年(1860)，太平军攻占杭州，辞官回乡，以课徒为生。后至上海，李鸿章聘其为忠义局董事。太平军退出杭州后，浙江巡抚蒋益澧又聘其为紫阳书院讲席。叶廷琯称其为“浙西名宿”，与之商榷诗文，最为莫逆。另著有《再续名医类案》。

郁离子为元进士，四仕，四己所如不合弃官以归，避方氏者争依之，稍为部署，寇不敢犯，盖有大志，必不甘于终隐也。经世之才，可匹武乡，而出处稍逊。天生应运辅翼新朝，又奚能限以名节，即始却币聘，孙总制再致书，乃出，上时务十八策，入礼贤馆，不拜韩林儿，嘲为“牧竖”，“老先生”固不同乎人！太祖以为“吾子房”，惜乎帷幄密语秘，莫能知也。天命所在，凿凿言之，征取之计，先图陈，次及张，然后北向中原，以成王业，以优于隆中一对，夫亦时为之耳。太平既陷，有议降者，有议奔据钟山者，独张目不言，召入内，则奋曰：“主降及奔者可斩。”而决贼之骄，献伏兵，邀取策，谓天道后举者胜，此固出山第一功，然而不受赏也。安庆复陷，力赞出师，自旦及暮不下，则请径趋江州，捣友谅巢穴，出其不意，友谅奔武昌，兵贵神速，信然。降将欲勿散部曲，太祖有难色，则从后蹋胡床，悟而许之，俨然子房之教汉高矣。丧母，还葬，弗言兵事。会苗军叛，浙东摇动，不得不谕安诸邑，谋复处州。而国珍曩曾受庆元之逼，及请诛首乱之议，素畏之，致书以唁，答书宣示威德，国珍遂入贡，所谓一纸书贤于十万师也。汉、吴伺隙，未可动，不听其言，遂有洪都之围。鄱阳大战，忽跃起大呼，趣更舟，仓卒徙别舸，坐未定，而飞炮击碎旧所御舟，友谅喜，而太祖舟更进，汉军皆失色，机警处正不可及。湖中相持，三日未决，请移扼湖口，以金木相犯日决胜，象纬之学，略见一斑，如阴阳

风角，固言兵者所不废云。厥后取士诚，北伐中原，皆用其谋。迨吴元年，始官太史令，荧惑守心，请下罪己①诏，大旱，请决滞狱，即命平反，雨随注，因立法定制，以止滥杀。刑人，谓兆于梦，曰："此得土得众之象，宜停刑。"后三日，海宁降，遂悉纵因，不嗜杀人者能一之。太祖谓"数以孔子之言导予"，郁离又何尝不读孟子欤？

太祖即皇帝位，奏立军卫法，初定处州，税粮视宋制亩加五合，惟青田命毋②加，曰："令伯温乡里世世为美谈。"洵美谈也！居守之日，惩宋元宽纵，肃纪纲令，御史纠劾无所避，宿卫、宦侍有过，皆启太子，置之法。李彬以贪获罪，善长昵之，请缓其狱，不听，驰奏，报可，方祈雨，即斩之，忤善长，愬"僇人坛壝下，不敬"，诸怨者亦交谮。会以旱求言，谓"阴气郁结，上干天和"。纳之，旬日仍不雨。斯二者，一失之"疾恶太甚"，先生曾自言之；一则过信天文书，疾笃时，授子琏曰："亟上之，毋令后人习。"先生又岂自护其短哉？触太祖怒，会有妻丧告归，濒行，谏营中都，逆料必有边患。旋手诏赴京，念其勋伐，赐赉甚厚，因辞进爵。善长数欲害之，乃为之地。太祖欲相，则曰："易柱须得大木，若束小木为之，且立覆。"呜呼！先生不自居大木，太祖尚不识其为大木耶？且谓："杨宪有相才，无相器。"设持心如水之喻。汪广洋，则斥其"褊浅"；胡惟庸，则惧其"偾辕"。曰："吾之相，无逾先生。"则又以不耐繁剧，恐孤上恩辞，彼固深知太祖之心者，与其以猜忌败，不如以功名终。曩者言无不从兹，则言不见听归老于乡，弃栋梁而勿用，吾为太祖惜也。顾先生始终惓惓朝廷，问天象条答甚悉而焚其草，"霜雪之后，必有阳春，以宽大济国威"，可为千古治天下标准。饮酒奕棋，口不言功，见邑令称"民"，躬自韬晦若此。然究为惟庸所中，致有腹中拳石，向之言于太祖者，谁则泄之于惟庸欤？合茗洋之变，家居可以弗问，乃遣子奏事，不先白中书省，是其疏处，惟庸挟前憾，诬以"谈洋有王气，图墓弗与，则请设巡检逐民"，因而夺禄。斯时入谢，胡嘿嘿无一言？未几而惟庸相，以致忧愤不起，遗表竟不敢上，嗟嗟！向使太祖不相汪、胡而即相先生，则旉陈王道，修德省刑，祈天永命，开国规模，必更有远过于汉、唐者！郁离有武乡之才，而太祖无昭烈之量，读史至此，辄为废书三叹也！（《书刘基传后》，《二知轩文存》[1]卷六，清光绪四年刻本）

【笺注】：

[1][清]方浚颐（1815—1888）撰。方浚颐，安徽定远人，道光二十四年（1844）进士。历任

① 原文为"已"，据文意改。

② 原文为"母"，据文意改。

浙江、江西、河南、山东各道御史，两广盐运使兼署广东布政使、四川按察史等职。后退出政界，到扬州开设淮南书局。曾主修《续扬州府志》。另著有《忍斋诗文集》等三种。

三代后，以匹夫而有天下者，惟汉高祖与明太祖耳。考二帝所为，亦颇相类。明祖不因爱立燕王而立建文，类汉高之不私如意也；封诸子之藩，类汉高之封齐王肥等也；自将征讨，皆命李善长居守转饷，用刘青田谋略佐定天下，则类汉高时酇侯都饷关中，留侯运筹帷幄也；如濠州召父老欢饮，除其租赋，大有汉高过沛景象；胡、蓝狱起，波及功臣，亦是汉高戮韩、彭心胸。惟瓜步沉舟之事，鉴史阙疑，不辨真伪，如果有之，则不类隆准，而反类重瞳矣。（《明太祖似汉高祖》，见《午窗随笔》[1]卷一，清光绪二十一年刻宝树堂遗书本）

【笺注】：

[1][清]郭梦星（？—1854）撰。此书属于札记，记载考证内容较杂，阐述经义、考据论证史事及清代的一些掌故、杂事，也有一些诗文之类考证。书中不分门类，其考证论评的典章制度，洞悉源流，措辞简明，对于典章制度研究有一定帮助。郭梦星，潍县（今山东潍坊）人，道光三年（1823）进士。由知县升至山西布政使，署山西巡抚，因潞安、黎城两县失守被革职。另著有《尚书小札》等。

君子观于明氏之史，如刘基者，其于为震旦尽矣。（《訄书》[1]，清光绪三十年重订本）

【笺注】：

[1]章太炎（1869—1936）著。“訄书”即为匡时救国所迫而非说不可之言，作者自解其题意为“逑鞠迫言”。据朱维铮考订，此书为作者于己亥年冬至庚子年春（1899年11月—1900年2月）在上海编成。章太炎，浙江余杭人。早年因参加维新运动被通缉，流亡日本。1906年加入同盟会，主编《民报》，宣传革命。辛亥革命后任孙中山总统府枢密顾问。1924年脱离国民党，以讲学为业。一生著书多种，在文学、史学诸方面皆有建树。有《章太炎全集》。

第五章　纪念诗文[1]

【笺注】:

[1]纪念刘基诗歌多为怀念其历史功勋，起自明洪武年而不绝。根据现有撰写者情况，明代吟咏者多为两浙及江西人。清代吟咏人地域扩大，且旗人（包括皇子）、蒙古人等亦存吟咏诗歌，显示出刘基作为历史人物因经典化而符号化、普世化的过程。

刘伯温（文登虎榜，学贯天人，承宝运以济时，遂成名于柱史。封诚意伯）

［明］刘　炳[1]

括苍何嶙峋，列秀青可数。产兹梁栋材，文艺泝东鲁，天文知谶纬，承云遂腾翥。不负槐花秋，勋名策天府。（《鄱阳五家集》[2]卷十五，清文渊阁四库全书本）

【笺注】:

[1]刘炳，鄱阳（今属江西）人，元末明初人。其父斗凤，与元名诗人虞集、揭傒斯交好。炳值元季战乱，与弟煜结里闬自保，后依固守安庆、反抗红巾军之元将领余阙，以其孤军不振辞归。元至正（1341—1368）末，明太祖起兵淮南，炳上书献策，平江西，授中书典签。明洪武（1368—1398）初，为大都督府掌记，出为东阿知县，旋引疾归，洪武末仍在世。其诗风伉爽挺拔，颇为杨维桢、危素、宋濂等人推重。著有《春雨轩集》。

[2]［清］史简编。史简，鄱阳（今属江西）人。是编辑其乡人之诗，自宋末至明初凡五家。

诚意伯刘公赞（讳基，括苍人）[1]

［明］彭　韶

天地方否，曷仕于时。运际休明，仕止乃宜。就桀就汤，节义奚亏？大哉王佐，烛物炳几。运筹制胜，翼龙以飞。昭回制作，文章是咨。允为宗臣，尔爵尔祠。（《彭惠安集》[2]卷十）

【笺注】:

[1]编者按:像赞原书中位于徐达、常遇春后。

[2][明]彭韶(1430—1495)撰。彭韶,莆田(今属福建)人,天顺元年(1457)进士。授刑部主事,迁员外郎。成化二年(1466),上书忤旨,诏下狱,给事中毛弘等救之,不听,卒输赎。寻迁郎中,又因事复下狱,言官争力救,得释。后擢为副都御史,巡抚应天。弘治中,官至刑部尚书。事关大体,他皆能抗疏极论,贵戚近幸深疾之。其志不能尽行,连章乞休。

观诚意伯像于处州

[明]邵　宝

一代元功百世豪,遗容瞻处丽阳高。天留汤沐田无税,人效明禋涧有毛。莘野不妨初就桀,草庐犹恨未诛曹。万峰指点青田路,断石枯松望眼劳。(《容春堂集》[1]前集卷七,清文渊阁四库全书本)

【笺注】:

[1][明]邵宝(1460—1527)撰。邵宝,无锡(今属江苏)人,成化二十年(1484)进士。授许州知州。弘治七年(1494),入为户部员外郎,历郎中,迁江西提学副使,修白鹿书院,广纳学者。宁王宸濠索诗文,峻却之。正德四年(1509),迁右副都御史,总督漕运。后忤刘瑾,勒致仕。瑾诛,起巡抚贵州,录迁户部右侍郎,进左侍郎,兼左佥都御史,处置粮运。拜南礼部尚书,恳辞。嘉靖初,起前官,复辞。卒谥文庄。另著有《漕政举要》等。

过康山忠臣祠

[明]夏良胜

曾于此处夹龙飞,血溅孤冈迹未知。反火威灵归后著,得糠符谶炳先几。函尸僭伪来何暮,破胆腥膻遁恐迟。真主默交天地相,元功犹自说刘基。(《东洲初稿》[1]卷八,清文渊阁四库全书本)

【笺注】:

[1][明]夏良胜(1480—1538)撰。夏良胜,见前注。

刘诚意先生以梁公道学为之师,王练忠鲠为之友,乃克以名名堂而启后之不忘也,然以不及识为恨,故为之赋登堂三章章十句

夏良胜

有登斯堂,仰美人兮。彼美人之情,惟意之诚。意之诚,斯德之贞。是可仰

也，必有师也。必有友也，必有后之承也。

有登斯堂，怀美人兮。彼美人之降，维意之防。意之防，斯道之藏。是可怀也，惟其师也，惟其友也，惟其后之光也。

有登斯堂，慕美人兮。彼美人之诚，意足以遁世。遁于世，是以无悔，是可慕也。何负师也，何负友也，何后之人可閟也。（《东洲初稿》卷八，清文渊阁四库全书本）

谒诚意伯祠

［明］汪应轸

一见西湖五色云，十年知辅大明君。奇策留侯常决胜，硕肤周相重修文。青田秀气钟人杰，铁券丹书报国勋。何事山河忘带砺，而今始得葺祠坟。（《青湖先生文集》[1]卷十二，清同治十一年广州刻本）

【笺注】：

[1]［明］汪应轸撰。汪应轸，山阴（今浙江绍兴）人，正德十二年（1517）进士。选庶吉士。十四年（1519）谏帝南巡，受杖几死。出任泗州知州，泗州土瘠民惰，不知农桑，应轸劝耕，买桑植，募江南女工，教以蚕丝织作，由是民足衣食。世宗即位，召为户科给事中。在科岁余，所上凡三十余疏，皆切中时弊。嘉靖三年（1524），出为江西佥事，乞归。视江西学政。

谒刘文成祠

［明］皇甫汸

璇玑既舛运，宝鼎亦乖移。海宇荡无象，诞圣郁有期。阳九值倾否，明两遘重离。俟清乃契渭，显允聿兴姬。探符洞赤伏，怀韬卧青溪。居拟王佐匹，起为帝者师。群策参多士，独算莫与偕。禹志晚睎帛，良谟日陈帷。立谈不解褐，肆伐竟承麾。陈张井蛙器，安干神龙姿。一举已就殄，崇朝遂于夷。摧汉若电扫，卷吴类风驰。功成奉身退，书上赐骸归。且弃人间世，帝乡宁久羁。贪天自贻戚，震主或见疑。伊人信大雅，荣名安可追。报享式嘉荐，像寝示崇规。蹇劣淹末宦，竦踊企前徽。稽首曷容赞，抚心投此辞。（《皇甫司勋集》卷七，清文渊阁四库全书本）

故开国辅运守正文臣资善大夫护军诚意伯赠太师刘文成公基[1]

［明］王世贞

有一冠貂蝉，白皙美眉姿。皎如张文成，不愧帝者师。元厦将就倾，良禽择其枝。一见寄帷幄，再见参鼎司。是吐无不倾，灼灼若蓍龟。峻往鲜回互，巧者

能间之。终藉帝恩深，归魄于山陲。荣名施后代，百世永不隳。（《弇州山人四部续稿》[2]卷八，清文渊阁四库全书本）

【笺注】:

[1]为王世贞《咏诸功臣像》中一首，刘基位在六王之下，列第七，文臣中为首。

[2][明]王世贞撰。王世贞，见前注。

刘青田翼运(诚意伯基)

[明]董传策

王者久不作，沦夷名世希。陉污时有遇，哲夫决从违（公试直□□□虞□□矣。其仕士治未累□□）。赫赫皇眷命，潜龙在侧微。天休聿滋至，景运兆神机。瑞同舟乌跃，祥异湖云飞。王气应淮甸，吾归著《郁离》。客计鄙句践，窃据空贻讥。真人下天符，括苍震明虞。蹑跻往靖淡，运筹赦时几。成算授虎臣，秉钺耀旌旂。祇伐灵承旅，亿兆咸来归。群寇迹如扫，帝命式九围。霸基往易齿，王业今难期（公于赞王业，犹有愧焉，顾非富贵者流耳）。托身依日月，臣道生光辉。匪冀图麟阁，愿赞成功巍。华夷被声教，臣授赤松衣。（《董传策集》[1]幽贞集中册，明万历刻本）

【笺注】:

[1][明]董传策(1530—1579)撰。董传策，华亭（今上海松江）人，嘉靖二十九年(1550)进士。除刑部主事，疏劾严嵩稔恶误国之罪，严嵩下其狱，问其主使，拷掠惨毒。会地震得宥，谪戍南宁。隆庆改元，起吏部主事，历郎中，累迁大理卿，进工部侍郎，就改礼部。万历元年(1573)，以受贿为人说情被劾落职。万历七年(1579)，以居家骜毒，虐杀仆人，被众仆击杀。另著有《采薇集》等。

诗

[明]顾大典[1]

乘时仗策奠华夷，帏幄谋谟蔚帝师。豹隐剩闲黄石略，鸿冥终赴赤松期。百年勋烈辉寰宇，一代文章焕《郁离》。（《南田山志》卷二，文成县政协学习文史委2008年版）

【笺注】:

[1]顾大典(1541—1596)，吴江（今属江苏苏州）人，隆庆二年(1568)中进士。授绍兴府教授，迁处州府推事。后历任刑部主事、兵部主事、吏部郎中、山东按察副使、福建提学副使等。

善书画，好诗酒。后被弹劾降职后，辞官归家，从此不入公府。著有传奇《青衫记》等及诗文集《清音阁集》等。

登罗岩山（庵有清隐额是刘文成公所题，主人指画下方甚辨）

［明］陶望龄

清隐谁将记往年，壮游我欲抱云眠。鹫头直下横吞海，鹏背苍然倒看天。石顶芋肥饶佛供，古潭龙老护僧禅。酒间指画烦邹衍，为道齐州那点烟。（《陶文简公集》[1]卷二，明天启七年陶履中刻本）

【笺注】：

［1］陶望龄（1562—1609）撰。陶望龄，会稽（今浙江绍兴）人，万历十七年（1589）探花。授翰林编修。官至国子祭酒，以母病辞归。与其弟奭龄讲学于浙东。著有《陶文简公集》等。

龙友暑雨履行田间问民疾苦因谒刘文成墓赋此送之

［明］邢昉

小邑眷良宰，夙驾将安之？暑雨洒川泽，流潦行逶迤。逶迤百里间，萧条事攀践。民僚结层崖，入谷闻鸡犬。茕□满膝前，欲欣无不展。涸鳞泽中苏，患马亦已瘉。隧道郁峨峨，云是文成墓。勋烈铭日月，松楸老霜露。明禋肃俎豆，芳苹杂嘉旨。载歆令尹仁，伫觉神灵喜。山郭绕流泉，心清挥五弦。政成驯野雉，毛羽纷翩跹（闽越间，结屋山坳，庳陋荒略，其名曰“僚”，皆艺麻贫户也）。（《石臼集》前集卷二五言古诗，清康熙刻本）

题刘文成公祠

［明］邢昉

空山遗像俨衣裳，雨露开天荡八荒。圣代版图看似旧，当时鱼水契何长。论功白马逢高帝，辟谷青山忆故乡。恩泽朝廷仍俎豆，庙门古柏已苍苍。（《石臼集》[1]前集卷五七言律诗，清康熙刻本）

【笺注】：

［1］［明］邢昉（1590—1653）撰。邢昉，高淳（今属江苏）人，明诸生。入清后放弃科举。

谒刘文成公祠六首

［明］邢昉

帏幄洗□□，神谋叶帝廷。山河回王气，越峤挺英灵。黄石遗书在，苍崖古庙扃。因思麟阁上，百代有丹青。

龙蟠初卜洛，虎啸得斯人。散秩投簪日，高牙献策辰。中原方息马，亚相蚤攀鳞。俎豆先朝旧，踟躇荐绿苹。

伊昔起王图，鹰扬扫八区。旌旗蹙彭蠡，麋鹿笑姑苏。迹异蟠溪钓，心通赤水珠。千秋有玄鹤，华表一来呼。

丹壑联榱栋，青萝覆鼓钟。隆中无昔老，圯上有遗踪。汉室铭先烈，酂侯续故封。煌煌瞻藻火，叹息倚霜松。

宇宙归神武，风云起帝师。空山残碣在，圣世大名垂。莘老宁藏鼎，园公罢采芝。即看郁离子，御寇远相追。

先生当代杰，文苑侈班扬。玄就轻诸赋，功成媲六王。荒祠空偃柏，仙灶即维桑。溪壑生兰蕙，应悲岁岁芳。(《石臼集》前集卷二五言古诗，清康熙刻本)

读《刘文成公集》

［明］纪映钟

帝命真人迅扫除，先生事业起耕渔。偶然恣笔天倪出，堪作千秋讽诫书。伯益功成图物怪，姬公治定谱虫鱼。要知澹泊封留意，不是衰年礼遇疏。(《戆叟诗钞》[1]卷四，清长啸轩抄本)

【笺注】:

［1］［明］纪映钟(1609—1681)撰。纪映钟，江南上元(今属江苏南京)人，明诸生。崇祯时，曾主金陵复社事。明亡后，弃诸生，躬耕养母。工诗善书，知名海内。另著有《真冷堂诗稿》。

过宿刘文成公故里，成四律以识仰止

［明］杨文骢

只手开天启大明，巍然名世想先生。卿云五色西湖见，黄石千秋北斗横。姓字已铭钟鼎重，功名自笑羽毛轻。于今四国干戈扰，谁乞龙韬洗甲兵？

万山绝顶地偏嘉，卜筑应须第一家。运际从龙题竹帛，功成骑鹤泛桃花。衮衣国宝尊丹陛，绿字传经护绛纱。偶为观风歌仰止，亦思买地种桑麻。

一泓龙卧自耕莘，凤哕高岗首吉人。化碧箕裘成父子，洒丹殿陛识君臣。素书共仰留侯智，拜表同传汉相仁。赫赫故应居帝右，苍生何以解呻吟？

直下金陵望气真，圣朝鱼水独居尊。谋成汉法推三异，功在虞廷冠五人。腥

血扫残空朔漠，妖氛洗净蹙张陈。鹰扬自古潜东海，尚父于今识后身。（《洵美堂诗集》[1]卷五，清文渊阁四库全书本）

【笺注】：

[1][明]杨文骢(1597—1645)撰。该书为杨文骢于永嘉县令任上刻。杨文骢，贵阳（今属贵州）人，万历四十七年(1619)举人。崇祯时，官江宁知县。御史詹兆恒劾其贪污，夺官候讯。事未竟，福王立于南京，杨文骢亲戚马士英当国，起用为兵部主事，历员外郎、郎中，皆监军京口。后擢右佥都御史，兼督沿海诸军。清兵至，不能抵御，退至浦城，被执，不降，死之。另著有《山水移集》。

武夷一线天（中有刘伯温遗米）

[明]周之夔

巨灵擘山肌，含光割苍铁。始知华藏初，火精海底裂。阴房吐白虹，闪烁同电掣。仰观但一气，绵绵焉可绝。惟有昏旦中，倒景始昭晰。我循鎛道间，如暗获朝彻。摩壁爪指秃，肘穿或膝啮。渐升至阳原，顶上玄风烈。日行大明中，出昧乃复别。嗟彼郁离子，洞中遗米蘖，千年委砂砾，芬芗能不灭。留侯昔辟谷，余粮可无设。黄芽萌地中，或嘘而自结。谷神自不死，火粒谁复咽。出入在天门，抱清守雌节。窈宜与昏默，聊以养吾拙。（《弃草诗集》[1]卷二五言古诗，明崇祯木犀馆刻本）

【笺注】：

[1]明周之夔撰。周之夔，闽县（今福建闽侯）人，崇祯四年(1631)进士。授苏州府推官，坐事罢官，疑事因张溥而起，甚恨之，伏阙上书，言张溥等把持典计，又涉及复社恣横事状。南明唐王时，为尚书张肯堂所用。入清，居僧寺以卒。

天子气本传

[明]陶汝鼐

刘基自幼聪明绝人，凡天文、兵法、性理洞识其要。至正初，以《春秋》举进士，累官江浙儒学提举，以刚方不合投劾去。尝游西湖，有异云起西北，光映湖水，时同游者皆以为庆云，将分韵赋诗，基独纵饮不顾，大言曰："此天子气也，应在金陵。十年后，有王者兴，我当辅之。"时杭城犹全盛，诸老大骇，以为狂，悉去之。其后高帝下金华，定括苍，遂应聘，决计趋金陵，如其言：

君莫讶郁离子纵饮不赋狂如此，西北奇云眼前起。不为群公映湖水，天子宰相尘埃中。大声呵喝群耳聋，直待真人定括苍。谷口鸣驺正十霜。有时不言两目张，请看定鼎钟山阳。（考注：刘基著书曰《郁离子》，当真人初起时，诸豪杰侈谭佐命，而公独无言，但张两目而已。）（《荣木堂合集》[1]嚏古集卷三广西涯乐府曰商歌，清康熙刻世彩堂汇印本）

【笺注】：

[1][明]陶汝鼐（1601—1683）撰。陶汝鼐，宁乡（今属湖南）人。崇祯时，以贡生参加廷试，授知州，不就。弘光时，为何腾蛟监军。永历时官翰林院检讨。入清不仕。顺治十年（1653），以叛案下狱，定为死罪。幸得宽免，拘囚一年多才得放还。晚年在沩山剃发为僧，号忍头陀。另著有《广西涯乐府》等。

谒刘诚意祠（明诚意伯青田刘基祠，在处州）

[清]蒋　薰

望气金陵起括苍，先生一出落欃枪。用兵帷幄吞吴楚，开国文章领宋、王。苔藓绿沉剑佩色，星霜夜发鼎□光。荒祠坠瓦摧松柏，无处归鸦乱夕阳。（《留素堂诗删》[1]卷四天际后草，清康熙刻本）

【笺注】：

[1][清]蒋薰（1610—1693）撰。蒋薰，海宁（今属浙江）人，崇祯九年（1636）举人。三试礼部不遇，归乡辟一亩园于南村。入清，官缙云教谕，后升甘肃伏羌县知县。落职后归田。著有《留素堂诗集》，辑有《历代诗话》。

三先生诗

[清]王　昊

《筠[1]志》："有三先生祠，祀晋陶靖节、宋文信国、明刘文成。"盖三先生者不同迹而同趣。其祀筠之由，则陶为故里，文、刘皆以宦也。不知何年，或增入朱晦庵夫子而四之。夫紫阳，俎豆海内固宜然，于筠似无当焉。予小子幸游兹土，敢仍旧迹，敬丞三先生诗，用表景仰微志。云：

……

刘文成[2]

刘公天人姿，龆岁仍卑官。何异未飞龙，方作污泥蟠。嗟彼佐命臣，遇主良亦难。或云仕是邦，秘书借僧看。用以赞兴王，丞实开其端。乃知枳棘栖，往往有凤鸾。遗庙香火存，千载生长叹。高安何足丞，丞哉重高安。（《硕园诗稿》[3]散卷二十，清五石斋抄本）

【笺注】：

[1]即筠州，刘基初仕地高安所在州府。唐武德七年（624）置，南宋理宗宝庆元年（1225）改名为瑞州。

[2]组诗第三首。

[3][清]王昊（1627—1679）撰。王昊，琅琊（今山东胶南市）人。弱冠即负盛名，后因奏销案废。一意读书，所撰《当恕轩偶笔》，时称博洽。康熙中召试鸿博，授内阁中书，诗与黄与坚等称“娄东十子”。钱谦益、吴伟业推服之。杂著甚多，而尤长于谱曲。

谒刘文成公祠

[清]朱彝尊

草昧经纶日，英雄战斗年。真人淮泗起，王气斗牛躔。命世生良弼，卑栖役大贤。一官曾簿尉，千里正戈鋋。记室依袁绍，飞书谢鲁连。神鹰思饱掣，威凤必高骞。汉祖除秦法，周王卜渭畋。庙堂才不易，束帛礼宜先。遂有君臣契，能令帷幄专。南征频克敌，北伐旋摧坚。王会收三统，军谋出万全。河山分带砺，冠盖俨神仙。未辟留侯谷，长辞范蠡船。麒麟当日画，竹帛后时编。一自丘陵改，重愁岁月迁。隆中犹故宅，绵上少封田。旧俗还祠庙，清歌入管弦。黄金遗像蚀，铁券几人传。古瓦鼯鼪落，荒庭桧柏团。蛛丝虚寝罥，鸟迹断碑眠。想象阴符策，沉吟宝剑篇。前贤余事业，后死尚迍邅。去去辞枌梓，栖栖到海堧。空林多雨雪，哀角满山川。玉帐无遗术，苍生久倒悬。凭留一黄石，相待谷城边。（《曝书亭集》[1]卷第五，清文渊阁四库全书本）

【笺注】：

[1][清]朱彝尊（1629—1709）撰。朱彝尊，浙江嘉兴人。康熙十八年（1679），举“博学鸿儒”科。官翰林院检讨，又与所擢五十人同纂《明史》。二十二年（1683），入直南书房，时彝尊因辑《瀛洲道古录》，属私抄禁中书，被劾降一级，补原官后，引疾乞归。康熙南巡江浙，召见行殿，进所著《经义考》，康熙温谕褒奖，并赐“研经博物”匾额。工古文，长于考证；诗与王士祯齐名，称南北两大宗；又好为词，与陈维崧称“朱、陈”；工山水，有书卷气；善书，行书、篆书、隶书皆精。另著有《日下旧闻》等。

邻翁过谭刘文成遗事至夕忽然梦见呼灯记之

[明]顾景文

子房帝王师，舌存不留笔。郧侯神仙人，性不耽著述。惟有文成才间出，动摇山岳浴日月。经师周孔垂不磨，文如迁固世无匹。更有歌吟妙入神，大者硉矹不可驯。其或寻声应风雅，直与李杜争璘峋。伤怀亡国余涕泪，眺觉霸业多酸辛。从龙平陈蹩荆、楚，指挥星宿移樯橹。康郎战罢四海定，应制篇章耀千古。其他变化疑鬼神，圣有前知奚足数。邻翁纵谭称绝奇，我昨夜梦忽见之。角巾垂绅貌山泽，相向握手多嗟咨。谓有刀圭以相赠，呼童启椟光陆离。可成黄金且不餐，手虽捧持心自维。老年所患在苟得，君子三戒非吾欺。短檠荧荧梦初觉，惊起细读犂眉诗。(《顾景行诗集》[1]卷下，清康熙三十一年美闲堂刻本)

【笺注】:

[1][明]顾景文(1629—?)撰。顾景文，江苏无锡人，明诸生。早岁即以诗文名一时，国变，屏去一切，杜门自守。诗多凄凉激越音，尤喜述沧桑间事。另著有《匏园词》。

江州杂咏四首(其一)

[清]查慎行

依旧江关俯丽谯，居人指点说天桥(明太祖破江州事)。战回左蠡军容壮，凿断残冈霸气销(东门外有天子堂，相传刘诚意恶陈友谅都此得胜地，故凿之)。镇将南朝偏跋扈，部兵西楚最轻剽(指左良玉、袁继咸事)。自从血洗孤城后，九派空回寂莫潮。(《敬业堂诗集》[1]卷十四，四部丛刊景清康熙本)

【笺注】:

[1][清]查慎行(1650—1727)撰。查慎行，浙江海宁人，康熙四十二年(1703)特赐进士出身。改庶吉士，后授编修。充武英殿书局校勘，以病求归。不久其弟嗣庭得罪，全家被捕，雍正知其端庄严谨，特放慎行。另著有《周易玩辞集解》等书。

夏山[1]

[清]刘廷玑[2]

王气金陵安在哉，犹留遗墓吊蒿莱。卧龙名大终黄土，谁为铜驼洒泪来。(《南田山志》卷二，文成县政协学习文史委 2008 年版)

【笺注】:

[1]位于南田西南,刘基墓所在地。明黄梦池《诚意伯刘公行状》:“公之子琏、仲璟以是年(1375)六月某日葬公(刘基)于其乡夏山之原。”

[2][清]刘廷玑(1654—?),汉军镶红旗人。由荫生出为浙江台州府通判,迁处州府知府,擢江西按察使。缘事镌级,降为江南淮徐道,又为按察使佥事。

刘青田先生遗迹

[清]江既入[1]

英雄不以卑栖耻,先生当日为臣此。神龙屈信自因时,时未至兮且止此。厅前一树何首乌,先生手植今荣梣。本草谓之何翁食,发白变黑颜转朱。先生抱负期有待,岂欲借之永精采。呼以先生尊其能,此物至今三百载。人是开天帝者师,鬼神呵护曾于斯。累累微物亦遭遇,不杂荆榛受斧劙。桑田沧海今更变,先生已谢朝廷眷。何翁原是世外人,因时随世聊自善。物久通灵或有神,斗大之根春复春。莫须长抱依刘志,焉知青田无后身?(《同治高安县志》卷二十六,清同治十年刻本)

【笺注】:

[1]江既入,江西贵溪人。明末兵起,负母潜避邻邑山中,值大饥,斗米千二百钱,既入,以糜粥奉母,自食草羹,土寇皆感其笃行,不忍害。顺治七年(1650),西江大定,举明经,家居躬耕养亲终丧,泊如也。服除,赴阙试高等,授瑞州府学司训。著有《蝉隐堂稿》等。

过刘文成南田故里[1]

[清]钱喜选[2]

先生本醇儒,所用皆儒术。帷幄秘英谋,大要六经出。阴阳谶纬家,害道同杨墨。星气蛊秦皇,不救二世失。汉儒引符命,觊觎启乱贼。以此推先生,俗人误耳食。明祖昔礼贤(明祖礼聘公及宋濂、章溢、叶琛至,曰:“吾为天下屈四先生。”筑礼贤馆居之),干旄在岩穴。同至四先生,义为天下屈。并以理学征,良由稽古力。忠孝有本原,启后正无忒。逊国长史殉,岂惟子善述?我来先生里,考信具得实。遗书尚有存,杂糅无所及。祠堂古木森,丰碑字不灭。去就世所疑(公尝举元进士),迹与莘野一。知臣莫如君,乃谓子房匹(明祖尝谓“公,吾子房”)。功烈或相当,未可语同日。惜哉汉留侯,语怪祠黄石!(《两浙輶轩续录》卷二,清光绪刻本)

【笺注】:

[1]应作于钱喜选于康熙十九年(1680)任青田教谕之后。

[2]钱喜选,《处州府志》卷之十三:"余杭岁贡,十九年(1680)任青田教谕。"

诚意伯庙

[清]王觐光[1]

迢递祠堂不易寻,南田天半客登临。芝溪回合渊源在,铁马雄尊响往深。林下风云天下计,留侯筹策武侯心。谈洋岂意犹兴谤?直道难容自古今。(《南田山志》卷四,文成县政协学习文史委 2008 年版)

【笺注】:

[1]《(乾隆)宁夏府志》卷十六:"王觐光,字见青,原籍绍兴人。为宁夏道千从濂幕客,博涉多能,善谈论,尤精于堪舆。"

过青田怀刘诚意伯

[清]彭启丰

青苍山水邑,名世有孤坟。静夜观天象,中原赞帝勋。留侯堪作侣,诸葛许同群。粳稻南田胜,犹闻事种耘。(《芝庭诗文稿》[1]诗稿卷六,清乾隆刻增修本)

【笺注】:

[1][清]彭启丰(1701—1784)撰。彭启丰,长洲(今属江苏苏州)人,雍正五年(1727)状元。授修撰,迁左中允。乾隆间历官侍读学士,左佥都御史,内阁学士,刑部、吏部、兵部侍郎,左都御史,兵部尚书。以事降职,又命原品休致。后主讲苏州紫阳书院。谥文勤。著有《芝庭诗文稿》。

诚意伯刘基

[清]严遂成

西湖异云西北至,十年前识金陵气。陈强张富决雌雄,帷幄屏人其语秘。虬髯侍侧蹑胡床,如以真王易假王。跃起大呼徙别舸,难星一礮占鄱阳。公何有术不自救,谈洋茗洋吏讦奏。偾辕之驾挟医来,积中拳石吞乌味。京房郭璞数莫逃,天文象纬书可烧。幸而遇时佐洪武,不然著《郁离子》究何补?异授有神亦有师,泯没平生邓祥甫。(《明史杂咏》[1]卷一,清乾隆刻本)

【笺注】:

[1][清]严遂成(1694—?)撰。是书赋明一代之事,其中有精辟之见,然亦有伪讹及门户之旧论。严遂成,乌程(今浙江吴兴)人。雍正二年(1724)进士,官山西临县知县。乾隆元年(1736)举博学鸿词,后历雄州知州、云南嵩明州知州。工于咏物,或雄奇瘦硬,或委婉工致,风格两异。其咏史诗尤负盛名,被称为“诗史”,与唐胡曾、明李东阳有异,能自成一家。

处州试院读《刘文成集》书后

[清]周　煌

台垣斗口少微连(台应台星温当斗口,少微则处州也),次第司衡尽海壖。有郡肇从王谢后,无人出在管何前(宋管、师复、何琬肯,龙泉人,台、温人物多自宋始)。群才未满三千士,间气曾钟五百年。地老天荒何日事,为求芳躅抚遗编。(《海山存稿》[1]卷十六,清乾隆五十八年周氏葆素家塾刻后印本)

【笺注】:

[1][清]周煌(1714—1785)撰。周煌,四川涪州(今重庆市涪陵区)人,乾隆二年(1737)进士。历官兵部侍郎、尚书、左都御史。乾隆二十一年(1756),出使琉球,册封其国王尚穆。二次至四川按审讼狱。卒赠太子太傅,谥文恭。著有《琉球国志略》等近10种。

观瀑石门谒刘青田先生

[清]袁　枚

远望一条白,高空落翠微。甘霖真岳降,匹练作龙飞。遗像瞻司马,隆中想布衣。伤心山下水,能出不能归。(《小仓山房集》[1]小仓山房诗集卷二十八,清乾隆刻增修本)

【笺注】:

[1][清]袁枚(1716—1798)撰。袁枚,钱塘(今浙江杭州)人,祖籍浙江慈溪,乾隆四年(1739)进士。授翰林院庶吉士。先后任溧水等地县令七年,为官勤政,颇有名声,世称“随园先生”,文笔与大学士纪昀齐名,时称“南袁北纪”。

过青田访刘诚意故居

[清]赵　翼

(土人云:“在南田山顶,去地千百丈,其上平畴,千顷村落相望,皆公子孙也。”质之县令赵君，亦云。惜匆匆不及往游，赋此以志。）我行青田江，言访诚意宅。居民为指点，宅在千仞壁。其上一洞天，良畴千顷辟。山平有回环，水软无跳掷。厥土乃上腴，亩岁收二石。处者皆刘氏，丁户累数百。犹守故侯风，服田读书策。虽无显仕宦，亦少贱隶役。惟公精青乌，堪舆审所择。是以占地灵，椒聊衍蕃硕。斯语殊未然，公本志勋绩。一经治《春秋》，决科早通籍。恢奇《二鬼》篇，英略蕴自昔。岂屑谶纬学？小数叩幽赜。时当元运衰，犹应行省辟。慷慨讨贼议，同官舌尽咋。独从石抹公，历险冒戈戟。使其果前知，肯狥阳九厄。是知世所传，浅夫妄亿逆。想公卜居意，但取兹境僻。外无纷华炫，内有耕凿适。庞公计贻安，楚相地取瘠。老成垂虑远，正以保宗祏。徒拟形家言，未免腐鼠吓。英贤自有真，岂在蓍与策？世所惊神奇，不值一笑哑。事往迹尚留，论定品始白。遥望青山高，遐哉君子泽。（《瓯北集》[1]卷三十二，清嘉庆十七年湛贻堂刻本）

【笺注】：

[1][清]赵翼（1727—1814）著。赵翼，阳湖（今江苏常州）人，乾隆二十六年（1761）进士，授翰林院编修。曾任镇安、广州知府，官至贵西兵备道。后辞官家居，从事著述。一度主讲扬州安定书院。晚年被赐三品衔。另著有《廿二史札记》等。

刘文成公授经图赞

[清]翁方纲[1]

青田三世，诚意一门。石间儿杖，花下琴樽。倏然相随者，子若孙。邈然追思者，徐与陈。（节选自王馨一《元刘伯温先生基年谱》，台湾商务印书馆1980年版）

【笺注】：

[1][清]翁方纲（1733—1818），直隶大兴（今属北京）人，乾隆十七年（1752）进士，官至内阁学士。翁氏能诗文，擅考证，精书法、赏鉴。另著有《复初斋文集》二十五卷等。

闰三月四日宿雨初霁，偕半圭游黄冈广福寺，过桂林上人房，即兴四首（其二）

[清]吴　骞

恰喜三春闰，重过祓禊天。祈蚕人赛鼓，择树鸟鸣弦。塾废仍新坂，书流记昔贤。（《南史·顾越传》：“所居新取黄冈，世有乡校，元周伯琦篆书‘黄冈书院’额，今尚悬贯氏祠中。”）如何刘越石，江海滞流年（谓刘文成也）。（《拜经楼诗集》[1]诗集卷四，清嘉庆八年刻增修本）

【笺注】:

[1][清]吴骞(1733—1813)撰。吴骞,浙江海宁人,贡生。喜好读书、藏书,有藏书数十万卷,建拜经楼,凡遇善本,必倾囊购之。工诗作画,兼好金石。另著有《愚谷文存》等。

蠡塘杂咏五十二首(其二十一)

[清]吴 骞

九十铜权字作双,曾因金穴醉银缸。不知覆瓿真何术,赚得杨花远渡江。(杨无头者,戚姬衡民也。偶附海舶,至越中山行,闻有呼己名者,谩应之,见数人自称刘文成后人,拉其助发藏金。杨随其往,果得诸野庙中,酬以铜权一、白镪数两①,盖皆藏中物也。权面有九十二字,背有"至正十八年造"六字。无头死,予购得之,土花斑布,极可爱,玩一夕失去。)(《拜经楼诗集》诗集卷三,清嘉庆八年刻增修本)

谒刘文成公祠(在青田县石门洞)

[清]王梦篆[1]

其一

文成功业炳千秋,圯上隆中足与俦。诸葛尚怜扶后主,沛公真幸遇留侯。明珠曾见遗沧海,宝剑长看射斗牛。今日栝苍凭吊客,谁来不说帝师州。

其二

命世才生岂偶然,如公终始亦迍邅。一官梅福轻投劾,半夜刘琨起著鞭。语为偾辕微忤旨,恨余归里旋生天。至今《覆瓿》《犁眉》集,脍炙人间五百年。(《两浙輶轩续录》卷二十一,清光绪刻本)

【笺注】:

[1][清]王梦篆(1738—1819),浙江遂昌人,乾隆五十九年(1794)遂昌岁贡。工诗,有《窥园诗钞》行世。

石门访刘文成读书处

[清]许培秀[1]

偶狎渔樵寄此踪,石光如火剑藏锋(相传先生试剑处,每至夜分,石上有光,

① 原文为"雨",据文意改。

灼然如火星）。十年望气西湖酒，一度呼星北固烽。伯仲萧、曹真倜傥，指挥徐、邓自从容。千秋姑孰真人出，独为南阳起卧龙。（《娄东诗派》卷二十七，清嘉庆九年诗志斋刻本）

【笺注】：

[1]许培秀(1742—1787)，太仓(今江苏太仓)人，布衣。著有《韵竹轩诗草》。

刘文成公祠（在石门）

［清］秦　瀛

王气种濠泗，元勋应斗牛。中原争逐鹿，沧海起潜虬。日月乘时会，风云杖策秋。畊莘曾就桀，猎渭已归周。世难红巾炽，天心黑青收。黄舆浮马渡，赤帜斩虵沟。草昧知隆准，经纶拟酂侯。营门一投谒，帷幄重谘诹。吴楚分天堑，江山指石头。鼎旋迁雒邑，檄早定神州。带砺盟书在，君臣鱼水侔。殊荣传铁券，画像叶金瓯。太息论功日，偏迟辟谷谋。采芝真已矣，饮药竟长休。礼讵三朝替，庸还十世酬。隆中仍祀葛，圯上尚封留。白鹤丁威化，青山谢客游。沧桑何日换，草木不胜愁。虚寝廊飞蝠，空祠瓦窜鼯。阴符藏古洞，宝剑葬灵湫。福地欣持节，寒滩偶系舟。搴萝公宛在，荐藻典重修。龙驭瞻荒阜，鸡鸣委废丘。还过读书地，长对石门幽。（《小岘山人集》[1]诗集卷九，清嘉庆刻增修本）

【笺注】：

[1]［清］秦瀛(1743—1821)撰。秦瀛，江苏无锡人，乾隆三十九年(1774)举人。四十一年(1776)，召试山东行在，授内阁中书，充军机章京，洊迁郎中。五十八年(1793)，出为浙江温、处道，有惠政。著有《小岘山人文集》。

题海山先生石门观瀑图（刘诚意读书处以下己亥）

［清］爱新觉罗・永理

其一

弭棹平江上，观泉到石门。昔人读书处，遗迹至今存。世阅飞流速，山开远势吞。每闻耽胜赏，空对画图论。

其二

夙有山梁性，偏兼景物披。喧豗动岩壑，洒落见襟期。眇论从巴蜀（明初赵天泽先生乡人也，其论江左人物以文成称首），陈踪漫《郁离》。且看观瀑者，曾否

旧须眉。(《诒晋斋集》[1]卷一,清道光二十八年刻本)

【笺注】:

[1][清]爱新觉罗·永瑆(1752—1823)撰。永瑆,乾隆帝第十一子,封成亲王。嘉庆四年(1799),任军机大臣,总理户部三库,亲王领军机即始于此。后罢其差使。自幼工于书法,造诣较深,与铁保及汉人翁方纲、刘墉并称四大家。曾受嘉庆帝之命书裕陵圣德神功碑,又令其自择书迹刻《诒晋斋帖》,以赏群臣。另著有《仓龙集》等。

石门刘文成公祠

[清]李赓芸

林峦深护读书堂,帷幄功应冠六王。堪与卧龙相伯仲,还将扪虱比行藏。五湖烟水舟难泛,二竖膏肓药不良。瀑布声中香一瓣,免随麟阁阅沧桑。(《稻香吟馆集》[1]诗稿卷三,清道光刻本)

【笺注】:

[1][清]李赓芸(1754—1817)撰。李赓芸,江苏嘉定(今属上海)人,乾隆五十五年(1790)进士。曾任嘉定县令、平湖县知县、嘉兴知府。后任福建布政使。不畏权贵,触忤福建总督汪志伊,被罗织罪名,上吊而死。后平反。所著书十余种。

书刘文成公《感时述事》诗后

[清]黄　钺

佐治宜孙幕,追思世祖年。长歌当痛哭,四海正戈鋋。始祸由官府,招安遂蔓延。可怜家国恨,徒付覆①瓿编。(《壹斋集》[1]卷十一古今体诗五十六首,清咸丰九年许文深刻本)

【笺注】:

[1][清]黄钺(1750—1841)撰。黄钺,当涂(今属安徽)人,乾隆五十五年(1790)进士。授户部主事,嘉庆时,历任赞善、山西学政、侍讲学士、山东学政、内阁学士、户部侍郎、礼部侍郎、礼部尚书、军机大臣、户部尚书等职。另著《二十四画品》等。

① 原文为“酱”,根据刘基文集名称改。

石门观瀑谒刘文成公祠三首

［清］黄　钺

其一

挂席溯瓜溪，弭楫向莲岙。闖然石门高，灵境惬初到。寻途蹑苔蹬，逢僧属前导。孤丛发早梅，幽香暗相报。忽惊耳根异，仰视银河倒。平生未有奇，何幸连月造。因思谢康乐，搴兰宿㵎奥。却怪集中诗，未及石门瀑。

其二

我闻测量家，云汉碎星聚。撒沙同一光，下视只匹素。又闻三神山，珠尘糁如雨。仙人拂拭之，弃掷略不顾。二说昔颇疑，睹此譬可谕。造化岂靳奇，滕泊偶成趣。万灵域分寸，目自隔尘雾。那知人闲世，本有梯天路。

其三

祠堂面飞瀑，遗像中三楹。先生替诸葛，宇宙垂大名。岩居昔赴召，借箸六合清。谈洋中飞謪，述志归躬耕。拓胸见象纬，学本经术明。多能虽鄙事，固匪郭与京。当世谬此理，傅会交相倾。阴谋道家忌，至欲疑陈平。可知闭房记，尚诬孔子成。（《壹斋集》卷六古今体诗四十七首，清咸丰九年许文深刻本）

读先文宪公诗集（有序）

［清］詹应甲

应甲垂髫鼓箧，先君子手一编，出示曰："此吾家先尚书文宪公讳'同遗'诗，汝受而读之，学为韵语。"应甲谨志。今三十余年，流浪风尘，弗克自振，何以嗣宗风，而承先泽耶？展卷，悚然作此诗：

胜代云烟笔底收，岂徒词藻压瀛洲。能开生面追燕许，祇有孤心结宋、刘（集中多与刘诚意伯、宋学士倡酬之作）。清白传家余苜蓿（公起自学官，历吏部尚书，《明史纪》太祖语廷臣曰："詹同清自吏也。"），丹黄和泪滴松楸。宗风弗振虚庭对，少日儿童又白头。（《赐绮堂集》[1]卷七诗，清道光止园刻本）

【笺注】：

[1]［清］詹应甲（1760—1841）撰。詹应甲，吴县（今江苏苏州）人，原籍婺源（今属江西），乾隆五十三年（1788）举人。嘉庆七年（1802）署湖北天门知县，历署远安、应城、恩施、汉川、汉阳、应山、大冶知县，官至荆门直隶州知州。所至称名宦，治水利尤有政绩。另著有《清江词》等。

秋日过石门看瀑布怀刘文成公

［清］鲍　台[1]

我骑白鼋浮江来，江上波浪吼如雷。须臾长风扫秋雨，奇峰洗出青崔巍。琪花瑶草非人世，洞天石扇訇然开。延缘一径入，谡谡松声催。云根万丈忽中裂，飞泉散作千琼瑰。黄河落天走东海，对此可以倾金垒。胜地名山万万古，英雄竖子同尘埃。君不见诚意荒祠倚萝薜，遗碑剥蚀生莓苔。昔人一去不复回，溪流日夜声喧豗。拂衣欲去仍徘徊，桃花流水思悠哉。会向仙人借黄鹤，余将迤逦入天台。（《两浙輶轩续录》卷二十一，清光绪刻本）

【笺注】:

［1］鲍台（1761—1854），浙江平阳人，嘉庆十九年（1814）岁贡。著《一粟轩诗文集》。

读刘文成公诗随笔

［清］蒋湘城[1]

强吴作沼乌喙疑，扁舟南下浮鸱夷。留侯不取万户印，晚慕赤松真我师。神仙将相偶然事，直以余力优为之。文终功人岂功狗，何乃老对刀笔为？千①钧一发有彀弩，冥冥鸿飞弋何施。英雄自古有如此，万事当观失意时。（《沅湘耆旧集》[2]卷一百四十二，清道光二十三年邓氏南邨草堂刻本）

【笺注】:

［1］蒋湘城，湖南湘乡人，嘉庆三年（1798）举人。

［2］［清］邓显鹤（1777—1851）辑。邓显鹤，新化（今属湖南）人，嘉庆举人。官宁乡训导。博究群书，足迹半天下。以搜讨乡邦掌故为己任，数十年极力搜集、整理乡邦文献。此书收沅湘地区自晋宋至元代历朝公卿、布衣、闺阁、释道之诗作。

刘文成公祠兼赠刘氏族姓

［清］韩锡胙[1]

碧云四覆晓山平，苍鼠松梧下翠甍。谁使斯民开后觉，帝为天下屈先生。庭阶揖让孙枝满，琴酒流连子夜清。石室遗书今在否，好拚半月坐寒檠。（《两浙輶轩录》[2]卷二十三，清嘉庆刻本）

① 原为“干”，据文意改。

【笺注】:

[1]韩锡胙(1716—1776),浙江青田人,乾隆丁卯(1747)顺天举人。次年教习期满,先后任山东平阴、禹城、平原、济河、莱阳等县知县。乾隆十九年(1754),因父母相继去世而离职。乾隆二十五年(1760)起,先后任江苏金匮、宝山知县,后升同知,又擢为安庆知府,再调为松江、苏州知府。乾隆三十八年(1773)升苏松督粮道,命未下而卒。工诗文书画。著有《滑疑集》等。

[2][清]阮元辑。本集选录浙江诗歌,起于清初,至于嘉庆年间,入选作家3000余人,共40卷,另附补遗10卷。各家之下,均有小传,是当时收录清代浙江诗人作品最为宏富的一个选本,是研究清代浙江诗人及其创作的重要史料。阮元,江苏仪征人,乾隆五十四年(1789)进士。选庶吉士,散馆授编修。曾直南书房,任山东、浙江学政,兵部、礼部、户部侍郎,浙江、江西、河南巡抚,漕运、湖广、两广总督。道光时,兼署粤海关总督,调云贵总督,拜协办大学士、体仁阁大学士,管理刑部、兵部。道光十八年(1838)致仕,加太子太保,后晋太傅。卒谥文达。阮元学识渊博,是嘉庆、道光年间主持风会数十年的著名学者,专宗汉学。

端木叔总购得刘文成授经图乞诗

[清]吴乃皋[1]

昔行青田山,言访文成宅。白云迷荒墟,古感意未释。今览授经图,依稀见精魄。英气动眉髯,高风岸儒帻。吾道值季世,出处均艰厄。拨乱无良图,安能守书策。偶尔逢兴王,藉手息兵革。还我儒素业,遂绵旂常泽。始终周、孔心,小道匪奇获。混元五百年,郁勃舒灵脉。近者端木子,心香继儒硕。绝学该天人,文章达朝籍。我联两世交,问道拜前席。木坏哲已萎,空山鹃泪碧。有子传遗经,亦能读《周易》。邂逅得此图,袭藏护拱璧。自言先人志,匪为名世惜。勖哉守经训,家风此精白。题咏吾岂能,聊以备药石。(《两浙輶轩续录》卷四十,清光绪刻本)

【笺注】:

[1][清]吴乃皋(1769—1814),平阳附贡,著《涂鸦诗钞》。

诗

[清]彦　图[1]

一代勋哉佐帝王,风流名士接南阳。籍图收聚萧丞相,帷幄远筹张子房。腹蕴经书真事业,笔开气数大文章。我来祠下瞻遗范,世德于今俎豆香。(《南田山

志》卷四，文成县政协学习文史委2008年版）

【笺注】：

[1]《光绪青田县志·卷八》："彦图，满城举人，(1800年)十一月任(青田令)。"

题重模刘文成公授经遗像

[清]宗稷辰[1]

昔有元圣生空桑，始就浊世气未扬。一朝田闲贲束帛，风云交契佐汤王。于桓帝师种括苍，郁郁困絷鹤不翔。中原王气望已久，日月下照东南光。四先生起大本立，治略实自传经堂。鹰瞵虎视来鄱阳，开三百载绍汉唐。螭潜凤止还谈洋，教二三子歌羲黄。惜不早从赤松子，乃使恶石萦刚肠。老莲山人旧图此，曲绘诗礼家庭庆。粉墨萧疏脱神采，道貌想象尤矜庄。重摹笔意远不及，犹见遗老思明良。回首石门读书处，古泪因之流浪浪。(《两浙輶轩续录》[2]卷三十，清光绪刻本)

【笺注】：

[1]宗稷辰(1792—1867)，会稽(今浙江绍兴)人，道光元年(1821)举人。任县尉，历官至山东运河道，以病告归。后在湖南等地主持书院数年。晚年主讲绍兴蕺山书院，成就甚大。著有《躬耻斋文集》等。

[2][清]潘衍桐编。本书为阮元《两浙輶轩录》续集。仿阮书之例，搜辑清顺治至光绪间浙江诗人四千七百零九家诗一万三千五百四十三首。所收基本上为嘉庆初年以后之作，阮书漏收之清初诗人亦予补入，各家均系小传，以备知人论世之用，书前姓氏韵编亦颇便检索。《凡例》极详，编辑缘起、参修人士、征引书目皆有记载。潘衍桐，南海(今广东广州)人，同治七年(1868)进士。授编修，充国史馆纂修。光绪四年(1878)，丁母忧，归，主讲越华书院。光绪十年(1884)，补国子监司业。光绪十四年(1888)，授浙江学政，补侍讲学士，转侍读学士。另著有《拙余堂诗文集》等。

富山刘文成公祠(明嘉靖间①建)

[清]张惠畅[1]

金陵帝业已山邱，犹剩荒祠古栝州。世远几人奠杯酒，山高一带俯溪流。中兴尚有馨香报，当代全凭借箸筹。挈伴登临访遗迹，残碑零落碧苔秋。(《两浙輶轩续录》卷三十，清光绪刻本)

① 原文为"闲"，据文意改。

【笺注】:

[1]原注:"张惠畅,字锦文,丽水诸生,著《悟禅遗会》。"

石门怀刘伯温先生

[清]孙贞一[1]

山栖对绝壁,晨夕光景奇。初转洞元经,复吟客子诗。茫茫一千载,应运诞帝师。勋业比子房,今古无异词。留侯奋嬴季,诚意起元衰。佐命出一轨,谋身乃逊之。岂曰无神仙,赤松不可期。我欲招白鹤,与君同遨嬉。(《两浙輶轩续录》卷五十一,清光绪刻本)

【笺注】:

[1]原注:"孙贞一,字又元,龙泉道士。《绀雅堂诗话》:'谢灵运《石门诗》凡二,登石门最高顶一首为永嘉之石门,见《渔洋诗话》。处州地晋时并隶温州,盖即今青田①石门云。余按试处属,曾至其地,《谒刘文成祠遗像》犹存,又元诗引谢客,语颇叶羽,士中不多觏也。'"

游处州石门洞瞻刘文成公遗像

[清]托浑布

到岸偶停舟,名山且快游。两新峰泼翠,霜老雁横秋。飞瀑危岩泻,荒亭古像留。功成遭惎间,辟谷信良筹。(《瑞榴堂诗集》[1]卷四,清道光刻本)

【笺注】:

[1] [清]托浑布(1799—1843)撰。托浑布,清代蒙古族政治人物、诗人。

舟过青田吊刘诚意

[清]张际亮

洒落君臣契孰訾,终缘嫉恶死犹疑。但师陆抗心原苦,曾比陈平计每奇。落日风云何惨淡,空城草木亦威仪。鱼龙夜偃孤舟冷,飘泊乾坤有此悲。(《思伯子堂诗集》[1]卷三,清刻本)

【笺注】:

[1][清]张际亮(1799—1843)撰。张际亮,建宁(今福建建瓯)人,道光十五年(1835)举

① 原文后有"才",疑为衍字,删之。

人。博学多才，清高闲散，一生未入仕途。好游历，擅作诗。诗作主要辑录于《松寥山人集》《娄光堂稿》等。

青田石门洞观瀑布(刘诚意书院也)

［清］张际亮

谁将银汉水，倒挽石崖端？一片云花落，满山风雨寒。因知此岩壑，定有玉龙盘。安得呼刘叟，从予上下看。(《思伯子堂诗集》卷三，清刻本)

楝花轩

［清］汤　鹏

放舟楝花溪，酌酒楝花轩。不见郁离子，日暮心茫然。(《海秋诗集》[1]卷二十五五言排律七言排律五言绝句六言绝句，清道光十八年刻本)。

【笺注】:

[1]［清］汤鹏(1801—1844)撰。汤鹏，湖南益阳人，道光二年(1822)进士。官至监察御史。一生志存经世，但抱负不得施展。善诗，诗笔豪放，自成一家。另著《浮邱子》等。

青田吊刘诚意伯

［清］林昌彝

南征北伐出钤韬，淮泗真人百战劳。手定河山收王气(王去声)，坐令冠盖压仙曹。军谋奇诡如孙武，主术枭雄等汉高。回首青田余故宅，空山夜月拥旌旄(或以为文成仙去，非为胡惟庸所毒)。(《衣讔山房诗集》[1]卷六，清同治二年广州刻本)

【笺注】:

[1]［清］林昌彝(1803—1876)撰。林昌彝，侯官(今福建闽侯)人，道光十九年(1839)举人。后屡经会试不第。与魏源、林则徐相知甚深，治经精博，留心时务，曾写《破逆志》和《平夷十六策》，主张巩固海防，抵御外侮。另著作《射鹰楼诗话》等。

端木明经百禄以刘文成公《授经图》遗像摹本属题时从征粤寇行有日矣

［清］王　拯

龙虎山中遁杳冥，碧梧翠竹自娉婷。功成举世疑多艺，老去传家只一经。不任剧烦原薮泽，自然流转入①丹青。括山多少遗闻在，万里归来访易亭（君尊甫太鹤山人在日，注《易》最精）。（《龙壁山房诗草》[1]卷四己未集，清同治桂林杨博文堂刻本）

【笺注】：

[1][清]王拯（1815—1876）撰。王拯，广西马平人，道光二十一年（1841）进士。官至通政使。以古文著称一时，兼长诗词，与朱琦、龙启瑞皆为岭西名家。另著有《龙壁山房文集》等。

书刘伯温传后

[清]史梦兰

诚意伯称留侯比，兴汉兴明殊相似。中书不拜小明王，西湖望气轩然起。高安如逢黄石公，青田偏少赤松子。嗟嗟术数与天文，不救身为小犊死。（《尔尔书屋诗草》[1]卷一四言五言古，清光绪元年止园刻本）

【笺注】：

[1][清]史梦兰撰。史梦兰，河北乐亭人，道光二十年（1840）举人。授山东朝城知县，不就。曾国藩、李鸿章慕其才，先后一再招致，均以母老为辞。隐居故里，潜心研究乡邦掌故，整理谣谚。同治十二年（1873）至光绪五年（1879），为邑令所荐，受聘编纂《乐亭县志》《迁安县志》《抚宁县志》《永平府志》。所纂各志结构严整，主次分明，凡例中对方志编纂颇具独到见解。

明史八咏（其一“刘青田”）

[清]叶绍本

宝剑歌成币聘隆，皤然三顾大名同。风云早识兴王气，带砺仍收上将功。吴、汉争能工择木，胡、蓝狱早鉴藏弓。鹰扬伟略丹书在，莫把阴符谤太公。（《白鹤山房诗钞》[1]卷三古今体诗八十首，清道光七年桂林使廨刻增修本）

【笺注】：

[1][清]叶绍本撰。叶绍本，归安（今浙江湖州）人，嘉庆六年（1801）进士。改庶吉士，授编修。历官福建学政、山西布政使，降鸿胪寺卿。

① 原文为“人”，据文意改。

林迁谷叟画刘文成像，命之曰《景行图》属为诗（乙丑）

［清］孙衣言

留侯美妇人，古今有相似。经生固温温，佐帝非得已。明祚二百年，风节此根柢。为国有纲维，视睫昧千里。太任坐斋宫，万事今待理。南金矮荆衡，矿厉或跃起。大变思异才，迂翁亦奇士。（《逊学斋诗钞》[1]续钞卷一古体诗，清同治刻增修本）

【笺注】：

［1］［清］孙衣言（1815—1894）撰。孙衣言，浙江瑞安人，道光三十年（1850）进士。选庶吉士。咸丰初授编修，入直南书房，擢侍讲。出为安庆知府，寻以疾归。后权凤颍六泗道，擢安徽按察使，升江宁布政使，调湖北布政使，召为太仆寺卿，不久归里。另著有《永嘉学案》等。

明人持论，薄有元一代，往往刻责赵吴兴，而左袒刘青田，其实两公出处均有遗议，不然余忠宣又何以称焉？偶阅《诚意集》，因题其后

［清］吴仰贤

躬耕不与武侯同，一第匆匆亦误公。学步累他洪太傅，功成名落二臣中。（《小匏庵诗存》[1]卷六，清光绪刻本）

【笺注】：

［1］［清］吴仰贤（1821—1887）著。是书所载吴诗多怀古与纪行之作，对西南风物、人民苦难与民族矛盾都有所描绘。吴仰贤，浙江嘉兴人，咸丰二年（1852）举进士。入翰林院。改官云南知县，擢知府，迁云南迤东兵备道。后引疾辞归。另著有《小匏庵诗话》。

壬申春日自杭州至福宁杂诗（其十六）

［清］俞　樾

山中诚意旧儒宫，妇竖能谈佐命功。我向堂前拜遗像，旗峰西矗鼓峰东（石门洞为刘伯温先生读书处，遗像尚存，曰旗曰①鼓，乃其左右峰也）。（《春在堂诗编》[1]己壬编，清光绪二十五年刻春在堂全书本）

【笺注】：

［1］［清］俞樾（1821—1907）撰。俞樾，浙江德清人，道光三十年（1850）进士。历翰林院编

① 原文为“日”，据文意改。

修、河南学政等职。咸丰七年(1857)年罢官,此后致力著述、讲学。曾主讲苏州紫阳书院、杭州诂经精舍等。光绪二十八年(1902)以乡举重逢,复原官,重赴鹿鸣宴。著述丰富,另撰有《荟蕞编》《耳邮》等。

紫霞道院谒刘诚意伯像

[清]陈作霖

千古文成谥,留侯后一人。兴王自有佐,决策动如神。都以龟蛇定,年羞龙凤遵。奈何道家祀,香火例仙真。(《可园诗存》[1]卷二十五蟠园草,清宣统元年刻增修本)

【笺注】:

[1][清]陈作霖(1837—1920)撰。陈作霖,江苏南京人。历任《上江两县志》分纂、《江宁府志》分纂、金陵官书局分校、崇文经塾教习、奎光书院山长、上江两县学堂堂长、江楚编译官书局分纂、南洋官报局帮总纂、江南图书馆典籍、江苏省通志局总校兼编纂、《江宁县志》总纂。其方志著述颇丰,有《江苏兵备志》等。传世之作,首推记大事之《金陵通纪》与传人物之《金陵通传》。

磊石山(自注:山下有屈子行吟处,峰头岳忠武、刘文成屯兵故址犹存)

[清]周燮祥[1]

登高四望楚天哀,词赋干戈百事灰。万古惟留此山石,一卷犹耸洞庭隈。寒涛夜泣灵均庙,衰草秋荒上将台。那更黄陵暮鸦影,带将清憾渡江来。(《沅湘耆旧集》卷一百七十,清道光二十三年邓氏南邨草堂刻本)

【笺注】:

[1]周燮祥,湖南湘阴人,廪生,著有《玉池山樵诗钞》。

补元遗山王渔洋论诗绝句(刘文成基)

[清]谭宗浚

元勋佐命画云台,余事讴吟亦壮哉。合作一朝风雅祖,瓣香元自道园来。(《荔村草堂诗钞》[1]卷三过庭集上,清光绪十八年廖廷相羊城刻本)

【笺注】:

[1]谭宗浚(1846—1888)撰。谭宗浚,广东南海(今广州)人,同治十三年(1874)榜眼。授

编修。督学四川，典试江南，所得多知名士，历充国史馆、功臣馆纂修，起居注协修，文渊阁校理。外放云南粮储道，兼权按察使。以劳累过度，请回籍调理，半道卒于隆安旅舍。少承家学，既长，才学渊博，名满都下。

谒明诚意伯刘公祠偶书所见

［清］胡苏云

白云天半飞鹏翮，飘缈出群绝凌轹。谁人得似刘青田，明初定鼎国柱石。学探元元阴符书，胸罗天纲周八极。江南布衣提尺剑，陈列事宜十八策。参谋帏幄动鬼神，一扫乾坤震荡力。可惜早知金陵云，何苦隶名元仕籍。时推留侯灭强秦，比责管仲争纷释。或谓小就非知遇，又曰鸿裁鲜拘束。臣无智愚具忠贞，仕岂崇卑异天则。倘无仲尼救时心，请从由赐渎论责。（《芥浦诗删》[1]卷五七言古，清乾隆刻本）

【笺注】：

［1］［清］胡苏云撰。胡苏云，《光绪江西通志》一百十一："南丰人。"生平不详。

第六章　文　学

1. 存世作品

(1)《覆瓿集》

《覆瓿集》，诚意伯括苍刘基著，其家有刻板。余所蓄三册，得之黄学士宗豫。(《东里集》[1]续集卷十八，清文渊阁四库全书补配清文津阁四库全书本)

【笺注】:

[1][明]杨士奇(1366—1444)撰。杨士奇，泰和(今江西泰和)人。建文初，以荐入翰林，充编纂官。后授吴王府审理副，仍供馆职。永乐初，改编修。不久，入内阁，典机务。累官至华盖殿大学士。正统中，进少师历五朝，在内阁为辅臣四十余年，首辅二十一年。卒赠太师，谥文贞。著有《东里全集》《东里别集》。

诚意伯《覆瓿集》二十四卷、拾遗二卷，诚意伯、开国元勋、弘文馆学士括苍刘基伯温撰。(《百川书志》卷十三集，清光绪至民国间观古堂书目丛刊本)

(2)《郁离子》

《郁离子》一册，括苍刘基伯温撰。“郁离”，以言其文也。刻板在其家，余得之前浙江布政司照磨王仲志。(《东里集》续集卷十八，清文渊阁四库全书补配清文津阁四库全书本)

明刘基撰。……是书原本十卷，分十八篇，一百九十五条，今止二卷，盖后人所并也。基初仕元，不得志，因弃官入青田山中，著此书。天台徐一夔序曰：“郁离者，‘离’为火，文明之象，言用之，其文郁郁然，为盛世文明之治也。”已①附载《诚意伯集》中，此盖其别行之本。(《郁离子》二卷，见《钦定四库全书总目》卷一

① 原文为“巳”，据文意改。

百二十四）

(3)《写情集》

刘伯温有《写情集》，皆词曲也。（《渚山堂词话》[1]卷一，清文渊阁四库全书本）

【笺注】:

[1][明]杨慎(1488—1559)撰。杨慎，四川新都(今成都市新都区)人，正德六年(1511)状元，授翰林修撰。世宗以藩王即帝位，欲尊生父为帝，杨慎与臣僚二百余人请愿，被谪戍云南永昌卫，前后在云南达三十四年之久，七十二岁终于谪所。其诗沉酣六朝，揽采晚唐，创为渊博靡丽之词，造诣深厚，独立于当时风气之外。著作丰富，有一百余种，后人辑其要者为《升庵集》八十一卷。诗论有《升庵诗话》十四卷。

(4)《犁眉公集》

《犁眉公集》四卷，诚意伯刘基既老之著也。（《百川书志》卷十三集，清光绪至民国间观古堂书目丛刊本）

(5)《诚意伯文集》

明刘基撰。……其诗文杂著，凡《郁离子》四卷、《覆瓿集》十卷、《写情集》二卷、《春秋明经》二卷、《犁眉集》二卷，本各自为书。成化中，巡按浙江御史戴鷟等始合为一帙，而冠以基孙廌等所撰《翊运录》，盖以中载诏、旨、制、敕故，列之卷首。然其书究属廌编，用以编入卷数，使此集标基之名，而开卷乃他人之书，殊乖体例。今移缀是录于末简，以正其讹。余十九卷，则悉仍戴本之原次，以存其旧。基遭逢兴运，参预帷幄，秘计深谋，多所裨赞，世遂谬谓为前知。凡谶纬术数之说，一切附会于基，神怪谬妄，无所不至，方技家递相荧惑，百无一真。惟此一集，尚真出基手。（《诚意伯文集》二十卷(浙江巡抚采进本)，见《钦定四库全书总目》卷一百六十九，清文渊阁四库全书本）

2. 逸文逸诗[1]

【笺注】:

[1]本节刘基佚失文献收集整理，主要根据周松芳《自负一代文宗》373—384页、蔡堂根《〈萧山任氏家乘〉中的刘基文献考述》、桐庐吴宏伟等先生提供的文献。在收录过程中，参考中国基本古籍库相关典籍，根据个人理解，标点有重校，段落有重排，并作了时间的初步考订。文献收集功劳厥大，不敢掠美，谨志。

(1)逸文

约 1343—1346 年

虎镇山记[1]

是山之发脉，远自红羊尖午峰飞舞而下，蜿蜒磅礴，委蛇迤逦而来。抵此则势忽昂藏，崇嶐嵌嵚，如虎作威，而有静以镇之之象，故以"虎镇"名，形似矣。

登是山之巅，可以俯视一切：烟火康衢，而瓦缝参差，宛如泼墨，人言、鸡犬嘈杂之声，哄然莫辨；南望，则三峰插天，列戟于后，而华林香水，垂手可挹；东眺，则两水滢回，溪流涓涓，狮山如吼，亭山屹立，野花与草树，杂发点缀；北览，则近若梅山松林，其烟村云树与苍松翠竹，天然画图。更远望对岸，叠巘重峦，云蒸霞蔚，爽然入我襟怀；西顾，则平畴绿野，一望千顷，铁岭、马鞍、鸡笼诸山，形势起伏，跌落顿挫，宛如城郭。登临之际，不觉豁我凝眸，畅我幽情，而虎视眈眈之念，与山同一镇静矣。（桐庐宣传部吴宏伟据当地文献整理提供）

【笺注】:

[1]此文用字有现代语法卷入，疑或有传抄补足之处。刘基元末曾馆寓桐庐翙岗，与桐庐李氏交好。其孙刘廌亦有《游妙严寺和李长年韵（二首）》，中有"桐阴""画舫""吴歌"等桐庐地域标识的词，又有"凤凰鸣处朝阳好，时赋高冈二雅章"（当地人言刘伯温在桐庐翙岗有"凤翙高岗"的题字）之句。妙严寺，《南田山志・卷四》："在南田莘庄。唐大顺间建。"此诗应为李长年或曾到南田，与刘廌同游。按此文撰写手法稚嫩，或为至正三年（1343）到至正六年（1346）寓居时之作。

约 1346 年

伯夷叔齐祠（昌乐）[1]

商业昔沦季，豕蛇逮逸民。廉来且柄国，播弃乃斯人。殷德苟可终，归周竟何陈。叩马止干戈，万世严君臣。薇歌苦且怨，孔子贤其仁。落日西山蕨，清风北海滨。平生仰高躅，兹拜侧心神。（《山东通志》卷三十五，析自周松芳《自负一代文宗》）

【笺注】:

[1]此伯夷叔齐祠位于山东昌乐（今山东潍坊市），刘基生平到北方目前可考者，仅限于元统元年（1333）大都会试及至正六年（1346）大都干谒，因至顺年间为赶考，心态在于事功，故观风物之情可稍少之。刘基至正六年（1346）有北上干谒事，故初系之至正六年（1346）。

1350 年

赠桐江临溪西庄华氏宗谱序

予为中原不靖，遨游海内，寄迹于桐江凤岗李氏之家。有懿亲临溪西庄华姓讳大昭者，乃胜四公之四世孙也，与予相契稔。一日，持家谱示予曰："吾高祖景伯公弃河南之故里，播迁于桐，其子胜四公，系临溪西庄之始祖也，至今百余年矣，子孙犹能识先代阀阅之家声。及临溪聚族之根由者，皆赖胜四公谱志之明载也。乞序之，以表扬胜四公之令德。"

予受而详览之，喟然叹曰：

"景伯公知隐逸之真趣，乐山水之清闲，磊磊落落，绰乎有子陵高风。其子胜四公，承父之志，拓父之业，非所称善述者乎？且也上述历代之源流，自人皇氏以后，迄景伯公以前，越数千载之久。而其间流裔，接续若缓缕之绵绵，相贯若源水之涓涓，相继源清流洁，并无纤毫假口①，亦无片语虚夸，诚世家之实录，不刊之大典也！

夫谱志既修之，序明尊卑之分别；蔼然有恩，以相亲灿然有礼，以相接门闾之所由，以张大而子孙之所由，以昌盛者也。谱之所系，讵不重哉！予深羡胜四公之能，阐扬世德，又嘉大昭公之能，不忘先泽也。因乐为之序云。"

时元至正十年(1350)，岁次庚寅，春三月上浣吉旦，处州府青田县逸史、侍教生伯温刘基顿首拜撰。(桐庐宣传部吴宏伟据当地文献整理提供)

1352 年[1]

张伯雨墓志铭[2]

周松芳按：在修订本书的过程中，发现四库《张伯雨墓志铭》有两个版本，一是《句曲外史集》所附，一是朱存理《珊瑚木难》卷五所辑。不久见到程杰教授《刘基〈张雨墓志铭〉及相关问题》(《浙江社会科学》2005 年第 2 期)，认为前者乃节本，深以为是。画线部分或为节本所无，或有异。

句曲外史雨者，钱塘人也，姓张氏，字伯雨。六世祖九成，以状元擢第于宋。传四世，至逢源，仕宋为奉议郎，通判漳州。逢源生肖孙，肖孙(节本均作：有孙)生雨。雨旧名泽之，后改名雨。雨兄弟三人，独雨好学工文章。娶某氏，生子男一人，女二人。

① 根据与下句的对仗，"假"前后漏一字，故缺补之。

雨性狷介，常眇视世俗，悒悒思古道，知弗能与人俯仰，遂挺身入普福观，戴黄冠为道士。年三十，登茅山，受《大洞经箓》，豁若有所悟，遂敻出群道士表。道士见雨颜色皆敛，而雨神益完，貌益固，虽其师亦莫能测也。

雨独与翰林学士吴兴赵文敏公善，赵每以陶弘景方雨，谓雨曰："昔陶弘景得道华阳，是为华阳外史。今子得道于句曲，其必继陶。"后乃号雨"句曲外史"。雨遂自居曰"句曲外史"，四方人称之（节本作：期之，雨自号）曰"句曲外史"。

明年，开元宫王真人入觐京师，引外史自副。时清江范得机方教授左卫，以能诗播于朝（节本作：名）。外史造范，范适出，有诗集在几上，外①史辄取笔书其后，为诗四韵。守者见则大怒，趋白范，范惊曰："吾闻若人不得见，今不天畀我友也。"即自诣外史，结交而去。由是外史名震京城（节本作：中），一时贤士大夫若浦城杨仲宏、四明袁伯长、蜀郡虞伯生皆争与为友，愿留之京师。外史虽为道士，恒以亲老为忧，乃固辞归钱塘，玺书赐号"清容玄一文度法师"，住持西湖福真观。

父卒，庐于墓三年，丧毕，为道士如初。

延祐庚申（节本作：初）谢观，居开元宫。明年，杭灾宫毁，外史适华阳刘宗师。刘素奇其才，使主领崇寿观。及刘卒，外史义奉玺书，提举元符宫，仍纪至元之丙子，以上冢告归，遂不复去。筑室北郭，著书于其间，命曰《幽文》《玄史》，又建紫虚阁于葛岭。会玄教吴宗师命外史为《道德经注》，注成，加教门修撰、西太乙宫高士，仍提点开元宫，时年已六十矣。乃先葬其冠、剑于南山，而辞宫事，但饮酒赋诗，或焚香终日密坐，不以世事接耳目。

后八年，卒于宫之斋居，箧笥无遗物也。

外史素不与俗人交，有不善，辄面折，而有善，亦未尝不力扬之。故远近之有才学者，无不愿踵其门，虽不见许可，退亦不敢憾，非其识见精敏，操履端直，何能使人畏服若是哉？至正乙丑（节本作：酉）[3]，基以提举儒学备员江浙，始获识（节本作：与）外史，一见即如平生欢。明年七月，而外史卒。

呜呼！世之拔流俗而独行者，鲜矣！得斯人焉，而弗获与久之游，宁不深可惜哉！外史既卒于是，宫之掌事及其弟济之奉其棺，葬于冠剑所，而基适迫棘闱事，弗能与执绋。及出，欲（节本作：为）访其（节本作：外史）遗躅而为之铭，而外史之徒若子弟，无能承外史（节本衍一字：之）志者。逾年，始得濮阳吴敏为道外史始末。嗟夫！外史已矣，有友而弗铭，咎将谁归。于是乎铭，铭曰：

"孰为（节本作：与）之与（节本作：无），躯以为吾拘。式还其虚，杳乎冥乎，吁

① 原文作"名"，据文意改。

嗟乎幽墟。"(析自周松芳《自负一代文宗》,又见[明]朱存理《珊瑚木难》卷五,民国适园丛书本)

【笺注】:

[1]文中云"至正己丑(1349),基以提举儒学备员江浙","明年七月,而外史卒","逾年,始得濮阳吴睿为道外史始末……于是乎铭",则后二年(1351)为此文。

[2]《珊瑚木难》:"右《伯雨墓铭》《文明圹志》《竹林宴集序》共三篇,乃陶《南村杂钞》中所录,考之《覆瓿》等集,皆不载,故录之于此。"则朱存理认为,以上三文是刘基所作。而此三文的作品记录行实、文风亦与刘基相符。以下《文明圹志》《竹林宴集序》同。

[3]至正无"乙酉"年,按刘基任江浙儒学副提举为至正九年(1349)到至正十一年(1351),又云"明年七月,而外史卒",张雨卒于至正十年(1350),则此处应为至正"己丑"(1349)。

1352 年

渊颖吴先生文集序

人之所以成名者三,曰"道德""文章""技艺",皆不可以无师。道德以为之根干,文章、技艺以为之葩华、枝叶。生而知之者间世或出,人不能皆也。苟无师焉,如矢之无弓,如汲之无绠,如医之无方,如车之无御,如越人之燕而无人为之导矣。矢无弓,虽见而不能造;汲无绠,虽欲而不能得;医无方,虽知病而不能疗;车无御,虽有马而不能同;越人之燕而无为之导,则不阻于江河,必迷于歧路,虽抗其心神,羸其筋骨,终不能以径达。故器备矣,必谐之以律吕,然后可以成声音;物有矣,必将之以礼乐,然后可以致鬼神;兵足矣,必律之以曲制,然后可以平之以邦国。是故抟土为尊,而画之与牺象,不异而不可以盛酒,未尝由乎钧陶也;削木为弓,而漆之与彤祛,不易而不可以穿革,未尝由于隐括也。人之欲成名而无之师焉,亦是之类矣。

予尝悲今为文章者皆不如古,及见宋君景濂而服之,尝为序其文章以命后进。又每慨叹舆图之广,生养休息非一二世,何太平遗老就尽,漠乎无有继者,而天独私于宋君也!及今年,宋君以其师父吴先生之遗文若干卷示予,一读而骇,再读而敬,三读而不知神与之接,融融漾漾,不知其旨之,乐之,咏之,叹之也。于是乎乃知宋君之所以过人者,自有来也。

昔者孟子谓:"离娄之明,公输子之巧,不以规矩,不能成方圆;师旷之聪,不以六律,不能正五音;尧舜之道,不以仁政,不能平治天下。"唐柳子谓:"今之世不闻有师。"予虽与吴先生同为浙东人,尚各里其里,无事不相往来,不及见吴先生,今偶宋君于羁旅,且因宋君而得见吴先生之文,乃知浙河之东,以文章鸣于世者,无时而乏，故窃自庆而为之序，且陈其不可无师之说，无有补于后来者哉！

文林郎、江浙等处行枢密院都事，前进士青田刘基序。（析自周松芳《自负一代文宗》，又见《皕宋楼藏书志》[1]卷一百一集部，清光绪万卷楼藏本）

周松芳原按：此序前有自记至正十二年(1352)八月二十六日胡翰所作序，后有胡助序，据此可定此序所作时间当在此前后不久。

【笺注】：

[1][清]陆心源(1834—1894)编。此书为陆心源目录学的代表作。陆心源，归安(今浙江湖州)人，咸丰九年(1859)举人。官至福建盐运使。学识渊博，尤崇尚顾炎武，定室名为"仪顾"。通文献，好唐文，擅校勘。收藏古籍甚富，藏书室有"皕宋楼""十万卷楼""守先阁"。著述九百四十余卷，辑为《潜园总集》。

1354年

竹林宴集诗序

基既从左丞公至越，而辞戎事，始得与越士大夫游，乃……①四月丁巳，与嘉兴王纶、赵郡吴溥、会稽王俨、华亭唐虞民会于黄本之舍。主人出酒肴，劳客乐甚，徙席于竹林之下。主人奉觞酌客而言曰："昔司马氏之臣，有饮于竹林，而以贤称者七人，今日之会亦七人，其乐同与？彼七人者，湎淫以自放，袒裸以为达，浮诞以为高，悖礼伤教，以导天下于纵肆，君子疾之，吾党以此为鉴。虽然，今臣之会，文会也，必有事以为欢。孔子曰：'作者七人矣。'或者以《鲁论》所载封人、晨门、荷蒉、接舆、长沮、荷莜丈人充之，虽不必是，而七人者皆士也，孔子录之，未有弃焉。盍各引其意，以为歌辞，以畅予怀，不亦可乎？"众应曰："诺！"词成，击竹而咏之，有金玉之声，听之泠然，飘飘乎有遗世之志，浩②乎不知其所如也。

于是比而书之，俾基为之序：

夫七人，东周之隐者也，使天下而多隐者，则其为世也可知矣。巢父、许由，其说不经，使实有之，亦妄人耳，乌足以为道？傅说、吕尚，得时而兴，为隐不卒。伯夷、叔齐，以一身纲纪万世。仲雍自绝以成父志，柳下惠直道见黜，皆不得已，非固欲隐，以远人而忘世也。见世不之不可为，而决意以隐者，其惟七人乎！仪封人愿见孔子，其志固异，既见而以木铎喻之，可谓善观圣人而有所感发矣。居下位而终不用也，悲乎！晨门、荷蒉、接舆、长沮、桀溺、丈人之徒，能知世之不可，

① 疑后有交代"至越"时间或生活概况的阙文。

② 根据前后句式对仗，疑掉落一"浩"字。

而不能识圣人之意，故梏而不解，宜其是己，而非夫子也。狂狷之士，或可与有为也。下车与言，则走以避，问津，则不答，度其不返，则逃之，何其矫耶！

呜呼！六子非圣人之伦也，磨不磷、涅不缁者，天下一人而已，六子者，岂不自知也哉！与其出而縻于人，孰若处而安其心？与其进而觝于时，孰若退而全其神？我知之矣。余今与子之生于斯也，处耶？出耶？不可得而必也。其遇也岂有期，其合也非有谋。咏歌言怀，遇适其逢，亦聊以解吾忧也。彼放浪沉湎之流，固非吾之所屑，而至于遗人群以自泯，则亦岂吾心之所欲哉！

至正十四年(1354)，岁在甲午，夏四月，括苍刘基序。(析自周松芳《自负一代文宗》)

1355 年

跋《罗昭谏代钱缪谢赐铁券表稿卷》

周松芳按：是文徐朔方先生《刘基年谱》(稿本)辑自陆心源《穰梨馆过眼续录》卷一。是书现藏北图，不易查找，徐先生文稿也未发表，今又病不能言，特转录如下，亦以资记念。

□考唐史，吴越王于乾宁四年丁巳[①](897)八月四日亲受昭宗金书铁券、《谢恩表》一通，用罗隐先生之所代也。其忠君爱国，全始慎终，享用绥长，子孙安妥，前后三十多言，一百九十余字，读之令人不忍释手，诚乡绣纹锦心，良金美玉之不若也。紫虚观高士吴梅涧出以示予。梅涧遭世乱，闭户读《黄庭》《道德》，得其旨趣。稍暇，喜法书。此贴宝藏不偶，予细观之，罗君之作，故如是之富，而脱稿亲书于兹，有年矣，然上字之于下字，左行之于右行，脉络贯通，精神条畅。君故不以法书鸣世，而此稿之善，信乎平[②]人不能易到也。聊书数语于墨尾。

至正十五(1355)年春三月，青田刘基跋。(析自周松芳《自负一代文宗》)

周松芳原按：所系年月或有误，详参(《自负一代文宗》)附录一至正十五年系年。

任君燕居记[1]

至正之秋，八月既望，余时馆于萧山任隐君伯大家。厥子原礼与余善，尝赠《怡怡堂记》矣，尝赋萧然任氏篇什矣。翰墨载诸彤管，固不一而足。至是，复以《燕居》请予，予不辞而记之。曰：

---

① 原文无“巳”字，根据乾宁四年农历干支补。

② 原文为“乎”，以文意观之，改为“平”。

居曷取乎燕耶？君奚为而乐于燕居耶？盖居于朝廷，则政事所出，侃侃尔，与与尔，缩缩尔，君在侧①礼然，而身不得以自由也；居于乡党，则宗族所聚，拘拘尔，似不能言尔，亲在侧礼然，而意不得以自适也；居于宗庙，则礼法所羁，便便尔，每问尔，唯谨尔，尊在侧礼然，而情不得以自舒也。三者皆非所居之位。意唯燕居，则墉焉萦萦，垣焉重重，堂焉冲冲，台焉崇崇，室焉溶溶，所而序，级而荣，觞于斯，咏于斯，寅宾戚于斯。朝钟暮鼓之音，四时山水之色，索笑于群芳，借听于万籁者，恒于斯，尽可供余乐于有终。

噫！此特燕于其外者耳，而未究其本也，非任君意也。其意亦唯妻子好合，如鼓琴瑟；兄弟既翕，和乐且耽；父母其顺矣，怡怡融融。洞我神牖，塞我六窍，时不眩志，遇不易操。锡马三接不为亨，雉膏不食不为困，群小交憎不为慑，而四海宗之不为耀。观寥廓以燕其量，熙日月以燕其明，配易简以燕其德，瞻斗极以燕其灵，法刚柔以燕其用，随寒暑昼夜之感应以燕其精，则上下四方之宇，往古来今之宙，浩浩乎悉囿于燕居之中，而大化在我矣。《论语》云："子之燕居，申申如也，夭夭如也。"而孔子亦曰："饭疏食饮水，曲肱而枕之，乐亦在其中矣。"夫疏饮曲肱，非居之燕乎！申申而容舒，夭夭而色愉，非燕居之乐乎！孔子其太和流行，与天地同泰者乎！噫，任君以燕名居，其得夫子之燕居乎！乐不既深乎！予爰嘉而记之。

括苍刘基伯温撰。（析自蔡堂根《〈萧山任氏家乘〉中的刘基文献考述》）

【笺注】:

[1]苏伯衡《跋刘伯温先生手帖后》云："前一帖……原礼言：'乃衡先君司萧山之日，先生来相访，其还越也，遣此。'……当是乙未(1355)夏也。然不可考。"后一帖有"奉别两载"语，与本文不符，故姑系之至正十五年(1355)。

1356 年

午溪集序

世之为诗者，将以为名与？《诗》三百篇，作者之名，间见一二，其余莫得而知也。自汉以来，文章始著名氏，而《行行重行行》《饮马长城窟》等篇，犹不知其作者。古之人，情有所感，则发为言，将以明道，非为身私，是以切于事而造于理，人得而传诵之，如食脍炙，知其味之美，而不必问其所从来也。故所作不多而自传，

① 原文为"则"，据下文"亲在侧礼然"对应改之。

非作者之期于传也。

魏晋以降，实始夸多，而竞靡然，数百年间，其大显者不过数人；其次所作虽多，而其可传者有限，或八九篇，或二三篇，或存其名而所作无传焉。不切于事，不造于理，无所感于情而强为言，故言虽多而不中，譬如蜩螗之鸣，虽不入耳，而不可谓之不能鸣者。若是，虽名传于人，亡益也。

丽水陈君伯铢有《午溪集》一卷，观其所著诗二百有余篇，则皆典雅有思致，发乎情而不衍乎义，可传于世而不必其多者也。余故喜而为之序焉。

至正丙申(1356)十有二月望日，从仕郎、前江浙等处儒学提举刘基序。(析自周松芳《自负一代文宗》)

周松芳原按：《午溪集》共载序、跋五篇。其一为黄溍至正二年(1342)二月庚申日《序》；其二为张翥至正三年季春的《书后》；其三、四分别为孙炎、孔旸序，均不题年月；其五则为刘基序。由序及所收诗篇看，集非成于一时。

约 1362 年

与叶子奇书[1]

(周松芳原按：留葆祺《刘基散论》引龙泉《叶氏宗谱》，作家出版社 2001 年版)

自出都门，闻足下淡于功名，罢巴陵簿，居乎静，不同于俗，恭于道，不传乎世。著《静斋全集》，未观，知之犹美。曩日在匡山，与故人章子三溢博论忘形，畅怀霞外，偶倚几石，开卷得一小笺，其文异样脱俗，气若贯珠，始知君之文，而为友也。指之友，乃以清标为伍耶！若章子与君，学皆游刚叔(王毅)之门，论治才，独推章子，言学问，特出叶君。君之学博览多闻，究太玄之本旨，著草木以发明，穷皇极之说，辨阴阳之分，所谓遇方成圭，遇圆成壁之笔墨，非可学而至，莫能及也。

芝田弟刘基书。(析自周松芳《自负一代文宗》)

【笺注】：

[1]叶子奇，龙泉(今浙江龙泉)人。至正庚寅(1350)署县事，后退隐。小明王龙凤八年(1362)，以浙江行省孙炎荐，廷试中式，授岳州巴陵簿，寻致仕。卒后入处州乡贤祠。见《光绪处州府志》卷之十九、《广舆记》卷十一、《万历括苍汇纪》卷之九、《雍正浙江通志》卷一百七十七。据文中“曩日在匡山，与故人章子三溢博论忘形”，章溢隐居匡山在至正十八年(1358)朱元璋进攻浙西时，则此文撰在此后。文中又有“罢巴陵簿”之语，据叶子奇生平，则此文应作于1362 年左右。

约 1369 年

翰林学士承旨潜溪先生像赞[1]

名满天下，文传四夷，温恭君子，为帝者师。

（文后有跋）曰："呜呼，贤人君子，足以兴起（阙二字）心之。（以下阙）"（析自周松芳《自负一代文宗》）

【笺注】：

[1]宋濂被擢为翰林学士在洪武二年（1369），则此文撰于此后。

1371 年

苏平仲文集序

周松芳原注：是文传世，各种刘基文集本均见载，然与《苏平仲文集》中所载文字有出入，故移录如下，并注明异同。

文以理为主，而气以摅之，理不明为虚文，气不足则理无所驾，文之盛衰，实关时之泰否。是故先王以《诗》观民风，而知其国之兴废，岂苟然哉？文与诗，同生于人心，体制虽殊，而其造意出辞，规矩绳墨，固无异也。

唐虞三代之文，诚于中而形为言，不矫揉以为工，不虚声而强聒也，故理明而气昌。玩其辞，想其人，盖莫非圣贤之徒、知德而闻道者也，而况又经孔子之删定乎！

汉兴，鉴衰周之文敝于华，而返之于朴也，故（刘基文集本作"一扫衰周之文敝，而返诸朴"）丰沛之歌，雄伟不饰，移风易尚之机，实肇于此，而高祖、文帝制诏天下，咸用简直，于是仪、泰、鞅、斯县河之口，至此几杜。是故贾《疏》、董《策》、韦《传》之诗，皆妥帖不诡，语不惊人，而意自已（刘基文集本无此字）至，由其理明而气足以摅之也。周之下，享国延祚，汉为最久，有自来矣（刘基文集本作"盖可识矣"）。武帝英雄之才，气盖宇宙，而司马相如又以夸逞之文侈之，以启其夜郎、邛筰，通天桂，馆①泰山、梁甫之役，与秦始皇帝无异，致勤持斧之使，封富民之侯。下轮台之诏，然后仅克有终。文不主理之害，一至斯乎（刘基文集本作"一至于斯，不亦甚哉"）！相如既没，人犹尚之，故扬子云用是，见知成帝。然而朴厚之根，未尝拔也（刘基文集本作"然而汉家朴厚之尚已成，其根未尝拔也"）。故赵充国，将也，有屯田之奏，刘更生，宗室子也，有封事之言，往复开陈，周旋辨析，诚意

① 原为"通天桂馆"，据上下文句式一致改。

恳至，理明辞达，气畅而舒，非汲汲以鸿生、硕儒争名当代者所能及也。岂非习尚有源，而得之于自然乎！于戏！此西汉之文所以为盛，国祚绝而复续，如元气之不坏，而乾坤不死也！（刘基文集本前加“后之人”）论不及此，而以相如、子云为称首，不亦悲哉！东汉班孟坚之外，虽无超世之文，要亦不改，故尚故亦不失西京旧物。

下逮魏晋，降及于隋（刘基文集本前加“驳杂不一，而其大概”），惟日趋于绮靡而已。是故非惟国祚不长，而政化所暨（刘基文集本为“声教所被”），亦不能薄四海。后之观国风者，盍于是乎求之哉（刘基文集本作“观国风者盍于是乎求之哉”）！

继汉而有九，有享国延祚几及于汉者（刘基文集本作“最久者”），唐也。故其诗文有陈子昂，而继以李、杜，有韩退之，而和以柳，诗文皆不让汉（刘基文集本为“于是唐不让汉”），则此数公之力也。

继唐者宋，而有周、程、张、欧、苏、曾、王之徒出焉，其文与诗追汉、唐矣，于是乎文追汉唐，而高者上窥三代，岂不以理胜而气充乎！（刘基文集本作“而有欧、苏、曾、王出焉，其文与诗追汉、唐矣，而周、程、张氏之徒又大阐明道理，于是高者上窥三代，而汉唐若有歉焉。故以宋之威武，较之汉、唐弗侔也，而七帝相承，治化不减汉、唐者，抑亦天运之使然与！是故气昌而国昌，由文以见之也”。）

元承宋统，子孙相传，仅过百年（刘基文集本作“仅逾百载”），而刘、许、姚、阎、吴、虞、范、揭、欧、黄之俦，诗文皆可垂后者，则由其土宇之最广也。（刘基文集本作“而有刘、许、姚、吴、虞、黄、范、揭之俦，有诗有文，皆可垂后者，由其土宇之最广也”。）

……

圣天子龙兴，江左文学士彬彬然为朝廷出者，金华之君子居多。典册之施，文檄之行，故实之讲，煜然足以华国。所谓“如圭如璋，令闻令望”而“颙颙卬卬”者，则莫能或过于平仲，有由然哉。他日征我朝文章言语之工，有以鸣国家之盛而追配汉唐诸作者，其必于平仲有取也。

夫平仲文稿留余所良久，今得告省亲金华，于其行也，特举古人之大概序而归之，以致期望之意云。

洪武四年春正月十日，开国翊运守正文臣、资善大夫、前御史中丞兼太子赞善大夫、护军、诚意伯括苍刘基序。（此两段“四库全书本”为“今我国家之兴土宇之大，上轶汉唐与宋，而尽有元之幅员，夫何高文宏辞未之多见？良由混一之未远也。金华苏平仲，起国子学录，迁翰林编修，以其所为诗文示予。予得以谛观之，见其辞达而义，粹识不凡，而意不诡，盖明于理，而昌于气者也。与之游，知其勤而敏，不自足其所已能，且年方将而未艾也。知其他日必以文名于盛代，耀于前，而光于后也。故为之叙，而举昔人之大以期之。年月日叙。")(析自周松芳《自负一代文宗》)

1374 年

任氏世系图叙

元至正辛卯(1351)秋七月，西蜀赵天泽偕予过会稽，历览名山古迹，归经萧邑。为访眉山苏伯衡，于隐君任子仁先生家款留。去虎山阳怡怡山堂，盖隐君别业也。在座有浦江宋公、永嘉高公、金华王公、丽水叶公、太平李公、乐平许公，皆当时硕彦。盘桓数日，赵公先别归四川，予遂居停交辉楼。承隐君解衣推食七载，绝无怠色。

后值盗贼蜂起，群雄窃据，海内分崩，民不安处，予与诸公后先辞归。己亥(1359)，胡将军下括苍，谬膺荐剡，今上招参帷幄，预赞军机。既而平定江南，由姑苏归抵武林，与隐君止隔一江，欲到旧游地再觞风月，已不可得。至今尚留余憾。

洪武甲寅(1374)，予病告解组，逍遥泉石。承隐君之孙，伯大、叔大之子，曰道、曰瑄，惠顾敝庐，不胜雀跃。昆仲丰姿俊雅，谈论风生，乃隐君积德垒仁所致，将来远大，未可限量也。及询近祉，出所编世系图示予，乞予序。

予览而知其始祖讳钥，籍贯河南，登北宋建炎中进士，除左司，言忤权贵落职，后起知山阴县事，卒于署，葬于桑盆里，子孙家焉。至五世，全心公奉父宋承直郎绪衡公枢，葬北干山麓，子孙徙家昭明里；弟渊翁守高曾祖墓，仍居桑盆。六世，应珍公仗义疏财，赈穷周乏，寒者给衣，饥者给食，不克葬者捐赙以瘗，不能娶者捐资以助，病者药之，负贷者取券焚之，道拾遗金则招而还之。一邑无分男妇老稚，皆称"长者"。生五子，皆彬彬文雅，隐居乐道，不求闻达。八世子仁公，能修祖德，博施济众，四方名士至者，馆谷而厚赠遗，人名其族曰"世长者"。子伯大、叔大，继志述事，不愧前人。兄弟、子侄何止数千指？

十世若源、若道、若瑄、若唯一辈，虑族众日蕃，支派日远，一本视为路人，同宗尽如异姓，故矢志纂辑，循源别派，编世系图一卷。聚涣散，见真膺，大宗、小宗有别，嫡子、庶子有分，尊卑有序，远近可稽，开卷缭然，无烦探索。诚孝子仁人之用心，功岂浅鲜哉？

予钦其敬宗睦族，敢不赞成其美而拂其请，以没其善？然又有不得不书者：思当日班荆倾盖，义不能辞；至今春树暮云，情不能辞。故抱病率叙其始末，以楮颖代淮阴之金，作延陵之剑云尔。

洪武甲寅(1374)元夕，御史中丞兼太子赞善、诚意伯青田刘基顿首撰。（析自蔡堂根《〈萧山任氏家乘〉中的刘基文献考述》）

(2)逸诗

1343—1346 年[1]

元李文，桐庐人，有《近溪集》。《严州府志》："李文善诗，与杨铁崖、宋潜溪相往还。好读书亹亹，子山深器之。尝题《林泉读书图》云：'深林飒飒无人到，却是秋风落叶声。抛卷出门聊倚杖，且看山下白云生。'刘伯温和云：'茅屋秋风黄叶裹，隔溪听得读书声。松萝荫密无行处，更有晴云满路生。'"元季多故，江浙行省以便宜行事，令为桐庐主簿，辞不就，遂与许栗夫等游金华山中，飘然有物外之想。（《全浙诗话》卷二十四，清嘉庆元年怡云阁刻本）

【笺注】：

[1]刘基馆于桐庐大致时间，见第二章"生平"。

1343—1346 年

题梅月斋宁之先生[1]读书处

（一）

乾坤清气不可名，琢琼为户瑶为楹。轩窗晓开东井白，帘拢暮掩西山青。玉堂数枝春有信，银汉万顷秋无垠。夜深步同踏花影，梅清月清人更清。（桐庐宣传部吴宏伟整理提供）

（二）

罗浮不独具闲春，广寒不独天上人。人间天上有如此，何时载酒来敲门。（桐庐宣传部吴宏伟整理提供）

【笺注】：

[1]李元康，字宁之，号梅月主人，元末明初人。工诗文，博及琴弈书画，多次拒绝元朝聘任，以古学自鸣，雅号清高，居所四周遍植梅花，因题斋号"梅月斋"。

不详[1]

留别李君宁之

群山雪消江水宽，主人情重别欲难。我今自向玉岛去，短日斜倚春风寒。满楼山色几时醉，永夜月明何处看。人生有心无远近，频将书札报平安。（桐庐宣传部吴宏伟整理提供）

【笺注】：

[1]本诗为留别诗，当作于刘基馆离桐庐之后。

约 1357 年

长江风雨图送任原礼归萧山[1]

风雨号，雷电骄，长江汹涌泛洪涛，沙飞石走草木折，鼋鼍远遁蛟龙逃。雨师飞控，倒泄天瓢。冯夷踏浪，骑伏俨操。华岳为之播撼，三山为之动摇。其险也如此，焉能容吾舠？远客胡为而来往，无羽翰，心烦劳。尔何不拔长剑，凌云霄，荡涤宇宙无纤毫，仰观白日青天高？（析自蔡堂根《〈萧山任氏家乘〉中的刘基文献考述》）

【笺注】：

[1]本诗言“鼋鼍远遁蛟龙逃”，时刘基似正在剿海盗（方国珍）而未成（“其险也如此，焉能容吾舠”）。刘基在石抹宜孙幕下任经历，围剿浙南起义军始于至正十七年（1357）。刘基《任氏世系图叙》云，“元至正辛卯（1351）秋七月”，与萧山任隐君相识，“承隐君解衣推食七载”，则刘基辞别萧山任氏在至正十七年左右，故姑系于 1357 年。

1368 年后

送任元礼东归[1]

乱离不见任公子，今日重逢十载余。共对青灯烹玉兔，独惭白发佩金鱼。扬雄虽老犹能赋，贾谊何言不上书。归去萧山寻旧隐，绕篱黄菊早霜初。（析自蔡堂根《〈萧山任氏家乘〉中的刘基文献考述》）

【笺注】：

[1]按刘基辞别萧山任氏在 1357 年，本诗云“今日重逢十载余”，则此诗歌作于 1368 年明开国之后。

送养晦先生东归[1]

子之忽相见，旧交慰远念。来从古越州，语罢思悠悠。相见即言归，翻成悲继喜。念我发如丝，会合能几许。大道炳日月，进修当及时。寂寂守陋巷，扬雄非我师。性僻爱山水，送归吟越吟。鉴湖遗老请，何日遂吾心。（析自蔡堂根《〈萧山任氏家乘〉中的刘基文献考述》）

【笺注】:

[1]本诗云“旧交慰远念”“来从古越州”与《送任元礼东归》“今日重逢十载余”“归去萧山寻旧隐”文意类似，或作于同时，故系于1368年明开国之后。

追悼李君近山[1]

桐庐李君近山，儒士旷达者也。与仆为知心友，契阔十余年，风尘澒洞，音问杳绝。忽其子来京师，始知李君亡矣，悲感成诗，聊以写其情耳：

白头经丧乱，青眼总凋零。解剑情何极，看山兴已暝。夕岚空蕙帐，朝雨翳松铭。痛哭幽明隔，酸凄孰为聆。（桐庐宣传部吴宏伟整理提供）

【笺注】:

[1]李文，字仲章，号近山，桐庐翙岗李氏，元末明初人。性爱林泉，元末曾任桐庐县主簿、浙江行省都事等职务。《凤冈李氏宗谱》记载：“元亡，（李文）与许瑗（字栗夫）游金华山中，飘然有物外想，迨洪武定天下，始复旧居。”则其卒年在明开国（1368）后。

附录：在萧山诸人同作诗文[1]

1351 年

陪青田诸公宴萧然山堂

高　明

北干山前舣船处，一篙新水涨溪云。雪晴原野无多日，春入园林已一分。战蚁争蜗休入梦，晓猿夜鹤免移文。清歌且乐芳年景，回首关河日未曛。（析自蔡堂根《〈萧山任氏家乘〉中的刘基文献考述》）

【笺注】:

[1]刘基《任氏世系图叙》：“元至正辛卯（1351）秋七月，西蜀赵天泽偕予过会稽……在座有浦江宋公、永嘉高公、金华王公、丽水叶公、太平李公、乐平许公，皆当时硕彦。”此诗名为“陪青田诸公”，或作于1351年。

1369 年

跋王子充先生撰任氏《萧然山堂记》后

苏伯衡

今年秋，原礼来南京，视中丞刘先生、待制王先生，而余备员成均，因获相见。计为别已十有五载，追数当时会合之人，尽矣，而独余三人者在，慨叹久之。语次及山堂，乃始知已毁于庚子(1360)之兵，而二先生记文，亦不能独存，重有感焉。刘中丞稿莫之存，而王待制固存稿也。朝廷责成《元史》甚切，而王待制总裁，朝夕不遑暇，欲重书遣原礼，不果。山堂虽不存，而原礼兄弟奉亲读书则犹曩时，亦可喜已。余故为书之云。

洪武己酉[①](1369)九月既望，眉山苏伯衡记。(析自蔡堂根《〈萧山任氏家乘〉中的刘基文献考述》)

1370 年

送任原礼东归序

苏伯衡

任氏之子原礼，始余识之高君则诚馆下，朴茂而谦和，望而知为雅士也。及见其所为诗文，思致渊永，又知其学之优焉。其所从游者，尽当世名公，若吏部尚书刘自牧、枢密判官迈公善卿，最所推许；今御史中丞刘公、翰林王先生，尤器爱之者也。时受业高君之门，无虑数百人，原礼周旋其间，兄事其长者，弟畜其幼者，衣食其匮乏者。同门之士，或持其所珍爱服用以去，亦不以属意。天台闻一民者，高君友也，一日暴死逆旅，故旧若罔闻知。高君以托原礼。原礼亟往殡，备道里费，资其仆以丧归。

余每渴高君，退见原礼，未尝不相语移时，然窃意其待师友为然，不知其于大夫士皆然也。既时，吾父宰萧山，原礼盖县人也。萧山岸浙江，吴越道所出，冠盖东西，行过县中不绝，而仕已者又多乐依吾父。原礼于是来者郊迎，去者致赆，留者授馆授餐。旦则具舟舆，与之泛湘湖，陟北岭，娱情山水间；暮则馆于其所谓萧然山堂，或琴或弈，或投壶，或论文赋诗，极欢乃罢，如是者，虽累月逾时不倦。乃知原礼之待大夫士皆然，不特于师友为然也。

夫原礼布衣尔，非有兼人之资，其汲汲焉尊贤之为务，盖将亲薰而炙之，不贤而能之乎？其见器于诸公也，宜哉。

---

① 原为“乙酉”，根据洪武时干支纪年改，后同。

今年秋，原礼闻中丞公起自休致，王先生入朝为待制，不远千里来请益焉。余被员成均，邂逅益欢。自余别原礼，垂十五年，所见与之共学者，不必皆贤，率多矜才炫能，以就功名，取富贵，不旋踵而摧败，身与陷阱，剪为俘囚，其人往往。而吾原礼幸而相见，固无恙也，出其别后所为诗文，甚富且大进。以其所负计之，其于众人，固孰得失乎？呜呼，君子病无闻矣，非假乎功名富贵也，假功名富贵而闻焉，则一其闻焉者，能几何哉？盖君子之为学，何也？将以行之而已。学之而行焉，其行义之修于家，其猷为之著于世也，而况又文词以自鸣，若吾原礼者，虽欲无闻，得乎？彼驰骛声利之场，吾不知其何也。二公方将论荐之，而原礼告归，于是率士友赋诗以赠之，而属余为序。

洪武己[①]酉(1370)九月己亥眉山苏伯衡序。(析自蔡堂根《〈萧山任氏家乘〉中的刘基文献考述》)

1384 年

跋刘伯温先生手帖后

苏伯衡

右二帖皆刘伯温先生手书也。

至正癸巳(1353)，江浙行省左丞铁里帖木尔统诸军捕寇海上，先生以江浙儒学副提举应其辟，为其行军参谋。既而左丞丧师被谴，先生亦自投劾而去，奉太夫人侨于越，偏舟往来鉴湖、湘湖之间。而先生之于元礼也，自为提学时交游矣，至是加亲密焉。

前一帖莫详遣之岁月。原礼言："乃衡先君司萧山之日，先生来相访，其还越也，遣此。"当是乙未(1355)夏也。然不可考。已后一帖，戊戌(1358)春所遣无疑。盖丙申(1356)春，达识铁木尔来为丞相江浙，时括属县六，寇居其五，故沿海檄万户石末宜孙以浙东副元帅领郡兵讨之。弗克。丞相到省，即起先生与先左司俱往，谕以文告之命而至括。以其夏寇虽降而复反侧，且二岁迄不能底定。戊戌(1358)春，乃纵军草薙之。其夏，青田寇吴成七、松阳寇宋龙九、遂昌寇潘贤三，缙云寇杜仲光悉伏诛，他若吴英七、周天觉等，争相率诣军门款服，而括遂平矣。今帖首言"奉别两载"，而中有"山寇渐就诛夷"之语，以此遣于其春也。

是冬，上亲征婺。十一月，婺守将宁安庆举城降。寻移兵临括，先生去之青田山中。王师入括，则己亥(1359)十一月也。明年春，征先生与胡深、章溢、叶琛

---

① 原文为"乙"，洪武无"乙酉"年。根据文中"中丞公起自休致""王先生入朝为待制"事在洪武二年(1369)，则应为"己酉"。

诣南京，越国胡公乃戒裨将缪美以先生四人入觐。上一见先生，语合意，留居帷幄，日见信任，与闻大计。

乙巳(1365)夏，拜太史令。上登极，拜翰林学士，迁御史中丞，兼太子赞善大夫，复入宏文馆为学士。及论功行赏，封诚意伯。

于戏！至正之末，郡县间盗贼、军旅之事如彼，先生名进士，素负才略，而见用仅如此，欲无危亡，得乎？今天子识先生于肤敏之中，倚以为谋臣，而先生乃得效其奇谋秘计，以弼成鸿业，遂与开国元勋比烈焉。此与伊尹之用不用，而夏以亡商以兴，奚异哉？

洪武甲子(1384)闰十月二十日，前史官眉山苏伯衡跋。(析自蔡堂根《〈萧山任氏家乘〉中的刘基文献考述》)

1410 年

跋任氏交游文翰卷后

顾　硕

硕在至正戊子(1348)、己丑(1349)、庚寅(1350)之岁，师伯舅琼台陶先生，读书钱塘。时永嘉高先生则诚以处州录事辟掾江浙行省，括苍刘先生伯温副提举江浙儒学，皆与伯舅为至交；金华王先生子充自京师黄学士先生讲下卒业而还，与伯舅有莫逆之契。论文每至夜分，屡数日而别。庚寅(1350)之冬，伯舅赴广信永丰文学任，而高、刘二先生亦皆秩满散去。

逮我圣朝革元命，刘先生仗剑西归，侍皇上亲征，参谋军事，功在元勋之列。伯舅于洪武己酉(1369)被召，预修《元史》，时王先生由漳州府通判擢翰林待制，偕侍讲学士潜溪宋先生为总裁。史成，伯舅除任应奉翰林文字，荀起礼部尚书。刘先生历御史中丞，宏文馆学士，封诚意伯，致仕家居，亦时往还京师。眉山苏先生平仲由国子学正升翰林国史院编修官。硕亦以非材，忝任吏部主事。王先生以修顺帝史稽迟，左迁翰林编修。硕居铨选，得与王先生考验教官，时相与处。及王先生使云南，硕亦出令平阳之石楼，伯舅拜参政湖广行省，皆不复聚首矣。

永乐庚寅(1410)，硕以衰暮之年，偶来萧山。会任君元庸所藏刘先生《怡怡山堂记》，苏先生所撰先长者所墓志，王先生《萧然山堂记》，高、刘二先生寄伯大、原礼父子各二帖，王先生寄郎中君拱一帖，皆致意于伯大父子昆弟者也。君拱姓余氏，永丰人，伯舅弟子，为江浙行省左右司郎中。卷后有国子助教张孔升先生所撰《先耆士伯大墓铭》《任氏家谱图序》《时思庵记》，则近岁所作。王先生之令子国学博士绅有《通原礼》一书，叙世好也。硕伏读之次，慨念诸先生皆尝亲炙，而不可复见，其于渭阳之感，有不能自已者。

任氏诗书之泽，久而弗替，所以光昭前烈者，不在彼而在此，真知务哉！呜呼，前辈之嘉言善行，孝子顺孙之所以善继善述，与夫朋友交游之义，尽在于此。观是卷而其额不泚然知愧者，岂人贤子孙哉？

王先生以死事，溢"文节"。伯舅讳凯，字中立，学者称"琼台先生"，终晋府右相，卒于官。元庸则原礼之季弟，以文行世，其家因并及之。

永乐八年(1410)春正月既望，乐安晚生顾硕谨识。(析自蔡堂根《〈萧山任氏家乘〉中的刘基文献考述》)

3. 文学评述

(1)文学总论

刘伯温诗文足以擅一代，其得意处，尚当跨宋景濂、王子充、高季迪诸公而上之。独以其显于事业诗文，不见称于人耳。(《沙溪集》卷十三，清文渊阁四库全书本)

其诗沉郁顿挫，自成一家，足与高启相抗；其文闳深肃括，亦宋濂、王祎之亚。杨守陈序谓："子房之策，不见词章；元龄之文，仅办符檄。未见树开国之勋业，而兼传世之文章，可谓千古人豪。"斯言允矣。大抵其学问智略，如耶律楚材、刘秉忠，而文章则非二人所及也。(《诚意伯文集》二十卷，见《钦定四库全书总目》卷一百六十九，清文渊阁四库全书本)

(2)文

Ⅰ. 总论

刘之文不减宋潜溪，而世独称宋者，刘掩于功业耳。(《东里集》续集卷十八)

太祖高皇帝云："宋濂之文不如王祎之典雅，王祎之文不如宋濂之华丽。"杨士奇亦言："刘伯温之文不减于宋景濂，刘特以功业掩之耳。"今三公之文具在，识者考之。(《谰言长语》[1]，清文渊阁四库全书本)

【笺注】:

[1][明]曹安撰。此书多据其所见闻，阐明义理，辨证其缺误。但此书之词皆有所本，足资参考，持论醇正，于人心风俗，多有裨益。曹安，松江华亭(今上海松江)人，正统九年(1444)举人，官安丘县教谕。另著有《取嗤稿》等。

昔杨子云作《太玄》拟《易》，司马文正见而异之，以为《玄》过于《易》。议者曰："司马公知有《太玄》，而不知有《易》。是犹数仞及肩，所观者未至也。"今周、

黄二子许献吉之文意，若千载一人，而献吉自许，亦不在韩、柳之下，吾恐其丹青者也，雕镂者也，齐语者也，及肩者也。二子许之过矣！仆尝读韩、柳、欧、苏、虞、揭及我朝杨文贞、刘青田、李西涯、丘琼台、程篁墩、吴匏庵、王守溪诸公之作，皆本于六经，而不取乎《战国》，其必有所见矣！虽然，献吉亦一时之英也，不可多訾，第其处江西之变，与平昔所以自许者不侔耳。(《与吴颐山论文》，见《改亭续稿》[1]卷一记书，明崇祯刻本)

【笺注】:

[1][明]方凤(1474—1550)撰。方凤，昆山(今属江苏)人，正德三年(1508)进士。授行人，擢南京监察御史，改北京，巡按真定。屡谏武宗游幸，力荐王守仁。嘉靖元年(1522)争大礼议，劾张璁、桂萼，出任广东提学佥事，后自请免归。另著有《家礼俗宜》等。

美璞、贞珉，周彝、商鼎，称颂功德，辞无溢逞，则有刘括苍之文章炳炳焉。(《凌溪先生集》[1]卷二，明嘉靖刻本)

【笺注】:

[1][明]朱应登(1477—1526)撰。朱应登，南直隶宝应(今属江苏)人，弘治十二年(1499)进士。除南京户部主事，知延平府，历陕西提学副使，升云南布政司左参政，所至以文学饰吏事。诗宗盛唐，格调高古。

国朝洪武、建文间时，则有若刘伯温之闳大，宋景濂之浩博，王子充之醇正，方孝孺之尔雅。(《殿阁词林记》卷二，清文渊阁四库全书本)

宋景濂如酒池肉林，直是丰饶，而寡芍药之和；王子充、胡仲申二公，如官厨内，酝差有风法，而不堪清绝；刘伯温如丛台少年，入说社便辟流利，小见口才。(《弇州四部稿》卷一百四十八，清文渊阁四库全书本)

乌伤王袆、金华胡翰杂用欧、曾、苏、黄家语，空于文宪，而力胜之；刘诚意用诸子，苏伯衡、方希古皆出眉山父子，方才似高，然少波澜耳。(《弇州四部稿》卷一百四十八，清文渊阁四库全书本)

迨我高皇帝统一区寓，宋文宪、刘文成旗鼓并建。(《少室山房集》[1]卷八十六序七首，清文渊阁四库全书补配清文津阁四库全书本)

【笺注】:

[1]胡应麟(1551—1602)撰。胡应麟，见前注。

国初，刘基、宋濂在馆阁，文字以韩、柳、欧、苏为宗，与方希直皆称名家。（《翰林记》卷十九，清文渊阁四库全书本）

我朝人物盛，而制度从简朴①，其开国风气宽大，而人多自立之慨，故其文章皆澹然能畅言其理，而不以摹拟彫饰为工，如刘青田、宋学士、王待制诸家是也。嗣后东里平实、长沙博大，遂为国朝文章正体。（《祝篁溪先生集序》，见《宝日堂初集》[1]卷十二，明崇祯二年刻本）

【笺注】:

[1][明]张鼐(？—1629)撰。张鼐，华亭(上海松江)人，万历三十二年(1604)进士。改庶吉士，授检讨，迁司业。天启时，屡迁至少詹事，陈言十事，语斥近习，魏忠贤恶之。擢南京礼部右侍郎，上疏引疾，魏忠贤责以诈疾要名，削其籍。崇祯初，起故官，协理詹事府，旋改吏部右侍郎，未上任而卒。另著有《吴淞甲乙倭变志》等。

刘诚意古文似胜宋景濂，能见大意，不诡随时俗，为浮屠文皆有分寸，此大家正派也；景濂则多诡随矣，文辞亦多潦倒掩沓处。然诚意古文不多，景濂则袖然成一大家。盖诚意在元不得志，入明朝，又以功烈见，景濂则居翰林，天下之文皆归之，此所以不得不推景濂也。（《思辨录辑要》卷三十五，清文渊阁四库全书本）

昔我太祖以马上读书，遂以文章雄视千古，其授旨词臣，但取明达，勿事棘艰。故一时应运起者如宋景濂、刘青田，皆以平夷条达，黼黻王家，遂为国朝著作之祖。方正学道法政治，寄于文词，但取名通，痛惩雕劂；杨东里总帅撰扉，创为台阁之体，不求赅洽，惟务敷通，相沿百余年，止有倚经之儒，而并无擅②场之作，实则风气使然也。孝庙以后，文士蔚起，代不乏人，古奥如李空同，葩藻如何大复，华赡如李西崖，博洽如唐荆川，雄浑如李沧溟，苍茫如王弇州。后自七才子之纵横当世，徐文长、袁中郎思以奇颖救之，而失于草率；刘子威、汤若士思以警练救之，而失于浓冶；钟伯敬、谭友夏思以澹远救之，而失于浅薄。各家造诣，深浅不同，总之祖训，明达是其根源，间有文人、才士，或亦艰棘其词，而浮华艳语，稍用咬咀，味同嚼蜡矣。昔有先达。自刻其文，问于作者曰："吾文何如古人?"或对曰："一代之兴，必有一代之文。故汉曰汉文，唐曰唐文，宋曰宋文，公之文，可谓明文也已矣。""明文"二字，可以概我明一代文字。然而追论古人，孔曰辞达，孟曰言近，与我太祖不棘不艰之训，其所风尚，曾有毫忽少异也哉？（《文苑列传总

---

① 原文为"扑"，据文意改。

② 原文为"檀"，据文意改。

论》,《石匮书》卷二百六,稿本补配清钞本)

明《李季重集》:"成、弘①以来,李、何登坛狎执牛耳谈艺者,辄谓文章之权,不在馆阁。然如刘伯温之警策,宋景濂之温纯,解大绅之豪爽,李宾之之浩瀚,王济之之简洁,曾子启、王敬夫之高迈,高季迪之超脱,崔仲甫之修洁,邱仲深之博雅,杨用修之奇崛,王允宁之简练,康德涵之雄俊,廖道南之富有,于馆阁中皆称独诣。"(《馆阁文章》,见《元明事类钞》卷二十一,清文渊阁四库全书本)

明初杨廉夫以文豪东南,而王彝斥为"文妖",盖伪体也。若刘伯温以学术侍帷幄,宋景濂以宏达代丝纶,方希直以忠烈著文章,实为开国元音。继则杨东里、李西涯皆从容大雅,擅声华阁,而解大绅、程克勤、邱仲浚、吴原博、王济之亦其亚也。(《蛾术编》[1]卷八十说集六,清道光二十一年世楷堂刻本)

【笺注】:

[1][清]王鸣盛(1722—1797)撰。王鸣盛,嘉定(今属上海市)人,乾隆十九年(1754)榜眼。授编修,累官内阁中书兼礼部侍郎。乾隆二十五年(1760),以昨年典闽试时滥用驿马被劾,降职为光禄寺卿。二十八年(1763),解京职归里,旋卜居苏州阊门三十年,闭户读书,专心著述,不与当事交接。另著有《西庄始存稿》等。

元王礼[1]撰。……定之序谓其"托耕凿以栖迹,于运去物改之余,依曲蘖以逃名,于头童齿豁之际,其文奇气硉矹,胸臆以未裸,将周京故也,有与子让同出元科目,佐幕府,其气亦有掣碧海、弋苍旻之奇。及攀附龙凤,自拟留文成,然有所作,噫喑郁伊,扪舌骍颜,曩昔豪气,澌泯无余矣。"意盖借礼以诋刘基。然所评与礼文不甚似。(《钦定四库全书总目》卷一百六十八麟原文集提要,清文渊阁四库全书本)

【笺注】:

[1]王礼(1314—1386),庐陵(今江西吉安)人。

明宋濂撰。……《刘基传》中又称:"所为文章气昌而奇,与濂并为一代之宗。"今观二家之集,濂文雍容浑穆,如天闲良骥,鱼鱼雅雅,自中节度;基文神锋四出,如千金骏足,飞腾飘瞥,蓦涧注坡。虽皆极天下之选,而以德以力,则略有间矣。……盖基讲经世之略,所学不及濂之醇。(《钦定四库全书总目》卷一百六十九宋学士全集提要,清文渊阁四库全书本)

① 编者按:原文为"宏",避乾隆讳改,凡清乾隆以后文献大体类似,后不出校。

Ⅱ.作品评价

予尝曰前代子书若老庄之类，其文简古，其道实病，本朝《郁离》《龙门》二子之书，文虽不古，而道则无病，且非放旷之词比之。五子之书，却甚切实，郁离子退居青田山中，十年著为是书，世故甚熟，而取喻甚长也。《郁离子》一书，引援典故，取喻时情，读之最能痛快，则凡处己、处人、处世，用无不可也。（《郁离子书》，见《东溪日谈录》[1]卷十二，清文渊阁四库全书本）

【笺注】：

[1][明]周琦撰。本书为其撰写的读书心得。周琦，马平（今广西柳州）人，成化十七年(1481)进士。官至南京户部员外郎。曾师事洛阳阎先生，而阎受业于薛瑄。

《郁离子》书。予尝曰："前代子书若《老》《庄》之类，其文简古，其道实病；本朝《郁离》《龙门》二子之书，文虽不古，而道则无病，且非放旷之词比之。五子之书，却甚切实；郁离子退居青田山中，十年著为是书，世故甚熟，而取喻甚长也。"《郁离子》一书，引援典故，取喻时情，读之最能痛快，则凡处已①、处人、处世，用无不可也。

《龙门子》书。《龙门子》书，比《郁离子》书词气醇雅，无有迫切之言。《郁离子》多言世故，龙门子多言义理，言世故者多圭气，言义理者多醇厚气，然皆于世为有补者也。《龙门子》书比之《郁离子》书较优。（《东溪日谈录》卷十二，清文渊阁四库全书本）

宋潜溪《邃言》，刘括苍《郁离子》，王华川《卮辞》，皆留心世道之言，然而潜溪、括苍胜矣。潜溪责"萧何入关，不收秦秘书，而收户口图籍"，便是宰辅见识；括苍以招安之说，为劝天下作乱，以井田为乱，后可复以德政，刑威为救弊之本，便是佐命见识。（《思辨录辑要》卷三十三，清文渊阁四库全书本）

国朝宋潜溪文工于拟古，《燕书》四十篇比《龙门子》《萝山杂言》颇胜；诚意伯诗词好文，亦简健，藏机蓄谋，如其为人，所著《郁离子》，见识亦高，非《龙门子》之比。（《井观琐言》[1]卷一，清文渊阁四库全书本）

【笺注】：

[1][明]郑瑗撰。此书内容多为作者之读书笔记，其考辨故实，评述古今，颇能有所发明。郑瑗，莆田（今属福建省）人，成化十七年(1481)进士。官至南京礼部郎中，郑瑗自幼嗜学，经史百家，无不涉猎，尤善为诗文。

---

① 原文为"己"，据文意改。

楚王问于陈轸曰："寡人之待士也，尽心矣，而贤者不覝寡人，何也?"陈子曰："臣少尝游燕，假馆于市其东家甲焉，帐卧起居，饮食器用无不备，然客之者日不过一二，或终日无一焉。问其故，则家有猛狗，闻人声而出噬，非有先容，则莫敢蹑其庭。今王之门，无亦有噬狗乎？士所以艰其来者此也。"此《郁离子》讽世之寓言，然《晏子》固先之矣。晏子对齐景公曰："人有市酒而甚美者，置表甚长，至酒酸而不售，问里人以其故。里人曰：'公狗至猛，人持器欲诣者，狗辄啮之，是致酒酸不售。'士欲白万乘之主，用事者皆迎而啮之，亦国之恶狗也。"《郁离子》之语，意与晏子所对不殊，但改市酒为馆客耳。(《两山墨谈》[1]卷六，明嘉靖十八年李檗刻本)

【笺注】:

[1][明]陈霆撰。是书考证古籍颇为详赡，而持论每涉偏颇，又轻信小说，如红线、苏小妹之类，并引为故实。陈霆，浙江德清人，弘治十五年(1502)进士。历刑科给事中，谪判六安州，任山西提学佥事。以博洽著称，其诗意境潇洒，意兴勃发，才气过人；古文朴直而少波澜起伏；词作豪迈激越，有苏、辛遗风，为明代中叶大家。另著有《水南稿》等。

郁离子曰："聚天下者，其犹的乎！夫的也者，众矢之所射，而群志之所集也。是故不能仁义而为天下的者，祸也。秦之未帝也，天下莫强焉，及其吞六王，一位号，不过再世，匹夫呼而与之争，天下和之，莫不以秦为辞者，的所在也。陈涉先起而先亡，以其先自王，以为秦兵之的也。故曰：'不为事先，动而辄随者，不为的而已矣。'是故辞祸有道，辞其的而已矣。此论之发盖得于东阳陈母之戒陈婴者也。陈婴者，故东阳令史，东阳少年杀其令，推婴为长，已而集众得二万人，少年欲立婴为王，婴母谓婴曰：'自我为汝家妇，未闻汝先之有贵者，今暴得大名，不祥，不如有所属，事成犹得封侯，事败易以亡，非世所指名也。'婴乃不敢为王。母之意，盖惧婴为天下的，故教婴以其众属人，所谓不为事先，而辞祸有道者矣。贤哉！贤哉！"(《两山墨谈》卷六，明嘉靖十八年李檗刻本)

《郁离子》，本皆寓言，用以讽切时弊，警悟世主，其论说之正大，识趣之优深，才猷之宏达，具于此书见之。中间事词，容有小舛，则主于借况，以遣词固不必一一雌黄也。又其文字高妙，盖得《左氏》《国语》《战国策》之体，至其为谈说捭阖之语，亦宛类春秋、战国之士焉，高于《龙门子》一等矣。(《两山墨谈》卷六，明嘉靖十八年李檗刻本)

今人谓酒之薄者曰"鲁酒"，盖本于《庄子》。《庄子》曰："鲁酒薄而邯郸围。"郭象注曰："楚宣王朝诸侯，鲁恭公后至而酒薄，宣王怒，欲辱之，恭公不受命，乃曰：'我周公之胤，长于诸侯，行天子礼乐，勋在周室，我送酒已失礼矣，方责其薄，无乃太甚！"'遂不辞而还。宣王怒，发兵与齐攻鲁。梁惠王常欲击赵，而畏楚救，楚以鲁为事，故得围邯郸。"今之人谓谦言"酒薄曰'鲁酒'"，盖本诸此。《郁离子》寓言讥世之好佛者曰："昔者鲁人不能造酒，闻中山之人善酿，求其方不得。有仕于中山者主，酒家取其糟归，以鲁酒渍之，谓人曰：'此中山之酒也。'鲁人信之。一日，中山之酒主至，闻其酒，取而饮之，吐而笑曰是：'予之糟液也。'"《两山墨谈》不察《郁离子》乃寓言，而遂以鲁酒之得名始，此误矣。（《静虚斋惜阴录》[1]卷十，明刻本）

【笺注】:

[1][明]顾应祥(1483—1565)撰。顾应祥，长兴(今属浙江湖州)人，弘治十八年(1505)进士。授饶州府推官。历任江西副使、右副都御史、南京刑部尚书。博通九流百家，而尤精于算学。另著有《人代纪要》等。

或谓宋潜溪著《龙门子》，仅以九十日，故其文多庬；刘文成著《郁离子》，成之历载，故其词伟泽。（《芝园集》[1]定集卷二十六叙，明嘉靖刻本）

【笺注】:

[1][明]张时彻(1500—1577)撰。张时彻，鄞县(浙江宁波)人。嘉靖二年(1523)进士，授南京兵部主事，改礼部，历员外、郎中。出为江西提学副使，历福建参政，云南按察使，山东、河南布政使，以佥都御史巡抚四川、江西，入为南京刑部侍郎，改兵部，进尚书。因倭入寇，勒令致仕。曾辑洪、建以来大家名文为《明文范》，撰郡志，续《四明风雅》。

高帝时灭元、灭陈、灭张，最为宏巨之绩，而未有如椽之笔以纪之。至平夏明氏，独以刘文成上颂，不自居，而归功于臣下，然亦傅颍川、廖德庆之殊遇也。（《弇山堂别集》卷十一，清文渊阁四库全书本）

问古称文章之士，鲜适于用，岂其枝叶茂而实用衰，故无当邪？抑世之语大功、成大名者，尽未尝学问之人也。夫文人之以才、节见者多矣！载籍而上姑未暇论，试举我明有奉制咏鹰七，举足而成名，动四夷，而左右启沃，称为纯臣者。……有著《郁离子》，启一代文宗而运筹比于子房者。（《策》，见《合并黄离草》[1]卷二十一，明万历刻本）

【笺注】:

[1]郭正域撰。郭正域，江夏(湖北武汉)人，万历十一年(1583)进士。授编修，历中允、谕德、庶子，迁南京国子祭酒，入为詹事，掌翰林院事，官至礼部侍郎。有经济大略，人望归之。

以建议夺黄光升、许论、吕本谥，不果行，遂乞归。妖书事起，或引郭正域将置之死，举朝不平，事得寝，卒于家。光宗即位，追谥文毅。著有《黄离草》。

明兴，而子以文著，则刘青田之《郁离》、崔相台之《士翼》；以理显，则薛河汾之《日录》、罗豫章之《困知》。自余彬彬，未易指屈。（《少室山房集》卷八十三，清文渊阁四库全书本）

战国后无子书矣。东、西京文赋特盛，而子书远非先秦埒，异哉！青田之子《郁离》也，奇气瑰藻，绝唐、宋，越《两都》，翩翩然周末抗衡焉，殆天授，非人力也，高皇帝载造区宇，同文八荒，郁离哉！彼符赤伏者，陋甚矣，乃青田之为？他文体格卑卑，元末无纤殊。故曰："殆天授，非人力也。"而嘉、隆之际，短长复出，于明明之盛至此乎！噫。（《题刘青田集后》，见《少室山房集》卷一百六，清文渊阁四库全书本）

古人初遇君，策天下一不爽，唯淮阴登坛，武侯隆中之对。予思两公初遇，天下成败未可知，何以敢宣言？当是与君密语后事定功成，或其主为表，或两人私有纪述，而史氏载之也不然，计有所漏，敌有所备，败且不免，成于何有？予以是叹文成《郁离子》之著有以也。文成功业过两公，世传秘诡恍忽，慺有天授，今本传无可见，集中不过寻常泛应作耳。人言天下已定，兵略悉呈太祖，他隐诀私焚之不敢传，此固宜有然。观《郁离子》数百条，所述春秋、战国，时事未见有载。本每段定有结束，明指利害，即事有与旧简册同者中，曲折原委自异，岂文成生平天授，即不敢显言，而托以识欤？《三国志》载《武侯集》数十篇，中多机权策画，徒有自录，全书不传，想文成周思密算，事各有处，处各有应，观变无穷，微于是默露也。若留侯、黄石更杳幻，今观其言仁义大道，即与留侯所定天下事一一券合，然用之故什未二三。此书自百世耆龟可传，通都大邑中人诵习之，特明者方心悟解，有实用耳，岂真世外鬼物可骇可愕也？《郁离子》之义，当不异此。黄石之文，言理而简；《郁离子》之文，载事而详。言理事未尝不包言事理，未尝不附，吾殆不知《郁离子》之所涯也。子名《郁离》，《易》："坎为耳，有耳，而继之离，终始于《易》，是又所以为文成也。"或云："郁，大也，离，明也，是直为大明兆，文成在青田山中，已见及是，故特名'郁离子'云。"（《读〈郁离子〉十月二十六日》，见《玄晏斋集》[1]玄晏斋文抄卷一，明崇祯刻本）

【笺注】：

[1]［明］孙慎行（1565—1636）撰。孙慎行，江苏武进人，万历二十三年（1595）进士。授编修，擢礼部右侍郎，对朝政缺失论谏极切，天启元年（1621）拜礼部尚书。后因屡忤熹宗，二年

(1622)引疾归。操行皭然不滓，为一时缙绅冠。天启七年(1627)，因红丸一案为阉党噬为罪魁，遭遣戍宁夏，然未行魏忠贤死，得以赦免。崇祯九年(1636)被召至京，病死，谥文介。另著有《唐诗选纪述》等。

公讳城[1]，字伯宗，贵池人……幼随父之青田，读《郁离子》，辄解颐仰止。(陈弘绪《征君伯宗刘公墓志铭》，见《国朝文录续编》榆溪集选，清同治刻本》)

【笺注】:

[1]刘城(1598—1650)撰。安徽贵池人，明季诸生。与吴应箕齐名，为复社眉目。入清屡荐不起，隐居以终。有《春秋左传地名录》《峄桐集》《古今事异同》《南宋文范》等。

高帝手削平诸镇，未尝轻笔之文，独御制《平西蜀纪》，且命刘基为颂，岂深有得意于是者乎？(《国史唯疑》卷一，清康熙三十年钞本)

尝读《郁离子》之书矣，宏其中，肆其外，盖揣摩天人之久，而深以治乱之气，当沉彩末流，鲜有能明之者，渊渊而珠玑昧耳。然未离于渊，珠玑无恙，遂安得有终昧之忧乎！西湖云较世人眼光，先明一代矣。(《刘止臣制艺序》，见《荣木堂合集》[1]文集卷二序，清康熙刻世彩堂汇印本)

【笺注】:

[1][明]陶汝鼐(1601—1683)撰。陶汝鼐，宁乡(今属湖南)人。崇祯时，以贡生参加廷试，授知州，不就。弘光时，为何腾蛟监军。永历时，官翰林院检讨。入清不仕。顺治十年(1653)，以叛案下狱，定为死罪。幸得宽免，拘囚一年多才得放还。晚年在沩山剃发为僧，号忍头陀。另著有《广西涯乐府》等。

公幼岐嶷①，清初随任青田，得《郁离子》读之，即慨然悦慕。(《征君刘公伯宗行略》，见《无他技堂遗稿》[1]卷十三祭文，清康熙四十九年刻本)

【笺注】:

[1][明]蒋臣(1597—1652)，江南桐城(今属安徽)人。早岁受知于张溥、张采，隶名复社。明崇祯九年(1636)，以拔贡生应廷试，授知县，辞不就。后以荐官户部司务，擢主事。南明弘光时往依史可法，留参军务，所陈不得用，遂辞去，削发为僧，释名道用。

刘文成著《郁离子》，无一语不是盱衡当世，然所见，颇近谓救时之才，则可以

① 原文为“岐嶷幼”，据文意改词序。

云王佐，似当再进一筹。（《思辨录辑要》卷三十一诸儒类明儒）

古人作文摹仿痕迹未化，虽韩、柳不免……刘伯温《卖柑者说》全仿柳子《鞭贾》一篇。（《随园随笔》[1]卷二十五诗文著述类，清嘉庆十三年刻本）

【笺注】：

[1][清]袁枚（1716—1798）撰。袁枚，见前注。

“郁厘”，《史记》：“杞文公卒，弟平公郁立。”《索隐》“作郁厘”，引谯周云名“郁来”。然则青田之“郁离子”本此乎？（《通雅》[1]卷二十，清文渊阁四库全书本）

【笺注】：

[1][明]方以智（1611—1671）撰。该书体例类似辞书，但注重古今会通、精心考据。分别记述了天文、月令、农时、地理、官制、田赋、刑法、礼仪、器用、饮食等。方以智，崇祯十三年（1640）进士。少年时与陈贞慧、冒襄、侯方域等参加“复社”活动，时称“明季四公子”。官翰林院检讨。清兵南下，任桂王经筵讲官，旋被谗免职。后拜礼部尚书、东阁大学士，辞而不就。明亡，削发为僧。学问渊博，通天文、地理、历史、物理、生物、医药、音韵。精诗词曲赋、琴棋书画。诗多为伤时感事而作，风格悲凉苍劲，含蓄深沉。另著有《浮山全集》等。

又西二百里曰“符惕”之山。……任臣案：“刘子威《杂俎》作‘符阳’，其上多椶枏，下多金玉，神江疑居之。”任臣案：“《郁离子》云：‘江疑乘云，列缺御雷’，即此神是山也，多怪雨，风云之所出也。”（《山海经广注》[1]卷二，清文渊阁四库全书本）

【笺注】：

[1][清]吴任臣（1627—1689）撰。地理文献考证，书因郭璞《山海经注》而补之，故曰“广注”。文以山、海、大荒三经列三大门，图分灵祇、异域、兽族、羽禽、鳞介五类一百四十六幅。杂述采摭颇宏富，并足资考证，所涉逸文三十四条。正文为《山海经》本文断句，句间有郭璞及任臣注。两注均标明，是非明判。于明物训诂，山川道理皆有所订正，引用书目五百三十余种。是书不失为我国现存《山海经》注本中的佳本。吴任臣，浙江仁和（今杭州）人。康熙十八年（1679）以博学鸿词授检讨。入翰林，承修《明史历志》。其学兼通经、史、词章，又精天官、乐律。另著有《十国春秋》等。

孔氏三世出妻，书传不载，所出何事？或问郁离子曰：“在律，妇有七出，圣人之言与？”曰：“是后世所云，非圣人意也。淫也，妒也，不孝也，多言也，盗也，五者天下之恶也，出之宜也。恶疾之与无子，岂人所欲哉？出之，则忍矣哉？圣人没，

而邪说作，惧人不信，而驾圣人以逞其说。呜呼！圣人之不幸而受诬也久矣！”棠谓今世七出，只有一出，淫是也。古之待妇人过于刻，今之待妇人过于宽，乃至有淫者而亦不知出不敢出！呜呼！是何妇人不幸于古而独幸于今也！因书七出，以警妇人，且申明郁离子之意，以告当世之待其妻者。（《七出》，见《燕在阁知新录》[1]卷二十五，清康熙刻本）

【笺注】：

[1][清]王棠著。王棠，安徽歙县人，主要生活在清朝康熙年间，曾游于江淮闽越，所至皆有诗。

神龟识幽微，先几世宝贵。不知罹钻灼，惨无完肠胃。何如溪涧中，曳尾泥涂内。先生佐明祖，学贯天人最。知几动如神，毫厘无谬背。胡为一小猿，肆毒竟昧昧。帝亦若罔闻，令人发感概。粤工善操舟，患在不知止。所以槜李役，风于五湖死。且招伍大夫，反笑郁离子。卓哉张子房，神龙不见尾。（梅毓秀[1]《读〈郁离子·粤工〉篇》，见《两浙輶轩续录》卷三，清光绪刻本）

【笺注】：

[1]原注：“梅毓秀，字从挺，天台诸生，著《住山诗集》。”

后世学子书者，不求诸本领，专尚难字棘句，此乃大误。欲为此体，须是神明过人，穷极精奥，斯能托寓万物，因浅见深，非光不足，而强照者所可与也。唐、宋以前盖难备论，《郁离子》最为晚出，虽体不尽纯，意理颇有实用。（《艺概》[1]卷一，清同治刻古桐书屋六种本）

【笺注】：

[1][清]刘熙载（1813—1881）撰。本书是其晚年选定讨论文艺的文章汇集，在本书中，作者以史学家的气度和眼光，把作家作品放在文学发展史中去揭示其基本风貌和相互关系，常常能见人所未见，得出一些深刻而独到的结论。刘熙载，江苏兴化人，道光二十四年（1844）进士。官至广东提学使。晚年辞官，主讲上海龙门书院十四年。精通经学、声韵、算术，旁及诗文词曲和书法。

解大绅、吴献臣、马负图三评，推尊刘文成所著①，一则曰“喻焉”，而当辨焉，而彰简，而严博，而切；一则曰“天下后世若用此言，必可底文明之治”；一则曰“凿

① 原文为“箸”，据文意改。

凿乎如药石之必治病，断断乎如五谷之必疗饥”。今取震川所选十篇读之，制局规仿刘子政《说苑》《新序》，寓言十居八九，警醒透辟尺，幅中具有千里之微，特指陈得失利害，可作朝廷金鉴。即以文论，亦足追踪秦汉，俯视金元，实堪弁冕。有明诸子，而为开国之元勋也，惜卷尾尚有《龙门子问心》一篇，仅存其目，他日当访求别本补墨之。光绪初元，自二月初二日披览，至三月二十二日，竟二十六卷。梦园子记。（《读郁离子》，见《二知轩文存》卷十三，清光绪四年刻本）

《郁离子》，开国翊运守正文臣、资善大夫、御史中丞兼宏文馆学士、诚意伯青田刘基著。……按《郁离子》十八篇一百九十五条，乃诚意仕元不得意弃官归隐青田时所著，天台徐一夔《序》称“门生”，谓：“离为火，文明之象，言用之为文，郁郁然为盛世文明之治。”翰林编修吴从善同序，向附载《诚意伯集》中。嘉靖间，余姚张元又为之序。（《刘宋二子四卷明刊本》，见《善本书室藏书志》[1]卷十九，清光绪刻本）

【笺注】：

[1][清]丁丙(1832—1899)撰。丁丙，浙江钱塘(今杭州市)人。曾与孙峻同辑编《武林坊巷志》，卷辐浩博，证采尽穷，为志书之佳作。

《郁离子内外篇》。郁离子者，明刘文成之自号，则固托之文成所著矣。然其卷首云：“黄帝梦大风吹天下尘垢，得风后以为相，于是有风占。”余以为轩辕命相略近傅岩，此当入《周宣梦书》，固无与占风之事也。其分五风、五音之风，八风、八卦之方等说，皆与测天赋相同，无奇秘语。卢召弓补辽、金、元三史，《艺文志》有王颖三式，风角用法，立成十二卷，今亦不见。（《纯常子枝语》[1]卷三十九，民国三十二年刻本）

【笺注】：

[1][清]文廷式(1856—1904)著。全书阐说经传，论证九流，校订文字，评品诗词，记述朝章国故、士林交往、域外见闻，旁涉释藏道笈耶回之书、天文历算之学，下及疑龙撼龙之流，古今中外，无所不及。文廷式，江西萍乡人。光绪十六年(1890)进士，二十年(1894)，任翰林院侍读学士。甲午之役，挺身弹劾李鸿章畏葸懦怯，后为李鸿章挟嫌构陷，被参削职。文廷式倾向于改良主义，曾支持康有为发展强国会。戊戌政变发生，东走日本。另著有《云起轩词钞》。

吾读《郁离子》而有感。《郁离子》，明刘基伯温著，其论葺屋之言，曰：“吾闻屋坏而栋不挠者可葺。今其栋与梁皆朽且折矣，举之则覆，不可触，已不如姑仍之，则甍桷之未解者，犹有所附，以待能者；苟振而摧之，将归咎者，弗可当也。况葺屋必新其材，其取材也，惟其良，不问其所产，非空中而液身者，无所不用。今医闾之木竭矣，规矩无恒，工失其度，斧锯刀凿，不知所裁，如之何其可葺耶？”又云：“瓠里子自吴归粤，相国使人送之，曰：‘使自择官舟，以渡送者未至，于是舟泊于浒者以千数。瓠里子欲择之而不能识。送者至问之曰：‘舟若多也，恶乎择？’送者曰：‘甚易也。但视敝篷、折橹、破帆者，即官舟也。’从而得之。”忘山曰：“我国凡事凡物，一属于官，即不堪问。孰知当元末明初刘青田之时已若是邪！嗟嗟。”（《忘山庐日记》[1]不分卷，钞本）

【笺注】：

[1]清末民初孙宝瑄（1874—1924）著。日记始于清光绪十九年（1893），止于光绪三十四年（1908），其间所发生的一些重大事件，出现的重要人物，日记中皆有记载，是后人研究晚清民国历史的重要参考资料。孙宝瑄，浙江钱塘（今杭州）人。清末曾先后在工部、邮传部、大理院任下级官吏。1912 年后得长兄之庇护，从 1912 年 12 月至 1922 年 2 月担任浙江省浙海关监督，近 10 年之久。一生学问涉猎甚广，所交朋友也大都为一时俊杰，如章太炎、梁启超、谭嗣同、汪康年、夏曾佑、张元济、严复等。另著有《忘山庐诗存》。

（3）诗

Ⅰ．总评

《诗》三百篇之作，当世闾巷小子能之，后世之作，虽白首巨儒莫臻其至，岂以古人千百于今世，遽如是哉？必有说矣。前人之诗未暇论，爰以国初枚举之。刘基起于国初，极力师古，锻炼其词旨，能洗前代羶酪之气，仆向选其集，首推重乐府、古调，较之近体尤胜。江右则刘崧擅场，彭镛、刘永之相望，并称作者。（《说诗三则其三》，见《文毅集》[1]卷十五，清文渊阁四库全书本）

【笺注】：

[1][明]解缙（1369—1415）撰。解缙，江西吉水人，洪武二十一年（1388）进士。授中书庶吉士。尝草疏万言指斥时政，帝称其才。燕王即位，擢侍读，命与黄淮、杨士奇等入直文渊阁，参预机务，累进翰林学士兼右春坊大学士。曾主持编修《永乐大典》为世所重，后为李至刚等牵连，下狱被杀。

又如宋景濂、刘伯温、王子充、苏伯衡诗，又非浅学可到。（《谰言长语》，清文渊阁四库全书本）

高季迪如射雕胡儿，伉健急利，往往命中，又如燕姬靓妆，巧笑便辟；刘伯温如刘宋好武诸王，事力既称，服艺华整，见王谢衣冠子弟，不免低眉。（《弇州四部稿》卷一百四十八，清文渊阁四库全书本）

胜国之季，业诗者道园以典丽为贵，廉夫以奇崛见推。迨于明兴，虞氏多助，大约立赤帜者二家而已，才情之美，无过季迪，声气之雄，次及伯温。当是时，孟载、景文、子高辈实为之羽翼，而谈者尚以元习短之谓"辞美于宋，所乏老苍格，不及唐，仅窥季晚"。然是二三君子工力深重，风调谐美，不得中行，犹称"殆庶翩翩乎一时之选"也。(《弇州四部稿》卷一百四十八，清文渊阁四库全书本)

李文正为古乐府，一史断耳，十不能得一；黄才伯辞不称法；顾华玉边庭实；刘伯温法不胜辞，此四人者，十不能得三。(《弇州四部稿》卷一百四十九，清文渊阁四库全书本)

当是时，诗名家者，无过刘诚意伯温、高太史季迪、袁侍御可师。刘虽以筹策佐命，然为谗邪所间，主恩几不终，又中胡惟庸之毒以死；高太史辞迁命，归教授诸生，以草魏守观《上梁文》腰斩；袁可师为御史，以解懿文太子忤旨，伪为风癫，备极艰苦，数年而后得老死。文名家者无过宋学士景濂、王待制子充。景濂致仕后，以孙慎诖误，一子一孙大辟，流窜蜀道而死；子充出使云南，为元孽所杀，归骨无地。呜呼！士生于斯，亦不幸哉。(《弇州四部稿》卷一百四十九，清文渊阁四库全书本)

季迪下，刘青田才情不若杨孟载，气骨稍减汪忠勤，以较张、徐诸子，不妨上座，绝句小诗特多妙诣，但未脱元习耳，《旅兴》等作有魏晋风，足为国朝选体。(前驱)(《诗薮》续编一，明刻本)

国初吴诗派昉高季迪，越诗派昉刘伯温，闽诗派昉林子羽，岭南诗派昉于孙蕡仲衍，江右诗派昉于刘崧子高。五家才力，咸足雄据一方，先驱当代。第格不甚高，体不甚大耳。(《诗薮》杂编六，明刻本)

予尝读《刘文成先生集》，乐府、古歌，遂为一代词人之冠，同时方、宋诸君，俱不及远也。本朝事业，无逾两文成；终日操觚，染纸名文章家，亦竟无逾两文成者。乃知此道一至百至，闭门觅书，政是经纶，康济粉本，世人言："文章自文章，功业自功业。"真梦语也。(《书文成诗册》，见《睡庵稿》[1]文集卷二十四，明万历刻本)

【笺注】:

[1][明]汤宾尹(? —1628)撰。汤宾尹，宣州(今属安徽宣城)人，万历二十三年(1595)进士。授翰林编修，内外制书令诏多出其手，号称得体。晋中允，迁南京祭酒。以制举业名天下，后以忤执政罢归。崇祯初，廷臣疏荐，未及用卒。著有《睡庵诗文集》等。

刘青田、王文成诗名以事功而掩，然王公道学诗最惹厌，特以此欺当世愚。

宸濠非本色也，宸濠亦能诗者。宸濠败，而其党痛恨，流言播于传奇、杂剧，王亦巧矣哉。始信文率功业，原相表里，有桃李之华，即有桃李之实，牡丹无果则已，倘结果，必非蒺藜也。时文薄伎，亦可觇是人他日作用。（《沈氏日旦》[1]卷一，明崇祯刻本）

【笺注】：

[1][明]沈长卿撰。沈长卿（？—1632），钱塘（今属浙江杭州）人，万历举人。晚年居南京秣陵。另著有《沈氏弋说》。

宋文宪玉韫山辉，刘文成振衣千仞，古而质已……高季迪一洗宋音，顿还唐调，格兼六朝汉魏诸体，而出以妙悟。（《明诗评》，见《胡维霖集》[1]墨池浪语诗评卷二，明崇祯刻本）

【笺注】：

[1][明]胡维霖撰。胡维霖，明末人，生平不详。

刘青田诗稍伤笔重，而力厚，思深有由，心语可观者多，在明初可称作手；杨孟载诗可比韦庄，工力细密；高季迪各体俱工，七律有数十篇可观；王伯安胸襟好，七律得子美骨，有数十篇可观。而此中收之甚少，以其不合于盛唐皮毛耳。弃不合皮毛之清新，而取合皮毛之陈浊其贻客于乡里后来者。大矣嘉定以震川故，文章有唐叔达诸幺；常熟以□□故，士人学问都有根本。乡先达之关系，顾不重哉！（《围炉诗话》[1]卷六，清借月山房汇钞本）

【笺注】：

[1]明清之际吴乔（1611—约1695）撰。本书主要继承了儒家正统诗论，但又确能兼采别家之说，围绕诗歌的艺术特性，发表了不少精到的见解。吴乔，太仓（今属江苏）人，入赘昆山。一生困厄，息交绝游，生平不彰。

一解奕者，以诲人奕为游资。后遇一高手，与对奕，至十数子，辄揶揄之曰：“此教师棋耳。”诗文立门庭，使人学己，人一学即似者，自诩为大家，为才子，亦艺苑教师而已。高廷礼、李献吉、何大复、李于鳞、王元美、钟伯敬、谭友夏所尚异科，其归一也。才立一门庭，则但有其局格，更无性情，更无兴会，更无思致，自缚缚人，谁为之解者？昭代风雅，自不属此数公。若刘伯温之思理、高季迪之韵度、刘彦昺之高华、贝廷琚之俊逸、汤义仍之灵警，绝壁孤骞，无可攀蹑，人固望洋而

返，而后以其亭亭岳岳之风神，与古人相辉映。次则孙仲衍之畅适、周履道之萧清、徐昌谷之密赡、高子业之戍削、李宾之之流丽、徐文长之豪迈，各擅胜场，沉酣自得，正以不悬牌开肆，充风雅牙行。要使光焰熊熊，莫能掩抑，岂与碌碌余子争市易之场哉？李文饶有云："好驴马不逐队。行立门庭，与依傍门庭者，皆逐队者也。"（《姜斋诗话》[1]卷二，四部丛刊景船山遗书本）

【笺注】：

[1][明]王夫之(1619—1692)撰。王夫之，见前注。

刘基（一百四首）……杨维新云："子房不见词章，玄龄仅办符檄。公勋业造邦，文章名世，可谓千古人豪。"徐子元云："青田钧天广乐，声容不凡，开国宗工，不在兹乎。"陈彝仲云："洪武间，高侍郎先鸣，文成次之，固以咀其精华，窥其堂奥。"王元美云："刘伯温如刘宋好武诸王，事力既称；服艺华整，见王谢衣冠子弟，不免低眉。"又云："明兴立赤帜者，二家而已。才情之美，无过季迪；声容之壮，次及伯温。当是时，孟载、景文、子高辈，实为之羽翼。而谈者尚以元习短之，谓辞美于宋，所乏老苍格，不及唐，仅窥季晚。然是二三君子功力深重，风调谐美，不得中行，犹称'殆庶翩翩一时之选也'。"穆敬甫云："刘公诗如乘风载响，音徽远播。"胡元瑞云："青田才情不若杨孟载，气骨稍减汪忠勤，以较张、徐诸子，不妨上座。"何稺孝云："伯温诗沿元，习其精者，学韩退之。"蒋仲舒云："刘诗如河朔少年，充悦伉健。"陈卧子云："文成雅辞微伤缺婉弱，令人思留侯之貌。"王介人云："文成诗体纯正，较之四杰，虽纵横少逊，而似觉寡疵。"陆冰修云："伯温早见知于虞道园，道园称其诗云：'发感慨于情性之正，存忧患于敦厚之言，是不可及。若其体制音韵，无愧盛唐。'其推奖至矣。特不与杨廉夫、顾仲瑛辈结诗酒之社，然视'四杰''十友'，皆后进也。"沈山子云："诚意乐府、古诗胜近体，《覆瓿集》胜《犁眉公集》，固当与季迪争长并驱。王元美以刘次于高，胡元瑞以刘为高之羽翼，要非笃论，至何仲默以袁景文为明初诗人之冠，则置二公于何地乎？"钟广汉云："文成论诗，谓：'今天下为诗者，取则于达官贵人，而不师古。'此语深中。元人之病，试读公集中，诗皆有古人之一体，可谓善于师古者也。"《静志居诗话》："乐府辞，自唐以前诗人多拟之，至宋而扫除殆尽。元季杨廉夫、李季和辈，交相唱答，然多构新题为古体。惟刘诚意锐意摹古，所作特多，遂开明三百年风气，其五言古诗，专仿韦左司，要其神诣，与相伯仲，诸体均纯正无疵，若《二鬼》一篇，直欲破刘义之胆矣。公在元时，有和王文明绝句云'夜凉月白西湖水，坐看三台上将星'，好

事者遂傅会之谓'公望西湖云气，语坐客云后十年有帝者起，吾当辅之'，此妄也。当公羁管绍兴时，感愤至欲自杀，藉门人穆尔萨抱持，得不死。明初既定婺州，犹佐舒穆噜宜生拒守，即其酬和诗句，如'中夜登高楼，遥瞻太微座。众星各参差，威弧何时正。鸿雁西北来，安能从之飞。周嫠不恤纬，楚放常怀阙。却秦慕鲁连，存齐想田单'，盖未尝终食忘大都也。是岂预自负身为佐命者邪？其《题太公钓渭图》云'偶应飞熊兆，尊为帝者师'，则公自道也。世人多以前知目公，至凡纬谶堪舆，若《披肝露胆》等书，皆指为公作，岂其然乎。"(《明诗综》[1]卷三，清文渊阁四库全书本)

【笺注】：

[1][清]朱彝尊(1629—1709)辑录。朱彝尊，见前注。

乐府一途，自汉魏而后，惟李、杜两公为得其意，李能即古以见今，杜能即今以入古，在明则刘文成、李长沙，余子模拟，剽窃不足复论。(《王母篇寿松陵吴赤溟母夫人六十有小序》，《桴亭先生诗文集》[1]诗集卷六，清光绪二十五年唐受祺刻陆桴亭先生遗书本)

【笺注】：

[1][清]陆世仪撰。陆世仪，见前注。

诚意诗无一语风云月露，但忧时闵世之言，极得古人诗言志之旨，乐府辞尤妙，可谓杜陵以后一人也。(《思辨录辑要》卷三十五，清文渊阁四库全书本)

钱受之曰："《犁眉公集》者，故诚意伯刘文成公庚子(1360)二月应聘以后入国朝佐命垂老之作也。予考公事略，合观《覆瓿》《犁眉》二集，窃窥其所为歌诗，悲惋衰飒，先后异致，其深衷托寄，有非国史、家状所能表其微者，每尽然伤之。"近读永新刘定之《呆斋集》，撰其乡人王子让《诗集序》云："子让当元时举于乡，从藩省辟，佐主帅全普庵，戡定江湖间，志弗遂，归隐麟原，终其身弗仕，予读其诗文，深惜永叹。嗟乎！子让其奇气，硉矹胸臆，犹若佐全普庵时，以未裸将周京故也。有与子让同出元科目，佐石抹主帅定婺、越，幕府唱和，其气亦将掣碧海，弋苍旻，后扳附龙凤，自拟留文成，然有作噫，喑喑鬱伊，扪舌骍颜，囊昔气澌灭无余矣。"呆斋之论其所以责备文成者，亦已①苛矣！虽然，史家铺张佐命，论鼞项之

① 原文为"巳"，据文意改。

殊勋，永新留连幕府，惜为韩之雅志，其事固不容相掩其义，亦各有攸当也。诵《犁眉》之诗，而推见其心事，安知不以永新为后世之子云乎？谨撰定《犁眉公》诗，居国朝甲集之首，而子若孙之诗附见焉。予按刘文安公说与高忠宪公"青田之错，错在仕元"，二说其义胥舛，聊两书之以备互考。（《书犁眉公集后》，见《存砚楼二集》[1]卷十七，清乾隆京江张氏刻十九年储球孙等补修本）

【笺注】:

[1][清]储大文(1665—1743)撰。储大文，宜兴(今属江苏)人。性聪颖，初以制艺名，后钻研古学，尤精研舆地形势。从祖储欣游，读书九峰楼数十年。康熙六十年(1721)应南宫试为二甲进士。授翰林院庶吉士，散馆，授编修。后告病归，主维扬之安定书院，学者宗之。另著有《玉井金梅集》等。

作诗之家能合兴观群怨者，虽人有几首，然求其全部，大旨俱合者，《离骚》而后，惟陶渊明、杜子美，在明则刘文成、陈白沙。其他如李太白、白乐天、陆放翁亦合格者，多皆由其立心正也。作诗者不可不读。（《思辨录辑要》卷五，清文渊阁四库全书本）

明自刘文成、宋文宪、袁海叟而下，高、杨、张、徐亦称四杰，观其措词，典雅较王、杨、卢、骆之绮缛，殆有胜焉。（《明律总论》，见《许子诗文存》[1]不分卷，清康熙刻本）

【笺注】:

[1][清]许浚撰。许浚，生平不详。

明初诗人刘文成、袁御史、高大史鼎足相当，雄视一代。杨孟载、张来仪、徐幼文辈不特才远不逮，而气格凡近了无可取，殷璠所谓俗体者，不解当时何以与季迪齐名。近程孟阳且谓："四家工力悉敌，不得漫分轩轾，抑自欺欺人哉！"（《龙性堂诗话》[1]续集不分卷，清稿本）

【笺注】:

[1][清]叶矫然撰。该书以阐释诗论为主，兼评历代诗人诗作。诗论对创作的个性化有较清晰的认识。叶矫然，闽县(今属福建福州)人，顺治九年(1652)进士。官东亭知县。另著有《易史参录》。

陈大樽评诗多有可采，独于刘文成谓"其词伤婉弱，令人思留侯之貌"。今合

《复瓿》《犁眉》二集观之，出入诸体，峥嵘雅状，亦诗人之杰者，乌①得谓其婉弱哉？（《龙性堂诗话》续集不分卷，清稿本）

明代作者，当以国初为胜。刘青田不以诗人自命，由其本领雄杰，故才气轶群，当为一代之冠；高青邱骨性秀出，最近唐风，惜其中路摧折，未入于室。此两家地位不同，诗笔不妨并举。（《贞一斋诗说》[1]不分卷，清昭代丛书本）

【笺注】：

[1][清]李重华（1682—1754）撰。该书前一部分综论有关诗歌的基本理论，并涉及历代诗歌发展情况；后一部分多为感兴式的评论，内容涉及作家作品的风格、音律技巧以及诗歌的鉴赏态度与方法等。李重华，江苏吴江人，雍正二年（1724）进士。雍正十年（1732），充四川乡试副考官。次年，自蜀还京，辑此期诗为《蜀道集》。乾隆八年（1743），在一统志局任事，分纂江西。乾隆九年，与张鹏翀、沈德潜在京结社。乾隆十六年，复翰林院编修职。另著有《贞一斋集》等。

明初文学之士承元季虞、柳、黄、吴之后，师友讲贯，学有本原。宋濂、王袆、方孝孺以文雄；高、杨、张、徐、刘基、袁凯以诗著。其它胜代遗逸，风流标映，不可指数，盖蔚然称盛已。（《明史》卷二百八十五列传第一百七十三，清乾隆武英殿刻本）

牧斋渊博，一代风雅，借以纂辑，良不可少，第谓刘文成从龙以后，咨嗟幽忧，有大不得已焉者。殆将诬古人以饰己罪乎！（《论列朝诗选》，见《删后文集》[1]卷十一，清嘉庆二十年胡氏敬义堂刻本）

【笺注】：

[1][清]陈梓（1683—1759）撰。陈梓，浙江余姚人，侨居秀水（今属浙江嘉兴）。乾隆中举鸿博，不就，清苦笃学。诗文、经史都有名声，行草书直造晋人堂奥，与北地李锴齐名，号“南陈北李”。另著有《四书质疑》等。

开国元老若刘青田基、宋潜溪濂抒写性灵，颉颃风雅，具牢笼一代之概，此明诗发源之盛也。继是，而青丘高启与杨基、张羽、徐贲号吴中四杰。……启诗清远缛丽，纵横百出，擅明初大家之胜。（《介石堂集》[1]古文卷六议说辨，清乾隆刻本）

① 原文为“鸟”，据文意改。

【笺注】:

[1][清]郭起元撰。郭起元，闽县(今福建福州)人。官至宿虹同知。

《诗谈》[1]："青田刘伯温钧天广乐，声容不凡，开国宗工，不在兹乎？独元季之作词，多感慨。姑苏高启，岱峰雄秀，瀚海浑涵，海内诗宗，岂惟吴下？杨基天机云锦，自然美丽，独时纤巧，不及高之冲雅。浔阳张羽、吴兴徐贲亚矣。四杰叙称，以其才乎？金华胡翰雄壮、苏伯衡丰腴，太牢之味，与藜藿自别。宋景濂、王子充诗亦纯美，雅以文名。"(《附论明代两浙诗人》，见《全浙诗话》[2]卷三十六明，清嘉庆元年怡云阁刻本)

【笺注】:

[1][明]徐泰撰。是书仿效钟嵘《诗品》而作，只限于品评诗人诗作，未对诗人作品有等级之分，所评皆明代诸诗人，评论宗旨大抵不出七子门庭。徐泰，海盐(今属浙江)人，弘治十七年(1504)举人，授桐城教谕，改蓬州学正，迁光泽知县。另著有《玉池稿》等。

[2][清]陶元藻(1716—1801)辑。计收春秋迄当朝浙江诗人一千九百余人，在地域诗话汇编中卷帙最大。体例与《全闽诗话》相同，以人立目，人名下作小传，然后采列有关各家诗话。在此书与《全闽诗话》，"甫脱稿即誉挂人口"，堪称地域诗话汇编中的双壁。陶元藻，会稽(今浙江绍兴)人，贡生。久困科场，不谋生计，肆意诗文。尝游京师，题诗旅舍，袁枚见而激赏，特为撰记。客扬州时，赴卢见曾红桥雅集，即席赋诗，传诵一时。后倦游归里，筑泊鸥庄于西湖，以撰述自娱。另著有《泊鸥山房集》等。

元季都尚词华，刘伯温独标骨干，时能规模杜、韩；高季迪出入于汉魏、六朝、唐、宋诸家，特才调过人，步蹊未化，故变元风则有余，追大雅则不足也。要之明初词人，以二公为冠。(《昭昧詹言》[1]续卷八，清光绪刻方植之全集本)

【笺注】:

[1][清]方东树(1772—1851)撰。本书全以"桐城派"观点论诗，提倡桐城派之道统、文统，推重沈德潜之"格调说"。论析诗歌有一定见识，亦有某些可贵之见解。唯偏私桐城一派，过于溢美，实不足取。方东树，桐城(今属安徽)人，诸生。历主庐州等处书院讲席。另著《汉学商兑》等四种。

明诗不可以轻心抑之也。明开基诗，吾深畏一人焉，曰刘诚意；明遗民诗，吾深畏一人焉，曰顾亭林。诚意之诗苍深，亭林之诗坚实，皆非以诗为诗者，而其诗境直太华、黄河之高阔也，首尾两家，谁与抗手？(《四农诗话》)(《射鹰楼诗话》[1]

卷二十三，清咸丰元年刻本）

【笺注】:

[1][清]林昌彝(1803—1876)撰。林昌彝，见前注。

姚春木尝自称"海上白石生"，其论诗，谓元裕之以后无大家，于明初推刘伯温，谓在高季迪上。(《雪桥诗话》[1]卷十一，民国求恕斋丛书本）

【笺注】:

[1][清]杨宗羲著。杨宗羲，汉军旗人，光绪十五年(1889)进士。官至江宁知府。辛亥革命后寓居北京，自号圣遗居士，与沈曾植、朱祖谋、陈曾寿多有往来。1921年初，曾为废帝溥仪祝寿。另著有《圣遗诗集》等。

文成《覆瓿集》元时作，《犁眉公集》则入明后诗也。《覆瓿》远胜《犁眉》，前人已有定论，文成为开国文臣，故录其入明应制之作以为压卷。(《明诗纪事》[1]甲签卷三，清陈氏听诗斋刻本）

【笺注】:

[1][清]陈田(1849—1922)编著的一部诗话集。陈田，贵阳(今属贵州)人，光绪十二年(1886)举进士。入翰林，授编修，改御史，转给事中。长诗文，留心乡邦文献，著《听诗斋诗》。且费七年之功，编辑《明诗纪事》二百卷。

有明一代画家以石田为第一，犹刘文成之于诗，董文敏之于书也。(《虚斋名画录》[1]卷三，清宣统乌程庞氏上海刻本）

【笺注】:

[1]庞元济(1864—1949)编著，1909年初刻。庞元济，湖州南浔人，清光绪六年(1880)补博士弟子。援例为刑部江西司郎中。因助赈十万元，特赐举人，加四品京堂。另著有《续虚斋名画录》《中华历代名画志》。

明代之诗，一如唐之有初、盛、中、晚也。当其兴也，必有总持风雅之人，生于其间，发为昌明光大之音调，如龙之嘘气，如虹之经天，虽作者莫知其然也。永乐、成化之际，刘伯温、高季迪、袁景文、贝清江诸人，以清真雅正，尽反元代秾丽纤艳之习。季迪于格律句调，未极高浑，要自冲和雅澹，微婉芊绵，蔚然盛世之音；伯温规守少陵，不能综览博涉，以成其美；景文逊于伯温，气象窘仄；清江七律

差长，亦少波澜。（《小招隐馆谈艺录初编》[1]卷三，民国本）

【笺注】：

[1]王礼培（1864—1943）撰。王礼培，湖南湘乡人，光绪十九年（1893）举人。曾首任湘乡县学堂学监。后去日本，入东京帝国大学，并加入同盟会。辛亥革命后返国，供职省铜元局。1931年任河南大学文科教授，1933年后，返寓长沙，任船山学社董事长。另著有《前甲子诗》等。

刘伯温、高季迪起，而以和缓受之，不与元人竞胜，而自问风雅之津，故洪武间诗教中兴，洗四百年三变之陋，是知立才子之目标一成之法，扇动庸才，旦仿而夕肖者，原不足以羁络骐骥。（《诗家正法眼藏》[1]不分卷，民国本）

【笺注】：

[1]刘子芬撰。刘子芬，约活动于民国初年，生平不详。

Ⅱ.作品评论

唐李涉赠盗诗曰："相逢不用相回避，世上如今半是君。"可谓婉切。刘伯温《咏梁山泊分赃台诗》云："突兀高台累土成，人言暴客此分赢。饮泉清节今寥落，何但梁山独擅名。"元末贪吏，亦唐末之比乎！《汉书》云："吏皆虎而冠。"《史记》："云此皆劫盗，而不操戈矛者也。"二诗之意皆祖此。宋末有俗诗，云："众人做官都做贼，郑广做贼又做官。"又《解贼》一诗云："解贼一锣三捧鼓，接官三鼓两声锣。锣、鼓听来无二样，官人与贼不差多。"近日云南洱海接官厅与打劫湾相近，有达官命童生作对，曰："接官厅上接官。"一童生应曰："打劫湾中打劫。"尤可笑也。（《李涉赠盗诗》，见《丹铅总录》[1]卷十二，清文渊阁四库全书本）

【笺注】：

[1][明]杨慎（1488—1559）撰。杨慎，见前注。

青田刘伯温，论者称其乘时佐命之功，炳机克终之道，甚与汉之子房相似。或谓子房乃为韩报仇，伯温则常委事于元，其出处不免有闲。是盖未深论也。夫伯温生元世，岂能超出天地外不为元人也哉？忧时痛国，每形于辞，如《悯乱》诸作二三末句云："惆怅无人奏丹扆，侧身北望泪滂沱。淮渍何日歌常武，肠断严城戍鼓挝。天涯地角风尘满，极目云霄欲断魂。江湖愁绝无家客，伫立看天泪眼昏。"至如吊诸葛武侯、祖豫州、岳武穆诸赋，悲愤愁激，读之使人踯躅，思奋其志

可谅也。(《梦蕉诗话》不分卷,明刻本)

偶读刘青田《采莲歌》,喜其不涉六朝艳冶习气,更复别有寄托,因有感于中。拟作六首并附录刘作,使观者发省焉,诗云:“采得红莲爱白莲,双桡快转怕人先。争知要紧翻成慢,菱叶中间绊却船。”(《溉堂集》[1]前集卷九,清康熙刻本)

【笺注】:

[1][清]孙枝蔚(1620—1687)。本书收集孙枝蔚康熙十八年(1679)以前的作品,由赵玉峰刻于京城,其时孙枝蔚尚在世。孙枝蔚,陕西三原(今陕西省三原县)人,出身富商之家。明末,散家财募兵与李自成起义军为敌,败走江都。初作盐商,后弃商读书,致力于诗歌,从此以诗知名当世。康熙十八年(1679),举博学鸿词科,自陈衰老,不应试,授内阁中书衔。之后客游四方而终。

刘青田以佐命雄才,时当末造,揆其初意,亦未尝绝念于庚申君也。如《杂感》诸咏有云:“淮海风云连鼓角,湖山山花木怨笙歌。古戍有狐鸣夜月,高冈无凤集朝阳。江湖满地蛟螭浪,秔稻连天鸟鼠秋。高牙画戟尊方伯,绣段黄封出内朝。尘埃不辨风云色,雨露全归枳棘花。济世何人希管乐,隐居无处觅求羊。肉食不知田野事,布衣深为庙廊忧。雄豪窃据皆屠狗,功业舆台尽续貂。胸中眼底有无限,牢骚郁勃之气迨。”其后《题望江亭》曰:“兴亡莫问前朝事,江水东流去不还。天时人事总付之,不言之表而已非。”好以诗鸣也。(《柳亭诗话》[1]卷二十六,清康熙天茁园刻本)

【笺注】:

[1][清]宋长白撰。是书着重探究同一诗题、诗义、诗法之演变,及其典故、俗语、字词之出处。宋长白亦不免以己意品题,而议论考据,又多无根底。宋长白,山阴(今浙江绍兴)人,生卒年均不详。

明祝允明《书刘基诗》一册(上等荒一)。素笺本小楷书,七言古诗一首,后跋云:“右刘诚意《两鬼》诗,拟昌黎二鸟体。所谓‘二鬼’,公盖自谓及金华太史也,其推挹金华如此。至于奇博奥险之辞,又觉卢仝、马异在其下矣。”(《石渠宝笈》卷二十一,清文渊阁四库全书本)

刘文成《新春》诗:“我发日已白,我颜日已丑。开樽聊怡情,谁能计身后。”于忠肃《自叹》诗云:“互凌侵凋我好颜色,齿牙渐摇脱鬓发。”日已白衰飒之况,不可卒读,其后一佐命,一定国,皆为社稷臣君子随遇而安,信然。(《陶庐杂录》[1]卷五,清嘉庆二十二年陈预刻本)

【笺注】:

[1][清]法式善(1753—1813)撰。法式善,蒙古族,隶内务府正黄旗,乾隆四十五年(1780)进士。改翰林院庶吉士,授检讨。累官至侍讲学士,后因修书不谨,贬为庶子,在馆纂《皇朝文颖》及《全唐文》,未几,乞病归。著有《存素堂诗集》等。

明人诗气韵浑厚,佳句不胜采①也,予摘其不习见者开人心花肺叶焉,五言如刘青田句"返照千山赤,寒烟一岛青。"(《诗法指南》[1]卷五,清乾隆刻本)

【笺注】:

[1][清]蔡钧(1694—?)。蔡钧,浙江萧山人。诸生。

居官者如傀儡登场,位显则门庭蝇集,势衰则宾客烟销,白乐天诗所谓"亲戚欢娱童仆饱,始知官职为他人"是也。刘文成公基《长安道》诗云:"长安道,送尽芳菲到枯槁。人生盛衰苦不尝,何异长安道旁草?汉家将军初拜官,门前上客车班班。一朝势衰烟焰歇,车轮无声马蹄绝。明年有诏封冠军,依旧车马来如云。"读之可胜浩叹。(《射鹰楼诗话》卷八,清咸丰元年刻本)

刘青田《旅兴》云:"倦鸟冀安巢,风林无静柯。路长羽翼短,日暮当如何?"此与老骥伏枥之意相同。按其神诣,尚非西湖见五色云时也。(《题钓渭图》中二联云:"浮云看富贵,流水澹须眉。偶惪非态兆,尊为帝名师。"剜如自写小照。)(《倦鸟风林》,见《柳亭诗话》卷二十四,清康熙天茁园刻本)

元微之《题画松》:"翠帚扫春风,枯龙戛寒月。"刘文成诗:"高藏日月气,清滴云雾汁。"皆奇语也。移以赠此幅,何如刘夤句:"曾当月照还无影,若许风吹合有声。"何等潇洒。然不如少陵"白摧枯骨龙蛇死,黑入太阴雷雨垂",气魄尤大也。世无韦偃,当为浩叹。(《题画松》,见《删后文集》卷十二,清嘉庆二十年胡氏敬义堂刻本)

刘青田诗一扫元人靡习,气格超然,为一代领袖。如《长门怨》云:"白露下玉除,风清月如练。坐看池上萤,飞入昭阳殿。"妙得古人不尽之韵。(《明人诗话补》[1],清乾隆四十二年刻本)

---

① 原文为"挆",据文意改。

【笺注】:

[1][清]彭端淑撰。彭端淑,丹棱(今属四川)人,雍正十一年(1733)进士。授吏部主事,迁员外郎、郎中。乾隆十二年(1747),充顺天乡试同考官。后出为广东肇罗道。不久归乡,主讲锦江书院,颇负时望。

文公《双鸟》即杜诗"春来花鸟莫深愁",公诗万类困陵暴之意,而翻出之,其为己与孟郊无疑,刘文成《二鬼》诗出于此。(《石洲诗话》[1]卷二,清粤雅堂丛书本)

【笺注】:

[1][清]翁方纲(1733—1818)撰。翁方纲,见前注。

刘青田《二鬼》诗,或云"拟昌黎《二鸟》而作",或云"在卢仝、马异间",或云"直破刘叉之胆",然吾不责其好作奇语为不经,而恨其多参俚语为不雅也。如云"急诏飞天神王捉此两鬼拘囚之,飞天神王得天帝诏,立召五百夜叉带金绳、将铁网,寻踪逐迹,莫放两鬼走逸入崄巇。五百夜叉个个口吐火,搜天刮地走不疲。搜到九万九千九百九十九仞底,捉住两鬼眼睛光活如琉璃"语,意太俚率任情,卢仝、马异、刘叉尚不肯出此,况昌黎哉?一概褒许,诗不儿戏,即成恶道。(《养一斋诗话》[1]卷六,清道光十六年徐宝善刻本)

【笺注】:

[1][清]潘德舆(1785—1839)著。本书以儒家诗教为宗旨,但讲诗艺却多本于道家的自然、神妙之说,持论能细致入微,力求公允。潘德舆,山阳(江苏淮安)人,道光八年(1828)举人。选为安徽候补知县,迄未赴任,不久即卒。另著有《养一斋集》。

刘文成《题钓渭图》,隐以帝师自命。(《小匏庵诗话》[1]卷八,清光绪刻本)

【笺注】:

[1][清]吴仰贤(1821—1887)撰。俞樾《序》评价是书称:"自唐宋以来,至本朝咸、同间之诗,皆有所采录,辨其源流,论其工拙,卓然有自得之见,不苟为去取。诗中事实,亦间有考订。视《随园诗话》,多或不及,精则过之矣。"吴仰贤,浙江嘉兴人,咸丰二年(1852)进士。入翰林院,改官云南知县,擢知府,迁云南迤东兵备道。后引疾辞归。

(4)词

Ⅰ.总评

我明以词名家者，刘诚意伯温秾纤有致，去宋尚隔一尘；杨状元用修好入六朝丽事，似近而远；夏文愍公词最号雄爽，比之辛稼轩，觉少精思。(《弇州四部稿》卷一百五十二，清文渊阁四库全书本)

明初作手，若杨孟载、高季迪、刘伯温辈，皆温雅芊丽，咀宫含商。(《词综》[1]发凡，清文渊阁四库全书本)

【笺注】:

[1][清]朱彝尊、汪森(1653—1726)编。朱彝尊，见前注。汪森，浙江桐乡人，康熙间拔贡生，官终户部江西司郎中。编有《粤西诗载》《粤西文载》《粤西丛载》三部广西地方文学总集，辑有《虫天志》《名家词话》等。

刘伯温有《写情集》，皆词曲也，惜其大阕颇窒滞，惟小令数首觉有风味，故予所选小令独多，然视宋人亦远矣。(《渚山堂词话》卷一，清文渊阁四库全书本)

明初诸家方正学气烈，近苏；刘青田属词，近子；宋潜溪该贯浏亮，体势近欧。(《二希堂文集》[1]卷十一，清文渊阁四库全书本)

【笺注】:

[1][清]蔡世远(1682—1733)撰。雍正十年(1732)刊刻。蔡世远，福建漳浦人。康熙四十八年(1709)进士。选翰林庶吉士，历官内阁学士、礼部侍郎。从学于李光地，分纂《性理精义》，主持福建鳌峰书院。供职上书房，教诸皇子读书。雍正七年(1729)，请设福建观风整俗使。另著有《朱子家礼辑要》等。

启诗为明初吴中四杰之冠，词则原本别行，不入诗集，清新华妙，一如其诗。其时去南宋未远，虞集、张翥续其灯焰，明初一代之词，自以浙中刘诚意为冠冕，季迪雄长吴，不虽下，足以继诚意。其和雅流丽、秀雅天成，亦足自立于词坛，非永乐后诸人所及也。(《高启季迪》，见《善本书室藏书志》卷四十，清光绪刻本)

文文山词风骨甚高，亦有境界，远在圣与叔、夏公谨诸公之上。亦如明初诚意伯词，非季迪、孟载诸人所敢望也。(《人间词话》[1]卷下，民国十六年王忠慤公遗书本)

【笺注】:

[1][清]王国维(1877—1927)撰。本书为王国维重要文学论著,为近代最著名的词话。它突破了清代浙西词派与常州词派的局限,独树一帜,而以"境界说"为中心。总结了历代论词和词的鉴赏的经验,也受到了西方叔本华哲学观点的影响。王国维,浙江海宁人,清末秀才。师事罗振玉。1901年留学日本东京物理学校。次年回国,先后任教于通州师范学堂、江苏师范学堂、仓圣明智大学。学识渊博,于中国史料学、古文字、音韵学、戏曲均有研究。生平著作共六十二种,收入《王国维遗书》。

竹垞曰:"世人言词,必称北宋。然词至南宋始极其工,至宋季而始极其变,此为当时孟浪言词者发其实。北宋如晏、柳、苏、秦,可谓之不工乎?且竹垞之与李十九论词也,亦曰慢词宜师南宋,而小令宜师北宋矣。盖明自刘诚意、高季迪数君而后,师传既失,鄙风斯煽误,以编曲为填词。"(《赌棋山庄词话》[1]卷九,清光绪十年刻赌棋山庄全集本)

【笺注】:

[1][清]谢章铤(1821—1904)著。该书广泛考评历代词集、词选、词话、词律等,而以清词为重点评述对象。所论不拘派系,主张填词以性情为第一要义,重视雅、趣结合。谢章铤,福建长乐人,光绪三年(1877)进士。官内阁中书,后不殿试而归。

Ⅱ.作品评价

《秋晚曲·寄谒金门》,刘伯温作也。首云"风袅袅,吹绿一庭秋草",为语亦佳,然即"风乍起,吹皱一池春水"格耳,以二言细较,刘公当退避一舍。(《渚山堂词话》卷一,清文渊阁四库全书本)

刘未遇时,尝避难江湖间,往见其《水龙吟》一阕云:"鸡鸣风雨潇潇,侧身天地无刘表。啼鹃迸泪,落花飘恨,断魂飞绕。月暗云霄,星沉烟水,角声清袅。问登楼王粲,镜中白发,今宵又添多少?极目乡关何处,渺青山、髻螺低小。几回好梦,随风归去,被渠遮了。宝瑟弦僵,玉笙簧冷,冥鸿天杪。但侵阶莎草、满庭绿树,不知昏晓。"此词当是无聊中作。"风雨萧萧""不知昏晓",则有感于时代之昏浊,而世无刘表;"登楼王粲",则自伤于身世之羁孤。然孰知其不得志于前元者,乃天特老其材,将以贻诸皇明也哉,是则适为大幸也。(《渚山堂词话》卷一,清文渊阁四库全书本)

刘伯温寓金陵,尝秋夜作《摸鱼儿》云:"正凄凉、月明孤馆,那堪征雁嘹唳。不知衰鬓能多少,还共柳丝同脆。朱户闭,有瑟瑟萧萧、落叶鸣沙砌。断魂不系,又何必殷勤，啼蛩络纬，相伴夜迢递。樵渔事，天也和人较计，虚名枉误身世。流年滚滚长江逝，回首碧云无际。空引睇，但满眼、芙蓉黄菊伤心丽。风吹露洗，寂寞旧南朝，凭阑怀古，零泪在衣袂。"公在金陵，正得君行志之秋，而词意伤感如此，殆不可晓。岂所谓谢安虽受朝寄，而东山之志，雅意不忘者耶？然详观首尾，又似未尝得遇者。竟不知或在未征召之前否也。

僧如晦作："春归云有意，送春归无计。留春住，毕竟年年用著来，何似休归去。目断楚天，遥不见春归路。风急，桃花也似愁，点点飞红雨。"瞿宗吉一曲："云双蝶送春来，双燕衔春去。春去春来，总属人谁与。春为主一阵，雨催花一阵。风吹絮，惟有啼鹃更迫春。不放从容住。"二词皆咏春归，皆寄《卜算子》。然比而观之，如晦则意高妙，宗吉则语清峭，殆不相伯仲也。"烟草萋萋，小楼西云压雁声低。春山碧树秋重绿，人在武陵溪。"刘伯温《秋晚曲》也云："压雁声低，与春山碧树秋重绿。"二语动人，或谓未经前人道破。以予所见，亦转换"云开雁路，长与春草秋更绿"耳。（《渚山堂词话》卷二，清文渊阁四库全书本）

刘伯温《春怨》，盖感叹时事也，末云"无计网斜，晖漫遮得愁人。望眼登高，凝睇欲寄一封书，鸿路阻，豹关深日暮。空肠断，观豹关深"之句，知元季兵起，贤者感时伤事，非不欲献言于上以销祸乱，而九重阻深，无路自达，徒登高怅望而已①。"回首叫虞舜，苍梧云正愁"，所谓"日暮肠断"之意，类如此。（《渚山堂词话》卷三，民国吴兴丛书本）

宋文信公尝过唐忠臣张公巡、许公远双庙，留题《沁园春》词一阕，道二公之精忠劲节，辞旨壮烈，千载之后，昭然与日月争光，本朝刘文成公伯温过安庆，亦作《沁园春》词哀余忠宣公阙，正与文山之词相匹录之。[1]（《吊余忠宣公词》，见《蓉塘诗话》[2]卷三，明嘉靖二十二年张国镇刻本）

【笺注】：

[1]据吴留营《有关刘伯温的诗词考述二则》（《文献》2018年第5期）考证，此《沁园春》为明人伪托，非刘基所作。然此明人以伪托诗歌为基础生发出对刘基的评论，亦作明人刘基印象一观，故存之。

[2][明]姜南撰。姜南，仁和（今浙江杭州）人，正德十四年（1519）举人。与陆深友善。另著有《投瓮随笔》等。

沈雄曰："刘文成未遇时，便与石末元帅填词赠答。时石末方镇江浙，而文成

① 原文为"巳"，据文意改。

每以《满庭芳》《满江红》调寄之。若其次和石末《沁园春》一阕，感愤情词，有足述者。'万里封侯，八珍鼎食，何如故乡？奈狐狸夜啸，腥风满地，蛟螭昼舞，平陆沉江。中泽哀鸿，苞荆隼鸨，软尽平生铁石肠。凭阑看，但云霓明灭，烟草苍茫。不须踽踽凉凉，盖世功名百战场。笑扬雄寂寞、刘伶沉湎、嵇生纵诞、贺老清狂。江左夷吾，隆中诸葛，济弱扶危计甚长。桑榆外，有轻阴乍起，未是斜阳。'石末亦有次文成者，不及载也。《文成集》二百三十三首，堪采者多。"(《古今词话》[1]词话卷下，清康熙刻本)

【笺注】:

[1][清]沈雄撰。作者鉴于旧有《古今词话》一书久佚，兹编所论纵贯古今，故袭用旧名。此编无论规模、体例，均堪为词论中集大成之作。沈雄，吴江(今属江苏苏州)人。约顺治、康熙间在世。工词，著有《柳塘词》。

周永年曰："《一剪梅》惟易安作为善，刘后村换头，亦用平字，于调未叶。若'云中谁寄锦书来'与'此情无计可消除'，'来'字、'除'字不必用韵，似俱出韵，但'雁字回时，月满楼'，'楼'字上失一'西'字。刘青田'雁短人遥可奈何'，楼上似不必增'西'字。今南曲止以前段作引子，词家复就单调，别名剪半，将法曲之被管弦者，渐不可诘矣。"(《一剪梅》，见《古今词话》词辨卷下，清康熙刻本)

刘伯温未遇时，赋《感怀水龙吟》云："鸡鸣风雨潇潇，侧身天地无刘表。啼鹃迸泪，落花飘恨，断魂飞绕。月暗云霄，星沉烟水，角声清袅。问登楼王粲，镜中白发，今宵又添多少？极目乡关何处，渺青山、髻螺低小。几回好梦，随风归去，被渠遮了。宝瑟弦僵，玉笙簧冷，冥鸿天杪。但侵阶莎草、满庭绿树，不知昏晓。"激昂感慨，择木之志见矣。(《词苑丛谈》[1]卷三，清海山仙馆丛书本)

【笺注】:

[1][清]徐釚(1636—1708)撰。本书编于康熙十二年(1673)，至十七年(1678)编成，收录历代词人有关故实，包括逸事、评笺等，引用书目一百五十余种，可作为研究词人、词作及艺术创作学之参考，资料颇有价值。然因作者系随时抄录，未能注明资料出处，不便于复检原书，亦降低可靠价值。徐釚，清代词人，吴江(今属江苏苏州)人。康熙十八年(1679)，召试博学鸿词，授翰林院检讨，入史馆纂修《明史》。另著有《南州草堂集》等。

(5)赋

Ⅰ.总评

括之士以时文[1]名于今日者，有林君则氏、叶见山氏、徐景熹氏、刘伯温氏。

(《东维子集》[2]卷六,清文渊阁四库全书本)

【笺注】:

[1]元制科举,考古赋一篇,此“时文”即为古赋。

[2][元]杨维桢(1296—1370)撰。杨维桢,浙江诸暨人,泰定四年(1327)进士。任天台尹。后升调江西儒学提举。元末兵乱,避居富春山等地。其工诗,乐府尤著名,称“铁崖体”。著有《东维子文集》。

我皇明以制科取士乡试,京省会试、礼部初场试《经》《书》举业,是为墨卷。乡会总裁定作,为式刻录,奏御是为程文。士子肄习拟制,传览海内,是为窗稿。……故兹于汇元悉录之,有未录者,世远失传,不遑广搜也。刘文成之作未入洪武程拟诸文,亦及启祯,何也?因其人而载其文,不以时之先后拘也。大约选中二百余人,救时成务,明德振俗,理学勋猷,气节建白弗,炳炳麟麟,远过汉唐,争衡三代,宁直以八股之业传诸后世哉!(《历科制义选序》,见《二丸居集选》卷八,旧钞本)

Ⅱ.作品评述

刘伯温《伐寄生赋》序曰:“若疮疡脱身,大奸去国,斧钺之时用大矣哉。”虽少费数言,然俊伟痛快,读之洒然。(《沙溪集》卷十四杂著,清文渊阁四库全书本)

元代设科例用古赋,行之既久,亦复剽窃相仍,末年尤甚。如刘基《龙虎台赋》,以场屋之作为世传诵者,百中不一二也。(《钦定四库全书总目》卷一百六十八,清文渊阁四库全书本)

(6)诗论

刘伯温曰:“诗有正格,有别格,有高调,有逸调。然出口须老,押韵须稳,琢炼宜浑,字句宜雅,声音宜长,托意宜远,则无二道也。”(《诗法指南》卷一,清乾隆刻本)

刘伯温曰:“作诗须量力度,才就其近似者,而摹仿之久,则成家矣。若质性恬旷,而务求华丽,才情绮丽,而强拟沉郁,始虽效颦,终失故步。所谓行岐路者不至,怀二心者无成也。”(《诗法指南》卷一,清乾隆刻本)

刘伯温曰:“诗大要不越三百篇之旨,或兴,或比,或赋,而分途则美、刺两端耳。美不贵腴,腴近谄①;刺不贵激,激近暴。谄者,丧气节暴者干罪戾,安在其为性情之正哉?”(《含蓄》,见《诗法指南》卷六,清乾隆刻本)

① 原文为“諂”,据文意改。下句“諂”字同改。

附录:道学评价[1]

【笺注】:

[1]此处"道学"指儒家的道德学问,虽然,功业亦为儒家入世学术的一种,但此处偏指"学问",指以孔孟程朱以来的道统,以及相关的《六经》。

孟子学孔子者也,其立心以不怨不尤为主,而作事以悲天悯人为怀。谓当此时,而豫非也;谓当此时,而实不豫亦非也。有王者必有名世,名世在我,乐行忧违,岂二道哉?尝按皋、夔、稷、契,唐虞之名世也;伯益,夏之名世也;伊尹,商之名世也;周、召,文、武之名世也;留侯,汉高之名世也;邓禹,汉光之名世也;孔明,昭烈之名世也;房、杜,唐之名世也;赵普,宋之名世也;刘基,明之名世也。孔孟得行其志,不过伊、召诸人公侯宰相而已。何如以师道觉天下万世,为至圣、亚圣其功德,与天地同悠久乎!(《四书近指》[1]卷十五,清文渊阁四库全书本)

【笺注】:

[1][明]孙奇逢(1584—1675)撰。孙奇逢,万历二十八年(1600)举人。明亡,隐居不仕。晚年移居苏门之夏峰。

学术本也,德行文章功业皆生于学术,而德行有激,则为气节功业,遇变则成壮猷,皆学术所致,恐不在言不言也。吾乡入国朝已来,语壮猷则刘文成、于肃愍公,语气节则方逊志、孙忠烈公,其他文章德业,不假壮猷,气节而纯然可范者,若商文毅、谢文正、章文懿、胡端敏诸公,尚难枚举,独称王文成为真儒者,以其言良知也,而良知且为斯文一阨,况言而不为良知者乎?世方狗名,则言之不可已也如此。(《王文成》,见《万一楼集》[1]卷四十八,清嘉庆活字本)

【笺注】:

[1][明]骆问礼(1527—1608)撰。骆问礼,诸暨(今属浙江)人,嘉靖四十四年(1565)进士。历南京刑科给事中,隆庆初,帝纳言官请求,令诸政务奏于便殿,计上奏十项事宜。帝不悦,贬为楚雄知事。万历初,屡升至湖广副使。

如"春,王正月"之类是也,注《春秋》者不下数十家,置"春,王正月"四字不论者,固有之。其以周改月兼改时者,则汉孔安国、郑康成,至明赵子常、王阳明、贺景瞻也;以周改月不改时者,则宋程伊川、胡康侯至,明刘文成也。(《春王正月辨》,见《汤子遗书》[1]卷六,清文渊阁四库全书本)

【笺注】:

[1][清]汤斌(1627—1687)撰。汤斌,河南睢县人,顺治九年(1652)进士。康熙十七年(1678),召试博学鸿词,授侍讲,由内阁学士巡江苏,累官礼部尚书、工部尚书。与孙奇逢、张沐、耿介友善,潜心性理之学,充养愈粹,推中原真儒。著述不为空言,有《明史稿》二十卷、《孙征君年谱》。补修《睢州志》五卷。该志义例颇精,富于资料价值。另著有《洛学篇》《汤子遗书》等。

洪武初,多明理之儒,皆宋、元之遗也。宋景濂、刘文成、陶姑孰,皆分儒之一脉者也,然而文成为优矣。景濂多可少否,有体而无用,学问亦杂;姑孰则长者而已;文成有体有用,天姿明彻,卓然不惑于二氏。《天说》二篇,直窥见理气源头,几几乎入宋人之室。然而文成未尝讲学也,未尝自谓儒者也,天姿而已矣。使文成得师友之传,加以学问之功,其颜、孟之流欤!(《思辨录辑要》卷三十一诸儒类明儒,清文渊阁四库全书本)

第七章　文人技艺

1. 音乐

《客窗夜话》:“本朝刘伯温所作也。公功成名,遂有范蠡扁舟五湖之意,而作此曲。”(《太古正音琴经》[1]卷四,明万历刻后印本)

【笺注】:

[1][明]张大命撰。本书刊于万历三十七年(1609)。张大命,生平不详。

古今赋咏琴者伙矣,惟蔡伯喈练余心兮。归太清三语稽叔夜以无累之神,合有道之器二语,而已退之琴诗,为千古巨擘,然犹以为近琵琶者,未为枉也。近代刘诚意、何大复二先生俱有作。要之,皆江州之滥觞耳。(《琴歌》,见《白毫庵杂篇》[1]卷一,明崇祯刻本)

【笺注】:

[1][明]张瑞图(1570—1641)撰。张瑞图,晋江(今属福建泉州)人,万历三十五年(1607)探花。天启六年(1626)以附魏忠贤晋礼部尚书兼东阁大学士,预机务。长于书法,与董其昌、米万钟、邢侗齐名,魏忠贤生祠碑文多为其手书。崇祯初名列“逆案”,坐徒赎为民。

明杨抡撰。卷首系四言赞一篇,其中《上古琴样》一篇,自伏羲神农迄刘伯温,凡三十四人之琴,皆绘之,为图不经殊甚。又绘钟子期像,而以己像厕其后,尤为妄诞。焦竑《经籍志》有《太古遗音》四卷,称袁均哲著。今未之见,或抡窃其书,而改窜之,未可知也。(《太古遗音》提要,见《钦定四库全书总目》卷一百十四)

双琴劫火烧难尽(一松雪翁琴一诚意伯琴),蛇腹牛毛辨断文。收拾卅年琐碎事,欲将肠肺付桐君。(《绿澄轩听王山人弹琴二首・其二》,见《竹叶庵文集》[1]卷三诗三卤征集,清乾隆五十一年刻本)

【笺注】:

[1][清]张埙撰。张埙,吴县(今属江苏苏州)人,乾隆三十四年(1769)进士。官至内阁中书。另著有《张氏吉金贞石录》等。

群山巉巉水弥弥,迸作寒声赴纤指。古琴弹出哀以思,故物云传《郁离子》,八十余字腾虹精,清琴堂中(公堂名)新制成。当时琴曲有遗谱,或摹七尺求新声(《客窗夜话》有公所作琴曲数段)。如公才略曾谁似,草昧经纶先奋起。勋烈能将留、邺俦,诗才直合高、杨比。此琴相伴诚得人,当年寂寞形影亲。永嘉县前江气静,青田山上烟云昏。一弹风雨泣再弹,天地春离鸾别鹄。岂足道中有至治,元音存不知几时。流落到蛮徼但见,摧残剥蚀梅花纹。主人爱客相招致,玉铣金徽共矜异。江山回首一高歌,坐觉苍茫生古意。请为奏作《梁父吟》,君臣遇合千载深。功成不作华山隐,此事或恐留苦心。更为徐弹变征曲,孝陵坟上多樵牧。江左年来未息兵,鸡鸣十庙空遗躅。弹指沧桑又几回,红羊劫换不胜哀。感时怀旧情无限,一例南来绿绮台。(《刘文成公琴歌》,见《荔村草堂诗钞》卷三过庭集上,清光绪十八年廖廷相羊城刻本)

2. 书法

元时有玉涧和尚者,亦作《西湖图》,但写意而已。刘伯温题其图云:"大江之南风景殊,杭州西湖天下无。浮光吐景十里外,迭嶂涌出青芙蕖。百年王气散荆棘,惟有歌舞留欢娱。重楼峻阁贮铅黛,媚柳娇花使人爱。老僧不善儿女情,故作粗豪见真态。想其泚笔欲画时,高视画工如小儿。千岩万壑吾意匠,夸娥巨灵吾指麾。却忆往年秋雨夕,画舫冲烟度空碧。苍茫不辨云与山,但觉微风响芦荻。须臾吟月进深雾,时见松杉半昏黑。开尊命客弹丝桐,扣舷大笑惊海童。鲛人唱歌鱼鳖应,水底影动双高峰。只今倏忽成老翁,可怜此乐难再逢。愁来看画欲自适,谁知感生愁转剧。"(《〈西湖图〉题诗》,见《西湖游览志馀》[1]卷十七,清文渊阁四库全书本)

【笺注】:

[1][明]田汝成(1503—1557)撰。田汝成,浙江钱塘(今杭州)人,嘉靖五年(1526)进士。官至广西右参议,福建提学副使等职。另著有《西湖游览志馀》等。

右钱选舜举写《李青莲观开先瀑布图》,毋论此君神采欲飞动,即一骑一从,亦见生色。唯两瀑不甚雄之,直下三千尺势,当由小窘边幅耳。图后缀舜举一诗，不免蛇足，又有刘文成、宋文宪、胡文穆三诗，皆名手，而首则解大绅印记，及小楷五字绝佳。当时刘、宋题，后归大绅，而文穆始题之耳，后为上海朱太学邦宪家物。（《钱舜举画李白观瀑图》，见《弇州山人四部续稿》卷一百六十八文部，清文渊阁四库全书本）

吴嗣先寓，见……王叔明《画松风阁》，前有无准和尚题“松风”二字，后有杨维祯、顾阿瑛、刘伯温诗，宋景濂记，僧宗泐五言古诗，姚广孝七言古诗并跋语。（《珂雪斋集》[1]外集卷四游居柿录，明万历四十六年刻本）

【笺注】:

[1][明]袁中道(1570—1623)撰。袁中道，公安(今属湖北)人，神宗万历四十四年(1616)进士。授徽州府教授，迁国子监博士，历南京吏部郎中。有才名，与兄宗道、宏道并称“三袁”。

《白石山樵》云：“池湾沈仲贞多家藏。出示宋人画册，内李唐赵千里、刘松年、李嵩，皆精绝，余马夏为多。又见马远《汉宫春晓》，赵子昂《载酒图》，仲穆《洗马图》《骑马图》，盛子昭《山水》(上有刘伯温题)。”（《麟湖沈氏所藏》，见《珊瑚网》[1]卷四十七名画题跋二十三，清文渊阁四库全书本）

【笺注】:

[1][明]汪珂玉(1587—?)撰。中国书画著录著作，成书于崇祯十六年(1643)。汪珂玉，秀水(今属浙江嘉兴)人。万历四十七年(1619)与魏仲雪、沈止伯于北山草堂结诗社，崇祯中官山东盐运使制官。

宋逸民龚圣予、赵子固、郑所南诸公皆能画，余觅其遗迹，得圣予《山水》一卷，笔意仿大小米，极其潇洒，上题一诗：“谷口长松涧底藤，石桥山路晚登登。囊琴斗酒来何暮，空负寒斋昨夜灯。”小隶极其高古。后有青田跋谓：“圣予名开别，号翠岩，当时得其片纸，若连城之璧，为时所重如此。”按龚公尝与陆秀夫同居广陵幕府，宋亡，潜居深隐，立则沮洳，坐无几席，一子名浚，每令俛伏，就其背按纸，作《唐马图》，风鬃雾鬣，豪骭兰筋，备尽诸态。一持出人，辄以数十金易之藉，是不饥。然竟以无所求而死。居吴之日，高邮龚璛为忘年友，时人谓之楚“两龚”，以比汉之“两龚”。（《龚圣予〈山水〉画卷》，见《庚子销夏记》[1]卷二，清文渊阁四库全书本）

【笺注】:

[1][清]孙承泽(1593—1676)撰。孙承泽，见前注。

墨如新画，一株倒垂，梅上有千花万蕊，烂熳之极，自有题识，又有刘青田、杨铁崖题咏。此图观于易三姪处，即为怀玉得之，时则观王越石书画第二日。（《王元章梅花图纸画一长幅》，见《书画记》[1]卷二，清乾隆写四库全书本）

【笺注】:

[1][清]吴其贞(1609—1678)撰。吴其贞，清代鉴藏家、古董商人，安徽新安人(一说休宁人)。少读书，嗜好古董，于崇祯至顺治年间经营古书画，时来往于江、浙、皖诸地，与当时诸名鉴藏家过从甚密，善鉴别书画。曾收藏过不少具有极高艺术价值的名迹，如黄公望的《富春山居图》从火中抢救后成了两段，他辗转收藏过其中一段。

画法苍老，惟失于韵。识十一字，曰："大痴道人写。时甲辰秋日也。"上有刘青田题咏。以上六种观于王际之寓舍，此第二次得于嘉兴者，将欲北渡复索前书画，同长男振启细玩终日。时庚子五月二十九日。（《黄大痴游骑图小绢画一幅》，见《书画记》卷四，清乾隆写四库全书本）

又盛子昭《山水》一轴，上有刘伯温题。（《御定佩文斋书画谱》[1]卷一百，清文渊阁四库全书本）

【笺注】:

[1][清]孙岳颁(1639—1708)撰。孙岳颁，吴县(今江苏苏州)人，康熙二十一年(1682)进士。官至礼部侍郎。

元章梅竹，余所见几百幅于写生家。所谓"烘""晕""勾""染"状梅之精神气韵，剔叶破墨写竹之风晴，老嫩者无有也。录中存此二种，一为刘青田诗跋精妙，一为画赠陶九成。九成名宗仪，天台人，居华亭，著《辍耕录》，书史会要，博雅君子也。观者谓画以人传，以诗传也。可谓予为三家结一，重翰墨缘也。可再识。（《大观录》[1]元贤名画卷十八，民国九年武进李氏圣译廔本）

【笺注】:

[1][清]吴升著。本书为书画著录著作，成于康熙五十一年(1712)，颇为学者称誉，宋荦、翁方纲为之序。吴升，吴郡(今江苏苏州)人，活跃于明崇祯至清康熙年间。自少嗜古鼎彝法物，书画见闻广博，尤精于鉴赏。据《大观录》宋荦序，吴升游历艺苑间，人推海内第一，足迹所至，公卿倾动。孙承泽、梁真定诸先辈引重之。

公名冕，字符章，号煮石山农，会稽人，具文武才略，明洪武初授谘议参军，书法遒逸，善墨梅，人呼为"浙派"。白元纸本，高一尺三寸，长二丈有零，元章自题在尾纸“梅繁甚鲜，横斜清迥之致”。独刘诚意题七言古一篇，诗既超迈书法，更古宕可喜。画以诗传，于此卷征之尤信。（《王元章双清图长卷》，见《大观录》元贤名画卷十八，民国九年武进李氏圣译廔本）

又收翁画《徐卿二子图》小挂幅，画竹二枝，为徐姓贺生子者，遂名《二子图》。上有刘青田题。（《虞山林壑图》，见《墨缘汇观录》[1]卷三名画上，清粤雅堂丛书本）

【笺注】：

[1][清]安岐（1683—1745）撰。安岐，朝鲜族，先世入旗籍，天津人。家富藏书，博雅好古，鉴赏古迹不爽毫发，倾家收藏项氏、梁氏、卞氏所珍藏书画，所庋名迹甲于海内。卒后精品多归乾隆御府，藏书归杨氏海源阁。

素绢本，墨画款识云：“至正癸卯①（1363）菊月望日，柯九思写下有柯氏敬仲一印，前有刘基题云：‘苍龙倒挂云入地，回首隙攀云上天。夜深水散明月出，化作修篁舞翠烟。括苍刘基。’轴高四尺四寸，广三尺七寸二分。”（《元柯九思〈修篁树石〉一轴上等宿二》，见《石渠宝笈》卷八贮，清文渊阁四库全书本）

素笺本，行楷，大书，款云黄庭坚书，拖尾有刘基、吴宽二跋。（《宋黄庭坚书五言古诗一卷次等宇一》，见《石渠宝笈》卷十三贮，清文渊阁四库全书本）

又刘基题云：“秋山木落冷萧萧，江上行舟去路遥。忆昨曾经沙市尾，夕阳三老过溪桥。括苍刘基。”（《宋燕肃春山图一卷上等洪一》，见《石渠宝笈》卷十四贮，清文渊阁四库全书本）

左方上刘基题云：“茅檐无事日长闲，中有山人不记年。观瀑已知秋雨过，听松欲拂夏云还。餐霞拟似神仙举，种竹情同君子坚。莫问朝来新历日，桃花红近野桥边。青田刘基题。”（《明冷谦〈白岳图〉一轴上等藏一》，见《石渠宝笈》卷十七贮，清文渊阁四库全书本）

又刘基跋云：“晋陆之词、唐陆之书，可谓二美具矣。抚卷三叹，遂识之。洪武八年（1375）春三月廿六日，诚意伯刘基题。”（《唐陆柬之书文赋一卷上等黄一》，见《石渠宝笈》卷二十九贮，清文渊阁四库全书本）

又刘基题云：“画人胸次见空贞，意气规模一味清。想象当时同乐日，披图似有旧欢声。青田刘基题。”（《元王振鹏龙池竞渡图一卷上等霜一》，见《石渠宝笈》卷三十三贮，清文渊阁四库全书本）

---

① 原文为“郊”，据文意改。

宋渭南公《晨起》诗卷，纸本疲乏高五寸，长二尺六寸五分，用藏经纸挖嵌嵌，纸高七寸八分，长三尺六寸九分，上有藏印。跋尾宋纸十接，高七寸八分，长三丈零六寸九分，刘诚意跋后，尚有素纸。见于花溪徐氏。(《吴越所见书画录》卷一，清乾隆怀烟阁刻本)

【笺注】:

[1][清]陆时化(1714—1789)著。陆时化，太仓(今江苏太仓)人，监生。聚书万卷，购善本，手自校雠。尤嗜法书名画，精鉴别，尝集生平所见数百种，记其纸绢，详其行款。另著有《书画说铃》。

青田刘文成公书陶靖节《桃花源记》一篇。文成以佐命元功，开有明三百年功名之始，诗、古文亦肇造风气，不闻书法之工如此也，洵一代异人矣！(《诒晋斋集》随笔，清道光二十八年刻本)

3. 绘画

诚意伯青田刘公作《蜀川图》为暨阳本中使君西行饯者，图为丹阳孙氏所得。徐兼山馆于孙，亲见之，对余说："夫暨阳，乃余邑旧称也。"本中使君竟无从考，姑以俟知者。然刘诚意勋名盛矣，亦孰知其余事之精如此。(《戒庵老人漫笔》[1]卷一，明万历刻本)

【笺注】:

[1][明]李诩(1506—1593)撰。李诩，江阴(今江苏江阴)人，嘉靖十五年(1536)以增广生授例入南监。性耽文史，更潜心于理学，与著名文学家唐顺之交游砥砺。晚年绝意应举，读家中藏书，手披诵记不辍。著有《世德堂吟稿》。

若刘文成基之精于山水，酷似李营邱。(《万历野获编》卷二十五名臣通画学，清道光七年姚氏刻同治八年补修本)

明太祖陵寝在种山之麓，本朝拨置守陵人员。门阙璀璨，宫殿巍峨，三朝文敕，煌煌巨典。殿中藏有太祖御客及马后圣像，后像非妇女不得见御容。焚香拜启，士庶亦得瞻仰。客貌奇古无伦，天庭特出，地阁超腾，须髯如戟，宛似龙形，古之所谓龙颜者，其殆是欤？闻尚有正坐御容一轴，为刘诚意手笔，什袭藏焉，今所见者，乃摹其形似耳。或曰："其像方面大耳，隆准丰额，与今时所传画像大异。"或曰："内府所藏像，乃美丈夫也。须髯皆如银丝可数，不甚修，无所谓龙形虬髯，十二黑子也。"(《书隐丛说》[1]卷六明祖御容，清乾隆刻本)

【笺注】:

[1][清]袁栋(1697—1761)撰。是书杂抄小说家言,参以己之议论,亦颇及当代见闻。袁栋,吴江(今江苏苏州)人,监生。未出仕。另著有《漫恬诗钞》等。

附录:

1. 医药

医道肇自炎帝之《本草》,与黄帝之《内经》,伊尹之《汤液》,而《周礼》登之"天官",蒙宰诚重之也;诸如《上池》《金匮》《青囊》,或神或仙,不可枚举;其显在六卿廊庙者,齐则褚澄,唐则王珪、李世绩、陆宣公、狄梁公、刘禹锡、李兵部,宋则文潞公、苏子瞻、朱紫阳,我明则刘诚意,咸有著述。此皆上古良相之芳,躅逸人之高致。逮今风,斯为下厕之技流,乌知医之所自耶?噫!道无污隆,顾人力行何如耳?宣尼有言:"人能弘道,非道弘人。"吾党共勗之哉。(《赤水元珠》[1]凡例,清文渊阁四库全书本)

【笺注】:

[1][明]孙一奎(1522—1619)撰。孙一奎,休宁县(今属安徽)人。出身儒商之家,少攻易学,后立志行医,求师问教,以医术游于公卿间,救活无数。另著有《医旨绪余》等。

2. 饮食

《徐谱》:"刘诚意谓:'干荔枝变者,先于壳上刺十许孔,用蜜水浸之,以银盂盛于汤罐头上蒸透,即肉满可食。'"(《格致镜原》[1]卷七十五,清文渊阁四库全书本)

【笺注】:

[1][清]陈元龙(1652—1736)编。陈元龙,浙江海宁人,康熙二十四年(1685)榜眼。授翰林院编修,充日讲起居注官,累迁詹事、吏部侍郎。后任广西巡抚,任工部、礼部尚书,文渊阁大学士,加太子太傅。卒谥文简。著有《爱日堂文集》。

第八章　刘伯温传说[1]

【笺注】:

[1]刘伯温传说产生，主要因其作为朱元璋谋士取得的巨大功业，以及因此在大众场域传播、变形的前知本领。龙江大捷、鄱阳湖大战等巨大的战争走向预判能力，以及朱元璋"时至基所，屏人语，移时乃去"的谋略具体信息消失，给了民间传说生长的巨大空间。另外，刘基本身接受的元代阴阳学教育，是刘基本体作为传说承载者的主体原因。在元代，官方设有阴阳学的官学系统，内容主要包括"天文""占卜""相宅""相墓""选日"等。根据史料，刘基受过阴阳学的教育，并有阴阳学实践，鉴于其阴阳术的实践事实和传说有时很难区分，故以一章列之。

因史料中很少见刘基的"占卜"动作，今改"占卜"为"前知"；根据风水学的内部关联性和刘伯温传说的实践，将"相宅""相墓"合为一类，以"舆地"并之；因其在民间阴阳学的巨大影响力，有灵异事往往拖之，故加入"灵怪"一节；另加入"总评"和"师承"。

其余不能归类者为"杂集"。最后加入历代对刘伯温传说的"辨析"。

1. 总评

胡大海克兰溪，获僧人孟月庭，搜得天文地理书，大海留在帐下。太祖亲征婺州，过兰溪，大海以月庭见。太祖得其天文书，甚喜，问月庭："原师何人?"月庭曰："龙游米得明。"得明精于天文，太祖克婺州，文观星接于首。东夜与月庭登楼，仰观天象至更，深得其指授，就令月庭长发娶妻，待之甚厚。跟随大祖回京。后得处州，刘基、江西铁冠①亦能天文，月庭与之议论不合，尝有罪上之言，太祖亦不加罪，发和州住坐。参军郭景祥奏月庭毁谤，太祖差校尉杖杀之。(《国初事迹》不分卷，明泰氏绣石书堂抄本)

国初刘文成《翊运录》所载数条，皆天文、壬遁之术，足证选择之妙用，但今之

① 原文为"寇"，据《国朝武功纪胜通考》卷一等表述改。

时师知此者鲜矣。姑俟考订，未敢深谭。（《选择》，见《八宅四书》卷三，明万历吴勉学刻本）

盖技艺之流，多喜依托古人以神其授受，地师动称郭璞，术家每署刘基，皆踵谬沿讹，猝难究诘，但所言中理，即可不必深求。（《绘事微言》提要[1]，见《钦定四库全书总目》卷一百十一）

【笺注】：

[1][明]唐志契(1579—1651)撰。唐志契，广陵（今江苏扬州）人，一作泰州海陵（今江苏泰州）人。善画山水，画风清远淡逸，颇有元人笔趣。

曩见坊刻刘文成遗书，一切妖妄不经之言皆归之，最秽杂可憎。（《重刻诸葛忠武侯集序》，见《西庄始存稿》[1]卷二十五，清乾隆三十年刻本）

【笺注】：

[1][清]王鸣盛(1722—1798)撰。王鸣盛，嘉定（今属上海市）人，乾隆十九年(1754)榜眼。授编修，累官内阁中书兼礼部侍郎。

如汉之京房，唐之李淳风，宋之邵雍，明之刘基，或类其人矣。（《（乾隆）御制文集》[1]三集卷四）

【笺注】：

[1][清]于敏中等奉敕编。此书成于乾隆二十九年(1764)。于敏中，见前注。

不著撰人名氏。乃以演禽法推人禄命、造化之书也，相传谓出于黄帝七元之说。唐时有《都利聿斯经》，本梵书五卷，贞元中李弥乾将至京师，推十一星行历，知人贵贱。至宋而又有《秤星经》者，演十二宫宿度，以推休咎，亦以为出于梵学。晁公武《读书志》复有《鲜鹗经》十卷，以星禽推知人吉凶，言其性情嗜好说者，谓本神仙之说，故载于道藏。其书均已①失传，而详溯源流要，皆为谈演禽者所自祖。今世亦颇有通其术者，则以为本于明之刘基。然其中如甲子宝瓶之类，与回回历所载名目相近似，其源亦出于西域，盖即《秤星》《鲜鹗》之支流传者，忘其自来，遂举而归之于基，非其实也。其书上卷载三十六禽喜好，吞啗干支取化，及旬头胎命、流星十二官行限入手之法；下卷鉴形赋，具论穷达夭寿，吉凶变幻之理。

① 原文为“巳”，据文意改。

其词为俗师所缀集，大抵鄙俚不文，而其法则相承已久，可与三命之学相为表里，故存之以备一家。（《演禽通纂》提要，见《钦定四库全书总目》卷一百九）

2. 师承

诚意公佐命之功，追踪文成，而时罕传记至其学，所师承亦无能言之者。或云师九江黄楚望，更考之予乡人。顾榧知青田县，与刘翁游，为诚意之末孙，能通其家学，为榧言："诚意未遇时，知青田山有灵异，日手一编，面山而坐，目不暂释，经岁，忽崖上豁开二扉，公亟掷畚趋入，闻有呵之者曰：'此中恶毒，不可入。'公不顾，极力排而进，其中日色明朗，有石室方丈，壁上见七大字，云'此石为刘基所破'。公喜，引巨石推之，应手折裂，得一石函，中有古钞兵书四卷，怀之出，才展足，而壁合如故。归诵之，甚习，然犹未得其肯綮，乃多游深山崇刹，以访异人。久之，入一山寺，见老道士凭几读书，知其隐者，拜之请教。道士不顾，公力恳之，道士举所读书以授，曰：'读此旬日能背诵则可，不能姑去。'书厚二寸，公一夕记其半，道士惊叹曰：'子天才也。'遂得其学。后佐高皇帝，尝对御言及道士。上令驿召至阙，年且八十，容色甚少，命与基及张铁冠择建宫之地。初各不相闻，既而皆为图以进，尺寸若一。上欲留之，不可，遂放还山，不知所终。"又言："公疾革时，语其子云：'吾家封爵当中绝，然至五世后应得武职，从兹可传继矣。'至孙廌①袭爵，后果被革。弘治初，诏录公后为处州指挥使，正五世矣。时嫡孙以罪系狱，有司脱桎梏而冠服之，人以为奇遇。"（《诚意伯》，见《庚巳编》[1]卷九，明万历纪录汇编本）

【笺注】：

[1][明]陆粲（1494—1551）撰。该书为文言短篇小说集，多志怪与传奇，富故事性。陆粲，长洲（今属江苏苏州）人，嘉靖五年（1526）进士。选庶吉士，授工科给事中。嘉靖七年（1528），以工科给事中典浙试。嘉靖八年（1529），上疏斥厂卫专权，并及他事，谪贵州都匀驿丞，迁永新令。后思念母亲乞归。里居十八年，勤于著述。另著有《左氏春秋镌》等。

基未遇时，知青田山有灵异，日手一编，面山而坐，目不暂释。经岁，忽厓上豁开二扉，基亟掷书趋入，闻有呵之者曰："此中恶毒，不可入。"基不顾，极力排而进，其中日色明朗，府石室方丈壁上见七大字，云"此石为刘基所破"。公喜，引巨石推之，应手折裂，得一石函，中有古抄兵书四卷，怀之出，才展足，而壁合如故。

① 原为"荐"，据通行刘基长孙姓名表述改。

归阅之，甚习，然犹未得其肯棨，乃多游深山崇刹，以访异人。久之，入一寺，见老道士凭几①读书，知其隐者，拜之请教。道士不顾，力恳而后举书授之曰②："读此旬日能背诵则可，不则姑去。"书厚二寸，一夕记其半，道士惊叹曰："子天才也。"遂传其书中之诀，兵法大进，是以见异云而知天子气，又未见云而预定兵符，渊微神妙，知天合天也。后基尝以道士奏之上，上令驿召至阙，年且八十，容色甚少，命与基及张铁冠择建官之地。初各不相闻，既而易图以进，尺寸苦一。上欲留之，不可，遂放还山，不知所终。(《皇明通纪法传全录》卷四，明崇祯九年刻本)

人有异术，须遇其主而后得用之。张良得黄石公书，尝习诵读，后遇沛公，尝用其策为他人言，皆不省，良却叹曰："沛公殆天授我国家。"刘基得邓祥甫书，及遇太祖，遂用之以兴，亦千载同遇。(《闲适剧谈》[1]卷二，明万历邓云台刻本)

【笺注】:

[1][明]邓球撰。邓球，祁阳（今属湖南）人，嘉靖三十八年(1559)进士。先后为宜兴、弋阳知县，官至户部郎中，又乞外补铜仁知府。后致仕归家，潜心著述。另著有《理学宗旨》等。

刘诚意伯温，元时常馆于归安花城沈氏。每夜有妖化一女子来就之，刘知其妖，给曰："汝欲为夫妇，必择日具酒，乃可耳。"因与订期，刘谓其徒曰："今日有客来，可具酒肴待之。然其人踪迹甚奇，勿窥瞯。"至夜，妖果至刘与共酌，强之痛饮，妖醉先就枕酣睡，口中吐出一物，精光耀室内，刘取而吞之。妖惊觉泣曰："我养此丹已八百年矣，欲得子精气成上仙耳，今为子所食，子必为王者师，我逝矣，然我与子有恩，明日可至某所吊我。"刘次日依其言往焉，有一雉死于草莽间，刘为瘗之。刘自是神智倍常，后果佐太祖高皇帝定天下焉。(《西吴里语》)(《吴兴备志》[1]卷三十一)

【笺注】:

[1][明]董斯张(1587—1628)撰。董斯张，乌程（今浙江吴兴）人，监生。另著有《静啸斋词》等。

黄楚望机悟过于刘青田，而声誉不及青田。此皆并辔联镳，犹差池，若此况于韬光铲采，不屑人世之务者乎。(《榕坛问业》[1]卷九，清乾隆刻本)

① 原为"凡"，据文意改。

② 原为"日"，据文意改。

【笺注】:

[1][明]黄道周(1585—1646)撰。黄道周,见前注。

黄泽,字楚望,居书院时,尝揭六经疑义千余条,以示学者,后年老不复教授。归岁大祲,家人采草根木实以赡饥,晏然不以为意。刘诚意伯得秘本于异人,而不解其义,为之指授者,黄楚望也。(《江城名迹》[1]卷一,清文渊阁四库全书本)

【笺注】:

[1]明末清初陈弘绪撰。该书补新建县《江城名迹记》和《补江城名迹记》二书所遗及后建名迹成书。陈弘绪,新建(今江西南昌)人。明末以任子荐授晋州牧,后因拒绝刘宇亮移师入晋州被劾逮问,谪湖州经历,署长兴、孝丰二县事,皆有惠政。易代之后,数荐不起,乃移居章江。敏而好学,博览群书。著有《周易备考》《恒山存稿》等。

赵缘督,德兴人,宋宗室子,称缘督先生。少习天官遁甲,一日,于芝山酒肆逢修眉方瞳者,索酒酣饮,出丹书授之,别去,问姓名,曰:"我扶风石得之也。"自是游东南海山,注《周易》数万言,傅文懿独推许之。尝乘青骡往来饶、信、衢、婺间,旅费自给,所止多在陇邱,宋濂、刘基咸与之游。洪武初坐化,葬龙游鸡鸣山后。所著有《仙佛同源》《金丹正理》《盟天录》诸篇,今所存者《革象新书》而已。(《名胜志》)(《雍正江西通志》卷一百四,清文渊阁四库全书本)

刘偘,字豫甫,上高人,元季瑞州路学正,与高安丞刘基、奉新胡泰为友,精于易卜。世乱弃官家居,悬棹为识,号"银河棹"。与人言吉凶,无不立验,凡上高业阴阳术者悉祖之。洪武初,以荐举复任本学训导,著有《银河棹外编》。(《上高县志》)(《雍正江西通志》卷一百六,清文渊阁四库全书本)

邓详甫,高安隐士也,尝遇异人授象纬韬钤之秘,避世不仕。刘基来丞高安,详甫见而奇之,基与游,尽得其蕴论者,比之圯上老人云。(《雍正江西通志》卷一百六,清文渊阁四库全书本)

曾义山,一名法兴,上高人,善占术。青田刘基丞高安,法兴过之,语曰:"相公聪明绝世,而器宏远,当为一代伟人。吾书尽以相赠。"基借观乾象诸书,法兴以原本畀之,曰:"吾不欲留此以为家祸也。"后明太祖尝问基,知所授受,乃令有司为法兴营居室,表其坟墓。(《雍正江西通志》卷一百六,清文渊阁四库全书本)

3. 天文

《元经》六十年月太岁一星定局图(即岁破)。……《元经》断云:“水火太岁复何如?杀妻换长事尤多。不出三年一载外,定主重丧及发痾。金水淫乱中房损,水土瘟瘽定主忧。水木失财并自缢,水水折伤蛇犬愁。木火刑伤事可衰,火金难产及伤胎。火土疾伤并夭死,更兼火火损婴孩。木木风声伤杀死,木金囚禁不离年。木土折伤兼发背,此神为害信如刀。金金大折多伤暴,金土□痾及瘫瘓。土土聋盲兼哑疾,五行应验不堪言。凭君更把吊宫变,凶吉昭然在目前。”

附刘诚意年太岁一星定局图(今下元甲子起七赤)。此照刘诚意公起例吊替者,按元经太岁乙星逐年在岁,破位却不同。(《造命宗镜集》[1]卷十二神煞类,明崇祯三年吴氏搜玄斋刻本)

【笺注】:

[1][明]吴国仕辑。吴国仕,万历三十二年(1604)进士。授刑部主事,出任嘉兴府知府。筑海塘,建石梁于王江,人称“吴公桥”。晋湖广江防兵备,备兵辰沅,筑边墙一百一十里,建哨堡、炮楼,增戍兵,擒苗族反抗首领龙滔。参政川东,计擒酋将樊龙,追斩其众二千余。转福建左布政,降服海寇。历户部侍郎。卒,追赠尚书。

徐体乾,巢人其占用左邵法,与《焦氏易林》相符契。其天文得之刘诚意,皆著有成书。(《乾隆江南通志》卷一百七十一人物志,清文渊阁四库全书本)

邹公敢,江津人,博学知天文,元末与赵天泽、刘伯温友善,每观天象,三人共长叹。及伯温佐命,公敢南归,后易名公瑾,居真州,号保全居士,晚号知命翁,有《保全》《知命》二集。(《乾隆贵州通志》贵州通志卷之三十二人物,清乾隆六年刻嘉庆修补本)

其书[1]历引《周礼》《尔雅》及星经史志所载扬州、吴越分野,独推刘基《清类天文分野》之书为得郡邑分度之详。(《钦定四库全书总目》卷七十七《江南星野辨》[2]提要)

【笺注】:

[1]即《江南星野辨》。

[2][明]叶燮(1627—1703)撰。叶燮,吴江(今属江苏人)。康熙九年(1670)进士。官宝知县,以忤长官被参落职。纵游海内名胜,寓佛寺中诵经撰述。以诗论见称,其《原诗》以理论的创造性和系统性居于清代众多诗论专著之上,散文中亦不乏文学论文。有诗文集《己畦集》。

惟明刘文成基《清类天文》，于郡邑分度为极详，亦不知何所本，而一一不爽若是欤。(《光绪重修安徽通志》卷十四，清光绪四年刻本)

4. 舆地

括苍刘伯温，多才艺能诗文，尤善形家言。尝以儒学提举得相见于钱塘。后十年余，刘已解官，复见于海盐之横山，把臂道故，至于信宿。谓余曰："中国地脉俱从昆仑来，北龙、中龙，人皆知之，唯南龙一支，从峨嵋并江而东，竟不知其结局处。顷从通州泛海至此，乃知海盐诸山，是南龙尽处。"余问："何以知之?"刘曰："天目虽为浙右镇山，然势犹未止，蜿蜒而来，右束黟、浙，左带苕、云，直至此州长墙、秦驻之间而止。于是以平、松诸山为龙，左抱以长江、淮泗之水，以庆、绍诸山为虎，右绕以浙江、曹娥之水，率皆朝拱于此州，而后乘潮东出，前后以朝鲜、日本为案。此南龙一最大地也。"余问："此何人足以当之?"曰："非周、孔其人不可，然而无有乎尔！吾恐山川亦不忍自为寂寂若此也。"[1](《乐郊私语》，又见《说郛》卷十八下，清文渊阁四库全书本)

【笺注】:

[1]按：刘伯温的风水造诣一般坠入传说之流，然此与刘伯温同时代的浙江同乡姚桐寿、陶宗仪的记述，可为刘伯温风水造诣的一个实证。

姬周裔王出太原，自庐徙王迈南辕。浙河之东宅后昆，嫔钱赵私亢厥门。天地改造木蹶根，郭南侯瓜藤叶蕃。将作监簿故国官，润之其子荣祖孙。继宗子麟母氏韩，敏慧孝友和睦敦。能事画绩诗书文，兔入虎穴降初元。岁半甲子缩一千，余木支火四阴骞。九三辛终归魄魂，妇子在腹母目昏。兄僵妹擗邻里酸，四七阳复芽出兰。嗣祀续绝慰生存，苍龙骑羊震风翻。顾兔肇亏乌未暾，会稽山阴温泉源。近祖父域封乃棺，是为卒事永妥安。(《王文明圹志》[1]，见《珊瑚木难》[2]卷五，民国适园丛书本)

【笺注】:

[1]刘基在《王文明墓志铭》里也提到曾为其写有圹志，云："括苍刘基既志其圹，复铭其墓。"见《诚意伯文集》卷九。本诗撰写内容和原文类似，然原文为散文，铭文四句，不见此诗。此文以风水学入墓志行文，颇见撰写者的风水学功底。

[2][明]朱存理(1444—1513)撰。朱存理，长洲(今江苏苏州)人。博学工文，闻有异书，必访求之。布衣以终。著述繁富，精于书画鉴藏，有诗名。另著有《楼居杂著》等。

太祖高皇帝定鼎金陵，将筑宫阙于钟山之阳，召刘诚意定址，诚意度地置桩，太祖归语太后，太后曰：“天下由汝自定，营建殿廷，何取决于刘也？”乃夜往置桩所，皆更置之。明旦，复召刘观。刘已知非故处，乃云：“如此固好，但后世不免迁都耳。”后往钟山卜葬地，登览久之，太祖少憩僧人冢。上询刘曰：“汝观穴在何所？”刘曰：“龙蟠处即龙穴也。”太祖惊起，曰：“曾奈此何？”刘曰：“以礼遣之。”太祖谓：“普天吾土，何以礼为？”即命开僧人冢中，以两瓮上下覆之，启上一瓮，见僧人面如生，鼻柱下垂至膝，指爪旋绕，周身结跏，趺坐于中，众皆惊愕，不敢前发。太祖始拜告，遂轻举，移葬于五里外，向冢前有八功德水，以一清、二冷、三香、四柔、五甘、六净、七不噎、八除病也。后徙僧冢，水亦移绕其前，亦异甚矣。今之孝陵，即其故处。数之前定如此。（《堪舆纪》，见《松窗梦语》[1]卷五，清抄本）

【笺注】：

[1][明]张瀚（1511—1593）撰。该书载录平生见闻，于明代政治、经济、风俗，如北虏南倭之扰，矿监税使之弊，各地手工业、商业之发展，人民生活之痛苦，皆有具体反映。张瀚，仁和（今浙江杭州）人，嘉靖十四年（1535）进士。历大名知府，累迁右副都御史，万历元年（1573）升吏部尚书，以忤张居正罢归。卒谥恭懿。另著有《明疏议辑略》《吏部职掌》等。

上初建宫阙时，刘伯温相其地，筑前湖为正殿。基已立椿水中矣，上嫌其逼，少徙于后。伯温见而怪之，问曰：“谁所迁耶？”上曰：“我也。”伯温默然，徐曰：“如此亦好，但后世不免有迁都之举耳。”竟如其言。（《禅寄笔谈》[1]卷二，明万历二十一年自刻本）

【笺注】：

[1][明]陈师撰。此书内容颇为庞杂，持论皆近于李贽。陈师，钱塘（今浙江杭州）人，嘉靖间中会试副榜。官至永昌（今甘肃境内）知府。另著有《览古评语》等。

南龙有金陵，即今之南畿，我太祖高皇帝建都之地也。战国楚威王时以其地有王气，埋金以镇之，故称“金陵”。……刘诚意伯谓：“襟带长江，势甚险固。”桂文襄公谓：“金陵江北则有徐、颍二州，地跨中原，脉连数省，并称雄镇。为藩篱，有控扼之势，江南则有安庆当长江委流，西控全楚，为江表门户。”按诸君子所论形胜，是诚英雄用武之地，可以驾驭四方，号令天下，而兴王业者。我太祖高皇帝以之定鼎，良有见也。但以地理家言之，虽合紫薇垣局，奈垣气多泄，故成祖文皇帝再建燕京，为万世不拔之基，岂偶然哉。（《论南龙帝都垣局》，见《图书编》[1]卷三十三）

【笺注】:

[1][明]章潢(1527—1608)撰。章潢,南昌(今江西南昌)人。自幼颖悟。建洗堂于东湖,聚徒讲学。曾主白鹿洞书院。以荐授顺天府儒学训导。另著有《周易象义》等。

余闻之刘文成之言高山大泽多为刹者,非独为其名胜也。彼以险隘陵麓之区,世乱,则多为盗薮,如梁山泊等地,而建之刹,则人士所习,化为平壤,亦此意耶?然则兹庵之所由起也,亦足以知刘公之善言经世矣。(《梅季豹居诸二集》[1]卷十四,明崇祯十五年杨昌祚等刻本)

【笺注】:

[1][明]梅守箕(约1563—1607后)撰。梅守箕,安徽宣城人,豪宕善饮,喜结客。为文千言,援笔立就。屡试不第,益肆力于古文辞。生卒年从罗晓翔《"我将安所适乎?":再论晚明士人城市交游与士林心态》说。

孝陵神庙,高皇帝、高皇后神位在焉。旁供桌有石龟大如卯,翠绿天然,贮以红箧,可启视。盖孝陵本志公禅师藏地,高皇因诚意伯占吉,遂发藏移于灵谷,而陵据焉。龟其中所得而地灵凝成者,今其寺与陵并为禁籞地,守祀极严,又以应祀者夜往割芦地曰"火把洲",皆以此其无梁殿,犹是当时遗料移时千人接手递运,如其制成。又谓"发藏时千人不能动,上举手助力,龙袍才及行,已如飞"云。《古岳渎经》:"禹治水,三至桐栢山,获淮涡水神曰'无支祁',形犹猕猴,力逾九象,人不可亲,乃命庚辰制之。是时,木魅、水灵、山妖、石怪奔号,旋绕几以千数,庚辰持戟,逐去遂锁支祁龟山之足,淮水乃安。"至我太祖高皇帝欲视之,刘诚意以为不可,恐裂山海。已卜,占神,正睡熟,因绁锁盈数舟而千牛拔之起,仅如大犬,状甚狞丑,恐其醒也,急纵沉之。山经地志,岂尽诬耶?(《孝陵石龟》《无支祁》,见《耳谈类增》[1]卷十六史脞篇四、五,明万历十一年刻本)

【笺注】:

[1][明]王同轨(1535—?)著。本书多为正德至万历间时事,然奇诡怪俶,故陶冶序谓"其事不必尽核,理不必尽合,文不必尽讳",属小说创作,然颇能反映十六世纪明代现实生活。王同轨,黄冈(今湖北黄冈)人,以贡生为江宁知县,后迁南太仆主簿。曾从吴国伦出游,与王世贞等人友善。生年从陈刚《王同轨生平著述考》说。

国初有"高筑墙、广聚粮、缓称王"之言,一以为朱升,一以为陈碧峰,其说不一。然太祖初得和阳,即分地甃城,此时谋臣尚未令,隐士尚未搜也。既都金陵旧城，西北控大江，东尽自下门外，距钟山颇涧远，而旧内在城中，因元南台为之宫稍庳隘，上乃命刘基等十地作新宫于钟山之阳，在旧城东白①下门②之外二里许，增筑新城，东北尽钟山之趾，延亘周回凡五十余里，规制雄壮，尽据山川之胜焉。既下北平，大将军展筑其城，取径直，东西长一千八百九十丈，文皇因受封焉。既即位，定为北京，六年(1408)，北巡，称行在。方平南交，屡出塞，且营宫殿，未闻有所改作也。(《都城》，见《涌幢小品》卷四，明天启二年刻本)

明觉寺为刘青田所游处，以为此间有大地，留一记云，形似燕巢。近日沈六合置冢其上，而寺废矣。然松风泉顶万山，师友予登之一快也。(《谑庵文饭小品》[1]卷三，清顺治刻本)

【笺注】:

[1][明]王思任(1575—1646)撰。王思任，山阴(今属浙江绍兴)人，万历二十三年(1595)进士。累官九江佥事，袁州推官，万历三十一年(1603)任青浦知县，后被调充南闱房考。清兵破南京后，鲁王监国，迁礼部右侍郎，进礼部尚书。郡城失守后，与刘宗周、祁彪佳先后绝食死。另著有《弈律》等。传世墨迹有《游五泄诗》等。

高皇帝定鼎金陵，刘诚意实相厥役。因取九阳江之水，自天生桥折而北拱洪武门，绕京城出龙江口，于是筑东坝，断西南下太湖之水，而太湖所受惟荆溪、天目诸山水而已，湖之水止大于潴蓄，而不决于奔放，可足于灌注，而无防于泛滥。观吴江长桥迤南，水洞填塞。而沿堤坝弥望，皆成膏腴之田。(《吴中水利全书》[1]卷二十二，清文渊阁四库全书本)

【笺注】:

[1][明]张国维(1595—1646)撰。张国维，东阳(今属浙江)人，天启二年(1622)进士。崇祯七年(1634)，擢右佥都御史，巡抚应天、安庆等十府。十年(1637)，迁工部右侍郎兼右佥都御史，总理河道。十四年(1641)，改兵部右侍郎兼督淮、徐、临、通四镇兵，护漕运。降农民军李青山部，晋兵部尚书。十六年(1643)，清兵入畿辅，被劾解职下狱。翌年复官，赴江南、浙江督练兵输饷。福王召其协理戎政，加太子太保。顺治二年(1645)，请鲁王监国于台州，自移驻绍兴，督师江上。三年(1646)，还守东阳，知势不可支，赴水死。

夫自景纯以葬经名篇，后之继其学若杨、曾、廖、赖诸公，以迄宋明大儒朱紫

① 原文为“自”，据文意改。
② 原文为“问”，据文意改。

阳、蔡牧堂、刘青田数先生，莫不各有成书以垂于世。非好为驰骋，诚念夫山川之不能语也，而代为语之，使后之从事于此者即吾语所已及以通乎！不能语者所未及，庶几叩寂求音开门合辙之道也。而俗学浅劣不能察其所以，枝辞臆说纷纶杂出甚，或创为奇诡穿凿不根之言以自文，其迂疏舛谬无当之术径，愈岐趋愈眩矣。则言地理于今日，非无书之患，书多而无所宗之患也。（《悬榻编》[1]卷二，清康熙刻本）

【笺注】：

[1][明]徐芳撰。徐芳，南城（今属江苏）人，崇祯十三年（1640）进士。为泽州知州，以治行第一征。入清，绝意仕进，与友人邓廷彬入山偕隐，亦时为衣食而出游，但不轻谒公卿。另著有《松明阁诗选》。

钟山上有云气，浮浮冉冉，红紫间之，人言王气龙蜕藏焉。高皇帝与刘诚意、徐中山、汤东瓯定寝穴，各志其处藏袖中，三人合穴，遂定。门左有孙权墓，请徙，太祖曰："孙权亦是好汉子，留他守门。"及开藏下，为梁志公和尚塔，真身不坏，指爪绕身数匝，军士畚之不起，太祖亲礼之，许以金棺银椁，庄田三百六十，奉香火舁灵谷寺，塔之，今寺僧数千人，日食一庄田焉。陵寝定，闭外羡，人不及知，所见者门三、飨殿一、寝殿一，后山苍莽而已。

壬午（1642）七月，朱兆宣、薄太常中元祭，期岱观之。飨殿深穆，暖阁去殿三尺，黄龙幔幔之列，二交椅褥以黄锦孔雀翎织，正面龙甚华重，席地以毡，走其上必去舄轻趾，稍咳，内侍辄叱曰："莫惊驾。"近阁下一座稍前，为碽妃，是成祖生母。成祖生，孝慈皇后衽为己子，事甚秘。再下东西，列四十六席，或坐或否，祭品极简。陑硃、红木簋、木壶、木酒罇甚粗朴，簋中肉止三片，粉一铗，黍数粒，东瓜汤一瓯而已。暖阁上一几，陈铜炉一、小筯瓶二、栢桊二，下一大几，陈太牢一、少牢一而已。他祭或不同，岱所见如是。

先祭一日，太常官属开牺牲，所中门导以鼓乐旗帜，牛羊自出，龙袱盖之。至宰割，所以四索缚牛蹄，太常官属至，牛正面立太常官，属朝牲揖。揖未起，而牛头已入焆。所焆已舁，至飨殿。次日，五鼓，魏国至主祀，太常官属不随班侍立飨殿上。祀毕，牛羊已臭腐，不堪闻矣。平常日进二膳，亦魏国陪①祀，日必至之。

纯生氏曰："梦忆首叙钟山，亦犹禹贡之首叙冀州也。"（《钟山》，见《陶庵梦忆》[1]卷一，清乾隆五十九年王文诰刻本）

---

① 原文为"倍"，据文意改。

【笺注】:

[1][明]张岱撰。张岱,见前注。

基时往来云门诸山,或为人择葬,用粒粟法亦数。(《石匮书》卷四十三,稿本补配清抄本)

邓太素《刺史文》:"明南昌人家藏一周时铜尺,视今尺可八寸许,古幽光黯,不复作铜气,其上镂有花纹,绝细。周之尚文,一斑可见。又有刘青田所用罗经,制极精巧,稍缺少许,背有'洪武元年(1368),青田刘基制'字,亦隐隐于上。皆先朝法物也。余以丁卯秋过刺史宿云亭,因留饮,出二物以视,时同坐彭云征、刘出子咸见焉。"(《玉麈新谭》[1]耳新卷八,明刻本)

【笺注】:

[1][明]郑仲夔撰。郑仲夔,笔记杂著作家,玉山(今江西上饶)人,天启七年(1627)举人。博学工诗,以孝友、诗名闻于乡里。

守公之祠黄冠者陈行谒而言曰:"年年春夏之交,东西南北贵贱男女然香谒公,绕庙阡陌数里皆为拜席,经乱不衰。神之灵,起人死生,觉人迷惑,不可思议,海上潮汐盆涌,高数十丈,刘青田公云:'此地当产神仙,宜大坛以填之。'及祠立,海不啮,城神之灵全生民于枕席,反卤阜而土壤,又不可磨灭。"今从先生之说将无二者,犹不足述与。(《祇欠庵集》卷三记议,清嘉庆刻本)

【笺注】:

[1][清]吴蕃昌(1622—1656)撰。吴蕃昌,《(光绪)嘉兴府志》卷五十六:"贞肃次子。崇祯甲申(1644),贞肃殉国,间行迎丧,归,遂绝意仕进。师事刘宗周,作日月岁三仪以自范,为阃职,三仪范其家,有贫者鬻女,赎,归养为己女。母丧,水浆不人口,四日比葬,呕血数升,逾,小祥,卒。"

(江阴)其城后枕君阜,前瞰马鞍,东南诸山屏带拱揖,或起或伏,如环如玦,占山形之胜;长江浩淼,经流其北,邑中水派皆吸引江潮,闸堰启闭,得其要领,故纡流回抱,经带有情,此其得水之利也。经始于刘文成,综理于夏恭靖与周文襄,地无遗胜。(曹禾[1]《永定填书院记》,见《常郡八邑艺文志》[2]卷四上,清光绪十六年刻本)

【笺注】:

[1]曹禾(1637—1699),江阴(今江苏江阴)人,康熙三年(1664)进士。官内阁中书。以奉养母亲请归。十八年(1679)举博学鸿词,授编修,参与修《明史》。历官国子监祭酒,因事去职归。工诗,为"金台十子"之一。著有《未庵初集》等。

[2][清]卢文弨(1717—1795)辑。是书为常州一代的地方艺文总集。卢文弨,余姚(今浙江余姚)人,乾隆十七年(1752)探花。授翰林院编修,上书房行走。历任左春坊左中允、翰林院侍读学士、广东乡试正考官、提举湖南学政等职。年老退归以后,在江浙各书院主讲二十多年后去世。另著有《抱经堂集》等。

元末,伯圭公字璋叔(《查氏宗谱》:"任元为校书郎,孙均宝号仁斋、贻迁袁化、迁槜李。"《一统志》:"吴越槜李,今嘉兴。")复迁海宁之龙山(《州志》:"作妙果山。"周光斗《怡园记闻》:"袁花之山总名为龙山,分则主峰为妙果山。")俗称园花镇,刘青田望气海上(《海宁寓贤传》:"刘基,字伯温,青田人,元末尝来海宁。"《外志》:"龙尾山即妙果山尾,相传刘诚意凿断。"《许志》:"镇在县东六十里。"《金牛随笔》:"袁市之为市,自唐宣宗以来有之。"),游龙山,与伯圭为密友,先生盖伯圭公十五世孙也(考《查氏宗谱》,实十三世)。(《查东山先生年谱》[1]不分卷,民国嘉业堂丛书本)

【笺注】:

[1][明]沈起,秀水(今属浙江嘉兴)人,明末诸生。崇祯十年(1637),从游于查继佐门下。顺治二年(1645),弃诸生,在东禅寺剃发为僧。康熙十五年(1676),查继佐过世,仍在侧侍。另著有《学园集》等。

青乌家术历有征验,但无精识神鉴如杨、揭其人耳。余家祖坟系刘诚意未为佐命时所定,今堪舆家所图"陶家鹤嘴坟"是也,以地形似鹤嘴,故名。当点穴时,诚意问余祖曰:"欲富乎?欲贵乎?欲长久乎?"余祖沉思良久答曰:"愿长久。"遂定今向。寒族从宋南渡,代有衣冠,至元以隐德闻。洪、永以来子孙亦复蕃衍,遂以儒苑世其家。终明代,中甲、乙榜者十有二人,惟本朝六十年,竟无登一第者。然青青子佩,屈指三十人左右,率以为常。其余长幼①亦皆谨守家规,无敢逾闲荡检,为西浙清门之首。长久之应,洵不诬云。祖坟之傍,有周姓者,其先见诚意为予家相墓,亦以是求焉。诚意问:"尔愿何若?"其人曰:"愿世世止一子相传。

---

① 原文为"幼",据文意改。

自耕数十亩田，不他徙，不遭横祸，足矣。”诚意去余祖坟半里许，指一穴与之。其家至今如其先世所言。诚意之术亦神矣哉！（《过庭纪余》[1]卷中，清抄本）

【笺注】：

[1][清]陶越（1716—1801）撰。该书杂采闻见琐事而成，因资料多闻之于其父口述，故以过庭名之。内容有志乘所遗佚者，足裨考核。陶越，《光绪嘉兴府志》卷五十三：“幼颖悟力学，喜排纂，游曹侍郎溶、朱检讨彝尊之门。”另著有《嘉兴人物考》等。

张志林先生者，名光球，字稺青，浙之仁和人。先世自河南徙于杭。明初有珍者，倜傥奇士，隐于市，与刘诚意基①善，基为择地八盘岭，葬其先，号“张氏佳城”是也。（《张志林先生暨元配沈孺人墓志铭》，《孙宇台集》[1]卷二十二，清康熙二十三年孙孝桢刻本）

【笺注】：

[1][清]孙治撰。孙治，浙江仁和（今杭州）人，顺治间诸生。家贫力学，手不释卷。工诗文，行文宏丽，刻意摹古。以著述称于时，四方求文者接踵而至。为人慷慨尚气节，敦友谊，与陆圻等齐名相友善，称“西泠十子”。著有《鉴庵集》。

出金带。《庚巳编》：“长洲薛副使英，祖墓在夷亭，刘诚意舟过之，曰：‘此地当出一系金带人。’时薛犹未达，后果然。”（《元明事类钞》卷十八，清文渊阁四库全书本）

朱国祯曰：“南京宫殿作于吴元年。先十二月甲子日兴工，所司进图，悉去雕琢奇丽者。门曰‘奉天’，三殿，曰‘奉天’曰‘华盖’曰‘谨身’，两宫，曰‘乾清’‘坤宁’，四门，曰‘午门’，曰‘东华’‘西华’‘玄武’，大略已定。登极前一月，御新宫，以即位祭告上帝。”（《明南京北京宫殿》，见《燕在阁知新录》卷十二，清康熙刻本）

平生无寸技，老去爱观支。拭眼登斯穴，犁眉真我师。坎灵乘气足，离照应方奇。只是剪裁巧，山来水去宜。（《相栲栳山麓董氏祖墓是刘文成公所迁》，见《小木子诗三刻》[1]俟宁居偶咏卷上，清嘉庆刻汇印本）

【笺注】：

[1][清]朱休度（1732—1812）撰。朱休度，秀水（今属浙江嘉兴）人，乾隆十八年（1753）举

---

① 原文为“墓”，据文意改。

人。历官嵊县训导，江西新喻知县、山西广灵知县，有善绩。后引疾归，归后曾主讲于剡川书院。朱休度博学多通，一生著述颇丰，学术方面著有《皇本论语经疏考异》等。

时清新坂多乡校，世乱还屯广利营。赢得人言贾、马宅，青囊秘语验文成。（《南史·顾越传》："所居新坂黄冈世有乡校，元季贾、马二族多好义乐施，刘文成尝馆其家，为作《黄冈书塾记》，二家先墓多文成所度，人至今称述之。高青邱诗有'落日黄冈处处营'之句。"）（《拜经楼诗集》卷三，清嘉庆八年刻增修本）

刘基，字伯温，青田人。元时往来宜兴张渚山中，追金陵王气所在。一日，至川埠，见舆人徐某足白履，知父丧未葬，询"何不谋安土"？曰："我葬亲极难，须得千年不朽者。"基笑曰："前山便吉也。"遂为定穴。后生友泉父子，工制茗壶，号"大徐""小徐"，今赵庄徐氏是也。事载徐氏墓碑。（任安上、潘光熊《宜兴县志补遗》）（《阳羡名陶录》[1]续录，清乾隆拜经堂丛书本）

【笺注】：

[1][清]吴骞撰。成书于乾隆五十一年(1786)，是书记载阳羡（今江苏宜兴）名陶，特别是紫砂陶情况，涉及历代紫砂壶名家，中有徐友泉。吴骞，见前注。

朱雀翔舞，两翼拱向，趋朝如衣之所绣；团鹤相似，翔言其回，舞言张翼端拱也。然亦不能尽得如是，但要有情，来向端整秀丽，不窜、不背、不拘高低，只要刘青田所谓"尖""圆""方"三字。（《葬经笺注》[1]不分卷，清借月山房汇抄本）

【笺注】：

[1][清]吴元音撰。吴元音，浙江海盐人，乾隆二十一年(1356)贡生。少从盛远学诗，后弃去，一意讲求实学，精研先儒经传，老而弥笃，颜其斋曰"求放"。居丧不延僧道。与学者言必以躬行为主。另著有《四书辨》等。

湘阴县。磊石寨，在县西一百二十里，屹立湖滨，三面背水，一面阻山。宋岳飞结营于此，明刘基徇湖南，断其东北脉，因名"半升米凹"。（《湖广通志》卷十四，清文渊阁四库全书本）

山上有石凤冠，旧传方国珍祖墓在此，为诚意伯刘基凿破。（《飞凤山》，见《嘉庆大清一统志》卷三百六，四部丛刊续编景旧抄本）

积庆山高秋风哀，山头冢有林家埋。林家先世托业苦，赪肩赤足充舆儓。抬舆幸遇刘诚意，乞相区区埋骨地。青田垂悯指点之，地脉绵绵传后裔。纵非鹤表与牛眠，不断清明化纸钱。梅白固无三百树，草青已阅半千年。坟邻何氏山林界，林家欲卖犹未卖。地卖坟留誓券书，两家心地都无害。始信青田目不乖，轿儿虽歇有人抬。再肩五百春秋后，各看云孙祭扫来。吁嗟乎官舆八扛生前贵，白马素车会千辈，曾几何时翁仲移券台？易主碑趺碎，或被豪家势族侵，墓门神道渺难寻。孝陵尚种瓢儿菜，百姓寻常况到今。我之高祖茔相近，近耳庐江新令闻。读罢灵城精义编，还参蔡氏发微论。（《林轿儿坟歌呈蔡秋圃丈》，见《松梦寮诗稿》[1]卷六，清光绪二十五年丁立中刻本）

【笺注】:

[1][清]丁丙(1832—1899)撰。丁丙，浙江钱塘(今杭州市)人。曾与孙峻同辑编《武林坊巷志》，卷幅浩博，证采尽穷，为志书之佳作。

今之江宁府治，明代南京之旧制也。自洪武建都以来，城陷者数四矣。包慎伯《文集》常咎刘诚意不知形势，余固疑诚意未尝改作，仅仅筑宫室，造官廨，余皆沿宋、元之旧耳。及读《陈龙川集》戊申再上孝宗皇帝书云："今之建邺，非昔之建邺也。臣尝登钟阜石头而望，今直在沙觜之旁耳，钟阜之支陇隐隐而下，今行宫据其平处，以临城市城之前，则逼山而斗绝焉，此必后世之读山经而相宅者之所定。江南李氏之所为，非有据高临下以乘王气而用之之意也，本朝不恃险以为固，故因而不废耳。臣尝问钟阜之僧，亦能言'台城在钟阜之侧，大司马门适当在今马军新营之旁，其地据高临下，东环平冈以为固，西城石头以为重带，元武湖以为险拥，秦淮清溪以为阻，是以王气可乘而运动如意'。若如今城，则费侯景数日之力耳。曹彬之登，长千兀术之上，雨花台皆俯瞰城市，虽一飞鸟不能逃也。"其欲复六朝城郭，与包慎伯论议正同。（《纯常子枝语》卷二十六，民国三十二年刻本）

向来堪舆家分峦头、理气两宗，互为轩轾，莫衷一是，然形势之学，殊于五行，汉志犹可考也。《管氏地理指蒙》一书，图书集成载之，虽出依托，犹多雅言惟饰方售。《术篇九宫图》后云："凡是局，例固非五行二气之法程，然来山去水，亦不淫而不杂，是为炫术之机缄，庶速人之见纳，此则理气一门，乃为售技而设。"嘻！可怪也！《青囊经》云："杨公养老，看雌雄天下诸山对不同。"昔顺德李仲约侍郎为余言此，开卷言"养老"二字，明是筠松暮年倦于登陟，冥忆平生所历，而以地罗格之，斯得之矣。术数之学，远有师承，辩章艺文，亦宜留意。如①敦和存格盘说

① 原文为"茹"，据文意改。

(《竹香斋·古文卷上》)云:"格盘迷闷跆塞,了无深旨。"赵汸《葬书·问对》以为非江西之传,斥为闽巫之邪说,其徒刘青田、周景一之属亦以为可废。虽然,予尝读礼运之篇,至天秉阳,垂日星,地秉阴,窍于山川,则憬然曰:"此非葬家之说乎!非葬家之说何以言窍乎!"又曰:"播五行于四时,此非格盘之说乎!"至于和而月生三五盈阙,则二十四气并纳甲之说,皆概之矣,还相为宫,而纳音之说亦著之矣。余谓术数家纷纷异同,各以性之所近取之,何必是丹而非素乎?(《纯常子枝语》卷三十三,民国三十二年刻本)

万户马振墓在菩提山长生岭之原,刘伯温择兆,徐大章作记,垣砌浑坚,古木苍郁,三百年无改。(《(民国)杭州府志》卷四十,民国十一年本)

5. 选日

顾梗为子远说:"上梁日,时诚意公尝过吴门,中夜闻邪许声,以问左右,曰:'人家上梁也。'又问其家贫富及屋之丰俭。曰:'贫家,数楹屋耳。'公叹曰:'择日人术精乃尔。'又曰:'惜哉,其不久也。'左右问故。公曰:'此日此时上梁最吉,家当大发,然必巨室乃可,若贫家骤富,必复更置此屋。旺气一去,其衰可待也。'其后此家生计日裕,不数载藏镪百万,果撤屋广之,未久,遂贫落如故。"(《庚巳编》卷九,明万历纪录汇编本)

6. 前知

尝闻括苍清虚王先生云:"元末台州方国珍肇乱,有孔子裔孙官浙者避乱过淮道,阻,见淮上推车挑担者多公侯容貌,因曰:'红巾必成事。'时括人刘伯温弃官归家,与括、婺豪杰十数人先看国珍,非成事者,皆去投陈友谅。独伯温于镇江见太祖奉小明王治兵,因说曰:'如此,复有项羽义帝之衅。大丈夫当自立成事。'太祖允之,自立为吴王。"(《海涵万象①录》[1])(《孤树裒谈》卷二,明刻本)

【笺注】:

[1][明]黄润玉(1389—1477)撰。此书由其孙黄溥辑录而成,内容均为其平日言论。其中间有新意,但舛误者也不少。黄润玉,浙江鄞县人,永乐十八年(1420)举顺天举人。授建昌府训导,宣德中擢御史,历广西佥事,提督学政。纂《宁波简要志》,体例简洁,视为佳本。又于成化时纂《四明献文录》一卷。

---

① 原来为"蒙",从通行文献名改。

今忝观政院署，得与湛元明[1]、陆子渊[2]友，每与扼腕，论公[3]之烈暨诸死事者，湛、陆曰："太祖高皇帝与刘文成登金陵之城。"乃曰："其能逾乎？"文成曰："必燕之飞乃可尔。"盖指燕也。炳哉，文成之先见乎！（《辽府左长史彦亨公行状》[4]，见《贞白遗稿》[5]卷八，清文渊阁四库全书补配清文津阁四库全书本）

【笺注】:

[1]湛元明，即湛若水，元明为其字。湛若水(1466—1560)，明代哲学家、教育家、书法家。弘治十八年(1505)进士，选庶吉士擢编修，历南京礼、吏、兵三部尚书。

[2]陆子渊，即陆深，子渊为其字。陆深(1477—1544)，南直隶松江府(今上海)人。弘治十八年(1505)进士，授编修，官至詹事府詹事。卒，赠礼部右侍郎，谥文裕。

[3]即程定从祖程通。

[4][明]程定撰。程定，弘治十八年(1505)进士。幼颖敏，日记数千言，肄业南雍，为章懋、罗钦顺所赏。又与增城湛若水、上海陆深友善。著有《后野集》《金台遗稿》。此"燕子飞入"事，则为湛元明(湛若水)、陆子渊(陆深)语，与程定为同榜进士。刘基在正德九年(1514)时追谥"文成"，文中称刘基为"刘文成"，则此谈论必在正德九年(1514)之后。而本文传主"辽府左长史"程通，为明初洪武、永乐时人，亲历永乐帝靖难事。根据本文，程通事因在湛、陆、程等士大夫兼高官之间流传，故史料之于刘伯温传说的研究颇有意义。若所传属实，则大概朱棣在封"燕王"后居住京师时(时间在洪武三年到十三年)，刘基对明诸王子有自己的观察和评价，因朱标仁弱，朱棣性刚勇，或有"燕子飞入"之担忧，"燕子飞入"则并非全为小说家语。若所传有讹误，则在正德九年刘基追谥"文成"前后，已经有对刘基的神话行为，根据本文，士大夫界很显然参与了这一过程，并将"燕子飞入"事作为信史写入靖难忠臣的行状中。

[5][明]程通撰。程通，绩溪(今属安徽)人，洪武十八年(1385)贡入太学，洪武二十三年(1390)举应天乡试。授辽王府纪善，进左长史。靖难兵起，为王上封事数千言，论战守大计。永乐初发其事，械至京师，与二子俱论死。生平著述百余卷，死后悉毁于官。十年之后其弟到荆州，辽王以所存图像及遗稿授之。明万历间诏襄"靖难"死节诸臣，建通祠于新安卫前。

诚意伯刘基初见太祖，太祖曰："能诗乎？"基曰："诗儒者末事，何谓不能？"时帝方食，指所用班竹箸，使赋之，基应曰："一对湘江玉并看，湘妃曾洒泪痕班。"帝颦蹙，曰："秀才气味。"基曰："未也。"复云："汉家四百年天下，尽在张良一借间。"帝大悦，以为相见晚。（《濯缨亭笔记》[1]卷一，明嘉靖二十六年华察刻本）

【笺注】:

[1][明]戴冠撰。是书记明代掌故，以苏州、绍兴两地人物风俗尤详，对研究明中叶江南社会状况与吴中方言有参考价值。戴冠，长洲(今属江苏苏州)人，弘治四年(1491)贡试礼部第一。授浙江绍兴府学训导，弟子多所成就，所条陈浙中水利得失及修筑海塘事，均获施行。

尚书王恕、大学士李东阳深爱其文。后被诬罢归。另著有《礼记集说辨疑》等。

少闻之故老，刘基伯温初亡命吴中，岁久游杭，与客饮①西湖，会有紫云起西北，照湖水中，众以庆云见，将赋诗，刘候望良久，谓众曰："此天子气也，淮②、楚之分，当有真主出。"翌日，具囊幞，托推星，命走淮泗，旁求遍访，遇太祖皇帝于濠州，遂倾心附之，与谋战伐之事。(《两山墨谈》[1]卷十，明嘉靖十八年李檗刻本)

【笺注】:

[1][明]陈霆撰。是书考证古籍颇为详赡，而持论每涉偏颇，又轻信小说，如红线、苏小妹之类，并引为故实。陈霆，浙江德清人，弘治十五年(1502)进士。历刑科给事中，谪判六安州，任山西提学佥事。以博洽著称，其诗意境潇洒，意兴勃发，才气过人；古文朴直而少波澜起伏；词作豪迈激越，有苏、辛遗风，为明代中叶大家。另著有《水南稿》等。

元至正间，瑞州上高县有术士曾义山，世居县十五里胡芦石畔。尝开卜肆于县南之桥埠，有瞽而丐者，日过肆前，义山必礼，而与之语，或啖之果饵。久之，丐者告山曰："明日有三人共一目来者，有异术，君宜叩之。"明日，果有眇一目者曳杖，导二瞽人过肆，山随之拜于县北之鸬鹚洲，一瞽者曰："当以小挠为誓。"遂以其书授山，且画沙指诀，尽其秘妙，其书名《银河棹》。山后占卜如神，邑人皆知预避。红巾贼行，掠无所得，恨欲杀之，隐匿县西观音阁，得免，遂不复行其术。密藏其书于胡芦石洞中，临终谓其子曰："某月某日，有刘姓过吾家取书畀之，戒不可泄。"后刘伯温官江西高安，果经山家，其子如山言授之。遂弃官归青田，见太祖于金陵。(《升庵集》卷六十八，清文渊阁四库全书本)

金陵城完，上与刘基通阅视，上曰："城高若此，非人能逾之。"基曰："殊非燕能飞入耳?"(后燕王入金陵遂符此谶征。)(《皇明通纪法传全录》卷六，明崇祯九年刻本)

刘伯温元末亡命吴中，一日与客饮西湖，会有异云起西北，光映湖中，鲁道原、宇文公谅以为庆云也，将分韵赋诗。伯温候望良久，曰："此天子气也，淮、楚之分。十年后有真主出，我当辅之。"时杭城犹全盛，座客大骇，以为狂，且曰："是累我族灭，我悉逊去。"公独呼门人沈与京置酒亭上，放歌狂醉而罢。(《西湖游览志余》卷七，清文渊阁四库全书本)

---

① 原文为"饮"，据文意改。

② 原文为"准"，据文意改。

地下有蚁成阵。占曰："蚁乃虫之至微，亦有尊卑统摄，梦此者，主敌国相侵。"太祖梦蚁成阵，醒，甚疑，召刘伯温占之。伯温曰："陛下当得天下，此万姓归附之兆。"遂起兵，平天下。(《梦林玄解》[1]卷三梦占，明崇祯刻本)

【笺注】：

[1][明]陈士元(1516—1597)撰，何栋如(1572—1637)增广重辑。陈士元，嘉靖二十三年(1544)进士。曾任滦州知州。回乡后，杜门著书。著有《易象钩解》等。何栋如，无锡人，万历二十六年(1598)进士。居官守正，为税监陈奉所害，下狱削籍归，家居十七年。天启初，始起南京兵部主事。辽阳陷，自请募兵并出关视形势，进太仆少卿，充军前赞画。后因事下诏狱。五年(1625)秋，坐赃戍滁阳。崇祯初，复官，致仕卒。

洪武初，京城既完，上谓刘基曰："城高如此，谁能逾之。"对曰："人实不能逾，除是燕子耳。"燕子者，燕国之子，隐语也，基已知成祖必有天下矣。(《识鉴》，见《皇明世说新语》[1]卷三，明万历刻本)

【笺注】：

[1][明]李绍文撰，本书约编著于万历中期，多取材于明代稗官野记，亦有采自正史、方志及诸家别集，由于选择精当，编纂严整，使许多生动的故事荟萃一集。然亦有不尽符合所引原书者，杂入传闻异词，未能尽确。李绍文，华亭人，生平不详。约明神宗万历中(1596年前后)在世。

刘诚意伯温与夏煜、孙炎辈皆以豪诗酒得名。一日游西湖，望建业五色云起，诸君谓为庆云，拟赋诗，刘独引大白，慷慨曰："此王气也后。十年有英主出，吾当辅之。"众皆掩耳。寻高皇帝下金陵，刘建帷幄之勋，为上开茅土，其言若契。(《弇州四部稿》卷一百四十九，清文渊阁四库全书本)

吴王使徐达、常遇春攻张士诚苏州，三百余日不下，刘基曰："苏州形如螺，取螺者，击其首则尾缩，击尾则出。齐门，尾也，盘门，首也。击齐门，盘门开矣。"诸将用其言，破之。(《名山藏》卷五十七，清文渊阁四库全书本)

刘基，字伯温，浙之青田人，以佐命元勋封诚意伯。当元季，以江浙儒学副提举罢归，与鲁道原游西湖，有异云起西北，光映湖水。道原皆以为庆云，赋诗，基益持杯满，引不顾曰："此王气，应在金陵。十年后，王者起，佐之者其我乎！"众咋舌避去。高皇帝既都金陵，走使聘基，基慨然谓所亲曰："吾向游西湖，指且云云者，此公也。"开国翊运，果符所言。游上天竺，有诗云："忆昔西湖睹庆云，玉毫贯顶动星文。烛微早已征休瑞，革命方知佐圣君。香火重参龙象窟，烟霞久负鹿麋

群。赤松、黄石今安在，徙倚莲台怅夕曛。”（《武林梵志》[1]卷八，清文渊阁四库全书本）

【笺注】：

[1][明]吴之鲸撰。作者鉴于明代杭州寺院残颓者颇多，恐遗迹渐趋湮没，遂博考典籍，编成此书。此书分类叙述，井然有序。吴之鲸，钱塘（今浙江杭州）人，万历举人，官浮梁知县。

当公抚广时，一出而山岳动摇，至不见鸡犬。而忽到一村落，闻鼓吹之声喧阗于门，公讶而问之，居民膝行而前告曰：“此中有一老者，其年百有二十，春秋高矣，子孙皆百岁、八九十岁者。今日正当寿诞，相与奏乐称觞，不虞使君之辱临于斯也。”因叩头伏地以请，公欣然解颐欲进，而望其颜色，乃趋入，见一老人踞上坐，子孙垂白数人左右拥之，公亦为之致一觞，而此老奄然以逝。公意殊怏怏，不自安，而子孙跽且前，曰：“此大数，固然无足为怪。昔刘青田推命一纸，其书尾云：‘花甲二周，过唐而亡。’百年之前预知已有今日。”因出以视公。公叹息久之而去。是亦人世间一大奇事也。故传公而并志之于此。（《居中丞足庵公传》，见《云间志略》[1]卷八，明天启刻本）

【笺注】：

[1][明]何三畏纂辑。此志乃踵顾清正德《松江府志》而作，专辑松江一府人物传记，又因为私家著述，故名《云间志略》。何三畏，奉贤（今属上海）人。万历年间任浙江绍兴推官。依法惩治诸多罪人，得罪当地权贵，遭流言蜚语。宁愿辞官，决不屈从。另著有《凤凰山稿》等。

《前闻记》：“高皇帝尝命刘伯温卜历数。曰：‘遇顺则止。’高皇帝遂以手书空良久，曰：‘三百单八亦足矣。’今李贼伪‘大顺’而清曰‘顺治’，不其应乎？甲申（1644）五月先监国，一日，工部主事余姚胡其枝整武英殿榜，得一万历钱，谓‘佳兆’。殊不然。旧朝钟微裂，堕地起而悬之，仍鐕呟有声，初欲移灵谷寺钟，不果。”（《枣林杂俎》[1]仁集，清抄本）

【笺注】：

[1][明]谈迁（1593—1657）撰。是书为作者避兵祸，隐居枣林期间，辑时人杂谈而成。谈迁，见前注。

问：“俗有言，诚意伯谶书之应者，未审真伪如何？”答：“诚有之。不佞以人事为主，其恍惚渺茫之事，不入言论，即以谶言之，亦甚佳：‘金明见水有奇缘，会合

樵中非偶然。戡乱武功诚已异，克襄文治又中天。'何等亲切，何等光大！此四句在草头鸡下一人，耳之下草头下加酉字，又一人字右著一阝，合为郑字，是国姓入南京之验也。"(《舜水先生文集》[1]卷二十二，日本正德二年刻本)

【笺注】：

[1][明]朱之瑜(1600—1682)撰。朱之瑜，浙江余姚人。明亡后十五年间，奔波于日本、安南、暹罗和国内各地，曾与张煌言共事反清，又与冯跻仲到日本乞师，后随郑成功入长江北征，终不肯降清，亡命日本，曾被日本宰相德川光圀待为上宾，并亲受业为弟子，因此梁启超称他"不特是德川朝的恩人，也是日本维新致强最有力的导师"。

荣藩金印，重十七斤，今寄辰州府库。癸未(1643)，河南掘一石碑上，有字云："众姓孽，恶贯盈，借彼手，伐伊人。咸阳起，梁晋洛，一亩川，分三坡。空据要地，终无利，一旦身亡，石牛角。"另一行云："左良玉至此无粮。"后云"刘伯温留记"。(《明季实录》[1]卷四，清抄本)

【笺注】：

[1][明]顾炎武(1613—1682)撰。顾炎武，昆山(今属江苏)人，明末诸生。曾参加复社反对宦官权贵。清兵南下，母王氏殉国，参加南明福王和昆山、嘉定人民自发的抗清斗争，失败后十谒明陵，遍游华北，考察山川形势，又垦荒于雁门之北，以为恢复故国的准备。康熙十七年(1678)诏举博学鸿词科，次年又诏修明史，都坚决拒绝。学识渊博，于国家典制、郡邑掌故、天文仪象、河漕、兵农以及经史百家、音韵训诂之学，无不探究原委。晚年治经侧重考证，开清代朴学风气。著有《日知录》《天下郡国利病书》《音学五书》《韵补正》《亭林文集》等。

帝御前殿，鸣钟集百官，无一至者，遂冕服哭，谒太后宫。火及西华门，仍幸南宫，登煤山之寿皇亭。亭新成，帝所阅内操处也。书遗诏曰："朕自登极，十有七年，逆贼直逼京师。虽朕薄德匪躬，上干天咎，然皆诸臣之误朕也。朕死无面目见先帝于地下，去朕冠冕，以发覆面，任贼分裂朕尸，勿伤百姓一人。"脱冕科头，释上衣。上御隐金蓝袍，跣左足，右朱履，藏遗诏于胸次。复书遗诏一行，云："百官俱赴东宫行在，帝犹谓阁札已宣也。"书毕，为缳山亭，俄而帝崩。王承恩再拜恸哭，缢于亭下，与大行相望。文武群臣无一人知。

先是，崇祯十六年(1643)八月，帝发私府图书，得一箧，缄甚固，诚意伯刘基题署。发箧，得图一轴。首画诸军倒戈弃甲，民间男女奔窜状；次画百官朝服披发走；次画一人脱冕披发而悬者。帝览之嘿然不怡。大珰侍侧，见之，传于外，可知数已前定云。(《流寇志》[1]卷九，清钞本。又见《平寇志》[2]卷九，清康熙活字本)

【笺注】:

[1]明末清初彭孙贻(1615—1673)撰,明末农民战争的编年体史书。彭孙贻,浙江海盐人,贡生。痛父殉国难,入清后布衣蔬食,终身不仕。与同邑吴蕃昌创瞻社,为名流所重,被称为“武原二仲”。另著有《茗斋集》等。

[2]明末农民战争的编年体史书。彭孙贻(1615—1673)撰。

自古有国家者,一代之兴,必有绝异之休祥著于始,一代之亡,亦必有非常之灾祲兆于前验之天地征之人物,断断不爽者。万历三十四年丙午(1606)三月,鸡鸣,候西南方天上悬一关刀口,向上凡一月而灭,五月遂生李自成,兵象见矣。三十六年戊申(1608),南京大水,禾黍俱无,凤翔袁应泰为淮徐道,黄河出碑文,云:“碑出干戈动,江东血水流。荒茫天地乱,发难鬼神愁。”末云:“洪武元年(1368),青田刘伯温书。”未几,应泰经略辽东,丧师失地,殆无虚日。(《纪异》,见《明季北略》[1]卷之一,清活字印本)

【笺注】:

[1][清]计六奇(1622—1687)撰。上起明万历二十三年(1595)努尔哈赤初起,下讫崇祯十七年(1644)清兵入关占领北京,记录了近五十年间北方史事之大略,故名。是书以编年为纲,杂以纪传、本末诸体,不仅记事先后有致,而且采取颇广,对大顺农民军进入北京之事,按日记载,较他书为详。计六奇,无锡(今属江苏)人,明末诸生。入清后,曾于顺治六年(1649)、十一年(1654)两应乡试,不第,从此放弃仕途,先后在无锡、苏州、江阴等地教书糊口,以教书认真而闻名乡里。另著有《南京纪略》等。

初,燕都之迁鼎也,大内有密室,刘诚意留秘记,鐍鐽甚固,相戒非大变勿启。癸未(1643)秋,大清兵围城,先帝欲启视,掌印内臣叩头固谏,不听。室中惟一柜,发之,得绘图三轴①。第一轴,绘文武百官数千,俱手执朝服、朝冠,披发乱走,上诘问,内臣叩头答云:“或恐官多发乱。”第二轴,绘兵、将倒戈弃甲,穷民负襁奔逃,上又问内臣,又叩头答云:“想军背叛也。”上勃然变色,内臣请止,上必欲展第三轴。轴中像酷肖圣容,身穿自背心,右足跣,左足有袜履,披发中悬,于今日分毫不爽。内臣曾密言于国丈,且嘱勿泄,有长洲县官生陈仁锡子济生,假馆嘉定府,确有与闻。岂非厄运有定乎?仁锡字明卿,号芝台;济生,字皇士。(《刘青田绘图》,见《明季北略》卷之二十,清活字印本)

① 原文为“辅”,据文意改。

邑多凿石，为大圣像立祠，宽广不过二尺许，田神也。南乡有大圣祠，已毁。相传刘诚意遗记云："日出正当寅，大圣头裹出黄金。"乡人不解，断其头，不得。后诚意子孙来合其头，视寅时日影斜射处，掘其金去。(《啸虹笔纪》)(《寄园寄所寄》卷十一泛叶寄，清康熙三十五年刻本)

建文俱免为庶人，改封敷惠王为瓯宁王。或言高祖始尝问后嗣事于刘基，知建文君不终，与之藏函，函一僧牒、一剃①、一缁衣，牒曰："杨应能，宫之火也。"建文君削发，披缁，怀牒，从御沟出郊坛亡。成祖使中使救宫中，使出马皇后之烬，曰"建文君"，遂以葬之。建文君既葬，或言其亡，或言蜀王迎之西，皆参差莫实，成祖亦心疑之。(《名山藏》卷五典谟记，明崇祯刻本)

(1643年)二月乙丑，朔，日食，沧州掘火药数万斤，及西洋炮四十，俱刻"兵部尚书刘伯温造"。(《国榷》卷九十九，清抄本)

天启七年(1627)四月十一日，霍山县路旁洪水冲出刘伯温碑记："生出西山马，卸却贵州鞍。杀尽五溪苗，踏破大元关。天启命逢下甲子，黎民涂炭饥荒死，奴辈道从民大乱，定国安邦血流楚。只恐木上生铜铁，是是非非方信武。"(仝上)(《寄园寄所寄》[1]卷五灭烛寄，清康熙三十五年刻本)

【笺注】:

[1][清]赵吉士(1628—1706)撰。该书述古事者十之二三，记明末事者十之七八，内容极为博杂，涉及国家治乱、道德伦理、天时舆地、山川名物、人物逸事、诗文纪事等，兼及神鬼怪异。赵士麟说其"言必有据，事必有征，章章缕缕，极备极奇，诚大观也"。赵吉士，休宁(今安徽休宁)人，顺治八年(1651)举人。康熙时历官山西交城知县、户部给事中、国子监学正。

《偶记》载："巴陵老人年百八十岁时觞客举乐，毛侍御过其地，闻之乃屏骑往观，见阶前数人皓首苍颜，年可百岁，不知孰为老人也。问之，则皆老人子。老人后出，问客何姓名。侍御云：'姓毛名伯温，特来谒寿星耳。'老人愕然良久曰：'是矣。'侍御问所以。老人曰：'某幼时遇刘伯温，相言汝当百八十岁，后有客与我同名者来，汝逝不远矣。'觞罢，客散，老人果沐浴而卒。"(《谒寿星》，见《坚瓠集》[1]续集卷三，清康熙刻本)

【笺注】:

[1][清]褚人获撰。本书大量的材料从历代著作中采辑而来，有一部分较有价值，但也夹杂着不少荒诞无聊的记述。褚人获，长洲(今属江苏苏州)人，约康熙时在世。博闻多识，善于

① 原文后有"七"，疑衍字，删。

为文，另著有《增补通俗隋唐演义》等。

帝尝得一梦，有三人共弁一血帽，不知其何意，问于刘基。基曰："三人首弁血帽，众字象也。"是为得众之兆，越数日，海宁果以城降。（《明朝小史》卷二洪武纪，旧抄本）

元始祖曾以历数询术士，对曰："千秋万岁不足虑，惟日月并行乃可忧耳。"至足，大明兵至而亡。明太祖亦以问刘伯温，对曰："陛下万子万孙，与天同休。"太祖大喜，迨后万历、天启以迄崇祯，遂亡。（《遣愁集》[1]卷十四，清康熙二十七年刻本）

【笺注】：

[1]明末清初张贵胜撰。张贵胜，生平不详。根据日本江户时代（1603—1868）年登记的清代前期中国笑话集传入日本的记录："元禄七年（清康熙三十三年，1694），《遣愁集》一部。"应为明清易代之际的人。

程济，朝邑人，起明经，好术数，建文擢为编修，充军师。徐州之捷，诸将树碑序功，而济独夜往泣祭。及文皇见碑大怒，命录文来，按名行族。济名独没断处，得免。后文皇入京，上仓惶不知所出，济劝祝发出亡可免。方急时，一内官捧太祖遗箧，谓："刘诚意所投告曰：'曩受命婴，大难始发。'"发得髡锱，及度牒僧衣。济曰："此天数，可奈何？"立召主录，为上剃发，从水关出宫中。火烈，传言上崩，而实逊去，济从亡。至正统庚申（1440），出滇南入①蜀，往来两广、云贵诸寺，至是还滇，语僧曰："我建文也。"僧权白官，迎至藩堂，南面趺坐，众叩所欲。曰："愿骸骨归乡耳。"闻于朝，乘传至京，寓大兴隆寺，命经侍老宦吴亮往视，一见，即曰："吴亮。"佛以寿终，葬西山，不封不树。方建文逊国，一时遁行者，则御史叶希贤、郎中梁田玉等四十余人；佯狂避世者，则有雪庵和尚、云门僧、河西慵、补锅匠、卖菜佽、东湖樵夫等辈。（《遣愁集》卷十四，清康熙二十七年刻本）

多王侯命。明王文禄《龙兴慈记》："刘伯温往临淮，见人皆英雄直谅，与之算，多王侯贵人命，叹曰：'天子必在此，不然何从龙者之众耶。'"（《元明事类钞》卷十八，清文渊阁四库全书本）

云占贼兵。《刘基行状》："都督冯胜攻某城，上使公授之方略，公以一赫号封曰：'夜半出兵至某所，见某方青云起，即设伏。顷有黑云起者，贼伏也，勿轻动。

① 原文为"人"，据文意改。

日中后①而黑云渐薄，回与青云接者，贼归也，急击勿失。'已而具如基言。"(《元明事类钞》卷一，清文渊阁四库全书本)

对奕救灾。《龙兴慈记》："圣祖赐刘诚意一金瓜，曰'击门椎'，有急则击之。一夕，夜将半，击门而入，曰：'睡不安，思圣上奕棋耳。'命对奕。俄顷，报太仓灾，命驾往救。刘止之曰：'且奕，先遣一内使充乘舆往。'遂如言。回，则内使已毙车中矣。"(《元明事类钞》卷十八，清文渊阁四库全书本)

鲤三十五。《明兴杂记》："帝潜龙时，渔于川，一日获鲤三十五，有陈四者来戏，以鱼罩罩圣躬，竟窃其五。及即位，一日问刘诚意：'享位几何？'对曰：'以数言当三十有五，又其间五岁，假之他人。'上忽思窃鱼事，其数允合。"(《元明事类钞》卷三十九，清文渊阁四库全书本)

燕子飞入。《传信录》："洪武初，京城既定，上行视，谓刘基曰：'城高如此，谁能逾之？'基笑曰：'人无能，除是燕子会飞入耳。'燕子者，燕国之子，盖隐语也。"(《元明事类钞》卷三十七，清文渊阁四库全书本)

开箧披剃。《传信录》："太祖一日问刘基：'汝有何术以教朕，使守天下？'基对曰：'有。'因成一小箧，用铁汁灌锁，戒后世非有大故不可开。后靖难师至，建文开箧视之，则见袈裟一，伽黎一，剃刀一。曰：'此伯温教我也。'遂披剃而遁。"(《元明事类钞》卷五，清文渊阁四库全书本)

《秘记图·明季遗闻》："大内有密室，刘诚意留秘记，鐍钥甚固，戒非大变勿启。崇祯癸未(1643)秋，启之柜中，得绘图三轴。第一图绘文武官手执朝服披发乱走；第二图绘兵将倒戈，穷民奔逃状；再展三图，图像酷肖帝容，身穿白背心，右足跣，左足有履袜，披发中悬。后煤山之事皆符焉。"(《元明事类钞》卷十八，清文渊阁四库全书本)

《明兴杂记》曰："帝潜龙时，渔于川，一日获鲤三十五，置之一笭箵。有陈四者来共语，又戏以渔罩罩圣躬，既而上持鱼还舍，启视，已失其五，知为陈窃。往问之，陈讳匿，上欲欧之。乃笑以还。及上即位，一日，问刘诚意：'享位几何？'刘曰：'圣寿无疆，然以数言当三十有五，又有间五岁，假之他人。'上忽思窃鱼事，其数允合，立召陈至，将杀之。上问之，陈因述渔事。上曰：'吾忘之，为何地？'陈曰：'乌龙潭也。'上曰：'吾乡焉有此？'陈曰：'臣尝于此罩乌龙，故名也。'上喜其对，释之。后洪武之纪并革除，年果符其数。"(《御定渊鉴类函》[1]卷四百四十二，清文渊阁四库全书本)

① 原文为"日是"，根据黄梦池《诚意伯刘公行状》改。

【笺注】：

[1][清]张英(1636—1708)等撰。《八千卷楼书目》卷十三："康熙四十九年(1710)奉敕撰。"张英，安徽桐城人，康熙六年(1667)进士。以编修充日讲起居注官，入直南书房。官至文华殿大学士，兼礼部尚书。谥文端。历任《一统志》《渊鉴类函》《政治典训》等书总裁。著有《笃素堂集》等。

刘伯温见西湖五色云起，知为天子气，应在东南。微服以卦命风鉴游江湖间，密访之，往临淮见，人人皆英雄直谅，屠贩者气宇亦异。买肉，请益，即大斫一块，与之算，多王侯贵人命，叹曰："天子必在此也。不然，何从龙者之众邪？"(《御定渊鉴类函》卷二百八十五，清文渊阁四库全书本)

庙在吴城望湖亭西南，唐时建，明太祖与陈友谅战于鄱湖，前一日，与刘伯温登亭口占祝睢阳曰："神威赫赫震千峰，我亦英雄未建功。愿借阴兵三十万，来朝助我一帆风。"次日大风助战，遂胜。太祖御极，敕封"忠烈灵祠"。今呼为"令公庙"。(《张睢阳庙》，见《西山志》[1]卷五，清乾隆三十一年梅谷山房刻本)

【笺注】：

[1][清]欧阳桂撰。西山在新建县西，章江之外三十里，即献原山。瑞水界其南，修水界其北。其旧有志。然欧阳桂以旧志荒谬甚多，且过于简略，因补其阙，正其误，而成是书。欧阳桂，江西新建人，活动在清康、雍、乾之际。

明初，张士诚寇建德，李文忠为帅，欲击之。刘基曰："三日后必走，走而尾之，可尽擒也。"及三日，敌伪设旌旗，声鼓如故，至其所，皆空壁，所留尽老弱，追而薄之东阳，悉获其众。(《钦定续通典》[1]卷九十八，清文渊阁四库全书本)

【笺注】：

[1][清]嵇璜(1711—1794)等撰。乾隆三十二年(1767)奉敕撰修。本书仿杜佑《通典》，记事上接《通典》，始自唐肃宗，下迄明代崇祯末年。嵇璜，江宁(今属江苏南京)人，雍正八年(1730)进士。乾隆间，历任南河、东河河道总督，兼兵部尚书。对治河颇有贡献。官至文渊阁大学士。

明刘基从太祖鄱阳湖大战，胜负未决，乃密言移军湖口，期以金、木相犯日决胜。又一日，在舟中忽跃起，大呼曰："难星过矣！"太祖悟，遂命更舟。未半晌，而前舟已为敌炮击碎矣。既而友谅平，皆如其策。又刘基以冯胜将兵，请授方略，乃书片纸授之，使夜半出兵，云："至某所见某方青云起，即伏兵，顷黑云起者，是贼伏也，慎勿妄动，日中后，黑云渐薄，回与青云接者，是贼归也，即击之，可尽擒也。”众初莫信，已而皆验，遂擒贼而还。（《钦定续通典》卷一百六，清文渊阁四库全书本）

扶乩一事，原属杳茫难凭。然固有灵奇可异，休咎爽然者，又有随时随事，讴吟诗句，别具一种仙致，如必谓其为虚诬也？则谬矣。秦中何刺史者素善扶鸾，降坛者皆明诚意伯刘公也。一夕，诚意伯降坛，云偕一神来乩，即飞动如珠走盘，顷刻得一诗云：“退却红尘阅半年，思来子女倍凄然。主持内政承佳婿，人到齐眉不羡仙。”刺史觉之，瞿然而惊，盖其岳别号“退”，西南军务遭谗，罢职里，居病殁，后已为松江府城隍，故云“神自此时”。或临坛谈生时旧事，傍人不知者，乩则一一书之。（《壶天录》[1]卷下，清光绪申报馆丛书本）

【笺注】：

[1][清]百一居士撰。是书多记天人感应、忠臣孝子、义夫节妇、黜淫邪、诛贪暴，以及相关人情世故、新事趣闻等等，寓意在于规劝，有浓厚的“天命”观念“因果报应”思想。百一居士，淮阴（今江苏淮安）人，真实姓名不详。

又有川省奸徒杨承勋等结党一案。据贼党供称，杨承勋家有金镶玉印、刘伯温碑记，他第七个兄弟杨七必要为王送在酉阳司等语，则冉元龄窝藏首逆之罪，更不止于行。求纳贿，实难疏纵养奸，应即严行参究等语。（《世宗宪皇帝上谕内阁》[1]卷八十九，清文渊阁四库全书本）

【笺注】：

[1]和硕庄亲王允禄缮录，乾隆六年（1741）终稿。记载雍正皇帝言语的一本书。

（雍正七年）初九日，王可久叫大家吃血酒，发誓，结拜了，才说出忠州杨爱嘴地方出了杨家将，为头的叫杨成勋，他家有金镶玉印、刘伯温碑记，他第七个兄弟必要为王，送在酉阳司去了。那碑记上的话我看了，记不得，也有钞了去的。（《世宗宪皇帝上谕内阁》卷二百三上）

“庚子之春，日照重阴，君非桀纣，奈佐非人。最恨和约，一误至今，割地赔款，害国殃民。上行下效兮，奸鬼道伸。红灯照兮，民不迷津。义和明教兮，不约同心。金鼠漂洋孽，时逢本命年，待当重九日，剪草自除根。”右传云系刘伯温道人碑文。（《庚子荓蜂录》[1]卷下，清抄本）

【笺注】:

[1]奇生编。所录均为义和团运动时期的文件和记事,资料颇有史料价值,其中尤以所搜集的义和团乩语和布告等原始文献为重要。奇生,生平不详。

7. 灵怪

孙宫允世芳,号笔峰,宣府人,丁未(1547)[1]进士。有妇弟某生,雅与同窗,以公贵,屡索书出游,计在膏润,公一字不与,又以课秇请质,意甚自雄,公尽红勒之,愤归,逾月死。会公亦请告还,忽生来谒,身甚小而意怏怏,曰:“欲假君便便腹府作我窠臼,少住几时,固知相度有容也。”时身忽小如豆,从咽跃入腹中作声,皆愤语。公大苦,诸故友皆来款叙,为解琅琅,辨说不听。公意此祟乎?因噉犬肉与辛蒜烧酒诸物以压之。妇又深嗻其弟,生遂去。数日,又复来,曰:“我且徙宅去,至甲子某月相候于龙江,再住几日,与君分携作长别矣。”嘉靖甲子(1564),公得旨,与鄞县人汪翰林镗同王应天试,舟至某地,坐船头纳凉,问此何地,曰:“龙江关。”意大恐,欲入,而生即至,如前入腹,作语:“公亦如前噉物?”生曰:“予今不畏此物矣。”公抵都竟卒,场中主试惟汪一人,甲子南畿录可考也。往闻此未悉,今悉之。北部董孝廉见心鬼事未有若此奇者,或为刘文成助兵其中,有鬼在其腹,则自昔已然。第为德为怨,异而鬼,不能祸命,不宜死人,则往往然矣。(《孙宫允笔峰》,见《耳谈类增》卷四十二外纪鬼篇上,明万历十一年刻本)

【笺注】:

[1]根据下文,应为嘉靖丁未(1547)。

余杭县西有废坛壝,蓁莽荒秽。康熙甲午(1714)秋,有坎其地者,乡民喧传刘伯温后裔取藏金去也。余往视其处,虽有掘凿而甚浅隘,疑其非实。然县境数闻斯异,文士遂有著论以眦议文成者,比见,遂安。(《谓崖脞说》[1]卷三,清乾隆三十六年浣雪堂刻本)

【笺注】:

[1][清]章楹撰。本书是章楹的一部杂说之作,此书都是记其随意抄撮之语,初名《噩捱脞说》,后改今名。卷三论述诧异,记述近世异闻,而间证以古事。此书略似史论体裁。章楹,新城(今属浙江杭州)人。雍正十一年(1733)进士,官至浙江青田教谕。富阳董邦达与之同榜考取进士,私交甚笃,见其仕途失意,每多顾怜之念。及任日讲起居注官,即致书相招,将保举

之为朝官。章楹不图富贵，而以培育莘莘学子为乐，婉言辞谢，遂以教官终其身。其学识渊博，著作宏富，而清贫无力付印，唯《谔崖脞说》《浣雪堂订》二种由其门人刊印于中州（今河南省），后被收入《四库全书》。

绍兴上虞县署后园有古墓，相传新令到任，拜城隍神后必往祭之，由来旧矣。乾隆间有冉姓者宰其地，礼房吏以旧例请冉，问："从前县令到任时，可有不祭者乎?"曰："惟张某性倔强，竟不行此礼，今现任湖北布政司。"冉曰："我有志效张公。"竟不祭。一日，至厅审事，见有古衣冠客乘舆至，径上堂，冉竟不知为鬼，叱传事吏："何以不报?"语未毕，其人下舆，拉冉入书室，语哓哓不可辨。但闻冉若与人争辨者，亡何气绝，作鬼语曰："我姓苏名松，元末进士，为上虞县令死，乱葬此，刘伯温犹是我后辈也，汝大胆不祭。"或引张方伯故事折之，鬼云："张某禄位盛时，我不能报，今其运尽，我将挖其眼矣。"冉家人环跪求恩，愿多备牲牢祭奠。良久苏醒，冉惧，遂朝服祭之，寻果无恙。未几，张方伯竟以事罣误，遂至丧明。此事钱少詹辛楣先生为余言。（《刘伯温后辈》，见《新齐谐》[1]卷二十三，清嘉隆嘉庆间刻随园三十种本）

【笺注】:

[1][清]袁枚(1716—1798)撰。此书为笔记小说集，记怪异荒诞故事，自序云"广采游心骇耳之事，妄言妄听，记而存之"，某些篇章揭露黑暗社会现实，有一定价值。袁枚，见前注。

予业师赵拙庵先生，武进人，为予言："戚某精占验，百不失一，有秘书珍藏，不以示人。"雍正壬子(1732)秋，试金陵，闻其已故，场毕，往唁，并访遗书。比至其家，问致病之由，老仆潸然曰："主人本无疾，村南数里外有短碑一座，文字漫灭不可辨识，俗传建自刘青田。主人命刨室碑，左工未毕，一日，忽驱匠役去留，仆在侧，主人披发仗剑，掘地深三尺余，见大石盈丈，坚厚不可卒拔，乃锹掘石旁浮土，甫及尺许，露微孔，陡有白光冲出如匹练，森寒袭人，光芒射目，旋绕主人身畔。主人斗击良久，狂呼而仆，白光仍缩入，扶归，遂不起。举家问故，不答，垂危乃怃然曰：'石中有宝剑，白光剑之精也。数戒妄求，我思强取，致剑光凌逼，伤右臂，命也。我死，当埋石上以镇之。'"从其言葬后，风雨之夜，辄丁东有声。询及藏书，仆曰："主人习数陨身，主母已焚之，片纸无存矣。"（《秋灯丛话》[1]卷三，清乾隆刻本）

【笺注】:

[1][清]王槭撰。内容志人述史，搜奇记异，含有鬼话。王槭，福山（今属山东烟台）人，

乾隆元年(1736)举人。曾任湖北天门知县。

8. 杂集

然吾又闻汉有卢植、王允，晋有丁邵、刘琨，隋有杨义臣、张须陀、尧君素，唐有二颜、张许、郑畋之俦，不可枚举，率仇金而憎盗。元之刘伯温仇金尤甚，喙最长，不胜其愤，气结而死，故积金能不死者自古有然，殆天也，非术也。夫世有廉而仇金者矣，未有不慕不死者也。然则吾徒殆将炽矣。(《浚谷集》[1]文集卷八，明万历八年周鉴刻本)

【笺注】:

[1][明]赵时春(1509—?)撰。赵时春，平凉(今属甘肃)人，嘉靖五年(1526)会元。历官兵部主事、佥都御史、山西巡抚。曾两次上疏，两次罢官为民。善骑射。慨叹寇肆无忌惮进犯，将帅不任战，乃作《御寇论》，论战守甚全。虽战败无功，而天下皆佩服其胆气。后解官归。时春素以将略自命，不屑以诗文名。然其读书强记，文章豪肆，诗作伉浪自喜，类其为人。时与唐顺之、王慎中齐名。

刘伯温将没，谓其子曰:“吾欲还吾故处。”子问:“何处?”曰:“吾北斗六星也。”(《甘露园短书》[1]卷三因果，明万历刻清康熙重修本)

【笺注】:

[1][明]陈汝锜撰。陈汝锜，高安(今属江西)人，嘉靖中由贡生官建阳县训导。

刘诚意基至京朝谒，一僧求附舟。时方作表，有句未就，多所沉思，僧曰:“有何事在念?”基曰:“表中‘蹉跎岁月六十有三’，未有对。”僧随答曰:“何不言‘补报朝廷万分无一’。”刘惊起，曰:“和尚非高峰乎?”笑，语移日，别去。(《坚瓠集》六集卷四僧附舟，清康熙刻本)

予守栝苍，时过青田，青田有南田山者，诚意伯刘伯温先生故家也。先生为明开国元勋，功业文章铭诸政府，昭之史册，传之艺苑，脍炙人口，虽天文、历数之学，何尝不为寓意，然不耑属乎? 此自胡惟庸进谗以谈洋司有天子气，谋为葬地，先生忧愤成疾，惟庸以医来饮药，腹中积块如石，疾革，太祖遣使送归还乡，月余而薨，后世专以鬼怪附会矣。乃谓先生未遇时，得天书于白猿看守之石壁，壁裂，得书一匣，书中语句多不得解，遍访无知者，幸遇周颠仙于山寺，拜为师，指示精习，始知天文地理，未来过去，其佐明兴国者天书，颠仙之功也，故凡事前知，言无不验。一日，太祖微行，适勋戚家，造屋正上中梁，过其门，见门后一人身服齐衰，状貌丑恶，一瞬而灭，太祖回问曰："今日上梁，触犯凶星，是何人选择者？"刘伯温答曰："是日虽犯丧门神煞，喜遇紫微冲破，能化凶成吉耳。"太祖暗惊。又一夕，宿民家，无物枕首，乃以量斗为枕，窃听邻家聚饮，忽一人出外小遗，大呼曰："不好，今夜天子私行，吾辈当仔细荧惑入南斗，天子下殿走。"太祖急推斗而起。又闻饮者群出言曰："离斗口尚远，即当归位也。"太祖回告伯温，伯温曰："臣观天象亦如此。"遂下诏，不许民间私习天文。其事类此者颇多。太祖心久疑之，因惟庸之谗，外示保全，心益猜嫉，闻其死，乃遣人将其殓棺前锯一尺，意欲断其首也，及锯，乃是空棺，内贮《大明律》一部，而独揭发冢一条"开棺见尸者斩"，盖伯温已先知之故，预造此长棺，空前一段以待其锯也。遣人回奏，并以《律》呈太祖，见而惊叹曰："《律》为吾造，吾自犯之耶？"遣令安葬而止。迩年后裔贫困异常，至本朝仅有诸生数人，昔年所赐田土山陇俱编入，与齐民一体办课矣。每有山崖洞壑被人掘启者，必讹传曰："刘伯温当年留下藏埋，迨子孙穷困至急则发露，令掘用耳。"嗟乎！此亦何常之有，不过因其神异而附会之。予守栝八载，知之甚悉，读太祖所赐手书，诏旨称曰老先生，其隆重倍于侯①伯勋臣，凡此怪异，不一而足，皆齐东语也。

予有过青田怀先生诗云："谁识西湖一片云（公尝游西□见②异云起西北，众以为庆云，公乃大言□：'此天子气也，有王者起，吾当辅之。'），万山堆裹出元勋。当时共比明良会，后世偏将入③怪闻。丞相无端穷地脉（胡惟庸以旧忿，使人陷公欲谈洋司为墓地），先生有意秘天文。（临终以天文书授其子琏进上，且戒之曰：'勿令后人习也。'）晚年不辟留侯谷，岂为明君异汉君。"（《在园杂志》[1]卷三，清康熙五十四年刻本）

【笺注】：

[1][清]刘廷玑（1654—?）撰。刘廷玑，汉军镶红旗人，由荫生出为浙江台州府通判。迁处州府知府，擢江西按察使。缘事镌级，降为江南淮徐道，又为按察使佥事。

《李日华集》："老竹岭溪中多礁石，相传刘伯温窖金在下，诚意伯每数十年一遣人来取，土人妄凿之，终不得。"（《元明事类钞》卷二十六伯温窖金）

---

① 原文为"俟"，据文意改。

② 原文为"兄"，据文意改。

③ 原文为"人"，据文意改。

朱批谕旨遵。即于南四府地方饬令道府加意密访。今据顺德府知府曾逢圣密访，邢台县之中岩寨有刘大师传等倡名顺天教，聚众讲法，煽惑乡愚，当移行通判胡开京等密拏。大会首刘言基，即刘大师传，到案供出羽党要国卿等，并山主马征等，复经密拏审讯明白，呈报到。臣细阅各供查此教，始于刘言基之曾祖刘才运与要国卿等之祖昔年同入中岩寨，托称修行，持斋起会，倡为“顺天教”，名色沿及。言基仍为大会首，幻称“真空老祖金公”“无生佛母黄婆”，塑像供奉，每年三十两，月聚众烧香，敛取银钱，书符消灾，诳诱愚民。虽非白莲教之遗派，实系邪教，男、妇混杂，有坏风俗，自应按律严治以罪。但刘言基等皆系乡农，因祖代相继，恬不为怪，其志盖在图取香钱，以为衣食之资，故久假不归，今各知悔悟，情愿改邪归正，似可从宽分别。枷责，开其自新之路，应否如是？臣未敢擅便，理合复严饬守备千把等弁尽心稽查，勿使匪类潜藏。（《世宗宪皇帝朱批谕旨》卷十下，清文渊阁四库全书本）

9. 辨析

徐祯卿《翦胜野闻》则云：“狱有疑囚，太祖欲杀之太子，争不可。御史袁凯侍上，顾谓凯曰：‘朕与太子之论何如？’凯顿首进曰：‘陛下欲杀之法之正也。太子欲宥之心之慈也。’上以为持两端，下狱，三日不食，出，遂佯狂病颠，啖污秽。上曰：‘吾闻颠者不肤挠。’乃木锥凯，凯笑。放归，自缧木榻于床下。久之，上使人召之凯，慢坐，对使者歒，还奏，上不为疑。上晏驾，始出优游以终。”《孤树裒谈》又云：“袁凯，洪武中为御史，上一日录囚毕，令凯送东宫覆审，递减之。凯复命，上曰：‘朕与东宫孰是？’凯顿首曰：‘陛下法之正，东宫心之慈。’上大喜，悉从之，后以疾归卒。”……及《考谟烈辑遗》又曰：“周王有罪，太祖欲诛之。太子昼夜号泣，为之代请。太祖不能决，召问御史袁凯，对曰：‘陛下欲诛之法之，正太子欲宥之心之慈。’上怒以为持两端，命系于狱。明日视朝，问刘基，基对曰：‘创业之君法不可不严，守成之主法不可不宽。’太祖意遂决宥周王罪。”一事而四处不同，如此可见其妄也。（《静虚斋惜阴录》[1]卷十二，明刻本）

【笺注】：

[1][明]顾应祥（1483—1565）撰。顾应祥，长兴（今属浙江湖州）人，弘治十八年（1505）进士。授饶州府推官。历任江西副使、右副都御史、南京刑部尚书。博通九流百家，而尤精于算学。另著有《人代纪要》等。

《金献汇言》：“小说乃云刘公得石匣兵书，乃瞽史词话，以欺愚人者。君子可

信之而立言哉?"(《升庵集》卷六十八)

《剪胜野闻》谓:"刘基尝携客泛西湖,抵暮仰天而言,曰:'天子气在吴头楚尾,后十年当兴,我其辅之。'及过苏见张士诚,曰:'贵不及封侯,何可久也?'夜登虎丘山,曰:'天子气尚在吴头楚尾。'闻郭子兴据濠上,就见之,遇太祖,曰:'吾主翁也。'深自结纳,曰:'后十年君为天子,我当辅之。'"按:公游西湖见异云起西北,谓"天子气在金陵,后十年我将辅之"。然是谢江浙儒学副提举时语。其后张士诚据吴郡之日,郭子兴据濠上之时,公方再起官,在处、绍间,足迹未尝至濠与吴郡也。后至太祖下金华,始遣人聘基,非素相识也。何不经若此?

《枚山野记》谓:"韩林儿始啸乱,称'小明王'。刘护军始就之,谓竖子不足谋,去适皇祖。皇祖初亦与共事,谓刘应便除之乎?刘曰:'不足烦也。'因请更号'大明',太祖从之,韩果先殄。"按:韩林儿初称"小明王",后建国,号曰"宋",改元曰"龙凤"。太祖初亦奉其正朔,授官爵。刘尝谓太祖:"此牧竖耳,奉之何为?"后林儿为吕珍所逼,国亡。亡之五年,而太祖始即大位,国号"大明"也。

野史又谓:"刘基初见太祖,问:'能诗乎?'基曰:'儒者末事,何谓不能?'时帝方食,指所用斑竹箸,使赋之,基应声曰:'一对湘江王并看,二妃曾洒泪痕斑。'帝颦蹙曰:'秀才气味。'基曰:'未也。汉家四百年天下,尽在张良一借间。'帝大悦,以为相见晚。"此诗甚奇俊,恐亦附会语。盖伯温初见,与宋濂、章溢、叶琛同,不应独有此问,而《犁眉公集》不载应制之作,必非真。

又谓伯温将死,遗命焚尸扬灰,勿葬,平生所读兵书,尽送朝廷。高庙闻之,遣使至家索书,欲为营葬,其子以"父既焚"对,上不信。故今青田有伯温墓,然实空圹耳。按伯温素精堪舆,必不肯不择一归地,以为子孙计。且帝疑虽渐释,而谗者方在事,焚尸扬灰之说,其不落间,口为石介者几希。恐至愚之人,亦不为此。

《震泽纪闻》谓:"太祖既有天下,谓诚意伯曰:'汝既佐朕定天下,复有何术以教朕之嫡孙,使守天下乎?'基曰:'有。'因成一小箧,而用铁汁灌其锁以授之。及靖难兵入,建文君开箧而视,则袈裟一、伽黎一、剃刀一、度牒一,曰:'此刘伯温教我也。'遂为僧而遁。"按诚意卒于洪武八年(1375),时皇太子无恙,而又二年,建文君始生,何得预云为嫡孙计乎?此误尤可笑。

海盐王文禄有《名世学山》,尤怪诞不经,聊录其最无谓者。

其一:"刘诚意少读书寺中,一异人每出神,则一月后为僧所焚。其人神返夜呼曰:'我在何处?'基知之开窗应曰:'我在此。'神即附之,聪明增前数倍,天文兵法一览洞悟,翊运为谋臣之冠。"按:此乃宋人真德秀故事,有传之者,人尚以为诞安，与诚意无与。

其二："圣祖赐刘诚意一金瓜，令有急则击之。一夕，夜将半，击宫门，乃开而迎之曰：'何也？'曰：'睡不安，思圣上奕棋耳。'命对弈。俄顷，报太仓灾，命驾往救。刘止之曰：'且弈。'上遽起曰：'太仓国之命脉也，不可不救。'曰：'请先遣一内使乘舆往。'遂如言，回则内使已毙车中。上惊曰：'何知以救朕厄？'曰：'乾象有变，特奏闻耳。'曰：'何人为谋？'曰：'早朝衣绯者。'是早，朝西班中有一臣，衣绯，命缚之，即取袖中悬哨鸽放起，鸽已死袖中。盖以鸽为号，起伏兵也，其臣姓名忘之。刘诚意影神，有童子持金瓜随侍，即上赐也。"按：夜半开门弈棋，全近儿戏，当时高帝必无与诚意相厚至此，且《行状》《家录》俱不载金瓜之说，而诚意未卒之前，其反者惟一邵荣耳，所谓西班衣绯何人也？（《史乘考误二》，见《弇山堂别集》卷二十一，清文渊阁四库全书本）

孔明葬定军山，小说家谓："刘文成曾破其机械，入之，犹不得近内郭。"诬矣。（《五岳游草》[1]十二，清康熙刻本）

【笺注】：

[1][明]王士性(1546—1598)撰。王士性，临海(今浙江临海)人，万历五年(1577)进士。由确山知县征授给事中，寻迁吏科给事中，出为四川参议，历太仆少卿，终官鸿胪寺卿。另有《广志绎》。

本朝一切怪诞之事，皆附会于刘诚意，犹前此异闻奇举，尽归诸葛武侯也。按诚意洪武八年(1375)卒，此时懿文未薨，建文仅周岁，而预以袈裟、剃刀、度牒等物缄箧授之，有是哉？此载《震泽纪闻》，文人多谎笔，俗人多谎口，以谎口传谎笔，以谎笔实谎口，自盘古至今酿成一谎世界耳。(《沈氏日旦》卷三，明崇祯刻本)

刘青田为帷幄筹策之臣，宜多权术，又今世一切奇谋秘计及阴符遁甲之说，皆附之青田。及观其文，非圣人之言不道，非六经之理不称，而于二氏之学及谶纬术数之事，深加排斥，然后知王佐自有真也。其文仁义，蔼如经纬有章，不知张子房、房元龄诸君当时曾有此否。(《与周仲驭论四家文集书》，见《楼山堂集》[1]卷十四，清粤雅堂丛书本)

【笺注】：

[1][明]吴应箕(1594—1645)撰。吴应箕，贵池(今属安徽)人，崇祯贡生。曾参加复社。清兵破南京后，参与抗清活动，被执，不屈而死。是书中史论，高文远识，笔力千钧。另著有《国朝纪事本末》等。

宋昆友言："我辈当随处体认天理，亦当随处培养人材。"阅昆友《谒刘青田祠》诗跋云:“向闻先生埋金以遗子孙,凡有发掘处,相传以为美谈。”余心疑之。诚如所云,则管华之不若矣,何以为先生?及至括苍,寓城东张宾朋家,备问青田轶事,如埋金发掘,俱正统时巨寇郑諫、胡陶得二子孙所为,假先生以欺世尔。愚按此为青田表白,不可不知。(《三鱼堂剩言》[1]卷十二)

【笺注】:

[1][清]陆陇其(1630—1692)撰,陈济编。陆陇其,见前注。

陈端伯言刘诚意未尝讲风水,皆世俗附会。(《三鱼堂剩言》卷十二)

王侯将相时至,则居之,虽豪杰之士,不能预信于平日也。刘季起沛上,众推择可为沛令者,萧、曹等皆文吏,自爱,恐事不就,尽让季,当其时,安能必后之相季,封酂、平阳哉?刘伯温羁管绍兴,感愤至欲自杀,又尝为石抹宜孙所用,初未有佐命之思,而或谓其在西湖望见云物,曰:“后十年,有帝者出,吾当佐之。”殆妄也。(《六艺之一录》[1]续编卷三)

【笺注】:

[1][清]倪涛(1669—约1752)撰。该书被评为“唐以后论书法之语,则未有赅备于是者”。倪涛,钱塘(今属浙江杭州)人。生平笃志好学,年近百岁,犹著书不辍。贫不能得人缮写,皆亲自抄录。书成后不曾付梓,《四库全书》收此书即依其手稿著录刊行。

明太祖问刘诚意曰:“金陵万山朝拱,独牛首南顾,何也?”对曰:“其子在宣城。”于是命宣城输牛首桑丝税,相沿至今。然理不可信,乃稗官家荒唐之说。独其不赋蚕户,不派通邑,必有缘起,而偏累渔户,亦弊政焉。(《二楼纪略》[1]卷三,清康熙刻本)

【笺注】:

[1][清]佟赋伟撰。此书是佟赋伟对闲游宁国南楼的所见所闻的杂录,多是自述政绩及其他方面事情,即不属于地方志,又不属于说部小说,九流之内,无类可归,均属一部杂家类之作。佟赋伟,襄平(今辽宁辽阳)人,康熙四十八年(1709)官宁国府知府。

如李文忠纳款于张士诚、刘基死后焚尸扬灰,皆必无之事,其谬妄,固不待辨也。(《小史摘抄》[1]提要,《钦定四库全书总目》卷五十二,清文渊阁四库全书本)

【笺注】:

[1]不著何人撰。约成书于明永乐年间。

明李国木撰。……国木自撰附图、附说者居其半，陈因泛衍，绝无取裁，如《玉尺经》向称刘秉忠著，已①属傅会。是书标题为陈希夷著，刘秉忠集跋，云："与师友讲论，已②成一帙，幸得伯温先生原本，与予注若出一揆，因为补其阙遗，仍附图说。"乃知所谓刘注即国木假为之以欺世也。(《地理大全》提要，见《钦定四库全书总目》卷一百十一)

且谓刘基为北斗六星，王守仁为南安上座，殊属荒渺不经。(《甘露园长书》[1]提要，见《钦定四库全书总目》卷一百二十五)

【笺注】：

[1][明]陈汝锜撰。陈汝锜，见前注。

(《奇门要略》)不著撰人名氏……书末复援刘基、徐达以自神其术，此术家诞妄之习，不足究诘也。(《奇门要略》提要，《钦定四库全书总目》卷一百十一，清文渊阁四库全书本)

所纪皆明代杂事，然无一非委巷之谈，如谓明成祖发刘基之墓，得一朱匣中，有贺永乐元年登极表。(《耳抄秘录》提要，见《钦定四库全书总目》卷一百四十四，清文渊阁四库全书本)

明李文烛撰。……亦有自跋云："昔余遭刘青田累，几成孔北海祸，姑苏拙老，独不避去，由是多老遂欲以修炼胎仙之法告之。故续此镜。"题万历辛丑(1601)午月。然距刘基二百余年，而称受其累，为不可解，大抵荒诞之谈也。(《黄白镜》《续黄白镜》提要，见《钦定四库全书总目》卷一百四十七，清文渊阁四库全书本)

然书中所记，往往诞妄，如黄泽为元末通儒赵汸之所师事，本以经术名家，而仪谓刘基入石壁得天书，从泽讲授，直可谓齐东之语。(《高坡异纂》[1]提要，《钦定四库全书总目》卷一百四十四，清文渊阁四库全书本)

【笺注】：

[1][明]杨仪(1488—约1560)撰。杨仪，常熟(今属江苏)人，嘉靖五年(1526)进士，官至山东副使。

其中所载，如刘基饮西湖上见西北云气，谓"是天子气，在金陵，我当辅之"，

---

① 原文为"巳"，据文意改。

② 同上。

此术家附会悠谬之谈，笃寿乃著之基传中，殊失别择。（《今献备遗》提要，见《钦定四库全书总目》卷五十八，清文渊阁四库全书本）

癸未（1643年）二月初七日庚午，郧阳府天马山崩出古剑一口，上书云："包家大奴儿弓，神机妙火震浮空。马陷门内木子死，罗挂滩头伪满山。九九数尽，取出青锋。"洪武二十二年（1389）青出，则基造。四月初六，行都司地平板下寻出火药四十六篓、铅子六篓，土书包都司制以此击贼，殆无虚发。按刘青田卒于洪武八年（1375），今古剑之说不知何墟□？是月十一日，罗汝才即被杀，寻自成犯郧败去，则"马陷"句，似应李闯，"罗挂"句，似应罗汝才曹操也。（《郧阳古剑》，见《明季北略》卷之十九，清活字印本）

"一线天"……或谓洞罅中有刘诚意伯遗米，语涉荒唐。（《武夷山志》[1]卷八，清乾隆刻本）

【笺注】：

[1][清]董天工（1703—1771）纂。武夷山为福建第一名胜，《山志》撰写始于宋代，后复修者甚多。董氏悉心搜罗旧志，补缺正讹，并参考佛家典籍，又绘山图及先贤图，于乾隆十六年（1751）成书刻印，为我国现存内容最丰富的武夷山专志。董天工，崇安（今福建武夷山市）人，雍正元年（1723）拔贡。先后任宁德司铎、新化司铎、山东观城知县，以政绩升池州知府。晚年曾跨海东渡到台湾彰化县创办学校，广收学生，自任教谕，自编教材，普及文化教育，改变不良习惯。如今，彰化县许多地方还留有董天工祠。另著有《台海见闻录》。

陶子曰："以余所闻，傅处士品至高，旧传阙失其详，不可考矣。后昆为余言：'我祖善堪舆，为人卜葬地，得刘诚意之传。'按诚意虽善堪舆，后世术者多伪托之，以张大其说，至不可信。世实无从得诚意传者，诚意亦未尝为书以行世。抑别有异人邪？噫！三代而降，士无全材，苟名一艺，亦足以不朽也夫！"（《泊鸥山房集》[1]卷四传，清刻本）

【笺注】：

[1][清]陶元藻（1716—1801）撰。陶元藻，见前注。

《明史》立传，多有斟酌，必悉心参校，方见修史用意之精细。如徐达、刘基二传，皆惟叙帝始终恩礼，毫无纤芥，虽平时有猜嫌之处，固可略而不书，而不从。《龙兴慈记》谓："徐达病疽，帝赐蒸，鹅食之而卒。"为传闻无稽之谈。盖当时功臣

多不保全，如达、基得令终，已属幸免，故不复著①微词。（《经史杂记》[1]卷四明史立传多斟酌"，清道光十年芳梫堂刻本）

【笺注】：

[1][清]王玉树撰。其自序言公余读书，每究寻经史，偶有所得，辄笔记之，间有他说，亦附益焉。王玉树，安康（今属陕西省安康市）人，乾隆五十四年（1789）拔贡，分发广州候补州判。以讲学为事，张之洞为其门下高弟子。

叶绍翁《四朝闻见录》云："史越王辞免太傅，作表欲用'侵寻岁月七十有三'，未有对，余有锡之父对以'补报乾坤万分无一'。王大称赏。"谢伋《四六谈麈》又云："吕成公求退表，'侵寻甲子六十有三，补报朝廷万分无一'乃出于李黄门邦直。"明杨仪《明良记》则又谓："刘文成公作表用'蹉跎岁月六十有三'未有对，高峰和尚对以'补报乾坤万分无一'。"（《史越王表》，《冷庐杂识》卷四，清咸丰六年刻本）

太祖与刘基计下姑苏。上曰②："天下口，天上口，志在吞吴。"刘曰："人中王，人边王，意图全任。"（《明类苑》）（《字触补》[1]卷五谐部刘青田对，清光绪小嫏嬛书库刻本）

【笺注】：

[1][清]桑灵直撰。桑灵直，生平不详。

国朝赵吉士《寄园寄所寄》云："青田山中有异，刘伯温隐居时，山忽开石门，进之，见石壁有字曰：'山为基开。'取石击之，石门又开。进入，内有道士枕书卧，乃兵书也，曰：'明日能熟之，吾当授汝。'明日果熟，遂授以兵法。少时读书寺中，僧房有一异人，空房击开之，曰：'此人死矣，可速焚瘗，我住之。'僧不能禁，遂焚之。其人神返，无可复生，每夜啼呼曰：'我在何处？'基开窗应曰：'我在此。'神即附之，聪明增前数倍，天文兵法一览洞悟。"按：此事甚怪，前一事犹不失为张子房，后一事则青田为灵鬼所凭，几成为金圣叹矣。（《刘青田异事》，见《茶香室丛钞》[1]茶香室三抄卷四，清光绪二十五年刻春在堂全书本）

【笺注】：

[1][清]俞樾（1821—1907）著。内容大多是作者平日读书札记，随手所录，经归纳整理分

① 原文为"箸"，据文意改。

② 原文为"日"，据文意改。

类而成，范围广泛。其中关于小说、戏曲部分的考证，对文学史研究很有参考价值。俞樾，浙江德清人，道光三十年(1850)进士。历翰林院编修、河南学政等职。咸丰七年(1857)罢官，此后致力著述、讲学。曾主讲苏州紫阳书院、杭州诂经精舍等。光绪二十八年(1902)，以乡举重逢，复原官，重赴鹿鸣宴。著述丰富，另撰有《荟蕞编》《耳邮》等。

宋周密《齐东野语》云："真文忠公，建宁府浦城县人。先是，有道人于山闲结庵炼丹，将成，忽一日入定，语童子曰：'我去后，或十日五日即还，切勿轻动我屋子。'后数日，忽有叩门者，童子语以师出未还，其人曰：'我知汝师久矣，今已为冥司所录，不可归，留之无益，徒臭腐耳。'童子村朴，不悟为魔，遂举而焚之。道者归，已无及，绕庵呼号，云：'我在何处？'如此月余。有老僧厉声答之曰：'你说寻我，你却是谁？'其声乃绝。时真母方孕，忽见道者入室，遂产西山。"按：国朝赵吉士《寄园寄所寄》载刘伯温事，与此相类，今乃知即真西山事附会其说也。(《真西山生前异事》，见《茶香室丛钞》茶香室三抄卷九，清光绪二十五年刻春在堂全书本)

汉之张子房、明之刘青田，皆以神仙中人降为一代佐命。其后子房从赤松子游，人人知之；青田之佯死潜遁，人不知也。(《忘山庐日记》不分卷，抄本)

吴山山后有白山(《乾隆州志》)。按山因开袁花塘河而断，《咸淳志》已载。南袁花河，《海昌外志》："相传刘诚意凿断。"诚意未尝轻用民力，当在汤信国巡海时，其说殆非。(《(民国)杭州府志》卷二十五，民国十一年本)

第九章　家　族[1]

【笺注】:

[1]根据现刘基庙后追远祠刘氏先祖牌位,可追溯初祖为仁宗时内附赐姓名的刘怀忠,至刘光世建炎南渡,刘氏世为番将。南宋初年,光世居杭州、温州。绍兴十二年(1142),以雍国公改封扬国公,遂为江南人(刘基孙刘廌在《刘氏族谱序》里提及家族为"彭城刘氏",可能依据于此)。明初,朱元璋追封刘基祖、父为永嘉郡公,遂开"永嘉郡刘氏"一支,标志着刘氏家族浙南化的最终完成。现以刘基为中心,追溯永嘉刘氏北宋到清末先祖传记及相关文献。

永嘉刘氏原出保安军(今陕西延安),可见以下文献:

《雍正陕西通志》记载了刘氏先祖刘怀忠、刘绍能、刘永年、刘光世。

清顺治十八年《保安县志》记载:"明诚意伯刘基字伯温,其祖先刘光世保安太平里人,祖居八涧山。宋南渡,居青田,生伯温。辅明有功,封伯居金陵,招族人至,厚资之,遗以画像,荫郎官职。绿林之变,湮没无存。"

刘耀东《南田山志·卷五》记载刘基弟刘升"历官至陕西镇抚,遂居陕",似为永嘉刘氏往祖籍地回迁的尝试。

1. 刘怀忠(十一世祖)

刘怀忠,保安军人,官内殿崇班阁门祇候,元昊叛,厚以金币及王爵招之,怀忠毁印斩使,洎入寇,力战以死。(《宋史本传》)(《雍正陕西通志》卷六十一,清文渊阁四库全书本)

2. 刘绍能(十世祖)

刘绍能,字及之,保安军人,世为诸族巡检。父怀忠,官内殿崇班閤门祗候,元昊叛,厚以金币及王爵招之,怀忠毁印斩使,洎入寇,力战以死。录绍能右班殿直,赐以名,为军北巡检。击破夏右枢密院党,移赏粮数万众于顺宁。夏人围大顺城，绍能为军锋，毁其栅，至奈王川，邀击于长城岭。熙宁中，又败夏人于破啰川。皆策功最，累迁洛苑使、英州刺史、鄜延兵马都监。旧制，内属者不与汉官齿，至是，悉如之。仍以其子袭故职。元丰西讨，召诣阙，神宗访以计，对曰："师旅远征，储偫不继，为大患。若俟西成后，因粮深入，乃可以得志。"帝以为然，命统两军进讨。绍能世世边将，为敌所忌，每设疑以间之，帝独明其不然，手诏云："绍能战功最多，忠勇第一，此必夏人畏忌，为间害之计耳。"绍能捧诏感泣。尝坐谗逮对，按验卒无实。守边圉四十七年，大小五十战，以皇城使、简州团练使卒。(《宋史》卷三百五十列传第一百九，清乾隆武英殿刻本；《雍正陕西通志》卷五十四，清文渊阁四库全书本)

3. 刘永年(九世祖)

(刘绍能)子永年补本族巡检，并依汉官例衙谢。(《续资治通鉴长编》卷二百四十四，清文渊阁四库全书本)

4. 刘延庆(八世祖)[1]

刘延庆少保少孤，后丧其祖，卜葬于保安军。有告之曰："君家所卜宅兆山甚美，而不值正穴，盖墓师以为不利己，故隐而不言，若启圹时但取其所立处，则世世富贵矣。"如其言。墓师汪然出涕曰："谁为君言之？业已尔，无可奈何。葬后不百日，吾当死，君善视我家，当更为君择吉日良时以为报。某日，可舁柩至此，俟见一驴骑人，即下窆，无问何时也。"刘氏闻其说亦恻然，但疑驴骑人之说。及葬日，迁延至午，乃山下小民家驴生驹，毛色甚异，民负于背，将以示其主，遂以此时葬焉。越三月，墓师果死。延庆位至节度使，子光世至太傅、扬国公。(刘尧仁山甫说。山甫，扬公子也)(《刘氏葬》，见《夷坚志》[2]夷坚乙志卷十一，清十万卷楼丛书本)

【笺注】:

[1]刘延庆生平见《宋史·列传》卷一百一十六，另见《雍正陕西通志》卷六十四等。

[2][南宋]洪迈(1123—1202)撰。该书是一部规模宏大的志怪小说集，它继承六朝志怪传统，又接受唐人传奇的影响，广泛搜罗各方面的故事、传说，举凡神仙鬼怪、异闻杂录、遗文逸事、诗词歌赋乃至民俗风情、巫术方剂等，无所不容。阮元认为："书中神怪荒诞之谈居其大半，然而遗文逸事可资考镜者，亦往往杂出其间。"洪迈，鄱阳(今江西鄱阳)人，绍兴十五年(1145)进士。宋高宗时假翰林学士使金，持书用敌国礼，金令其在表中改称陪臣，不从，被金拘于使馆，后放还。曾任编修官、知州，官至端明殿学士。在浙东做过兴修水利、改造农田之

事。《宋史》本传称他"博极群籍,虽稗官虞初、释老傍行,靡不涉猎"。自经史百家以至医卜星算,皆有论述,尤熟于宋代掌故。另著有《容斋随笔》《文敏文集》《野处类稿》《四朝史》等。

5. 刘光世(七世祖)[1]

(1137年四月)甲午,少师、万寿观使刘光世,特许任便居住,从所请也。光世遂居温州。[2](《续资治通鉴》[3]卷一百十八,清文渊阁四库全书本)

【笺注】:

[1]刘光世生平可见《宋史·列传卷一百二十八》,记载另见《雍正陕西通志》卷二十一、二十二。

[2]此为刘基家族居住温州的最早记载。

[3][清]毕沅(1730—1797)撰。毕沅,镇洋(今江苏太仓)人,乾隆二十五年(1760)状元。授翰林院编修。累官至湖广总督。嘉庆元年(1796)赏轻车都尉,世袭。卒赠太子太保,赐祭葬。治学范围很广,由经史旁及小学、金石、地理,也能诗文。另著有《山海经晋书地理志校注》《灵岩山人诗文集》等。

6. 刘尧仁(六世祖)[1]

【笺注】:

[1]刘尧仁《宋史》无传,此条主要根据《建炎以来系年要录》等史书集成其史料。

刘尧佐、尧仁、(孙)正平并除直秘阁制

敕具官某等。延阁寓直,号称华资,以待贤能,朕所购用。惟勋臣有功于社稷,或垂老以宠其子孙。尔先世勤劳王家,位至公保,奉身而退,雅高知止之风;力疾造朝,尤见尽恭之义。嘉尔有后,并锡荣名。汝尧佐等宜忠恪以自持,益操修而罔怠,克祗朕命,毋坠家声。(《东窗集》[1]卷八,清文渊阁四库全书本)

【笺注】:

[1][宋]张扩(?—1147)撰。张扩,德兴(今江西德兴)人,北宋崇宁中进士。南渡后,历中书舍人。为著作郎时,秦桧赏其诗,迁擢左史,再迁而掌外制。

右承事郎、直秘阁刘尧佐,右承奉郎、直秘阁刘尧仁等并转一官制

敕具官某等。朕眷遇勋旧,超越等夷,恩数所加,不间存殁。今光世之逝,深

慨予怀，录其家人子弟、中外姻党者，所以昭不忘也。尔等是宜抑畏小心，怀忠自奋，往祗朕训，无愧前人。(《东窗集》卷八)

(季商霖)三女适人士黄应、何端仁、刘尧仁。(《季商霖墓志铭》，见《诚斋集》[1]卷第一百三十二，四部丛刊景宋写本)

【笺注】:

[1][南宋]杨万里(1127—1206)撰。杨万里，吉水(今江西吉水)人，绍兴二十四年(1154)进士。为赣州司户，后调永州零陵丞。孝宗时召为国子监博士，迁秘书少监，后以直秘阁出知筠州。光宗即位召为秘书监，绍熙元年(1190)借焕章阁学士为接伴金国贺正旦使，兼实录院检讨官。宁宗嘉泰三年(1203)诏进宝谟阁直学士，开禧二年(1206)升宝谟阁学士，卒赠光禄大夫，谥文节。诗文富健豪放，无不尽妙，自成一家，与范成大、陆游、尤袤齐名，称“南宋四家”。另著有《诚斋易传》等。

(1142年八月)辛未，右承事郎、监潭州南岳庙、赐绯鱼袋刘尧佐、尧仁、正平，并直秘阁，主管台州崇观道。三人，光世子、若孙也。光世以皇太后还宫[1]，自永嘉力疾入见，故有是命。(《建炎以来系年要录》[2]卷一百四十七，清文渊阁四库全书本)

【笺注】:

[1]事在八月甲午。

[2][南宋]李心传(1166—1243)撰。该书记高宗一朝史事，起建炎元年(1127)，迄绍兴三十二年(1162)，以国史、日历为主，旁及稗官野史、家乘志状、案牍奏议、百司题名，取材甚富。遇有异同，并存之以待后来论定。于重要史事，尤能据实直书。李心传，隆州井研(今四川井研)人。庆元元年(1195)进士落第后，即绝意于科举，从此闭门著书。晚年因崔与之推荐，为史馆校勘，赐进士出身，专修《中兴四朝帝纪》，甫成其三，因言者罢，添差通判成都府，寻兼著作佐郎，兼四川制置司参议官。召许辟官置局，修《十三朝会要》，端平三年(1236)书成，为工部侍郎。曾上书理宗请扫除乱政，宽以养民。后以言去。奉祠居潮州，寻又罢祠。另著有《道命录》等。

(1145年)三月丁卯，直秘阁刘尧佐、尧仁并升直敷文阁，主管台州崇道观。(《建炎以来系年要录》卷一百五十三，清文渊阁四库全书本)

(1158年八月壬寅)直敷文阁刘尧仁为秘阁修撰，主管佑神观，以尧仁乞临殿推恩也。(《建炎以来系年要录》卷一百八十，清文渊阁四库全书本)

(1158年十二月)甲午，秘阁修撰刘尧仁试军器少监。(《建炎以来系年要

录》卷一百八十,清文渊阁四库全书本)

(1160 年二月辛未)军器少监刘尧仁守兵部员外郎。(《建炎以来系年要录》卷一百八十四,清文渊阁四库全书本)

(1161 年八月丁未)尚书兵部员外郎刘尧仁充右文殿修撰,知池州,屯田员外郎韩彦直充秘阁修撰,知蕲州。给事中黄祖舜、中书舍人杨邦弼言:"论撰之职,祖宗以待文学博习之士,其后或以旌劝劳能,未有侥幸蜡至者。乞令尧仁依旧充秘阁修撰,彦直依旧直显谟阁,赴任后有治效,因以加之。庶几幸门不开。"诏可。(《建炎以来系年要录》卷一百九十二,清文渊阁四库全书本)

(1165 年)十二月,刘尧仁进父光世绍兴间太上皇帝临写王羲之《兰亭修禊序》(绍兴七年十二月赐光世)。(《乾道跋太上御书》,见《玉海》[1]卷三十四,清文渊阁四库全书本)

【笺注】:

[1][南宋]王应麟(1223—1296)撰。本书所引自经史子集、百家传记,无不赅具。而宋一代之掌故,率本诸实录、国史、日历,尤多后来史志所未详。其贯串奥博,唐宋诸大类书未有能过之者。征引文献必注明书名,态度严谨。王应麟,庆元(今浙江宁波)人,淳祐元年(1241)进士,宝祐四年(1256)中博学宏辞科。历任西安主簿、台州通判、秘书监、中书舍人、礼部尚书兼给事中。以贾似道当政,不得用,乃辞官闲居,致力于著述近二十年。

绍兴己未(1139)六月,思陵[1]尝临《修①禊序》赐刘光世。(1165 年)其子尧仁进之,孝宗亲洒宸翰于后云:"恭惟光尧寿圣太上皇帝,以天纵之圣,富缉熙之学,寓之翰墨,俯临王羲之《修禊序》,妙入神品。刘光世当靖康之末,奉迎济上,率先诸师,敦诗阅礼,夙蒙恩遇,固宜被此宠章。"其子尧仁褾轴来,上捧观再三,复书此以赐之。(《兰亭考》[2]卷二,清文渊阁四库全书本)

【笺注】:

[1]即宋高宗。

[2][南宋]桑世昌撰。桑世昌,淮海(今江苏扬州)人,陆游甥,宋末学者。辑有《兰亭考》《回文类聚》等。

7. 刘濠(曾祖)

刘濠,字浚登,世居青田,仕宋翰林掌书。元初,林融起兵兴复,融战死,元遣

① 原文无"修"字,据下文书帖名补。

使至境上纠察余党，将尽杀之。乡豪挟仇，投籍使者，逮无辜至万余人。濠适往谒阅籍，知状，归，悲忿不能就枕。会天大雪，因孙爚计具酒肉，邀朝使饮晏，至夜沉酣，翼卧小楼，探袖取牍，录其巨魁二百人怀之。因积薪楼下，纵火延烧及楼，使者脱走，因出怀中二百人授之。朝使驰，上命下止戮如濠所录，存活无虑万人。濠生廷槐，究极天文、地理、阴阳、医卜诸书，为太学上舍。廷槐生爚，爚生基，封诚意伯。古云"活千人者子孙必侯"，刘之世食其报也宜哉。（《翰林掌书刘浚登濠》，见《两浙名贤录》[1]卷九独行，明天启刻本）

【笺注】：

[1][明]徐象梅撰。该书是记述两浙先贤事迹的专著。所录人物上起唐虞，下迄明代隆庆年间。体例、门类既多，不免冗杂不伦，有些又强为分类，过加轩轾。其材料十之二三来自正史，十之六七来自地方志乘，其中不免乡间粉饰之词，参考征信价值不大。徐象梅，钱塘（今浙江杭州）人。生卒、仕履不详。

刘濠。张时彻《刘濠神道碑》："字浚登，青田人，宋翰林掌书，慈惠好施。每淫雨积雪，登高而望，里中有不举火者，即分廪赈之。会宋亡，乃荒遁自适。时有林融者，征聚义旅，兴复宋室。元讨平之，逮融至京，世祖义而弗杀。融归至瓯越之间地名牙阳、四溪者，复啸其徒。元乃驰驿使簿，录其胁从，将尽歼之，而乡豪因以仇怨相倾，引善良，鲜有脱者。使者返，夜次武阳，会天大雪，与居民百钱市酒，市者至濠家，具语之。故濠即间行谒使者，得所簿录数，心恻之。乃盛供具以逆使者，醉而寝之楼，探箧启牍，录其渠魁二百人，遂火其居。焰灼于楼，仓皇掖使者跣而走。诘旦，大恚曰：'将何借以复阙下？殆诛，死不赦矣。'濠曰：'濠不幸灾于居室，震惊使者，濠诚死罪。意者簿录有宽，天欲生之乎？'以前所录二百人授之，余所全活无算。濠即文成公基之曾祖也。"（《雍正浙江通志》卷一百八十九，清文渊阁四库全书本）

8. 刘升①（弟）

刘升，字伯演，诚意伯弟。元季，诚意弃官归时，义从者俱畏方国珍残虐，从诚意居山中。及诚意应聘赴金陵，悉以众付升并家人参掌之，曰："善守境土，毋为方氏得也。"升历官至陕西镇抚，遂居陕，女一，适陶真人府。[1]（《南田山志》卷五，文成县政协学习文史委2008年版）

① 原文为"陞"，据《永嘉郡刘氏家谱》、《本朝分省人物考》卷五十六改，本文下同。

【笺注】:

[1]刘耀东原注:"据诚意伯《神道碑》纂。"

9. 刘浩(族兄弟)

刘浩,元季集义兵守障一方。洪武间,以积功授管军千户,再为晋府典仗。(《南田山志》卷五,文成县政协学习文史委 2008 年版)

【笺注】:

[1]刘耀东原注:"《(青田)县志》一行。"刘耀东原按:"武阳中村书院地址云:'南至刘浩舍人墙。'是浩居武阳中村,当为诚意伯兄弟行。"

10. 刘琏(长子)

皇明有佐命勋臣曰诚意伯刘公既薨,上嘉念其功不置,洪武十年(1377)秋,遂以承务郎、考功监丞官其子孟藻。后一月,兼试监察御史。后二月,超拜江西等处承宣布政使司、右参政。未三年,竟薨于位,十二年(1379)六月三十日也,年三十有二。上闻之,嗟悼不已,敕有司护丧反其里,亲为祭文,命国子生陆居敬致奠。其子廌等卜地里西石门岭董田之原,以是年十一月六日葬焉,既而使来,属伯衡铭其墓上之碑。

按孟藻姓刘氏,讳琏,字则孟藻也,处州青田县人。曾祖讳庭槐,皇赠中奉大夫、中书参政知事、护军。祖讳爚,皇赠资善大夫、御史中丞、上护军,并追封永嘉郡公。考讳基,御史中丞,兼弘文馆学士、太子赞善大夫,加开国翊运守正文臣、资善大夫、护军,封诚意伯。曾祖妣梁氏、祖妣富氏,并追封永嘉郡夫人。妣富氏,封永嘉郡夫人。娶陈氏。子男二人,长廌,次廌①;女一人,适丽水陈仔。

孟藻生数岁,授以书,二、三通辄能谙诵,后终不忘。年十余为文,辞立就,奇气烁烁纸上,其师览之有愧色。孟藻器局凝重,而识虑宏远。诚意伯之留辇下也,孟藻内事母,睦宗姻,外应门户,抚乡里,无一不中度。于时永嘉为方氏所据,乡之群无赖子煽于方氏,将相挺为变,孟藻出其不意,先其未发,一夕扑灭之,无得脱者,而阖境遂以奠枕,其年才十八耳。诚意伯以闻,上曰:"非卿,焉有是子。"

诚意伯之得请归老于家也,遣孟藻上表谢恩,召至榻前与语,上为倾听,而任

① 原文为"虎",据《永嘉郡刘氏家谱(民国)》等改。

用之意昉于斯矣。其年，复进《平蜀颂》，入见武楼下，内出所制颍川侯傅友德等文，俾持归，示诚意伯别撰进入。自诚意伯家居，孟藻将命朝谒，无虑八、九至，至辄燕见，上见其进止安雅，占对明敏，未尝不以为贤，而极为皇太子所重。

初，诚意伯请于上，曰："瓯、闽之交有地曰'谈洋'，僻绝而岩险，戎卒逋逃渊薮也，遇民往往蚁聚为奸利，树巡检，其地庶几人知顾忌。"可其请。执政胡惟庸当国，以不关白恨甚。及其封事言郡县豪猾吏，孟藻上之，又不先通执政，执政愈益恨。适有旨逮豪猾吏，乃訹使诬诚意伯非法，而刑部尚书吴云等承执政风旨，议坐孟藻。赖上知其父子深，故免。

诚意伯薨[①]，又明年夏，监察御史李铎以上旨，来取其观象玩占诸书，孟藻即日出书石室中，橐从李御史赴阙，奏曰："臣先臣基临终属臣，以书成之日，慎勿泄也，丧葬事毕，其上之。臣未及上，重烦使者来取，臣罪当万死，今悉送官矣，唯陛下哀矜。"上慰谕之曰："忠孝哉！其留服事朕。"孟藻顿首，乞赐归。持服赐宝钞三十贯遣之。皇太子召，赐食，加赐五十贯。

秋七月，服甫除，而考功丞之命下，考核平亭，时誉翕然。上犹以为散地，兼试监察御史，风裁凛凛，眷遇尤笃。陪圜[②]丘，被旨进勺，无违礼者，缙绅多之。明日，圜丘署丞进瑞粟，特诏孟藻与通政使曾秉政作歌，独孟藻所作称旨。

未几，除参政，出莅江西，进阶中奉大夫。同日除官四百余人，上谕众曰："刘琏勋臣子，操心正大，居家奉法，历官著效，故委以重任也。显有异绩，且入中书矣。"众乃始知上于孟藻用之速，由知之至，而孟藻益感激图报，称其在江西也。同官韩士原贪而苛，沈立本憸邪而不知大体，孟藻一以忠信介直自处，临事决议，不为俯仰，虽出语侵之，不变一号一令，忖度利病、便不便，而后从违。造城砖厉民，更其要约，而倒县以解；督运吉安，布粟兼收，而私公称便；缭禁囚徒充斥，穷日夜之力疏理，而囹圄以空，此尤见褒赏于朝廷者也。以此专使来锡监丞、参政命书，方属意大用之，而孟藻愤立本专恣致疾，奄至大故。庸非民之无禄，而天夺之乎？薨之日，君子以其方向用而遽没，降年又不永，咸涕泣，尽伤焉。

伯衡窃为刘氏先世之积累，至诚意伯而始发；诚意伯之遭逢，至孟藻而益隆，亦显矣乎！况孟藻能笃其忠贞，奋其材猷，上结主知，济美先公，生膺峻擢，死蒙异数，是岂惟当世贤能！后来闻风，其未有不歆慕其忠孝者也。然则其材虽不尽用，其志则大行；其命虽短，而其名则已长。孟藻复何憾于斯哉！今伯衡以朋友

---

① 原文后有"之"，疑衍文，删之。

② 原文为"圆"，据宫廷祭祀地名称改。

执笔为铭，谊也，乌得而让之。铭曰：

“圣皇龙兴，豪杰云从，运筹帷幄，伟哉刘公。令德不匮，有君为子，继武而作，为天子使。君钟粹美，强绝记伦，不烦师教，肆笔成文。爰自弱冠，善谋善断，不动声色，制变将乱。事闻当宁，当宁曰：‘嗟允矣！肖子亶其克家。’公虽退休，心乎宸黈，上表上章，君则奔走。关门峨峨，出入不呵，侍于燕闲，家人莫过。上公通候，罔不恭敬，曰：‘父名臣，宜子之令。’柄臣憾公，独不已亲，因事反噬，迁怒于君。巧诋深文，冀罔天听，君免子辜，皇仁且圣。求公遗书，诏使临门，乃幐乃橐，献于帝阍。皇欲用君，君乞终制，俞其请矣，申锡楮币。祥琴既御，趋而造朝，荣以好爵，曾不崇朝。第宅、鞍马，以莫不赉，其官再迁，首尾三载。君在考功，有陟必明；君试御史，无回不贞。殿彼大藩，岂无方伯，往参厥政，微君孰托？有兵有民，有钱有粮，有狱有讼，有纪有纲。昼思夕惟，不遑启处，何利不兴，何害不去？去害兴利，民罔时恫，颂声洋洋，达于九重。命书来锡，昭示崇奖，使者言还，君以长往。命难谌斯，而止乎兹，不秉事权，以究厥施。年与材违，皇用慨叹，遣文祭之，亲御宸翰。恩礼优渥，终始哀荣，君又奚恨，虽死犹生。辉映前人，庆延后嗣，铭以传信，作者太史。”（苏伯衡[1]《参政刘公墓碑铭》，见《明名臣琬琰录》卷七，清文渊阁四库全书本）

【笺注】：

[1]苏伯衡(1329—1392)，浙江金华人，元末贡生。博览群书，善古文。至正二十六年(1366)，朱元璋召为国子学录，次年升学正。洪武三年(1370)，擢翰林院编修，寻以省亲辞归。二十一年(1388)，受聘主会试，事毕复归。后任处州教授，因文字之祸，瘐死狱中。著有《苏平仲文集》。

孟藻，姓刘氏，讳琏，世为处州青田人，皇赠永嘉郡公讳爚之孙，故御史中丞、护军、诚意伯之冢子也。由考功监丞历试监察御史，为江西等处承宣布政使司右参政，积阶至中奉大夫。年三十有二，以疾薨于位。

孟藻为人敏慧警颖，读书二、三过辄成诵，终其身不忘。髫龄中即嶷然状成人，习诗文，操觚立就。属元之季，所在盗起，中丞仰观俯察，奋从真帝于大江之东，为之发踪指示，谋不出幄，而制胜千里，算无遗策，用能划平群雄，混一四海，定功受封，为开国之佐。当是时也，孟藻独将家属，处南田山中。南田左右，故草窃根据啸聚，不以时忌，中丞任事，将禽狝之，乃伪为服属，而图肆毒螫于阴。孟藻潜觉焉，抚其豪酋，结以忠义，或委以利，或惕以威，或却制其要害，咸就规束，莫敢蠢。中丞之旧故、姻戚与凡侍下之众，孟藻罔不人得其欢心。侍中丞若严父，夏日屏气息，栗战于股；退见，孟藻煦如阳春。由是山谷无间远迩、贤不肖，惟孟藻是附。孟藻亦各有以处之，不紊毫与发。

及中丞之请老而归也，天子念其勋伐欲，数得问劳，孟藻以一介行李，往来于京者，不惮六、七。至则燕见于上，类家人、父子，俯伏陈对，详简中宜。上尝字中丞言曰："伯温有子，足以翊赞春宫矣！"于是廷臣自宰辅而下，鲜不器孟藻者。

初，瓯、括之间有地曰谈洋，负阴而远，又界于闽，无赖倚为窟，以私贩、负军戍徒役逋逃，不啻渊薮。中丞病之，入朝以为言，请置巡检于其地，上从之。执政权臣以出不由己为愧，会中丞归遣孟藻达封事，言郡县不法者上，辄私行焉，而孟藻又不先以关白执政，执政滋怒，因乘以隙，欲构入其罪。赖天子明圣，孟藻得无随坐。时洪武六年(1373)也。七年(1374)，中丞复朝京师，孟藻实从，上数欲官孟藻，中丞辞遣之。

中丞既薨，九年(1376)冬十月，皇帝上缅元象，慨钦天之失职，命御史赍诏谓孟藻，令上其父所著观象玩占等书，及天文诸家言。孟藻已縢藏石室，悉取送官，仍走谒于帝，奏曰："臣先臣基当属纩时，畀臣抱书入献，无失其业。臣遵治命，谨已缄闭无泄，俟服阕上。今已送官，敢昧死以闻上。"嗟叹良久，乃曰："卿忠孝具著，宜留事朕。"孟藻叩头呜咽，以未禫为请。诏许归，制赐钞三十贯。皇太子召，赐食，更赠五十贯，勉谕弥厚。

十年(1377)夏六月，既释服，遂拜考功之命，考核当其可称厥职，以谨敕见褒于上，故不越年而超佐藩阃，将有大任焉。十二年(1379)，出刑部尚书沈立本为布政使，立本素谄附权臣，至官，即求所以媚之之事，孟藻牢持不可。立本屡动以危言，欲胁制孟藻。孟藻怒曰："吾廷受帝命参政江右，知报国而已，他所不恤，何有于使哉！"发愤得疾，六月某日终于公署。讣闻天子，为之震悼，辍视朝，遣使吊问亲，御宸翰为文，祀以中牢。

呜呼！孟藻与余为通家，有兄弟之好，余齿差长，每班孟藻上。暨余忝京官，孟藻之来，实主于余，可否必筹，饮食必耦，寝必同席。余汩于公，事若沐漆，孟藻多怜余之色。余后归田里，得与孟藻会者仅四、五。而孟藻逝矣！

孟藻性和易，见几明决，虽待人无忤，而内怀刚正，动率循律，于非义际，毅然有不可夺之节。余意其当桂石斯世，康济兆民，异日弼守文之君，为股肱心膂，以享有太平，孰谓遽止于斯乎！人之生，患于无才、有才，患不见用、既用，患不能显而得君以行其志。今孟藻才已用于时，尊且显矣，忠知于君，而泽加于人矣。家为贤子，国有良臣，保有名爵，正而毙焉，生荣死哀，尚何道哉！虽然，余于孟藻，其能忘情否也？

孟藻之子廌以丧归，余适在温郡，不能抚其榇哭诸野；比葬，又弗克执绋以窆，悲可胜既耶！追忆曩时，作辞以哀孟藻，且书遗其弟仲景，俾廌刻诸冢上。其辞曰：

“南田莓莓兮，武阳崔崔。孰储其精兮，生贤孔才。猗彼永嘉兮，乃先厥开。奋兴翊运兮，龙乘于雷。良平其勋兮，文驱邹枚。克裕而后兮，有植必培。嗟嗟孟藻兮，栋梁之材。辞华蔚充兮，如琼如瑰。又多艺德兮，既美且偲。无纤无洪兮，众善毕该。结知主君兮，厥毂乃推。朝登金门兮，莫跻金台。启沃既良兮，夔龙我陪。帝瞻豫章兮，西江之隈。曰兹庶务兮，汝佐其裁。绳愆疏滞兮，泽彼一垓。方期显庸兮，陟子司台。若和鼎羹兮，以盐以梅。曷尸大块兮，亟畀之灾。民之无依兮，西山云颓。其志则谊兮，寿齐于回。有子舆榇兮，载号而哀。鬣如其封兮，松柏是栽。攄情托辞兮，以泄予哀。琢之贞珉兮，示于方来。嗟嗟孟藻兮！呜呼！”

洪武十有三年(1380)，岁在上章，涒滩冬十月戊午朔，前翰林国史院编修官、同郡吴从善制文。(吴从善[1]《故参政刘君孟藻哀辞》，见《〈自怡集〉附录》，清文渊阁四库全书本)

【笺注】：

[1]吴从善，即吴公愿，从善为其字。吴公愿，见前注。

琏字孟藻，自幼有器局。永嘉为方氏所据，乡无赖相煽为乱，出不意，一夕拨灭之。上召琏及璟，顾谓基曰：“阿琏明秀，阿璟凝重，非卿，安得有是子？”基卒，上急命御史李铎取其观象诸书，而琏适奉父遗命携书入京。除服，授考功丞兼御史，出为江西参政。琏以信直自处，寻为惟庸所胁，愤卒。(《罪惟录》列传卷之八中，四部丛刊三编景手稿本)

《自怡集》一卷(浙江巡抚采进本)。明刘琏撰。琏字孟藻，青田人，诚意伯基长子。洪武十年(1377)，为考功监丞，兼试监察御史。出为江西布政司右参政，为胡惟庸所胁，堕井死。事迹附见《明史・刘基传》。是集为其子廌所编，末附洪武十三年(1380)国史院编修官吴从善所作哀辞，备述基从太祖起兵，琏在南山田制驭诸草窃，请设谈洋巡检以靖逃盗之源，及沮沈立本媚附权臣事。惟以材略气节称之，不及其文章。卷首载秦府纪善黄伯生序，乃称：“尝见其遇事刚果，坐折奸佞，不挠不阿，宜其少年锐气，盛满于中。”今读其诗，顾乃温柔冲淡，怛然有爱君忧国之至情，而自视欿然，如有不足，以为庶几于闻道。今观其诗，惟七言律诗，颇涉流利圆美，不出元末之格，然仅三首，盖非所喜作。至于五言，古体居集中之大半，皆词旨高雅，而运思深挚，殆于驾两宋，而上之以继《犁眉》诸集，可谓不愧其父，而明人罕称道之者，殆转以勋阀掩欤。（《钦定四库全书总目》卷一百六十九，清文渊阁四库全书本）

11. 刘璟（次子）

诚意伯仲子曰璟，字孟光。生时月蚀复光，诚意伯叹曰："天坠乃绪，而卒能干之者也。"幼沉朴峻厉，群于儿，恒坐视，弗逐弄。弱冠咀嚅经传，喜谈兵，究极韬略握奇诸说，旁及释、老。年二十八，师事石楼子[1]，明志式虑，锋棱古人。尝及兄琏侍父入朝，高皇帝称之曰："阿琏明秀，阿璟凝重，伯温有子矣。"

洪武乙卯（1375），诚意伯卒，兄琏继亡，廷赙日数至，公引纳如制。适瓯寇叶丁香叛，朝廷敕延安侯唐胜宗提兵讨之，唐决策于公，破之。复命，白公才略，高皇帝喜曰："璟真伯温子也，朕将大授。顾年少，姑缓之，不虞速树如是。"会参军胡琛子伯玑来白事，高皇帝遣还，嘱之曰："尔归，致命刘璟来见。"公驰，上见帝，帝曰："尔家与国同休，用汝，顾汝年少，维拓励膺重托耳。日者诛叶丁香，可嘉可嘉。"顾谓侍臣曰："璟绝有父风，允协朕望。"赐楮币，敕归。

时父、兄新丧，门第草草，乡富人蒋邦臻素不齿于公，计中之。适都督府移文勾取逃军刘二贯，公幼名二官，蒋执"官""贯"同声，署公应解，羁公崇道观。道人王松涧曰："朝廷与君通家，君盍直走上诉？"纵公抵京，见上于左暖房。上曰："尔何来朝？"公白其事，上愀然曰："国家旷尔爵土，故仇诬乘间。"诏公袭爵。公辞以"世嫡侄廌与臣俱来"，上喜曰："如此功爵辄让人，有所不为，其介可知。"即日封廌诚意伯。

公伟貌丰髯，论说英侃，帝爱之。次日，召公谓曰："朕欲卿日夕左右。夜考《宋纪》，惟閤①门使如仪礼司，立百官之上，为朕宣唤传递，处尔无逾此官。"遂拜职，赐第、马、衣带金，书"除奸敌佞"四字于铁简，赐之。且命曰："百官敢有不法，卿持此简纠正之。"时袁都御史奏车牛事忤旨，公当殿以简击其项，上曰："正当如此。"自是举朝畏公。

时谷王年十三，将封宣府，上素爱王，每朝谓侍臣曰："谷王年少，羽翼无人，奈何？"诸大臣畏公风力，乐公外补，奏曰："辅幼藩，非忠勇敢直者不能，閤门使刘璟，其人也。"上颔之，即日授谷王府长史，并敕提调肃、辽、庆、宁、燕、赵六王

---

① 原文为"阁"，从通行官职名改。本文下同。

府事。

宣府为古乌桓郡，东距大宁，南抵居庸，西连云中，北接古砂。王就邸，出入蓁莽，烽火四警。公修城池，缮兵甲，谨斥堠，式士马，砺金鼓，诸胡屏息。癸酉(1393)，还塞，六府羊马数缺，上怒，诸府官属连坐，谷府以公故，置弗问。丁丑(1397)，晋、燕奉制为宣府筑城，二王构隙，公曰："臣闻兄弟阋于墙，外御其侮。友爱相亏，臣恐不能御侮。"王悟而解。

先是阁门使时，朝廷行十王冠礼，上问："王爵何爵？"公对曰："帝子为王，此人爵之至贵。弗为之所，如刘安燕旦，祸且滋蔓矣。"上然之，命公主冠礼事。公岁巡行六王府，一旦至燕，文皇帝与公奕，公胜，帝曰："先生独不少让我耶？"公正色曰："臣可让处则让，不可让处不敢让。"帝默然。

戊寅(1398)夏六月，高皇帝晏驾，皇太孙嗣位，公归省丘陇。

己卯(1399)，改元建文。秋八月，公复国，闻太宗南渡，遂驰阙，献十六策，嗣帝不用，命公赴大将李景隆军听征。景隆不用公计，丧师。会天大雪，公夜半渡卢沟河，冰陷马毙，公蹶冰跻岸，捡雪走良乡，裂趾。次日，跛行三十里。时公之子貊自大同来赴难，越良乡，至涿州，失公所在。道遇素所善指挥使陈玉，指公行次，貊策骑反涿，数十里遇公，翼公上马遁去。

二年(1400)春二月，公病甚，谷王遣使诣军门召公，公复国，上疏，王慰纳之，遣舍人送公还家养疾。

辛巳(1401)，公舆疾赴阙，进《闻见录》千万言，嗣帝不用，命公归家待用。道遇宋景濂孙翼自戎伍来，窘甚，公解衣衣之。至家，杜门读书，默睹天下动静。

壬午(1402)六月，太宗入承大统，公辞疾不起。上欲用公，罪公逃叛亲王，系公至京，强以官。公辞，对上语犹称"殿下"，遂大忤旨，下公狱。一日，辫发自经。时郑朱子罪没其家，权宦希旨缘例，帝曰："璟家难例郑朱子，置之。"诏其家归葬之。

初，公被系，夫人徐氏别曰："今皇帝圣神嗣统，先生勋旧残孽，宜弗底刑剧，唯顺承天心，可以永誉。愿终图之。"公瞪目视曰："毋长辞，吾生死之分已决，今幸近太庙耳。"拂衣而去。道经白岩，姻人吴彪饯公，戒曰："皇上神武，何止唐文皇？先生忠良，允为魏征可也。"公曰："尔谓我学魏征耶？"捆席而出。座客震栗，不敢挽。

嘉靖乙酉(1525)，江右万公按浙东视学，究舆议，始立像，配享诚意之庙。

公平生慷慨，多大节，不事产业，稍盈裕，辄以周赈。好书史，山居聚门生故友，奋议挡跖古今成案。善书法，古碑籀篆，剥落辨诵，多金购之为玩。居南田，势重元勋，角巾布服，与乡里老稚聚笑，冲然相忘。御壬夫小子，棱幅益厉，事有可为，悉心力为之，其弗我必者，恒曰“有命焉”。别号易斋。所著《越吟稿》《无隐集》《易斋稿》若干卷，藏于家。

又曰：先生取义于永乐壬午(1402)。至嘉靖乙酉(1525)，万公按浙东视学，究舆议，立像配享文成之庙，其忠声义闻泯没沉晦者，百六十年。鬼神固之秘，而奇之发也。(黄伯生[1]《诚意伯次子阁门使刘仲璟长史传》，见《易斋集》卷一，清文渊阁四库全书本)

【笺注】:

[1]即黄梦池。黄梦池，见前注。“先生讳梦池，字伯生，‘石楼子’则其所自号云。”则黄伯生、黄梦池、石楼子为同一人。刘鹰(《石楼文萃》序)又云“即日授秦府纪善”，与文献记载的黄伯生为“秦府纪善”官职相同。

《易斋稿》十卷，括苍易斋刘璟仲景撰。(《百川书志》[1]卷十二集，清光绪至民国间观古堂书目丛刊本)

【笺注】:

[1][明]高儒撰。高儒虽跻身戎伍，却颇好读书，并锐意访求图书。或抄之于士大夫，或购之于市肆。经辛勤搜求，图书大增，连床插架，难于检阅，故十分重视整理和编目，认为“书无目，犹兵无统驭，政无教令，聚散无稽矣”。遂启家中先世之藏，发自己数年之积，开始编纂《百川书志》。经过六年努力，嘉靖十九年(1540)成书。高儒，顺天府涿州(今河北涿州市)人，大约生活于正德(1506—1521)、嘉靖(1522—1566)间。武官，好藏书。

国初官制后革者，记之，以备考，而人亦附焉。……以故诚意伯刘基子仲璟为之置尚宾大使、儒学提举、提举司校理侍礼郎、奉天门待诏，俱革。(《更定旧官》，见《弇山堂别集》卷十二，清文渊阁四库全书本)

璟字仲景，生时月蚀复光，父基曰：“夫坠乃绪，而或干之者也。”师事石楼子，涵濡经传，喜谈兵，伟貌丰髯，论议英发。父没，不任。瓯贼叶丁香叛，延安侯唐胜宗采用璟策计平之，荐于朝。璟乃上基遗书，上喜，特设閤①门使官之，授铁简，书“除奸摘佞”四字，以刚直闻。时都御史袁甲奏牛车事，忤旨，璟当殿呵驳。上曰：“正不负此使矣。”会谷王封宣府，年少，难其辅。诸大臣故忌璟，请长史谷府。上诫曰：“璟持王于正，兵机慎勿忽。”尝奉王命至燕，燕王引璟弈，璟胜，王意

① 原文为“阁”，从通行官职名改。本文下同。

佛，曰："卿不能借一路乎？"璟正色曰："可让，璟不敢不让；不可让，璟不敢让也。"王为懼然。

燕兵起，璟从谷王驰还京，献十六策，不听。寻参李景隆军事，言复不见用。景隆败，称疾乞归。建文三年(1401)，舆阙《进见闻录》千万言，复不用。

燕王得国，有令趋朝，否不赦。璟称疾不起，逮之。夫人徐请委蛇保富贵，瞪目曰："毋多言，得死先人像侧足矣。"道经白岩，姻人吴彪以魏征贺。璟怒，翻案而出，及入对，犹称"殿下"："殿下百世后，逃不得一个字。"下诏狱，辫发经死。法官希旨，缘坐其家，请如郑朱子例。上曰："璟家非其例。"盖以父开国功也。遂得归葬基墓。

……

论曰："……子璟以一字责文皇，是以一字效让皇矣。父所持在运，子所维在义，先后不相厄也。明末，其裔孙永锡间关海岛以死，志亦谅矣，与祖璟称两节云。而孔昭之赞南都颇愎，按方孝孺送刘士端归括苍有诗云：'欲请天朝重褒锡。'时未见燕事，而琏已卒[①]，廌已封。胡为乎而有请？岂阁门之衔例革，士瑞系璟子，且代父匍匐希恩欤？永乐二年(1404)，青田民貊，系璟子，进高皇帝所赐先诚意手诏八道、祭文一道，以父得罪，故不敢存先恩。上不深求，赐钞五锭。宣德中，授貊照磨刑部。嗟乎！'殿下'犹优璟后矣。"(《罪惟录》列传卷之八中，四部丛刊三编景手稿本)

《易斋集》二卷(浙江巡抚采进本)。明刘璟撰。璟字仲璟，青田人诚意伯基之次子。洪武二十三年(1390)，太祖命袭父爵，以让其兄子廌，乃特设阁门使授之，寻为谷王府左长史。燕王称兵，随谷王归京师，令参李景隆军事，兵败，上书不见省，遂归里。燕王即位，召之，称疾不至，逮入京，下狱自经死。乾隆四十一年(1776)，赐谥忠节。事迹附见《明史・刘基传》。其遗文久佚不传，明末杨文骢令青田，从诸生蒋芳华家得抄本，始以授梓。考黄虞稷《千顷堂书目》载璟集十卷，疑此尚非完帙。又别有《无隐稿》一卷，今佚不见。其与此本同异，亦莫可考也。璟少通诸经，慷慨喜谈兵，太祖尝以为"真伯温子"。而诗文伤于轴率，颇逊其父。天台卢廷纲称其诗"云洒酣落，笔词愈工，命意不与常人同，清如冰瓯玉碗贮繁露，和如大廷清庙鸣丝桐，疾如黄河怒风卷涛浪，丽如锦江秋水涵芙蓉"，虽誉之未免过实，然其气势苍劲，兀傲不群，犹有《覆瓿集》之一体，且其值革除之际，捐生完节，不坠家声，尤宜以其人而重之矣。(《钦定四库全书总目》卷一百七

① 原文为"己"，据文意改。

十，清文渊阁四库全书本）

外史氏曰："璟之死也，史既逸之，而郡邑志又皆讳而不录，其传诸故老者，尚未湮没。近予外弟陈子中州始为作传，表章其忠节，且请于当道，配享文成庙云……嘉靖乙酉(1525)，提学万潮东视学，书生陈中州白其事，立像配享文成之庙。"(《建文朝野汇编》[1]卷十五，明万历刻本）

【笺注】：

[1][明]屠叔方撰。屠叔方，秀水(今属浙江嘉兴)人，万历五年(1577)进士。任监察御史。

(洪武)二十三年(1390)十一月，置閤①门使，依宋制，秩正六品。以诚意伯刘基次子仲璟为之。(《国朝典汇》卷三十五吏部，明天启四年徐与参刻本）

《谷府左长史刘璟传》，邑人陈中州撰，谓："高帝授璟为閤门使，金书'除奸摘佞'四字于铁简赐之，令击百官不法者。后迁谷府长史，提调肃、辽、庆、宁、燕、赵六府事。郑端简公亦因而笔之书。"吾谓此真齐东野人语，中州青田人，夸大诚意伯家事而附会之耳。金书铁简，此优人弹唱宋八大王事也，高帝岂以铁简赐閤门使至谷府长史一小府佐？岂有提调六府之理？肃府在甘肃，庆府在宁夏，秦王在西安，韩王在平凉，未就国，安能遥制？洪武间，赵王杞甫封即逝，时无赵府，赵府，文皇第三子也。不意端简之博洽，而亦舛误至此。(《忠节录》[1]卷六，明万历刻本）

【笺注】：

[1][明]张朝瑞撰。先是，有宋端仪《革除录》、郎瑛《萃忠集》等17家记载明初逊国诸臣的事迹，但此类著作互有出入，故张朝瑞辑成此书，以整理诸家不同。张朝瑞，海州(今江苏连云港市西南)人，隆庆二年(1568)进士。历官金华知府、南京鸿胪寺卿。

谷府长史刘璟，青田人，诚意伯基仲子②也。洪武中拜閤门使，赐第及马与衣带，又赐以铁简，上铸金，为"除奸摘佞"四字，命之以击百官不法者。时袁都御史奏车牛事，璟当殿以简击其项，其事甚奇。弇州《考误》中断以为妄，谓刘邑人陈中州侈言文成家事而附会之，余亦谓然。今焦弱侯乃谓诚意家实有此简，曾出以示焦，则陈言似不诬矣。高皇帝威严不测，或以乃父佐命元功，寄鹰鹯之任于

① 原文为"阁"，从通行官职名改。本文下同。

② 原文为"于"，据文意改。

其子[①]，理亦有之。且弇州又谓长史一小府佐，无提调六府之理，是不知国初藩相，本正二品官，非小也。且璟遇文皇即位，召之不至，乃以叛逃亲王，逮至京，入见但称“殿下”，又云：“殿下百世难逃一篡[②]字。”因缢死狱中，其人忠劲如此。高皇帝即以铁简畀之，亦不为过。（《刘璟铁简》，见《万历野获编》卷五，清道光七年姚氏刻同治八年补修本）

（1390 年）十月……辛巳，赐故诚意伯刘基次子仲璟及孙廌织金文绮鞍马，省墓。（《国榷》卷九，清抄本）

刘璟，文成次子，喜谈兵，究极韬略，握奇诸书。延安侯唐胜宗破瓯贼叶丁香，多决策于璟，因荐材略，高帝见之喜曰：“刘伯温有子矣！”授閤门使，使立驾前，赐之铁简，以纠[③]官仪。都御史袁泰奏事支吾，璟下殿，以简击之。诸大臣皆畏璟，欲出之，会谷王之国，幼[④]，上欲为谷王置强相，大臣曰：“亡逾璟者。”乃出璟谷长史令，兼行视肃、辽、宁、庆、燕、赵六府。璟至燕，燕王与奕，璟胜。王曰：“不逊我邪？”璟对曰：“臣可逊则逊，不可逊则不逊。”

靖难兵起，璟随谷王还朝，献十六策，不听。命参李景隆军事，璟所筹画，景隆亦不听。景隆战败，璟夜渡芦沟河，冰陷马毙，璟力跳登岸，冒雪走良乡，趾裂，跛行三十里。璟子貊自大同赴难，越良乡，至涿州，遇璟，翼璟上马，奔还家养疾。建文二年(1400)，与疾赴关，进《闻见录》千万言，又不听，遂归闭门称疾。

文皇使使召之，临行，所亲置酒祖道，相戒曰：“圣上神武，何止唐太宗？公此行，魏征矣！”璟瞠目不答。到京，陛见，侃侃不屈，但称“殿下”，且云：“殿下百世后逃不得一篡[⑤]字。”下诏，狱，一夕辫发自绞死。法官请缘坐其家，文皇曰：“其先人有功，予之归葬。”嘉靖间，提学副使万潮肖像，配享文成侯祠。

石匮书曰：“刘璟与燕王对奕，出言不让，璟目中明明，见燕王数年后必有靖难之事；而燕王目中亦明明，见璟数年后必为死节之臣。此是英雄机锋相对处，非凡夫竖子所得而知也。乃璟明明知之，又明明言之，而建文帝决不之听，李景隆又不之听，岂非天哉？虽然，留侯有不肖子辟疆，使吕氏得握大权，以危汉社，千古遗恨。后之称文成者，每欲比拟留侯，而文成有子如璟，留侯得不见而愧死哉！”（《刘文成世家附刘璟》，见《石匮书》卷四十四，稿本补配清抄本）

---

① 原文为“了”，据文意改。

② 原文为“篹”，据文意改。

③ 原文为“糾”，据文意改。

④ 原文为“纫”，据文意改。

⑤ 原文为“個”，据文意及通行表述改。

明初，大臣子孙恩荫多出常格之外，如刘基子璟荫閤①门使，胡广子穜荫翰林检讨，刘儁子承裕以父死事安南荫给事中。（《居易录》[1]卷三十四，清文渊阁四库全书本）

【笺注】：

[1][清]王士祯(1634—1711)撰。本书为其康熙二十八年(1689)官左副都御史以后至康熙四十年(1701)官刑部尚书之间十三年中所记杂事。王士祯，新城（今山东桓台）人，顺治十二年(1655)进士。选扬州推官，由礼部主事累迁少詹事，官至刑部尚书。后罢官归里。谥文简。清初诗坛领袖，论诗创"神韵说"。另著有《带经堂集》《渔洋诗话》等。

12. 刘廌(嫡长孙)

《盘谷集》十卷，袭封诚意伯、括苍闲闲子刘廌撰。犁眉公孙也。（《百川书志》卷十二集，清光绪至民国间观古堂书目丛刊本）

封故诚意伯刘基孙廌为伯，诰曰："昔者元运既隳，豪杰鼎峙，海内瓜分。当是时，士大夫甚众，然必泛从人者亦多。所以贤知之士，必择人而归，以树勋业，奠安生民，岂易于从人而轻灭姓者耶？惟不有非义之从，至死不移，噫！虽死名彰②。朕曩与群雄并驱，数年之间，异声教而擅征伐者不可胜数，孰辨其真伪？尔祖诚意伯刘基，乃括苍之士，居括苍之陲③，密迩山寨，一闻朕命，乃间道兼程，星驰来归，陈历数之有在，议戡定之先机，及措安黎庶之道。其为人也，义气凛然，人莫敢犯，所以父子相继没于奸邪紊政之时，可谓不移其节矣。初授伯爵以终身。因其节不移，今特以前爵授尔廌，为诚意伯，增禄三百六十石，共食禄五百石，子孙世袭，尔其敬哉。"（《秘阁元龟政要》[1]卷十五，明抄本）

【笺注】：

[1]著者姓氏不详，约为明嘉靖漳州人。书中所记皆明太祖事，内容大致与太祖实录相同，亦无异闻。

明刘廌，字士端，诚意伯基之孙，江西参政琏之子，洪武二十三年(1390)袭封。明年，坐事贬秩归里，筑室鸡山下，命曰盘谷。丁丑(1397)，谴戍甘肃，寻赦还。建文帝及成祖皆欲用之，以奉亲守墓力辞。永乐年卒于家。著有《盘谷集》

① 原文为"阁"，从通行官职名改。
② 原文有"侯"，疑衍字，删。
③ 原文为"陛"，据文意及通行表述改。

十卷、《盘谷倡和集》二卷。(《乾隆甘肃通志》[1]卷四十，清文渊阁四库全书本)

【笺注】:

[1][清]李迪等纂。乾隆元年(1736)成书。甘肃一省，本从陕西分置，古无专志，是编为本省第一部通志之作。李迪，生平不详。

廌，诚意伯基之孙也。是书[1]成于永乐中，集其祖父所得御书诏诰及行状事实，以为此录，取诰文中“开国翊运”之语为名，同郡王景为之序。(《翊运录》提要，见《钦定四库全书总目》卷六十，清文渊阁四库全书本)

【笺注】:

[1]即《翊运录》。

---

13. 刘廌(孙)

廌，字叔祁，琏次子。孝友，不乐仕宦，或语以:“君家元勋贵胄，显达如拾芥耳，竟以林下终耶?”曰:“吾兄袭祖爵，膺七命，足守门户。吾惟读书养气，以求不失世家子弟而已。”及从父仲璟下狱，廌侍赴京。璟既下狱死，有以籍没家族为言者，廌星驰归家。时从兄貊赴京扶榇，从弟骁(字仕捷，工诗文)年甫十八，廌谓之曰:“朝旨果籍吾家，吾与若宜隐遁，以延宗祀。”遂携骁遁。虑犹不免，则多则兄弟同罹于难，复以骁居瑞安之穗丰，而己易姓金，居①永嘉之夏仙乡。至万历间，袭诚意伯荩臣为请于朝，子孙始复姓。[1](《南田山志》卷五，文成县政协学习文史委 2008 年版)

【笺注】:

[1]刘耀东原注:“据金堡(按:今温州瓯海穗丰)刘族明代旧谱修。”

---

14. 刘貊(孙)

(1404 年)六月，处州青田县民刘貊进太祖高皇帝所赐其祖诚意伯基手诏八道、祭文一道。赐钞五锭。(《宪章录》[1]卷十六，明万历二年刻本)

---

① 原文后有“居”，疑衍字，删。

【笺注】:

[1][明]薛应旂撰。薛应旂,武进(今属江苏常州)人,嘉靖进士。历任南京考功郎中、浙江提学副使等。

(1428年二月)庚辰,刘基①孙刘貊以照磨听补,上以基故复刑部照磨。(《国榷》卷二十,清钞本)

貊,璟子,以才贤笃厚见称于人。宣德元年丙午(1426),举贤良,授修职郎、行在刑部照磨。初,父璟参景龙军事,进计不用,大败,貊于大同闻难,夜驰往涿州,扶翼以归,事详《(刘)璟传》。建文四年(1402),燕王棣入篡,璟被逮下狱,自经。貊哀痛几绝,扶柩归葬,庐墓三年,所亲劝之归,哀慕不已②,复于宅旁立祠,晨昏侍奉,如事生世,以孝称之。年逾七十,正统间卒,随葬三源无为观后山,名"孝子坟"。[1](《南田山志》卷五,文成县政协学习文史委2008年版)

【笺注】:

[1]刘耀东原注:"参《犁眉公集序》《明代遗编》《刘族谱》纂。"

15. 刘禄(七世孙)

洪武六年(1373)四月,孔子五十五世孙孔克表以学行举,上与语经史,献纳言皆称旨,拜修撰兼国史编修官。永乐以后,累举象贤世禄之典,颜子、孟子、周子、程子、朱子后裔,择宗子以闻,皆授世袭五经博士,惟居乡给俸,以奉祭祀而已。景泰时[1],诚意伯刘基后裔[2]亦援此例,得世袭五经博士。弘治中,孔子嫡派在浙江衢州者,有司以宗子孔彦绳奏闻,诏授世袭五经博士,寻改刘基之后为指挥,于是崇道酬勋之意昭昭矣。(《圣裔》,见《殿阁词林记》卷二十一,清文渊阁四库全书本)

【笺注】:

[1]时在景泰三年(1452)十一月、七年(1456)三月。

[2]即刘禄。

丙子七年(1456)春……二月,以诚意伯刘基裔孙禄为翰林院五经博士。

---

① 原文后有"曾",从永嘉郡刘氏世系删。

② 原文为"已",据文意改。

(《昭代典则》[1]卷十六,明万历二十八年周曰校万卷楼刻本)

【笺注】:

[1][明]黄光升(1506—1586)编辑。本书为编年体史书,叙述明朝历代帝王功绩,文武大臣与贤哲之士事业,并记载有关礼乐征伐,以及行政建置、人口变动等内容。始自元至正十二年(1352)明太祖起兵,止于穆宗隆庆六年(1572),按年月记事,每条皆提纲列目,内容简赅,颇有条理。黄光升,晋江(今属福建泉州)人,嘉靖己丑(1529)进士。授长兴知县。嘉靖二十一年(1542),以浙江水利佥事主持修筑海盐海塘,首创五纵五横鱼鳞塘。后以右副都御史巡抚四川。四十一年(1562)因镇压苗民起义功进刑部尚书。四十五年(1566)营护海瑞甚力。隆庆初致仕。后一度出任南京户部尚书,被劾免。另著有《四书记闻》《读诗蠡测》等。

(1453 年十一月)戊子,录故诚意伯刘基七世孙禄。(《国榷》卷三十,清抄本)

(1456 年三月)庚寅,故诚意伯刘基七世孙禄为翰林院五经博士,世袭。(《国榷》卷三十一,清抄本)

16. 刘瑜(九世孙)

(1)生平

Ⅰ. 袭指挥使

(1492 年)三月,立皇长子厚照为皇太子,大赦。录太庙配享功臣子孙,诏以太庙配享功臣追封王爵者,俱系辅佐太祖高皇帝平定天下大有勋劳之人,今其子孙有不沾寸禄,与编民无异,欲量加恩典,俾奉其祀。该部查勘明白,具实以闻。于是吏部行各所在,查取开平王常遇春曾孙常复、宁河王邓愈玄孙邓炳、岐阳王李文忠支孙李浚、东瓯王汤和玄孙汤绍宗,俱授南京锦衣卫指挥使,诚意伯刘基九世孙瑜为处州卫指挥使。先是,景泰①中,录基七世孙与颜、孟二氏后,并为翰林院五经博士。至是,给事中吴仕伟复言诚意伯乃功臣,其后不当为博士,乃改是职。(《昭代典则》卷二十二,明万历二十八年周曰校万卷楼刻本)

弘治十三年(1500),上用给事中吴士伟言,宪子瑜得为处州卫指挥使。(《皇明史窃》[1]卷二十一,明崇祯刻本)

【笺注】:

[1][明]尹守衡(1549—1631)撰。尹守衡,莞城(今广东东莞)人,万历十年(1582)举人。

---

① 原文作"太",从通行年号表述改。

(1502年闰六月)录国初刘基、常遇春、李文忠、汤和、邓愈后。先是,刑部主事李瑜诵刘基功宜配食,袭爵吏部右侍郎唐龙等言:"高皇帝延揽豪俊,创造丕图,一时佐命之臣并轨宣猷,而帏幄奇计,往往属基,故在军有子房之称,剖符发孔明之喻。孙廌袭爵,丹书铁券,载在国史。廌没,世微,圭裳靡托。或谓胤祚孤孱,勿克负荷,或谓长陵嗣统,遂至疏嫌,一辱涂泥,传闻多谬,而盟书载府,绩效具存。昔武王兴灭,天下归心,成季无后,何以劝善?"遂征南京锦衣卫指挥使常玄振、李性、邓继坤、汤绍宗,处州卫指挥使刘瑜入朝。(《国榷》卷五十五,清抄本)

(1502年七月)己卯,录国初刘基九世孙瑜世处州卫指挥使(从科给事中吴仕伟言)。(《国榷》卷四十四,清抄本)

(1502年)秋七月己卯,录刘基后裔世袭指挥使。(《明史》卷十五,清文渊阁四库全书本)

(1502年)秋七月,录刘基后裔世袭指挥使。先是,景泰中,录基七世孙禄与颜、孟二氏后,并为翰林五经博士。至是,给事中吴仕伟言:"诚意伯乃功臣,其后不当为博士。"乃命其九世孙瑜为处州卫指挥使,予世袭。质实:处州卫在处州府治南,明洪武中建,今废。(《御定资治通鉴纲目三编》卷十七,清文渊阁四库全书本)

Ⅱ.袭诚意伯

今上登极,崇重世德,复功臣刘基之孙瑜为诚意伯,盖千古盛典也。(《殿阁词林记》卷二十一,清文渊阁四库全书本)

(1528年二月)辛酉,处州知府潘润请复刘基伯爵。(《国榷》卷五十四,清抄本)

(1532)五月,大祭地方泽,始遣代封常遇春八世孙玄振为怀远侯,李文忠七世孙性为临淮侯,邓愈六世孙继坤为定远侯,汤和六世孙绍宗为灵璧侯。六月,封刘基九世孙瑜为诚意伯。(《名山藏》卷二十三典谟记,明崇祯刻本)

(1532年)六月……甲申,续封刘基后诚意伯。(《明史》卷十七,清文渊阁四库全书本)

(2)文献

予以公暇,枕书燕寝,猛闻将军叩门,惊觉周公之梦,倒裳而起,乃挥使刘君玉止介予言曰:"温郡岜溪山水为东南之胜,巨峰有曰'东岩者',屹立冲霄,左右诸峰,蔚然拥卫,有顿城列戟之形,舞凤飞龙之势,小涧合襟绕其旁,大溪横带映其前,土地丰肥,货财生殖,居民有太古之风,习俗无浮靡之尚。文献是徵,彝伦攸叙。间有善人国安金君,乃瑜母姑之季嗣也。为人敦朴,尊贤容众,含垢藏疚,常以能忍之心胜人。幼失怙,事孀母孝以无违,处乡党和而有礼,祖遗田产,仁让勿取,挺新营构于象溪之阳,手额之曰:'遗安'。瑜昔间归,因访其家,投辖廷款,顾其子弟，文质彬彬。衣冠严肃，献酹有容，歌《伐木》之篇，诵《嘉鱼》之什，虽兰亭之会，金谷之宴，不是过也。予①以绘图、持赠一言而未能，敢求大人先生巨笔，增华其德，庶君子不没人之善也。”

予以为必道德文章，为天下所仰望，应则其绪言余论乃有足重，顾予非其人也。然素闻东瓯为浙名藩，英贤世出，如中书任君克诚、祭酒王君，俱以道名于时，声华被乎世，李愿所谓大丈夫遇于时也。以孟子论之，天下达尊三，恶得以其一慢其二。夫以金君隐德不耀，行义一乡，当与任君、王君并为一方人物，虽隐显分殊，荣达高尚之义，宜并驾而抵古人之域。斯图也，子孙世世袭之，岀溪之山水有余辉矣。

时正德十一年(1516)桂月谷旦，知处州事潮阳刘斐撰，赐封处州卫指挥佥刘瑜顿首撰。

附诗：

象溪风景即蓬莱，龙虎盘桓势壮哉。澄映有泉弥日月，清幽无地着尘埃。衣冠济济推先列，礼乐彬彬遗后来。我适登龙初览胜，一觞一咏乐徘徊。(刘公瑾稿)

自西掩柴扃，楼高眼界明。山如仁者寿，水似圣人清。风月借幽兴，画棋畅逸情。遗安耕读者，不负善人名。(叶素稿)(刘斐、刘瑜《赠金君国安遗安堂图序》[1]，见《珊门金氏族谱》，瑞安市平阳坑活字印刷 2014 年版)

【笺注】:

[1]此文为正德十一年(1516)农历八月，时任处州指挥史的刘瑜携处州知府刘斐、名士叶素等来到瑞安县山门庄(今温州市文成县珊门村)由刘斐、刘瑜撰写。珊门金国安为刘瑜“母姑之嗣”，故有是访。

17. 刘维新(九世孙)

(宜黄县)经历：李誉、刘维新。(《雍正江西通志》卷一百三十八，清文渊阁四库全书本)

刘维新，字公朝，诚意伯九世孙，天资嶷异。明万历间，以博通经籍，授肇庆府通判，力辞。当道劝之曰：“别驾之荣，人所共羡，君家勋胄，行将大用，何辞为?”曰：“尧、舜在上，巢、由在下，士各有志，毋相强也。”子三让，字宗谦，性孝友，事亲色难，至老不衰，家产悉以让弟，人以为不可及云。[1](《南田山志》卷五，文成县政协学习文史委 2008 年版)

① 原文为“于”，据文意改。

【笺注】:

[1]刘耀东原注:“据《刘谱》。”

18. 宣府(今北京附近)后裔[1]

(程温)母刘氏,出诚意伯之后,宣府左卫千户佐之女。(《奉议大夫、修正庶尹、南京通政使司、左参议程公(程温)墓表》,见《整庵存稿》[2]卷十二,清文渊阁四库全书本)

【笺注】:

[1]按罗钦顺活动于弘治、嘉靖间,而所撰墓志对象程温之母刘氏则必在罗钦顺生活时间之前。后刘世延等主要生活在嘉靖间,故系于此。

[2][明]罗钦顺(1465—1547)撰。罗钦顺,泰和(今属江西)人。弘治六年(1493)进士,授编修,迁南京国子司业,乞归养,刘瑾怒而夺职为民,刘瑾被诛后复起,官至南京吏部尚书,学者称整庵先生,谥文庄。另著有《困知记》。

19. 刘世延(十一世孙)

(1)生平

(1583年)十一月初五日,兵科给事中王亮本:“恳乞圣明厚忠勋,奖节义,以培正气,以励世风事。”奉圣旨:“刘基、花云系开国运筹死节忠臣,委应优录后裔。刘世延曾被权奸诬害,著复爵于南京都督府,带俸原住过,禄米准与补支一年,遇缺推用,花云子孙著该抚按官查访的确,具奏叙录该部知道。”(《丝纶录》[1]卷四,明刻本)

【笺注】:

[1][明]周永春(1573—1639)撰。周永春,山东金乡人,万历二十九年(1601)进士。官礼科给事中。万历中言路有齐党、楚党、浙党三方鼎立,他与亓诗教为齐党之魁。历官太常少卿、右佥都御史,代李维翰巡抚辽东,首请益兵加赋,始有辽饷加派。值丧败之后,佐经略调运军需,越二年罢归。天启初,言官追论开原失陷罪,遣戍。

头佗刘五,长大白晳,声音北人也。嘉、隆间来京邸,往来城西北,不过东南,数日不食,面无饥色,冰雪满地,破衣赤脚无寒态。人供以美食,取①灰土杂之乃

① 原文为“耴”,据文意改。

食。刘诚意伯夫人病乳痈，甚危，偶问："能治否？"五取①纸笔，画一石、一木，吹气一口，命缚于额上。夫人如其言，夜间头痛发热，遍身出汗，乳痈脓②矣。具酒饭谢之，不食去。（《名山藏》卷一百四方外记，明崇祯刻本）

是年（1621）秋七月室人生女，府君命小名"银槎"，十月，将计偕，适臂生毒，号楚欲死，医药不效，府君合阳宝膏，自傅之而愈。阳宝膏者，予曾祖野洲翁病发背几危，刘诚意石浦适至就视榻前，遽命合傅此药，遂愈。故予家传其方，然能合之。惟当时三老仆已死，其用笼糠火锻一昼夜方成，果有神效，以不易收，日遂淹至冬月。（《峚阳草堂诗文集》[1]文集卷十六天启元年辛酉年二十八岁，民国二十一年活字本）

【笺注】：

[1][明]郑鄤(1594—1639)撰。郑鄤，武进（今属江苏常州）人，天启二年(1622)进士。改庶吉士。寻因上疏言事，忤逆魏忠贤，与文震孟、陈仁锡等并贬为民。崇祯中，为温体仁所构，诬以杖母不孝，磔于市。于狱中作《峚阳草堂说书》七卷，授其子钰，深受黄道周之推重，谓："为人宗师，乃不如郑鄤。"

(1583年十一月)癸未，复刘世延诚意伯南京都督府带俸，录国初花云子孙，兵科给事中王亮言刘基、花云功也。（《国榷》卷七十二，清抄本）

（万历）十五年(1587)，拜左都御史。诚意伯刘世延怙恶，数抗朝令，时来[1]劾之，下所司讯治。（《明史》卷二百十列传第九十八，清乾隆武英殿刻本）

【笺注】：

[1]吴时来(1527—1590)，浙江仙居人，嘉靖三十二年(1553)进士。授松江推官，擢刑科给事中。三十七年(1558)疏劾严嵩，遂谪戍横州。隆庆初复官，又因忤高拱落职。万历十二年(1584)召为湖广副使。十五年(1587)，时诚意伯刘世延怙恶，数抗朝令，遂劾之，下所治讯治。官至左都御史。晚年委蛇权贵间，为东林党人所劾，乞休归，未行而死。著有《悟斋稿》《江防考》。

诚意伯刘世延主使杀人，（王）樵[1]蔽罪世延，勒之草任，寻就擢右都御史。（《明史》卷三百十八列传一百六十九，清抄本）

【笺注】：

[1]王樵(1521—1599)，金坛（今属江苏）人，嘉靖二十六年(1547)进士。历刑部员外郎，

① 原文为"耴"，据文意改。

② 原文为"浓"，据文意改。

迁山东佥事，移疾归。万历初，张居正当国，起补浙江佥事，擢尚宝卿。刘台劾居正，居正乞归，诸曹奏留，樵独请全谏臣以安大臣，居正大恚，出为鸿胪卿，后官至右都御史。樵深通经学，多有著述。著有《方麓集》等。

给事中邵庶[1]因论诚意伯刘世延，刺及建言诸臣。懋桧上言，庶因世延条奏，波及言者，欲概绝之。防人之口，甚于防川，庶岂不闻斯语哉！（《明史》卷三百二十六列传一百七十七，清抄本）

【笺注】:

[1]邵庶（？—1615），直隶徽州府休宁县（今安徽休宁）人，万历十一年（1583）进士。选翰林院庶吉士。调兵科给事中，后擢工科给事中。三十五年（1607），应聘总修《休宁县志》。后补礼科，升太常寺少卿，旋告归。著有《五垣奏议》等。

历迁礼科都给事中，诚意伯刘世延不法，自修[1]极论其奸诏革任禁锢。（《明史》卷三百三十一列传一百八十二，清抄本）

【笺注】:

[1]辛自修（1522—1593），襄城（今属河南许昌）人，嘉靖三十五年（1556）进士。任海宁知县，升吏科给事中，建议改革吏部选拔、考核官吏制度，巡视京营，劾罢协理佥都御史李燧。迁礼科都给事中，劾诚意伯刘世延不法行为。万历六年（1578），起应天丞。从右佥都御史巡抚保定六府。奏请减均徭里甲银六万两，增筑雄、任丘二县河堤，以防沱河水患。十四年（1586），擢左都御史，力主惩治贪吏，因与执政者欲庇护私人相悖而遭排斥，遂称病致仕归。后起为南京刑部尚书，二十一年（1593），升为工部尚书，未赴任，即卒。赠太子太保，谥肃敏。著有《闻过斋集》。

诚意伯刘世延妄指星象，欲起兵勤王，被劾，下吏，参鲁[1]当以死。（《明史》卷三百三十一列传一百八十二，清抄本）

【笺注】:

[1]赵参鲁，鄞（今属浙江宁波）人，隆庆五年（1571）进士。选庶吉士，改户科给事中。万历时，弹劾中官申信，贬高安典史。万历十七年（1589），以右副都御史巡抚福建，严海禁，戮通倭奸商，改任吏部左侍郎。日本封贡议起，因著《东封三议》，详辩利害。封事卒不成。终南京刑部尚书、太子少保。卒谥端简。

（马经纶[1]）征授南京御史，劾罢诚意伯刘世延，置其爪牙于法。（《明史》卷

二百三十四列传第一百二十二，清乾隆武英殿刻本）

【笺注】：

[1]马经纶（1562—1605），顺天通州（今北京通州区）人，万历十七年（1589）进士。授肥城知县，升为御史。二十三年（1595），抗疏言不应斥逐南北言官，帝大怒，贬为典史。复因南京御史东莞林培疏陈时政。帝迁怒经纶，斥为民。杜门却扫凡十年。天启初，复官，赠太仆少卿。卒，门人私谥“闻道先生”。

诚意伯刘世延素无赖，屡犯重辟，诏废为庶人，锢之原籍。世延不奉诏，久居南京，所为益不法，及是，妄言星变，将勒兵赴阙，远近骇异。居相[1]疏发其奸，并及南京勋臣子弟暴横状，得旨，下世延吏，安远、东宁、忻城诸子弟悉按问强暴。（《明史》卷三百五十八列传二百九，清抄本）

【笺注】：

[1]孙居相（1560—1634），沁水（今属山西）人，万历二十年（1592）进士。授恩县知县，征授南京御史。负气敢言。曾疏陈时政，告发诚意伯刘世延奸并及南京勋臣子弟暴横罪状，尽被查问，强暴为之掩盖劣迹。天启时，累升兵部右侍郎。被魏忠贤弹劾，削籍。崇祯时官户部尚书。因牵连杨时化通书事，被贬戍边，卒戍所。

未几，（骆问礼[1]）劾诚意伯刘世延、福建巡抚涂泽民不职。帝并留之。（《明史》卷三百九列传一百六十，清抄本）

【笺注】：

[1]骆问礼（1527—1608），浙江诸暨人，嘉靖四十四年（1565）进士。历任南京工部主事、湖广副使等职务。初任行人司行人，继任南京刑科给事中。秉性刚方，行止高洁；遇事敢言，不避权贵。隆庆三年（1569），陈皇后移置别宫，问礼偕同官张应治上言谏阻。帝初纳言官，令诸政务悉面奏于便殿，问礼遂条陈《十事奏疏》。明年，吏部举杂职官当迁者，问礼及御史汤松皆在举中，帝曰：“此两人安得遽迁？俟三年后议之。”隆庆六年（1572），神宗接位，诏起言官，迁扬州府推官，升南京工部主事、福建湖广副使等职。后乞终养归。著有《续羊枣集》等。

刘世延，号石圃，袭封诚意伯。性抗直，有骨鲠风。嘉靖时，诏中使至兵部检科军事，司马长、贰虚正坐以待，公正色引颜真卿争坐故事，折中使。后又直言忤时相，寻以事安置青田原籍。复起南京振武营，兵变，掌右军都督抚定之数上，封事不报。万历三十四年（1606）坐事死。[1]（《南田山志》卷五，文成县政协学习文史委 2008 年版）

【笺注】:

[1]刘耀东注:“《(青田)县志》本传、《明史·刘基传》参修。”

---

(2)文献

承教多矣。以冗事未能奉复,种种事,须汛毕日往巡历应天,面及之。平生爱公念公,非有所忘也。散兵颇多,寂无转盗之事,无俟再收。或有浮言,置之不闻,可也。吴中刁讼,略无分毫事情,而驾为天大之说,诚可骇畏。生亦未尝不重处也,除发府、县外衙门前,尝不绝七、八人枷号,又先痛打夹苦之,候月满,发驿充徒。曾有解审二、三起,俱原告中途脱逃,解人告称闻此重处声也。生心喜之,谓可以消息刁讼矣。公访问可知其故,楮末所论,曾无萌蘖。公留念,及此感感,容别日更有相烦也。人回谨此,奉复惟台鉴。(《启刘石圃[1]诚意伯》,见《备忘集》[2]卷五)

【笺注】:

[1]即刘世延,“石圃”为号(又有撰为“石浦”),原为今南田刘基庙后的山名。

[2]海瑞(1514—1587)撰。海瑞,广东琼山(今海南琼山)人,嘉靖二十八年(1549)举人。初任南平教谕,四十二年(1563)任浙江淳安县知县。四十三年(1564)调为户部主事,时世宗朱厚熜迷信道教,专设斋醮,不理朝政,嘉靖四十五年(1566)海瑞上疏切谏,言忤世宗,被逮狱论死。穆宗立,其于隆庆元年(1567)得释,赴金陵官南通政司,迁右佥都御史,隆庆三年(1569)被命巡抚应天十府。在官持身廉介,清厘宿弊,打击豪强,锐意兴革,兴修水利。四年(1570)因得罪权宦,被张居正、高拱排挤,革职闲居十六年。后张居正卒,万历十三年(1585)召为吏部右侍郎和南京右都御史,力主严惩贪官污吏。卒谥忠介。另著有《元祐党人碑考》。

南京刑部右侍郎臣王樵等谨题:为狂悖勋臣,怙恶横行,恳乞圣明亟加重处,以昭法纪,以安人心。

事。浙江清吏司案呈奉本部,送准兵部,咨该南京河南道御史林培奏前事。该兵部会同都察院覆:“奉圣旨,刘世延素逞狂悖,因念其先世功勋,姑从薄罚,乃今不知悛改,肆恶无忌,著住支禄米,令回原籍。”听勘不许,仍潜住南京。本内所奏事情,就行南京法司,将党恶人犯严提究问,具奏,毋得徇私轻纵,钦此。

钦遵备咨到部送司,行间又据江西清吏司案呈奉本部,送准刑部。咨该诚意伯刘世延奏为奸宦,欺诳盗库,擅杀内外货交,诪张乱政。恳乞乾断,以肃法纪,仍丐罢斥,用全晚节。

事奉圣旨,这本内说,客用接匿抄没赃物,在京著司礼监王坤觉、大义同厂卫、五城御史，南京著彼处内外守备，同该城御史，将本犯应有庄宅、财产及接匿，并与冯保在南京置买庄宅、财产，尽行抄没入官，不许徇私隐匿，如有盗买转寄，的便参来重治。其余事情，著遵前旨，从公勘明，具奏定夺该衙门知道。钦此。

钦遵备咨到部送司，俱禀堂奉批："浙江司、江西司、山东司掌印官，会问奉此。随该浙江司郎中邹云鹏、江西司郎中杨洵、山东司郎中鲍献书遵依行，提各犯，并吊各衙门文卷前来，除客用，解京究问。"

许坤、高升、冯保、王祯俱已病故，无凭追问；高庆见经本部福建司问明，文卷具存，俱不开外。会问得犯人鲍鸾招，年三十三岁，系直隶扬州府江都县民，鸾与在官滕松、鲍凤、徐宾并脱逃晏诏，各不合故违投充功臣之家，作为家人伴当等项名色事干，吓骗财物拨置，打死人命，强占田地等项。情重者，除真犯死罪外，其余俱问发边卫充军事例，与见监应天府理刑厅别卷，问拟斩罪，刘梧绞罪。陈佐即佘秋芳，并先经庐州府别卷问军今，逃回见监理刑厅；鲍舟即鲍周，及因侵欺芦课税银，该江宁县问，发边卫，永远充军，今逃回；未到官袁林。不合各于不等年月，陆续投入诚意伯府内，拨置生事害人。

又有先经本部广东司问，拟杖罪，未到官许林亦在本府行走。万历十三年(1585)间，有江浦县在官生员叶茂春凭先存，今被刘诚意伯主使鸾等打死。郭宠为中，买到刘诚意伯不在官婿陶乡官庄田一所，至万历十七年(1589)十二月内，叶茂春将田转典与不在官生员胡汝皋，向系不在官韩文学佃种，有问发充军不在官张可敬与韩文学往来，胡汝皋得知，恐生事端，用言嗔阻。张可敬挟恨，潜至刘诚意伯处，用言唆说。胡汝皋承种前田，原是府亲陶宅田地，应归府中。叶茂春假帖谋占，皆听郭宠所为等语，以致刘诚意伯听信，于万历十八年(1590)三月二十七日，辄用朱票差鸾并张可敬及不在官冯贵前去锁拿，郭宠不服。比鸾仗主威势，又不合将郭宠左太阳穴并胸膛各用拳狠打，至本月二十九日，锁带郭宠，来至刘诚意伯府审问。郭宠语言不逊，刘诚意伯喝令。鸾又不合与张可敬逞凶乱，用掌将郭宠左眼眶连左腮颊，及用木棍向伊右额角、右臁肕各打重伤。郭宠被打跪地，致将伊两膝盖跌擦成伤，比鸾复将郭宠左血盆左胳膊、左前肋各打一拳。郭宠被打，叫骂，鸾又将伊右前腿踢讫一脚，随将郭宠墩锁本府厢房内石墩上，有在官送饭妇褚氏见证。后刘诚意伯见得郭宠伤重，于四月初三日黑早，令鸾将郭宠扶出，行至果子行口，跌倒在地，于本月初四日巳时分身死。当有该方不在官总甲李恕，具呈巡视施御史处批，行中城该署印。东城陈兵马行拘间，有郭宠不在官妻陈氏，同不在官男郭勋等来京找寻，方知郭宠身死，随具状投告。该陈兵马吊取江宁县不在官仵作侯礼，相明郭宠前项伤痕审问，陈氏复具通状，告赴广东司。行城连人申解到司，刘诚意伯亦将情词开具手本投部，蒙司审问。改发上元县程知县覆，检尸伤无异。具由解司覆审鸾与张可敬，各又不合隐下刘诚意伯主使情由，不敢实报。致将鸾问拟绞罪，张可敬军罪，具本牒送南京大理寺评，允将鸾监侯听决，张可敬发遣。

讫有在官赵自强、不在官婿卓凤在京开当生理。先年，刘诚意伯将金包巾一个，令不在官家人信喜等向卓凤当去银九两，该本利银十八两，伊止将银十五两赎回，后刘诚意伯诈说："将我包巾换了假的。"捉拿赵自强，拘禁本府，立要原赎银十五两，又复诈银三十两，方将赵自强释放。

讫有六合县东乡塔山塘官田八百五十亩，先年系不在官军民陆锐等八十三家开垦成熟，未及升科，被别卷问结，罢吏李逢时夺佃不遂，投献刘诚意伯，虑恐告争，每家给银七钱八分夺占，诡寄李逢时名下。后南京科道衙门访知，参劾刘诚意伯，拿问革爵前田，节奉钦依，仍归陆锐等执业纳粮。后刘诚意伯复爵，欲夺前田，令别卷问遣家人陶谅等节告抚按江屯各衙门。批应天等府县会勘详允丈量，仍给陆锐等八十三家领种，各给印帖存照，前散工银，于各家名下追还刘诚意伯。

讫又滕松拖欠刘诚意伯柴价银六两，无银赔，还探知不在官亲识孙继宣，与邢太监织造蟒罗一匹，滕松又不合向伊诈说家主要蟒作样织造，孙继宣不识奸计，交与滕松，伊仍又不合吓骗孙继宣铜钱一千文入已，随将蟒罗抵还家主柴价。讫后，孙继宣不甘，具告南京兵科，批行东城曾兵马拘审。比滕松仗主威势，硬执本官，止将滕松问拟，不应杖罪，将蟒罗追出，并原得前钱一千文俱给主收领讫。

鲍周先年事犯庐州府，问发东海守御千户所充军，逃回潜住刘诚意伯家，生事害人。万历二十年(1592)二月二十九日，有先任六合县知县黄梦鸿因去任，行至浦子口地方，天晚，投在官饭店袁半池家。刘诚意伯思伊曾将塌山塘断绝，要得报复前仇，探伊在彼，却令未到官次子刘尚质就不合依听持朱票，带领鲍周并在官家人鲍忠，及在逃倪荣、龚礼、吴禄等多人，各不合依听希图抢财，将袁半池家围住，将铁索要锁黄梦鸿。伊因势众，不敢理辩，刘尚质却又不合将黄梦鸿行李内皮箱打开，胁取银二百两，付与未到官家人胡成不合背回，与刘尚质收讫，鲍忠、袁半池质证。又有先存后病故穆世虎，先年投入客用家使唤后，拖欠伊本银二百两，客用令不在官家人马奉卿具告巡仓察院，批发应天府管粮厅将穆世虎问拟。不应，杖罪追赃，间穆世虎因患伤寒病故，有已故张选系穆世虎妻兄，挟恨客用，具告南京内守备衙门。蒙行司礼监审，虚量责十板发落后，张选亦因风痰病故。在官黄鹤鸣，原任河南临漳县典史，穆世虎、张选为事时，黄鹤鸣在任未回。又有问结龚銮与已故周相并许林，俱在高升名下走动。许林见得高升独用龚銮，就唆周相具告，龚銮包认罪。赎后，许林背约，致周相缢死。事发，巡视衙门参送广东司审检明白，将许林问拟杖罪，追给埋葬银两，文卷见存。

又有在官胡献忠，系徽州府绩溪县人，见今援例南监肄业，住居左邻刘诚意伯。右邻客用，因与刘诚意伯往来，后因借贷不遂，刘诚意伯忿恨成隙，诬以过，付情由，并无证实。

又有已故赵登等，俱系刘诚意伯家人、佃仆，向助为恶，俱各事犯上元等县各监，病故，并无别毙致死。

又有刘诚意伯不在官家人侯汉，向与在官谢良栋取麦争打，侯汉惧怕刘诚意伯责打，远逃，不知去向。有已故张澄，与谢良栋洲界相连，要得夺占不遂，乘侯汉久逃，张澄冒作侯汉兄侯江，捏称谢良栋打死侯汉。虚情具告巡抚衙门，批六合县萧知县审诬问，拟徒罪，哨了差已问结，快手陆见等解押雇船行至镇江七里港，覆舟溺死，止存不在官船户郑河同不知姓名客人告照。

查明又有刘诚意伯问结家人孙守礼，忿在官朱义，先为张澄证人，当官质证，冒诬捉拿，朱义诈银三两，朱义不在官兄朱仁，具告巡江衙门。批县审将孙守礼问拟徒罪，详发棠邑驿，摆站未满。

又有仪真县刘塘四千余亩，县志明载坐落方山，地方积水，专资仪真一县、龙江左等三卫军民灌田输纳赋税。先年已故杨林开种，事发，抚按衙门、行应天扬州二府勘实，将袁林等拟罪，立有碑碣。后有致仕、不在官韩副使图谋开垦，被在官杨禄告发，屯田衙门究禁，有已监故胡佐、陈贵等投献刘诚意伯统领，问遣陶谅等毁碑拆闸，掘堤放水，占为己业。事发科道衙门，会勘明白奏奉，钦依仍听居民积水灌田。

讫先年间刘梧窝住强盗，事犯泰兴县，问拟强盗窝主，斩罪，解详淮扬兵备，道行至中途，脱逃来京，潜住投刘诚意伯家。

又有佘秋芳，因屡犯窃盗，事发无为州，问拟窃盗，三犯绞罪。监候，越狱逃走至京，假充佘解元亲弟，行至三山门，撞遇鲍周，引领到于刘诚意伯家收用，就与刘梧往来。鲍周素知佘秋芳久惯窃盗，要得藉伊局骗人财。刘梧、鲍周随假称刘府失盗，将佘秋芳作为窃盗关锁在家，刘梧、鲍周即到茶府湾在官机兵刘宇、郭淮等家，吓说我府中被贼佘秋芳偷盗银两，今已拿住，供称赃银在你每各家嫖歇费用，若要不究，你可速辏几十两银子，与我主人磕头，饶你送官等语。刘宇等思系娼家，难与辩理，共辏银二十四两付不在官宋淮，交与刘梧、鲍周，送入刘诚意伯接受。

讫又计令不在官家人薛继松引领佘秋芳随带皮箱一只，内藏黄绵紬半匹、褡连一个，假投在官查承业（即查继宗）店内安歇，佘秋芳诈言出外寄放查继宗家去讫。后刘梧、鲍周随向查继宗吓说，佘秋芳是强盗，你如何窝住？即将都督府封条封了皮箱、褡连，要索银二十两，方饶。查继宗不甘，将皮箱绵紬首赴中城，仍具状告赴操江衙门。批送应天府理刑厅，审出前情，将刘梧仍问拟强盗窝，主斩罪；佘秋芳窃盗三犯，绞罪。鲍周引逃军事例，改发边卫充军，呈详本院监候。

讫万历二十一年(1593)七月二十七日，有在官乐工徐承绍将在官使女徐氏卖与已故王升为妻，得受财礼银十三两。王升就带徐氏在于刘诚意伯府内上厨工活，后王升病故，刘诚意伯合令徐氏出府。为是，反差在官潘五与未到官祝奉，各不合承票行拘徐承绍，追要原得徐氏财礼银两。徐承绍惧怕，只得将银五两交与潘五并祝奉。各又不合送与刘诚意伯收讫，批照存证后，刘诚意伯又勒取徐氏银三两，方将伊放出另住。至十一月二十二日，有在官乐工顾春桥，先因雇未到官邓成佣工懒惰，未及三月，算与工钱逐出。邓成就到刘诚意伯家行走，说知来历，刘诚意伯要得局骗，却令邓成诈说顾春桥欠伊工钱。比邓成就不合，依听开具，禀帖投府，就差潘五并晏诏，各又不合吓拘顾春桥惧怕，将银三两仍托潘五送与刘诚意伯饶免，亦批照存证。潘五又不合骗去银一钱，晏诏又不合骗去香一包，值银三钱，各入已。

万历二十二年(1594)二月，内有在官乐工陈应诏，向会吹打，刘诚意伯差潘五并晏诏拘唤，教伊家人吹打，陈应诏因病难教，不敢回话，只得将银三两央未到官家人周宋、魏隆，各不合过送与刘诚意伯收讫。潘五与祝奉，各又不合共骗陈应诏银五钱。又徐宾在于上新河地方相遇在官季奉，知伊有女，要得诱骗，又不合诈说，我要寻个女子恩养，季奉不识奸计，说称我有女季三女，就与徐宾寄名恩养。后季奉知得徐宾素假刘诚意伯势要害人，要将女讨回，比徐宾又不合生奸思，起季奉原欠伊粪银三钱，该利银一钱五分，要将女准还季奉。不允。至本年三月内，徐宾将女转送与鲍凤收养讫，鲍凤恐季奉具告，却就教唆徐宾具告刘诚意伯处，径与准理，随出朱票，当差鲍凤行拘到府。鲍凤与徐宾将季奉制缚在家，勒认得过财礼银一两二钱。鲍凤又不合拨置刘诚意伯径行出票，差不在官戴文敬押季奉追银。季奉不甘，将情具告巡视京城林御史，准拘。间鲍凤又不合躲避不出牌，行西城挨拿，刘诚意伯又捏手本，投至南京都察院，希图挟制。问官后，西城缉获鲍凤等。呈解林御史，批仰该城会同东南二城掌印官查照律例，议拟参送。随该本城会同东城陈兵马、南城王兵马提取徐宾等到官，会审明白，具供呈详，批城参送前来究审。间又该林御史访知刘诚意伯前项违法事情，具本参题，及该刘世延奏前事，俱奉钦依该部备咨，到部送司，行提各犯审问。间比鸾方才诉称郭宠身死，屈直有主在上等情具诉，并提吊各项文卷，公同查验。

会审前情明白，除刘梧、佘秋芳、鲍周罪名，仍送应天府理刑厅，查照原卷，监候追赃归结。及行查洋山湖田地据，上元县回称并无前项田地。又查黄知县娶部民戴汴女为妾，今据东城准仪真县回称，并无戴汴名字。无凭拘证，各申报前。来致蒙会，看得刘世延性甚贪婪，志尤狂悖，不念朝廷法外之曲宥，愈长恶而不悛，顿忘累代延赏之洪，恩益肆行，而无忌惮。县令黄梦鸿之持平，则纵子攫金于去官，与白昼抢夺者何异？吞儒生叶茂春之血产，则立毙无辜，于棰楚与操刃杀人者同科。余秋芳等剧盗也，用为爪牙，而索诈乐工富户，鸡犬一空。鲍周等军犯也，托为腹心，而诓害市酤小民烟火尽绝，为一金裹头，而典铺之白偿三倍，赵自强之泣诉，堪怜。为一季奉女而积算之，遗害多端。鲍凤之凭依，更惨纵积骗之。滕松则借口蟒罗匿久逃之。侯汉则假捏人命，以至塔山等塘节经勘明给民种业，而公然占夺不与。六合等县卷案山积，而犹然挟制多端。以上违犯，皆群小为之翼，而世延之势愈张；皆世延为之主，而群小之横愈甚。即如郭宠之死，有褚氏见打，昝七见伤，俱已口供在官。虽鲍鸾不能为世延讳，而世延执何词以为鲍鸾地乎！不过欲嫁祸于买田之生员，以至问官、言官无不肆口诋诬，可谓无复有天。

究问党恶，及其余事情，勘明具奏定夺。事理未敢擅便，为此具本，专差典吏谢元纪赍捧，谨题请旨。（《勘覆诚意伯刘世延事情疏》，见《方麓集》卷一）

据以家人出名，则合投诉状；据称照详本部，则须系公文。岂有听勘罪人，可以移文六部，又岂有一已辩诉，可以发驿递送。种种玩法，盖踵投揭挟制之故术，而益肆无忌惮矣。本部岂可又受其辞，不正之以法乎？除伊前项奏捏事情已经勘明参奏外，今词合行案，候另议参处施行。（《批诚意伯刘世延投牒》，见《方麓集》卷十一）

官邪既以不止，则颓风波及下贱。彼不得用之小人，因而哄然蜂起。幸边疆之多事，得以负戈徙戎于其间，流言道路，惑乱听闻，而好事者又徙而乐道之，以遂其攻人害成之谋。又有一番罢闲官吏举监生儒如乐新炉之类，藏匿京师，投入势宦衙内，作文写书，四布投递，旋即送入报房，令人抄报传示四方。夫报房，即古之置邮，传命令以达之远近者也，非奉命者不敢抄。今则朝奉疏而夕发抄，不待命下，而已传之四方矣。近日又有刘世延一本论臣及石星与李桢，玩其词，颇不类世延语。因查通政司，并无有副本，乃知憸邪小辈假此以诬诋善类，其风岂可倡哉？此朝纲不可不振者四也。刘世延以穷凶极恶之资，肆乱臣贼子之行，中外远近侧目已久。今一旦置之于法，举朝欢欣。然世延之肆恶显而易见，世固有心术险诐，智巧艰深，气焰足以熏灼一时，机权足以笼络众志，坏朝政，而不顾国家之利害者，其肆恶微而难知，此朝纲之不可不振者五也。《勘覆诚意伯刘世廷事情疏》，见《方麓集》[1]卷一，清文渊阁四库全书本）

【笺注】:

[1][明]王樵(1521—1599)撰。此为王樵诗文集。王樵,金坛(今属江苏)人,嘉靖二十六年(1547)进士。历刑部员外郎,迁山东佥事,移疾归。万历初,张居正当国,起补浙江佥事,擢尚宝卿。刘台劾居正,居正乞归,诸曹奏留,樵独请全谏臣以安大臣,居正大恚,出为鸿胪寺卿,后官至右都御史。樵深通经学,多有著述。另著有《周易私录》等。

又据该寺众僧义升等通状告,同前事到部送司,一并呈堂覆审无异。据此看得,该寺赐田管业已二百余年,即相连厂监,亦自帖然,自刘诚意承佃始为僧患,而继之襄府图谋,更甚旧佃。陶富等以祖父相传佃业,费本数百金,而今日取沟鱼,明日索寄埂,为挨身入室之计,而不使得旦暮安生。然犹日所失者微利,得忍犹可忍也。(《金陵梵刹志》[1]卷五十,明万历刻天启印本)

【笺注】:

[1][明]葛寅亮撰。明天启年间,朝廷赐租修南京禅宇,葛寅亮时任南京尚宝司卿,因虑庙宇虽修而载籍无存,无以征信将来,遂搜之荒碑故牒,恭录御制诗文,于天启七年(1627)撰成是书。葛寅亮,钱塘(今浙江杭州)人,万历二十九年(1601)进士。历官湖广提学副使,南京礼部郎中,有政声。另著有《四书湖南讲》。

臣惟国之所尊者君,君令臣共,罔敢有悖焉者,悖则罪,无赦;国之所维者,法明条正,律罔敢有犯焉者,犯则罪,亦无赦。我朝二百年来,中外臣民咸凛凛奉法惟谨,谁敢不钦遵明旨,擅自欺玩,又谁敢逞凶杀人,竟自脱网者?乃今诚意伯刘世延、东宁伯焦梦熊,其罪恶之状,臣目击之,有不容,不直陈于皇上之前者。

夫刘世延,非御史朱吾弼等所参造妖言,以召众肆威虐而杀人者乎?非皇上赫然震怒,两次免死,令其羁禁原籍者乎?乃昨岁忽发牌驰驿,竟赴南都,闻之莫不惊骇。随该浙江巡抚尹应元参奏,人咸以为世延故违明旨,法难再生,乃皇上念系勋裔,复蒙恩宥,仍敕抚按衙门行令本管各官严加钤制,此皇上高厚之恩为世延者,当感激省改,以无负皇上之生成可也。今且久往南京,出门八轿,前呼后拥,如见任然,又复招集亡命,以妒产细故,携铜锤打毁梅世润之门,夤夜围斗,势同劫杀。且事无大小,擅出牌票,拘吓平民,人情日益汹汹。夫世延以前恶状,诸臣备言之,臣无庸再言,即世延近日恶状,臣亦难以枚举。惟是世延以屡旨禁籍之罪人,敢公然抗违不去,堂堂天朝有此臣子乎?即其祖先臣刘基身负元勋,当亦不敢,而世延以区区膏粱,世受国恩,屡次抗违如是,皇上尚可再宽之乎?

惟我皇上宽一世延,而武弁纵恣骄横,相视效尤,遂以杀人为故常,而焦梦熊继其后矣。盖去冬当缉拏妖书之时，随奉有驱逐山人之旨。臣奉南京都察院案验，即出示五城严行之，梦熊乃匿棋士吕应枢于家，未几，将吕应枢殴杀于家矣。彼则推云直宿诿罪，家奴遍递揭帖，饰词杀盗。夫山人类狂傲，难堪取死，当必有说，但以棋客为暴客，则舆论有难掩者。况侯门如海，一人岂敢行劫？借口跳墙九尺焉，能飞度捆缚，至次日之辰就殒，至三日之后都城閧传，甚骇观听，梦熊计无所之，遂将正身总甲贿之逃。光棍火夫，贿其口，支吾展转，莫可端倪。今事尚未明，忽尔夤缘北转矣。嗟嗟杀人如刈乎！草钻官如取之携，法纪荡然，成何景象！今被杀者方饮恨于夜台，而杀人者且扬眉而昼锦，是尚谓有天日乎！

总之，刘世延作俑于前，而焦梦熊踵恶于后也。盖梦熊乃世延甥婿，亲以及亲，既声势之相倚，故恶以济恶，斯杀人之无忌耳。臣忝列言官，职司巡视，为皇上肃清南都，以固根本重地，乃其职掌。今恶勋相继横行，上欺朝廷，下玩法纪，使国家丰镐之地摇抗而不安，臣尚敢问狐狸而含豺狼，以负我皇上之任使耶？

伏乞皇上大奋乾刚，敕下南京内外守备等官，即将刘世延押发回籍禁锢，取彼处该管官员印信收管奏缴。仍乞敕下南京法司将焦梦熊殴死，吕应枢根因审究明白。吕应枢是否为盗，当夜殴杀为何，从公严鞫正法，即使恩例可援，亦当革任投闲，以为勋裔不法者之戒。覆议上，请候旨处分，庶法纪明，而权豪知警跋扈之患可潜消矣。臣无任惶悚待命之至。（李云鹄[1]《参劾两勋裔疏》，见《皇明留台奏议》[2]卷二十权奸类，明万历三十三年刻本）

【笺注】:

[1]李云鹄，河南内乡人，万历四十年(1612)进士。与朱吾弼、萧如松、孙居相皆官南京、四川道御史。迁浙江嘉湖兵巡道副使，不赴。辑有《皇明留台奏议》。

[2][明]朱吾弼、李云鹄、萧如松、孙居相同编。本书取正德(1506—1521)、嘉靖(1522—1566)、隆庆(1567—1572)、万历(1573—1620)间南京御史所上奏疏，分二十门，所载诸疏，四人自撰者为多。

部院之体渐轻……法司议刘世延罪，竟尔留中，主事刘冠南疏入即发。何小臣听而大臣不听，单疏下而公疏不下哉！（张养蒙[1]《论时政疏》，见《明史》卷二百三十五，清文渊阁四库全书本）

【笺注】:

[1]张养蒙(？—1604)，泽州(今山西晋城)人，万历五年(1577)进士。历官吏科左给事中、左副都御史、户部右侍郎。少有才名，明习天下事。居言官，慷慨好建白。二十四年(1596)极谏时政阙失。次年，复上疏劝戒好逸、好疑、好胜、好货等。时朝鲜有战事，命他督

饷。被弹劾，罢归，卒于家。天启初，赐谥毅敏。

20. 刘世懋(十一世派孙)

明隆庆三年(1569)，知府黄扆奉巡抚张翀檄度地筑城，周围二百丈有奇，高一丈二尺，广七尺。为门三，曰迎阳、平成、丰阜，各覆以楼，北无门，亦立一台，覆以楼。南城旧有民塘，浚以为池。万历五年(1577)，巡抚江一麟增拓其制。十年(1582)，水圮，知县刘世懋重修。崇祯十五年，知县邝贤祯增加城堞。(《雍正江西通志》卷六，清文渊阁四库全书本)

定南县署，在南门内。明隆庆庚午(1570)，都御史殷从俭檄、知府黄扆、知县陈澜创建，堂后为县廨，左为来薰亭。万历五年(1577)，知县邹兆阳建。万历十一年(1583)，知县章莹复葺颜堂，曰"近民"，后堂曰"敬简"，又于后隙地移建书室三楹，川堂左为库楼，正厅右为幕厅，额曰"赞政"，堂两翼吏舍凡六，前为仪门，又左为宿风房，右为架阁，库头门有谯楼。万历九年(1581)，知县刘世懋铸铜钟其上。(《雍正江西通志》卷二十，清文渊阁四库全书本)

(1580年)夏六月，龙川猴岭贼鲍时秀叛，知县刘世懋立四隘兵御之。(《雍正江西通志》卷三十二，清文渊阁四库全书本)

刘世懋，浙江青田人……以上琼州府通判。(《雍正广东通志》卷二十七，清文渊阁四库全书本)

十九年(1591)，琼山居碌等峒黎叛，通判刘世懋招抚，悉平，诏赐抚黎印，得便宜经略。(《雍正广东通志》卷五十七，清文渊阁四库全书本)

刘世懋，字田昭，派子。秀颖醇雅，尤工翰墨。由隆庆恩贡授定南令。地近猺俗，为创学丈填，百度维新。再补通道令。岁饥，出粟赈贷，氏赖以安，粤民就哺者，一体抚恤，全活甚众。擢琼州别驾，奉檄征黎，不妄杀戮，洞蛮宾服。以犯瘴疠乞归，逍遥林下，以寿终。有《莲城诗稿》藏于家。[1](《南田山志》卷五，文成县政协学习文史委2008年版)

【笺注】:

[1]刘耀东原注:"(见)《(青田)县志·宦进》。"

21. 刘世学(十一世孙)

奸人刘世学者，诚意伯刘荩臣从祖也，疏诋顾宪成，起元愤力斥其谬，荩臣遂讦起元，益诋宪成。起元再疏极论，其同官翟凤翀、余懋衡、徐良彦、魏云中、李邦

华、王时熙、潘之祥亦交章论列，且下令捕世学，世学遂逃去。(《明史》卷二百四十五，清文渊阁四库全书本)

勋臣刘世学，盗擅国柄，冢宰赵焕迫逐。总宪孙玮请法祖制用人，正官方，收真材，杜幸门，直声大震。(《学余堂文集》[1]卷十六，清文渊阁四库全书本)

【笺注】:

[1][清]施闰章(1618—1683)撰。施闰章，安徽宣城人，顺治六年(1649)进士。任刑部主事、湖西道参议。康熙时举博学鸿词。官至侍读。另著有《试院冰渊》《青原志略补辑》《矩斋杂记》《蠖斋诗话》。

刘世学，字少白，世延从弟。性聪敏，力学敦行，善吟咏，尤精翰墨。自邑徙毗陵，母没，庐墓如素，终身为白下诸名公所重。寓京邸三十余年，声利之场一无所染，讲学论道，荐绅先生，多折节下之。[1](《南田山志》卷五，文成县政协学习文史委 2008 年版)

【笺注】:

[1]刘耀东原注："(见)《(青田)县志・文学》。"

---

22. 刘尚文

族女二，长适刘诚意伯子尚文。(《王母饶孺人墓志铭》，见《赵文懿公文集》[1]卷三，明崇祯赵世溥刻本)

【笺注】:

[1][明]赵志皋(1524—1601)撰。赵志皋，兰溪(今属浙江)人，隆庆二年(1568)进士。授编修。万历十九年(1591)，进礼部尚书兼东阁大学士，入参机务。历晋太子太保、文渊阁大学士，少保兼太子太保、户部尚书。二十二年(1594)，任内阁首辅。诏赠太傅，谥文懿。著有《灵洞山房集》等。

---

23. 刘楷(裔孙)

刘楷，字行修，诚意伯裔孙。父坚庭，官济南知府，有政声。楷家居，率诸弟躬耕，以事祖母，暇则课诸弟躬耕。曰："世乱方殷，我侪读书，当以明理致用为先，毋徒事呫毕为也。"未几，流寇犯山东，京师戒严，楷以家事属诸弟，赴济南省父，道途阻隔，饥不得食，则拾田间苦菜生食之，掬山泉以代茶，首尾二十五日，始至郡。门阖，不得入，守者询知为太守子，乃启关纳之。至则见父坐，堂皇方与僚属计事，父见楷至，悲喜交集。时警报频至，贼骑自北下，离郡不百里，坚庭与总兵某各领兵千人，离城三十里，东西立为犄角势。楷事母，居城中，取民之少壮者，编为义兵，责以大义，昼夜训练，旬日间成一劲旅。贼分兵二路进围东西二营，内外援俱绝。楷率民兵登城守御，立风雪中，楷率民兵，登城守御，立风雪中，手足冰僵，不以为苦。次日，总兵死于阵西，营兵溃。贼并力攻东营，坚庭方与贼相持，忽报总兵死，贼合力战益急，身中七矢，遂死。时楷登陴西，望见西营队伍乱，马首向东，趋如潮涌。俄见东营火起，呼声撼山岳，帅旗忽倒地。楷哭失声，曰："吾父休矣！"返衙取印绶交郡佐，曰："朝廷符命不可污贼人手。"乃厉马欲出，众止之。楷曰："父仇不报，非夫也。吾有母在，未敢死，此去其夺父尸归耳。"众请往。曰："不可。诸君去，城谁与守？我不幸战没，以老母累诸君矣。"挟长刃挥门者启钥疾驰去，有五十人，各携利刃以从，楷勿知也。贼既连获胜仗，气骄意懈。是时方解甲造饭，欲乘锐气，明日攻城。束总兵、太守尸于巨竿，楷遥见，即勒手下士分为两队，由前后杀入，另以四负尸先驱，既至敌营，大呼驰入。贼不及备，自相践踏，死者无数。追不及尸，既归，适楷仲弟至。楷曰："吾志遂矣。"命弟护榇及母返里。临行，楷送之城外，拜且泣曰："儿留此杀贼，竟父志也。"遂别。贼慑楷智勇，不敢逼，乃退二十里营焉。已闻烈皇殉国，北军入京师。楷登城楼北望，痛哭竟日，令于众曰："怯死者，徙而居；畏敌者，弃而戈。吾不强人所难也。"未几，北军逐贼南下，使之招降，不报其帅，以健卒三千人薄城下，攻三昼夜，不克。会城中食尽，楷乃与郡佐约曰："存亡在此一举。战而胜，国之福也；败则君速开门降，使北军知前此抗拒在某一人，合城生灵无与也。"言已，率平日训练之士千人，开门迎敌。两军既交，楷部下士无不激昂勇斗。敌师登高望，久之叹曰："不图斯地，有此健儿。"乃益军、将。楷左冲右突，视部下人渐尽，已而身亦中剑，左右仅二十余人，知事不可为，勒马仰天大恸。敌军围之数重，不得逸。左右劝冲出归浙，徐图后举。楷叹曰："国亡家破，吾将焉归？"举刀直扑敌军，马忽中矢倒地。北军竞前，欲生致之。楷跃起，大呼曰："死当为厉鬼杀丑虏！"遂自刎其颈。二十余人见楷死，皆自尽以殉，无一降者。（《南田山志》卷五[1]，文成县政协学习文史委 2008 年版）

【笺注】:

［1］刘耀东原注："见《明季遗闻》。"《明季遗闻》，记述明末清初历史的史书，清人邹漪著。邹漪，江苏无锡人，生活于明清易代之际。

24. 刘孔昭(十四世孙)

诚意伯刘孔昭①獧巧机辨,见事风生。先帝召对,泣陈文臣操江掣肘之害,遂停都御史高倬,专任孔昭操江。孔昭故善阮大铖,又给事李沾邻巷通好。先是,镇远侯顾肇迹操江,为沾所劾,及肇迹内召,特郊饯谢日者:"弹文非我意也。"总宪张藐山因薄之。南渡初,张改冢宰,奉诏言逆案,置勿用。大铖废久,觊环召计沮,嗾孔昭拉勋臣廷攻冢宰。先一日,饮勋臣,立约,凌晨早朝,孔昭诉张某奸欺,专石文臣,灵璧侯汤国祚、忻城伯赵之龙和之,余无对,自是冢②宰四疏乞休。上虽知简在首臣,无能留也。文臣畸轻,孔昭畸重,权行荐绅中,马士英不敢抗谋入相,不甘右列,以抚宁侯朱国弼及忻城并觊相而止。明年,荐兵部右侍郎德清蔡奕琛入相,南渡之祸,始于诚意,溃于士英、大铖。刘伯温尝云:"传十三世,有变故。"孔昭求改相以厌之,竟不果。(《勋臣跋扈》,见《枣林杂俎》[1]仁集,清抄本)

【笺注】:

[1][明]谈迁(1594—1658)撰。是书为作者避兵祸,隐居枣林期间,辑时人杂谈而成。其中《金陵对泣录》《东宫》二篇录明代亡国实况,具有较高史料价值。谈迁,见前注。

(1644年)十二月二十二日丙子,禁书坊不许行《五陵注略》。杨士聪曰:"《五陵注略》者,许生重熙之所撰也。持论颇异,如叶福清之谥忠似谬,方德清之谥正似丑,朝论嗤之。至言刘伯温拜渡江勋旧袭封,出乡人③推戴,前人已有言之。孔昭一见大怒,适温相忌倪元璐,恐其入阁,孔昭遂以倪锢妻事与许并股作疏,意重在许,欲开大狱。上不允,亲票旨放归,许之书遂播行。"(《五陵注略》,见《明季南略》[1]卷五,清抄本)

【笺注】:

[1][清]计六奇(1622—1687)撰。记载明万历至崇祯时期北方地区史实的史书。计六奇,见前注。

毅宗及烈皇后周氏两殉国,并葬田贵妃墓草草,墓在昌平翠华山。乙酉(1645),原礼部尚书李明□将事。崇祯初年,遍求天寿,无吉壤。至十三年

① 原文为"照",从后文及通见史料改。

② 原文为"冢",从文意及上下文改。

③ 原文有"人",疑衍字,删。

(1640)，始召刘诚意孔昭及张真人甲协视地，得蓟州凤台山，云地善，而难得治陵起工之吉。吉在甲申以后，不及事。(后为董贵妃葬处。)(《罪惟录》志卷之十六，四部丛刊三编景手稿本)

(1544年十二月)丁巳，进诚意伯刘孔昭、东平伯刘泽清皆为侯，加监军佥事，张文光太仆寺少卿。(《南渡录》[1]卷四，清钞本)

【笺注】:

[1][明]李清(1602—1683)撰。本书为记载南明弘光朝史事的笔记史料，李清在大理寺左丞任上，对弘光朝的诏谕章奏，都亲为简料。书中所载奏疏及当时的朝臣言行，均有较高史料价值，作者持论平允，较少门户之见，在党争倾轧的当时，能就事论事，不以恩怨而异同其间，因此熟悉南朝史的杨凤苞称此书："记载核而不诬，褒贬公而不谬。"李清，南直隶兴化(今江苏兴化)人。崇祯四年(1631)进士，历任刑科、吏科、工科给事中，弘光时官至大理寺左丞。明亡不仕，隐居松江，后归兴化家乡枣园，屡征不起，杜门著述自娱以终。另著有《三垣笔记》等。

(1544年十二月)癸酉，准内臣冯朝进移荫甥男，诚意伯刘孔昭再疏辞侯爵，允之。时文武大臣自士英、国弼以下咸口矜定策功，惟孔昭泣缴成命，时论贤之。后亡命入海，不知所终。(《南渡录》卷四，清抄本)

(1545年三月)甲午，北兵至大教场，北营城外文武官俱迎降，吏部尚书张捷、刑部尚书高倬、左副都御史杨维垣、礼部主事黄端伯、户部主事吴嘉胤、中书龚廷祥皆死之。

时刘良佐兵方肆掠城外，望北兵至，倒戈降，慑伏不敢动。文臣钱谦益、梁云构、张孙振、刘光斗、宗灏等五人，武臣赵之龙先迎，后皆续往。时兵部侍郎李乔、大理少卿姚思孝已薙发为僧，之龙亦勒之出，同谒豫王，赐食饮，席地啖。之龙，靖难功臣赵彝后，至是，首启门降。诚意伯刘孔昭独率麾下兵先斩关出走，豫王勒各官具花名手本，画卯不到者，搜捕，咸加皮鞭。点名，两大学士王铎、蔡奕琛也。惟维垣先命二妾投水，一妾从之，一妾不从，狂走，命追执之，亦沉井，正衣冠，自缢。端伯安坐私寓，不报名，兵至，先执其妾面捶之，端伯仿然不视，曰："杀即杀，誓不投谒。"被杀。嘉胤已奉差出都，闻北兵渡江，复回车，寓城外僧寺，上书求复明社稷，屡请不违。及书上命，二仆携冠带至南门外方文正公祠前整冠四拜，缢于树，一仆欲解救之，一仆曰："不如令主人尽节。"遂死。廷祥遗书与子，誓不事二君，又引马世奇、刘理顺两师死节自励，谆谆以老母为念，言不及私，遂投武定桥下死。捷初闻变，拟积薪自焚，已不遂，复走，缢鸡鸣寺。倬以北豫王将入京，左右侍即约倬出迎，不从，缢于寓。徽州监生吴可箕题诗明志，亦自缢。某鸿胪不缴印，为苍头所首，见杀。一丐者题诗鸡鸣寺，自缢死。（《南渡录》卷五，清抄本）

诚意伯应袭嫡嗣曰莱臣，以幼，为庶兄荩臣借袭。荩臣死，子孔昭复冒之。会大学士温体仁与同官文震孟、何吾驺构难，既计，逐文何，复以倪元璐为二相，臭味属在，廷论劾，莫有应者。孔昭曾参户部尚书，侯恂媚温，度可用，乃以京营总督缺诱之，遂疏论嫡妻陈氏现存，而宠妾王氏紊制冒封。章下，所司看议倪前妻陈有故而去，再娶王，亦名家女，实非妾，然竟坐冠带闲住。有许重熙者纂《五陵注略》，偶达帝览，颇见称赏。中有讥贬诚意伯袭爵语，孔昭闻而惧，疏并及焉，温拟旨下法司穷治，帝不允，仅著斥革。后温图报不能得京营，特复武操江以偿孔昭。既为操江，遂捕莱臣，毙之狱。荩臣母莫巧云，本出婢，宏光窃号时，冒请赠伯夫人，莱臣母胡氏出揭讼，孔昭并缢杀之。孔昭在金陵，恃翼戴功，数言事横甚，又与马士英比，淆乱是非，荐阮大铖、田仰，排击吴甡、郑三俊、刘宗周、黄道周诸君子，致大学士高宏图、吏部尚书张慎言不安其位而去金陵，旋失。孔昭自太平掠舟，顺流而东，江行入常熟，诡言起义，停劫一县白粮，满载入海。

诚意伯有此孙，在家行篡逆，在国那肯为纯臣？出身不正难自保，鹰犬倚附权奸门。权奸者谁居政府？依稀记得乌程温。啗以京营使弹射，翦除异已如决藩。《五陵注》出何人手，煌煌大义《春秋》存。乙夜览观偶称善，罗织并及防祸源。权奸相为持甚力，遂令史才逸笔几被秦坑燔。呜呼同恶相求若市贾，京营不得，特复操江武备酬前言，操江势熏灼赫赫，何宣宣！翼戴更新主，再怙君王恩，恃宠争权数言事，朝野侧目声还吞。弑叔不已弑祖母，天地翻覆日月昏。颠倒是非章屡上，罪大恶极难具论。诚意伯曷不念尔祖，开国勋贻误国贼。泉台不畏神灵怒，国亡家破身顾全。劫掠千艘盛楼橹，江行入海何所终？漂泊终为亡国卤，幸教白骨不归来，免污青田山下土。（《诚意伯》，见《茨村咏史新乐府》[1]卷上，清诸暨郭云学种花庄刻本）

【笺注】：

[1][清]胡介祉(1659—?)撰。胡介祉，直隶宛平（今属北京）人，先世居浙江山阴（今绍兴）。父胡兆龙为顺治朝部院大臣，介祉以荫生历官河南按察使。康熙三十四年(1695)罢官。另著有《谷园诗集》等。

《明史·功臣世表》："孔昭，刘基十三世孙，天启三年(1623)袭封诚意伯。"（《钦定四库全书总目》卷一百十，清文渊阁四库全书本）

25. 刘永锡(十五世孙)

(徐)宏基有从子曰仁爵,从鲁王于台州,王监国绍兴,以功封定南伯,江上师溃,扈王入海,丙申(1656),偕张名振攻崇明,战于海岛,败绩,与刘永锡同日死。永锡世称"郁离公子",文成十五世孙,孔昭子也,死时年十七。(《秋室集》[1]卷二文,清光绪十一年陆心源刻本)

【笺注】:

[1][清]杨凤苞(1754—1816)撰。杨凤苞,归安(今浙江湖州)人,嘉庆诸生。少即以《西湖秋柳词》名于时。诗初学李商隐,后出入于朱彝尊、厉鹗之间。经学、小学皆有根底,尤熟谙明末史事。与汪家禧、严元照以高才受知于阮元,尝参与纂《经籍纂诂》。另著有《秋室诗录》等。

(1656年)八月戊戌,渡横水洋,明总督陈六御、荡湖伯阮骏①进迎战,不利。辛丑,进以舟师扼横水洋,忽南风大发,王师张两翼薄之,进大舟,胶浅不得脱,与部将刘永锡赴水死。永锡,明诚意伯之裔孙,时所称"郁离公子"者也。六御及降将张宏德往救,不及,自刎死。(《明通鉴》坿编卷六,清同治刻本)

(朱)成功令其戎政司马陈六斌、都督程应璠率兵次平阳,攻崇明,战败,志倬、仁爵俱廷之,旋犯吴淞,掠战船二百。(考曰:《佚史摭遗》谓崇明之败,郁离公子刘永锡与仁爵同日死,按江光复航海遗闻,永锡死于丙申八月舟山之失,岂仁爵亦死于舟山乎?姑两存之。)(《小腆纪年附考》[1]卷十八,清咸丰十一年刻本)

【笺注】:

[1][清]徐鼒(1810—1862)撰。是书为编年体南明史,起崇祯十七年(1644),讫永历三十七年(康熙二十二年,1683)。道光三十年(1850),徐鼒任职清史馆期间,参考南明史书六十二种,并搜集各省府县志及各家诗文集中有关资料,不局限于一时一地,凡传闻互异者,皆作附考,记于正文之下。有须发明者,则系以论断。徐鼒,六合(今属江苏南京)人,道光二十五年(1845)进士。改翰林院庶吉士,授检讨。历官福建延平府知府。徐鼒博学通经史,撰述颇富,另著有《未灰斋文集》等。

是月十六日夜,三鼓,我师开水部门,绕鼓山而出,天明鸣螺喊杀,城上发大炮,伏兵齐起,(朱)成功诸营出不意,抛弃旗帜器械下船,乘潮解碇,退屯闽安,我

① 原文无"骏",从《小腆纪年附考》卷十八等补。

大清兵复取舟山。明守将英义伯阮骏（考曰：《东华录·贰臣传》无作阮骏）、总督陈六御、总兵张晋爵、太常卿陈九征、副使俞师范、诚意伯裔孙刘永锡皆死之。（《小腆纪年附考》卷十八，清咸丰十一年刻本）

（1656年）八月，我大清兵复取舟山，守将鲁英义伯阮骏、总督陈六御、总兵张晋爵、太常卿陈九征、副使俞师范、诚意伯裔孙刘永锡皆死之。（《小腆纪传》[1]卷五纪第五，清光绪金陵刻本）

【笺注】:

[1][清]徐鼒（1810—1862）撰。徐鼒晚年就《小腆纪年附考》同时期的各个人物编成本书，未完稿即病死，其子承礼整理补订成书。徐鼒，见前注。

刘永锡，诚意伯孔昭子，世所称"郁离公子"也。南都亡，孔昭以所部操江兵斩关奔太平，寻入海。癸巳（1653）甲午，张名振再以舟师入长江，掠瓜洲，抵仪征，登金山，望祭孝陵。孔昭偕永锡以其军会。丙申（1656）八月，王师复攻舟山，永锡随英义伯阮骏御之横水洋、金塘间，风发舟胶，投水死。论者谓其能干蛊云。孔昭自有传。（《小腆纪传》[1]卷二十列传第十三，清光绪金陵刻本）

【笺注】:

[1][清]徐鼒（1810—1862）撰。徐鼒，见前注。

26. 清代刘基后裔

（康熙）八年己酉（1669），十六岁，客游滇南。先生访亲时，遇刘先生某，卜之得吉。刘为前朝诚意伯耳孙，年六十未娶，其所聘妇五十余矣，从其母弟，守志滇南，至是始通音问。刘将就婚滇南，欲挈先生作伴，先生亦欲以少壮周览天下名山大川，遂从之，至西南极边，望点苍、大雪诸山之胜。（《铁庐集》[1]卷首，清文渊阁四库全书本）

【笺注】:

[1][清]潘天成（1654—1727）撰。潘天成，江南溧阳（今属江苏常州）人。年十三，遇家难，父母挈子女出避仇。家贫，行商养亲。从学于荆溪汤之锜，游学桐城，充安庆府学生。著有《铁庐集》。

(姜橚,时浙江学政)辄访前代忠臣烈士裔,足之莅湖州,有以温宝忠嫡孙闻者,核再四,曰:"慎无使温体仁家冒得之。"莅处州,有老诸生不克书讫卷者,问之,刘文成公后也,准给顶杭织造,敖雅遇之,淡如。而敖尝对上曰:"一钱不要,一情不听。"盖公好也。(《山西通志》卷一百二十八,清文渊阁四库全书本)

刘延梁,字碧梧,同治初诸生,以方正著称。咸、同之际,郡县相继陷,不逞之徒屡谋窃发,与弟国光力以保全桑为己任,曰:"先文成兄弟,当元季处山中,亦如是也。"丽水王宗诰、宣平曾师孔、松阳詹芳躅、同邑端木百禄避难至,皆主之,而赡其家。子三:凤仪,字来韶,邑增生,内行纯笃,刚介绝俗,尝谓士无出处贵贱,凡事必求于人有济,生平勇于任事,不遗余力,义所不可,虽豪强,不稍假以辞色,论者谓其严气正性,真诚意裔也,诱掖后进,尤出至诚,能文工书,有《醒斋诗文存》二卷;凤章,字成斋,通历算;凤诏,字恩甫,宣统元年(1909)恩贡。皆能世其学。(《南田山志》[1]卷五,文成县政协学习文史委2008年版)

【笺注】:

[1]刘耀东原注:"(据)《(青田)县志》采访录。"

附录:滑寿(传为刘基兄)[1]

元华寿,字伯仁,先世仪真人,侨居余姚……今子孙为余姚人,知府浩是其孙。叶逢春[2]云:"寿盖刘文成基之兄,易姓名为医。文成既贵,尝来劝之仕,不应,留月余而去。"[3](《万历绍兴府志》卷四十九人物志十五,明万历刻本)

【笺注】:

[1]按刘基族谱及刘氏族人言,刘基兄弟三,长兄刘舒,早卒,弟刘升洪武时仕官保安军,则滑寿非刘基亲兄弟审矣。然涉及开国元勋,以叶逢春绍兴知府的身份,其说应有一定的来由,故暂存为刘基先世分派族人。此条言"文成既贵,尝来劝之仕,不应,留月余而去",则刘基在明开国时对滑寿有所照应。刘基在明初对族人颇有关照,以陕西保安军族人为例,清顺治十八年(1661)《保安县志》云:"明诚意伯刘基字伯温,其祖先……保安太平里人……辅明有功,封伯居金陵,招族人至,厚资之。"按,古代兄弟行有时以"字"中的同字显示辈分,刘基字"伯温",刘升字"伯演",而滑寿字"伯仁",似乎也显示了一定的关联性。另外,滑寿最初传记《撄宁生滑寿传》为刘基好友朱右所写(见《国朝献征录》卷七十八),另一个好友宋濂亦有《题滑寿传后》文存(见《宋学士文集》卷第二十九),可见刘基的好友圈对其颇有重视。其孙子任知府,不知有无刘基作为明代文臣符号的科举、人脉连带的原因。存之备考。

[2]有浙江印记的叶逢春如下:《雍正浙江通志》卷一百三十七记载云:"弘治八年(1495)

乙卯科（举人）：叶逢春，淳安人，莒州学政。"《雍正浙江通志》卷一百三十二："嘉靖四十四年乙丑（1565）科范应期榜（进士）：叶逢春，余姚人，郧阳知府。"《雍正江西通志》卷六十二："叶逢春，余姚人，隆庆三年（1569）由乡贡任抚州通判，居官廉静，不为矫激，雅好作兴士类。署乐安县，修复鳌溪书院，清豪民隐占学田三百余亩，士论称之（府志）。"又有海丰、华亭人叶逢春，与《雍正江西通志》载叶逢春所生活的年代前后，见《雍正广东通志》《乾隆江南通志》等。

[3]《百度百科・滑寿》云："滑寿可能是刘基（刘伯温）的哥哥，刘基是明朝开国功臣，曾到余姚看望滑寿，劝其弃医从官，滑寿重视气节，以元朝遗老自居，刘基劝说无效，只好回京。洪武八年四月，刘基病逝，滑寿赋《望卷悲》十章，采办祭祀所需的蒿草赴京奔丧。"然刘基病逝于青田南田（今文成县南田镇）老家，为史所明载，为此说的不符之处。姑存之备考。

按《绍兴府志》叶逢春云："寿盖刘文成基之兄，易姓名为医，文成既贵，尝劝之仕，不应而去，晚自号'撄宁生'。"按朱右撰传云："寿在扬州曰'滑寿'，在苏州曰'伯仁'，在余姚曰'撄宁生'。"（《明史考证攟逸》[1]卷三十四，民国嘉业堂丛书本）

【笺注】：

[1][清]王颂蔚（1848—1895）编集。清官修《明史》，对人名地名颇多改译，对明代史实亦有篡改，王氏为了解其真实情况，于入值枢院时，查出军机值房庋藏之蓝面册、稿本四十余册、正本、系初刊样本，参考《明实录》《明史纪事本末》等书，考订《明史》，多所更正。可补核清官修《明史》及所据《明史》底本所载明史原始资料间差异。王颂蔚，长洲（今属江苏苏州）人，光绪六年（1880）进士。选翰林院庶吉士，散馆改户部候补主事，十三年补军机章京。累迁户部湖广司郎中、记名御史，充方略馆纂修官，兼司总校。廉介敢言，曾弹劾安徽巡抚阿克达春贪污渎职，任工程监督时坚拒馈送。提倡选贤良，讲求实学，并力荐蔡元培。中日甲午战争爆发后，积极考求朝鲜、中国地图，进言献策。另著有《周礼义疏》《写礼庼文集》等。

附录一　交游荐举[1]

【笺注】:

[1]刘基的交游始于元末。明建国后,朱元璋以年少者不通事务,多用荐举,《明史·志第四十五》云:"荐举盛于国初。"洪武时明廷荐举事,《五礼通考》卷一百七十五云:"(洪武)元年(1368),诏起怀才抱德,隐于岩穴之士,遣夏原吉等分行天下,访求贤才……六年(1373),命礼部访求贤士于天下。"刘基元时的交游对象多为其举荐,根据文献,其荐举对象主要集中在两浙、江西(与其生平交游、仕官行迹符合),如王守仁的六世祖王纲、解缙的父亲解开等。作为朝代开创之初的洪武时荐举大臣,一定程度上奠定了有明一代官员的分布版图。

其交往的对象中,文人占据绝大部分,另有禅师、阴阳家、弟子等。

1. 王纲[1]

先生讳守仁,字伯安,姓王氏。其先出晋光禄大夫览之裔,本琅琊人,至曾孙右军将军羲之徙居山阴,又二十三世,迪功郎寿自达溪徙余姚,今遂为余姚人。寿五世孙纲,善鉴人,有文武才,国初诚意伯刘伯温荐为兵部郎中,擢广东参议,死苗难。子彦达,缀羊革裹尸归,是为先生五世祖。御史郭纯上其事于朝庙,祀增城。(钱德洪[2]《阳明先生年谱》,明嘉靖四十三年毛汝麒刻本)

【笺注】:

[1]王守仁六世祖。

[2]钱德洪(1496—1574),余姚(今属浙江)人,王守仁弟子,嘉靖十一年(1532)进士,累官刑部郎中,因郭勋论死一案获罪,下狱,斥为民。隆庆间,进阶朝列大夫,万历嗣位,复进一阶。

王纲,字性常,一字德常,弟秉常、敬常,并以文学知名。性常尤善识鉴,有文武长才,少与永嘉高则诚、族人元章相友善,往来山水间,时人莫测也。元末尝奉母避兵五泄山中,有道士夜投宿,性常异其气貌,礼敬之曰:"君必有道者,愿闻姓字。"道士曰:"吾终南隐士赵缘督也。"与语达旦,因授以筮法,且为性常筮之,曰:"公后当有名世者矣。然公不克终牖下,今能从吾出游乎?"性常以母老,有难色,道士笑曰:“公俗缘未断,吾固知之。”遂去。诚意伯刘伯温微时常造焉,性常谓之曰:“子真王佐才,然貌微不称其心,宜厚施而薄受之。老夫性在丘壑,异时得志,幸勿以世缘见累,则善矣。”后伯温竟荐性常于朝。洪武四年(1371),以文学征至京师,时性常年已七十,而齿发精神如少壮,上问而异之,亲策治道,嘉悦其对,拜兵部郎中。未几,潮民弗靖,遂擢广东参议,往督兵粮,谓所亲曰:“吾命尽兹行乎。”致书与家人诀,携其子彦达以行。至则单舸往谕潮民,感悦,咸叩首服罪,威信大张。回至增城,遇海寇曹真,窃发鼓噪,突至截舟罗拜,愿得性常为帅。性常谕以逆顺祸福,不从,则厉声叱骂之,遂共扶舁之,而去贼为坛坐性常,日罗拜,请不已,性常亦骂不绝声,遂遇害。时彦达亦随入贼中,从旁哭骂求死,贼欲并杀之,其酋曰:“父忠而子孝,杀之不祥。”与之食,不顾。贼悯其诚孝容,令缀羊革裹尸,负之而出得归,葬禾山。洪武二十四年(1391),御史郭纯始备上其事,得立庙死所,录用彦达,痛父以忠死,力耕养母,粗衣恶食,终其身不仕。性常之没,彦达时年十六云。(张壹民《王性常先生传》,见《王文成公全书》卷三十七,清文渊阁四库全书本)

王纲字性常,余姚人。有文武才,善刘基,常语曰:“老夫乐山林,异时得志,勿以世缘累我。”洪武四年(1371),以基荐,征至京师,年七十,齿发神色如少壮。太祖异之,策以治道,擢兵部郎。潮民弗靖,除广东参议,督兵饷,叹曰:“吾命尽此矣。”以书诀家人,携子彦达行。单舸往谕,潮民叩首服罪,还抵增城,遇海寇曹真截舟,罗拜,愿得为帅。纲谕以祸福,不从,则奋骂,贼舁之去,为坛坐纲,日拜请。纲骂不绝声,遂遇害。彦达年十六,骂贼求死,欲并杀之。其酋曰:“父忠子孝,杀之不祥。”与之食,不顾,令缀羊革裹父尸而出。御史郭纯以闻,诏立庙死所。彦达以荫得官,痛父,终身不仕。(《明史》卷二百八十九,清文渊阁四库全书本)

2. 解开[1]

(解开)……国初李宣公、刘伯温等皆荐,召至京师,固辞归,处环堵三十余年,上数召至赐劳,加厚常御华盖殿,问所以教朕者。对曰:“明德慎罚。”上甚嘉纳之,令缙侍还,年几九十矣。(《显考筠涧公传赞》,见《文毅集》[1]卷十一,清文渊阁四库全书本)

【笺注】:

[1]《雍正江西通志》卷七十:“解开,字开元,吉水(今属江西)人,学士缙之父……吉水文学之盛,自开始。学者称筠涧先生。著有《书解文集》若干卷。”

[2][明]解缙(1369—1415)撰。解缙,江西吉水人,洪武二十一年(1388)进士。授中书庶吉士,尝草疏万言指斥时政,帝称其才。燕王即位,擢侍读,命与黄淮、杨士奇等入直文渊阁,参预机务,累进翰林学士兼右春坊大学士。曾主持编修《永乐大典》,为世所重。后为李至刚等牵连,下狱被杀。

3. 任元礼

(任辰旦)世居萧山东门外。近祖元礼,当元明之际,豁达有大志,尝破产任侠,结天下豪士,天下豪士争归之。会青田刘基以行军参谋受浙江行省左丞铁里帖木尔之聘,征海丧师,乃奉其母遁萧山,而自投劾去,遂与元礼订刎颈交。一时名贤,阴以舍养来从游者,如东阳王祎、河东张翥、西江揭傒斯、东嘉高明、临川危太朴,皆前后相过。及高帝龙兴,始幡然退耕于野,辞诸路辟,召散其财,以济难民,难民称之为"长者任氏"。(《大理寺寺丞前兵科掌印给事中任君行状》,见《西河集》卷一百十二,清文渊阁四库全书本)

元明间贤哲代起,一时父子兄弟若松坡、东皋辈,皆以明经进士显于时。凡海内闻人,争先结纳,若所传河东张翥、金华黄潜、宣州贡斯泰、南阳乃贤、临川危大朴、东阳王祎①、余干董朝宗、青田刘基、上元杨融、西江揭傒斯、广平程巨夫、东嘉高明,不下数十辈,皆当代名臣伟儒,能不远千里并过萧山与之游,车毂所至,使市桥左右庐舍皆满。(《包氏族谱序》,见《西河集》卷三十八,清文渊阁四库全书本)

予从澹生孝廉观其所藏先人元礼公与故明刘诚意往来寓复,并诚意投赠卷子,深叹元礼公以处士被元、明诸路辟召,掉臂不出,矫然超于物,乃独偕天下豪俊、一时应运从龙之彦,周旋起居,意气缜密,此其声实必有大超于伦类在也。抑又叹前人所贻,后人守之为不易。而是家独完葆之甚善,迄观青嵎所藏卷,则益验元公之贤与后人之能,世守均可念矣。卷列青田札记及学士苏伯衡、助教张经诸跋,按其语,微与史忤。似青田当至正癸巳(1353),本以行军参谋应江浙行省左丞特哩特穆尔之辟,征海丧师,遂自投劾,奉其太夫人避越,止元礼庐,是札其既去之谢也。又一札,有奉别两载,山寇渐平诸语,则又在至正丙申(1356),青田复受江浙丞相达实特穆尔之聘,谕其乡青田、遂昌、缙云诸寇,迟久未效,而是年枢密诸使将加之兵,故云云。则意古来命世者,当未遇时其初,无一定,而与物浮沉若此,况乎以庸才而当季世之艰难者乎?然则时未可为,而责处者,以有为不

① 原文为"袆",从通行明初人物名改之。

可也。闻任氏《尚藏山堂记》稿，今《青田集》所载《萧山任氏山堂记》是也。又有《送元礼东归序》稿，似从龙后招元礼京师，将予之官，而元礼复掉臂归，其卷有高启、王伟诸公送诗，予乡时曾见之。至乎画《长江风雨图》，题其端以赠元礼，则予未见也。名家卷轴，守有三难，兵革、燥湿、捃摭不预一，友朋爱好传观、漫漶二，彼我分拆、渐至零落三。以前二难，则任氏所知也，至于三难，则一家数藏，恐或不免为语。孝廉其亦合并而传于勿替，可矣。同里后学毛甡谨记。(《任氏家藏刘诚意札记卷子书后》，见《西河集》卷六十一，清文渊阁四库全书本)

4. 彭泽[1]朱氏

朱氏世家，兹境代有名贤，国初时刘伯温、宋景濂辈咸相过从，品题藉甚。(《重葺黄花涧记》，见《程文恭公遗稿》[2]卷十一，明万历十二年程光裕刻本)

【笺注】:

[1]根据文中描述的陶渊明《归去来兮》赋中“三径”“黄花”意象、“自元亮逝而花谢”，以及刘基的江西为官经历，朱氏应居于彭泽(今江西彭泽)。

[2][明]程文德(1497—1559)撰。程文德，永康(今属浙江)人，嘉靖八年(1529)榜眼。授翰林编修。坐杨名弹劾汪鋐事，贬信宜典史。后历南京国子祭酒、礼部右侍郎、吏部左侍郎。撰青词，颇有规讽，帝衔恨，命调外任。疏辞，帝以为谤讪，遂除名归，聚生讲学。万历间，追赠礼部尚书，谥文恭。另著有《松溪集》。

---

5. 赵缘督

赵缘督，德兴人，宋宗室子，称缘督先生。少习天官遁甲，一日于芝山酒肆逢修眉方瞳者索酒，酣饮出丹书授之，别去。问姓名，曰:“我扶风石得之也。”自是，游东南海山，注《周易》数万言，傅文懿独推许之。尝乘青骡往来饶、信、衢、婺间，旅费自给，所止多在陇邱。宋濂、刘基咸与之游。洪武初坐化，葬龙游鸡鸣山后。所著有《仙佛同源》《金丹正理》《盟天录》诸篇，今所存者《革象新书》而已。(《名胜志》)(《雍正江西通志》卷一百四，清文渊阁四库全书本)

6. 季蘅若法师

会天下大乱，干①戈纷扰，(季蘅若)法师与之遇，胁以白刃，毅然不为屈，辞

① 原文为“于”，据文意改。

色俱厉，因遇害，白乳溢出于地，寿八十。腊六十有五，兵退，闍维之，获舍利如菽者无算，瘗于云门山之麓。师风度简远，暮年神气完固，刘伯温称其诗文古雅峻洁，而有奇风，故一时名公卿咸倾倒焉。（《补续高僧传》[1]卷四解义篇，卍字续藏本）

【笺注】：

[1][明]释明河撰。释明河（1588—约1640），通州（今属江苏）人。明末僧人，曾住持苏州中峰、杭州皋亭、杭州华山、南京长干四寺。

7. 戴履

（戴）履，字正卿，号静心道人，仕元海道万户，明《易》，著有《五行生克制化论》，有干局克。主持家务，于凡生理门户，皆不劳其昆弟、子孙，听其各亲师，取友以进其学，成其名家。素延纳文章大家，如尚书贡公师泰、诚意伯刘公伯温、翰林待制王公子充、衢郡博士胡公仲中、翰林应奉唐公处敬、翰林编修苏公伯衡辈，馆之谷之，不间岁月，听其去留，其礼其义则靡敢或怠，故于其家之。所谓家范，尊闻堂、养生堂书院、读书楼、竹林书屋、静心草舍、梅友轩、賔竹轩、尚本斋；于墓，所谓松云庵、懃善亭、永思亭、墓铭、墓表，致诸公皆有着述序，其家世之源委，诗礼之承传甚悉甚备。俾子孙有所考质，而履之力居多也。奈其年日高，力莫能支，且值元季①变故，昆季②子孙未免日离月析，而其故家之流风余韵，尚幸不泯。（《萧山道源戴氏家谱序》，见《南斋先生魏文靖公摘稿》[1]卷五，明弘治刻本）

【笺注】：

[1][明]魏骥（1374—1472）撰。魏骥，萧山（今浙江萧山）人，永乐十三年（1415）举人。以进士副榜授松江训导，召修《永乐大典》。宣德初，迁吏部考功员外郎，擢太常寺博士。正统三年（1438），召试行在吏部左侍郎，逾年实授。居官清介浑厚，英宗深器之，后累进南京吏部尚书，景泰初返归故里。卒谥文靖。

8. 吕不用

训导名不用，初名必用，字则行，绍兴新昌人也。……尝与天台陈东之、会稽王宗成、庐陵曾伯曼、金华宋濂、青田刘基为文友。会基以青田寇起，奉其母避萧山包与善家，不用与之游。时基罢参谋，征海已丧师，乃复将应达实特穆尔之聘，

① 原文为“李”，据文意改。

② 同上。

时人渐薄基，谓："基何人，先生乃相结若此？"不用笑而颔之。洪武初，基首荐不用，不用辞之曰："吾已不用矣。"既而再荐，不得已，姑以明经行修，辟授本县训导。（《西河集》卷七十四，清文渊阁四库全书本）

9. 王鉴翁

王鉴翁，《遂昌县志》："字子明，贤良浚之父，有劝之仕者，曰：'吾身度之审矣。岩容涧姿，岂堪饰之章服？'或以闻于集贤，曰：'是能乐天者也。'遂号之'乐天处士'。赵待制雍名其园曰'田园任趣'。及卒，太史宋濂撰铭，诚意伯刘基篆额，学士陶安吊以诗，王祎以'孟之善士，易之幽人'称之。"（《雍正浙江通志》卷一百九十三，清文渊阁四库全书本）

10. 徐舫

驿遣使送还乡，基至家一月卒，年六十五。初，基与宋濂、叶琛、章溢同赴召，舟泝桐江，而西庐徐舫，基友也，戴山巾，野服，立于江滨，揖基而笑，且以语侵基。基等延入舟中，各取冠服服之，欲载以同行。舫觉之，竟辞去。基衔舫以隐自高，数荐起之。舫避居江皋，莫知其踪迹，竟获终老于山林。君子于基之卒，盖深有感于斯人也。（《昭代典则》卷八，明万历二十八年周曰校万卷楼刻本）

桐庐隐士徐昉与刘文成善。文成同章溢、叶琛辈同赴高皇帝之聘，访徐山中，意欲引与偕。昉相对默然，不出一语，文成不敢言而去。刘功成后，为胡惟庸所中，知者窃叹曰："徐昉真高士也。"（《西山日记》[1]卷下，清康熙二十八年先醒斋刻本）

【笺注】:

[1][明]丁元荐（1560—1625）撰。丁元荐，长兴（今属浙江湖州）人，万历十四年（1586）进士。未授官即告归。家居八年，始谒选为中书舍人。甫期月，即上书万言，极陈时弊，得罪权要。万历二十七年（1599）京察，时正家居，亦坐浮躁论调。十二年后起复，又因疏劾奸党论罪。天启初，廷臣交讼其冤，起为尚书宝卿，次年又罢职。前后居于林下四十年，在任不足一年，以节行著称。晚年隐居西山。另著有《尊拙堂文集》。

徐舫，字方舟，桐庐人。幼轻侠，好击剑、走马、蹴踘，既而悔之，习科举业，已复弃去，学为歌诗。睦故多诗人，唐有方干、徐凝、李频、施肩吾，宋有高师、鲁滕、元秀，号"睦州诗派"，舫悉取步骤之。既乃游四方，交其名士，诗益工。行省参政苏天爵将荐之，舫笑曰："吾诗人耳！可羁以章绂哉？"竟避去，筑室江皋，日苦吟于云烟出没间，翛然若与世隔，因自号"沧江散人"。宋濂、刘基、叶琛、章溢之赴

召也，舟溯桐江，忽有人黄冠鹿裘，立江上，招基而笑，且语侵之。基望见，急延入舟中，琛、溢兢讙谑，各取冠服服之，欲载上黟川，其人不可，乃止。濂初未相识，以问基，曰："此徐方舟也。"濂因起，共欢笑，酌酒而别。舫诗有《瑶林》《沧江》二集，年六十八，以疾卒于家。(《明史》卷二百九十八，清文渊阁四库全书本)

11. 苏伯衡

苏伯衡，字平仲，其先蜀人，文定公[1]裔子迟守婺，遂居金华。伯衡幼警敏绝伦，肆力古人，洪武初，征为国子学录，擢编修。与刘基、宋濂、魏观、胡翰相友善。基曰："平仲著作语粹而气达不凡，而意不诡。盖其明于理，而昌于气也。"(《殿阁词林记》卷八，清文渊阁四库全书本)

【笺注】：

[1]即北宋苏辙。

---

12. 张孟兼

濂之友御史中丞刘基伯温，负气甚豪，恒不可一世士，常以屈强书生自命。一日，侍上于谨身殿，偶以文学之臣为问。伯温对曰："当今文章第一，舆论所属，实翰林学士臣濂，华夷无间言者。次即臣基，不敢他有所让。又次即太常丞臣孟兼。"孟兼才甚俊，而奇气烨。然既退，往往以此语诸人，自以为确论。呜呼！伯温过矣！濂以无根葩泽之文，何敢先伯温？今伯温之言，如此其果可信耶？否耶？纵使伯温非谬为推让者，才之优劣，濂岂不自知耶？伯温诚过矣！惟言孟兼之才与气，则名称其实。尔今观所造《孟兼文稿序》，嘉其语粹而辞达，他日必耀前而光后，其惓惓，犹前意也。伯温作土中人将二载，俯仰今昔，不能不慨然兴怀。孟兼请濂题识序后，因书伯温昔日之言，以表吾愧，操觚之时，泪落纸上。洪武十年(1377)三月二十五日。(宋濂《书刘伯温序张孟兼文稿后》，见《白石山房逸稿》[1]张孟兼集附录，清文渊阁四库全书本)

【笺注】：

[1][明]张孟兼(1338—1377)撰。张孟兼，浦江(今属浙江)人。洪武初(1368)征为国子监学录，参与修撰《元史》，以太常丞出为山西按察司佥事，迁山东按察司副使，以执法不阿，为吴印所诬讦，弃市。

高帝尝谓宋濂："浙东人才，惟卿与王祎耳。才思之雄，卿不如祎，学问之博，

袆不如卿。"又尝与刘诚意论文,诚意谓:"宋濂第一,其次臣不敢多让,又其次张孟兼。"孟兼性刚愎,好出人上,为按察副使,上冢归,邑令谒之,不为礼,帝闻之弗善也。又与布政使吴印争,帝大怒,摘捶之几绝,乃赐死。(《弇州四部稿》卷一百四十九,清文渊阁四库全书本)

张孟兼,浦江人,名丁,以字行。史成,授国子学录,历礼部主事,太常司丞。刘基尝为太祖言:"今天下文章,宋濂第一,其次即臣基,又次即孟兼。"太祖颔之。孟兼性傲,尝坐累谪输作,已复官,太祖顾孟兼,谓濂曰:"卿门人邪?"濂对:"非门人,乃邑子也,其为文有才。"臣刘基尝称之,太祖熟视孟兼曰:"生骨相薄,仕宦徐徐乃可耳。"(《明史》卷二百八十五,清文渊阁四库全书本)

张孟兼,浦江人,与修《元史》,刘基尝为太祖言:"今天下文章宋濂第一,其次即臣基,又次即孟兼。"用为山西佥事。廉劲疾恶,纠摘奸猾,吏民闻张佥事行部,凛然堕胆,声闻于朝。擢山东副使,抗布政使僧吴印,被害。(《立祠》,见《山西通志》卷八十五,清文渊阁四库全书本)

太祖与刘基论一时文人,基称"宋濂第一,而己居其次,又其次即孟兼"。今虽不睹其全集,而即二卷以观其诗文,温雅清丽,具有体裁,而龙骧虎步之气,亦隐然不可遏抑,接迹二人良足骖驾。基虽一时之论,即以为定评可矣。(《钦定四库全书总目》卷一百六十九白石山房逸稿提要,清文渊阁四库全书本)

文人大率自矜,但如衙官屈、宋之言,稍自夸大耳;即高品脱靴,呼严挺之儿者,亦是气概,可尚降之;如本朝王吉士之登树桑博士之探脚垢,亦尚有任诞。本色若高庙时之张孟兼、孝庙时之李梦旸,实可异焉。孟兼文章亦平平耳,直为刘青田所许,便自粗豪,官才至太仆丞,使归其邑,令长跽上爵,坐而受之,此何为也?梦旸自江右督学官,既平平齿,亦尚壮,凡监司守令见之,皆强使其旁坐,尝有不堪而起此,是不识丁杳拖,骤得为贵家奴,所为何以文人遂至于此?可谓极煞风景。(《暇老斋杂记》卷二十五,清光绪李文田家钞本)

13. 汤汝霖[1]

余因避居萧山[2],与其十一世孙(汤)汝霖相好,结契既久,因出其家乘乞余作序。(刘基《夏孝[3]汤氏家谱序》,见 http://topic. 66wc. com/lj700/News_Blank. asp? ID=35266,记载者署名"萧山倪士庆")

【笺注】:

[1]南宋宰相汤思退十一世孙。汤思退为宋时青田县人(今属景宁县),曾在今文成县南田镇石圃山西陵读书归隐,明刘鹰《游西陵绝顶歌》云:"岐国汤公宋丞相,读书归隐曾留连。"

[2]刘基避地绍兴(时萧山属于绍兴)的时间在至正十二年(1352)到至正十四年(1354),在任元礼家等处与士大夫往来唱和,遗留下很多诗文。

[3]编者按:疑为"阳"。夏阳,即今江西永新县夏阳村,汤姓世居地之一。

14. 相礼

相礼,字子先,华亭人,能诗善画,尤精于奕。洪武中,召至京师,厚赐遣归,刘基尝以文赠之。(《乾隆江南通志》卷一百七十,清文渊阁四库全书本)

15. 董仲贞

海盐董正字仲贞,尝学于谦,谦卒,正筑室仙华山,三年而后归入明。□□□年乃卒,刘基题其墓曰"董处侯"。(《元书》[1]卷八十八,清宣统三年刻本)

【笺注】:

[1][清]曾廉撰。该书搜罗《元秘史》《续通鉴》《辽史》《金史》及元人文集、碑传等,重编元代史事,列传较旧史有所增益,《儒林》《隐逸》《权幸》诸传尤详,对《元史》缺误有补正。曾廉,湖南邵阳人,光绪二十年(1894)举人,官国子监助教,会典馆详校。"百日维新"期间应诏上书,指斥康有为、梁启超"舞文诬圣,聚众行邪,假权行教",要求光绪帝诛杀康、梁,取缔变法。二十六年(1900)升知府。八国联军侵华时,调参李秉衡幕府。后随慈禧、光绪逃往陕西,升陕西候补道。后罢黜。二十八年(1902)迁居贵州锦屏,设学授徒。宣统元年(1909)回籍。另著有《蠡庵集》传世。

16. 胡共辰

盖孝子之事亲也,其心无穷,其道亦无穷,百图所以自致于亲,而其心仍有所未慊,此先生所以名堂之意也。一时名卿硕士美其行而纪述之,短咏、长歌积成卷轴,今虽年远放轶,其载于邑乘与散见于各集者,自刘文成、宋文宪以下,尚得若①干篇,先生裔孙廷恩网罗编次,谋寿枣梨,洵胡氏之家珍哉。(《书春晖堂赠言后》,见《青笠山房诗文钞》[1]文抄卷六,清乾隆十三年绿玉轩刻本)

【笺注】:

[1][清]许登逢撰。文中传主胡共辰"有禄位于明洪武朝",并追述"时之未靖"时刘基、宋

① 原文为"如",据文意改。

濂的吟咏，可见其与刘基的交往始于元代。许登逢，生平不详。

17. 丘铎

铎字文振，祥符人，诚意伯刘基弟子也，通儒书，兼习医家言。至正末，父诚为湖广儒学提举，铎侍母，留吴越间，欲往从之。会江右兵起，武昌陷，二浙绎骚，铎忧惧不知所为，乃避地四明。暨江南皆归职，方复奉母至南京，已而其父亦至自武昌，铎卖药市中以资养。未几，弟钧为会稽上虞巡检，铎与父母皆往会稽。母疾，铎昼夜泣祷，乞以身代，及殁，哀恸几绝，卜葬鸣凤山，哭曰："母生铎，咫尺不离膝下，今殁，可委体魄于无人之墟乎？"乃结庐墓侧，朝夕上食如生时。当寒夜月黑，悲风萧飔，恐母岑寂，辄巡墓号曰："铎在斯，铎在斯。"其地多虎，闻铎哭声辄避去，会稽人异之，称为"真孝子"云。先是，铎在四明，从祖父母居汴者八人，贫不能自存，铎咸迎养，死皆返葬，人以为难。其姑适河南匡氏者，年十八，夫亡誓不再适，铎义之，养其终身。其制行峻绝，皆类此。（《丘布衣铎》，见《中州人物考》[1]卷七，清文渊阁四库全书本）

【笺注】:

[1][明]孙奇逢(1584—1675)撰。孙奇逢，万历二十八年(1600)举人。明亡，隐居不仕。晚年移居苏门之夏峰。

明丘铎，祥符人，师事青田刘基，通儒书，兼习医家言。至正末，避地四明。明初，铎弟钧为会稽巡检，铎奉母之官，未几，母病，铎昼夜泣祷，乞以身代，及殁，哀恸几绝，卜葬鸣凰山之原，结庐墓侧，朝夕悲号，其地多虎，闻铎哭声，辄避去。会稽人咸称铎为"真孝子"。学士宋濂传其事。（《雍正河南通志》卷六十四，清文渊阁四库全书本）

18. 陆士隆

陆士隆，字季平，无锡人。洪武中举明经，拜监察御史，抗疏发胡惟庸奸状，忤旨见杀。妻及子皆死之，刘基为作《忠》《节》《孝》三歌。（《乾隆江南通志》卷一百五十三，清文渊阁四库全书本）

19. 张存

《凰台集》："张存，字性中，丹阳人。洪武中岁贡，任江西安远县主簿。五岁

能赋诗，从刘基、宋濂游。有《雪洞集》行世。”（《乾隆江南通志》卷一百六十六，清文渊阁四库全书本）

20. 李叔允

明李叔允，禹州人，洪武初由儒士授国子监博士，纂修《昭鉴录》，书成，擢翰林修撰。又与宋濂等修《洪武正韵》等书，后致仕。濂与刘基等皆赠以言。（《雍正河南通志》卷六十五，清文渊阁四库全书本）

21. 郑士亨

明初有豫章郑士亨者，能为文，刘诚意与为忘年交。有《东游集》行于世，而诚意序之。（《赠处士沈元子序》，见《金文通公集》[1]卷四，清康熙二十五年怀天堂刻本）

【笺注】:

[1]明末清初金之俊（1593—1670）撰。金之俊，江南吴江（今属江苏）人，万历四十七年（1619）进士。累官兵部侍郎。顺治元年（1644）降清，仍供原职，遂上疏请清廷免畿甸田租收买人心、编保甲巩固统治，被采纳。翌年，以京师米贵，献策征刮江南粮食，并条陈漕政八事。寻调吏部侍郎，后历职工部尚书、兵部尚书、吏部尚书、中和殿大学士、太保兼太子太师等。

22. 李贞

李贞，绛州人，洪武时，刘基荐为遂昌县主簿，靖难后隐居不出。永乐二年（1404），征至京师，授以官，不就，赐宴归。（《山西通志》卷一百四十六，清文渊阁四库全书本）

23. 周让

周让，字克逊，无为人，洪武中监生。通敏博辩，倜傥尚气节，以刘基荐，任给事中。永乐初，两使西域，被拘徙之荒野，濒死者数，让终不屈，谕以本朝恩信，卒令番人随之入贡，有重使。《古刺集》备载其事。（《乾隆江南通志》卷一百五十六，清文渊阁四库全书本）

24. 魏本旧

魏本旧，《浙江通志》：“庆阳人，洪武四年（1371）知瑞安，明敏决断，通晓吏事，役均讼简，民咸孚信，尝白事至郡，爨宿于舟，以杜私谒，诚意伯刘基深器重之。”（《雍正浙江通志》卷一百五十六，清文渊阁四库全书本）

25. 徐明德

徐明德，字德卿，新城人。父元世，通经学，敦孝行。明德世其业，从任叔实游，知天文，擅经济，然不肯应进士科。负奇，客游尝过严陵滩，为文以祭，郡守知之，以礼聘，不往。青田刘基与语，日夜不寐，征其名，不告，但称为“石羊先生”。基著《郁离子》，多述之，参政周伯琦欲荐为馆职，亦不应。（《新城县志·杨毅撰传》）（《（民国）杭州府志》卷一百四十八，民国十一年本）

附录二 唱和

1. 陈镒

次林彦文县尹韵送刘伯温都事抚安青田[1]

三月江南草色新，随车零雨浥轻尘。绣衣奉命安民俗，玉斧扬威出使臣。玄鹤划鸣云洞晓，青芝遍布石田春。太平气象今重见，老我甘为击壤人。（《午溪集》[2]卷七）

【笺注】：

[1]文中言“三月”，应写于刘基1356年三月被行省以都事起复，自杭州归浙南剿山寇时。1357年，刘基以石抹宜孙荐，为行省经历，官职不复为“都事”。刘基有《次韵和王文明绝句漫兴十八首》，写于其羁管绍兴时（1353—1356），此诗韵字与其前十五首韵字同。陈镒组诗第一首为写南田景物，后十四首均为自叙身世。根据诗中书写的“苍岭”“青田”“山中”“北山（位于南田山地区）”“山深”“青山迭迭（南田山位于万山丛中）”等名物，应写于南田山地区；根据诗中“而今不作功名念，容我逍遥山水间”等隐逸诗句，时当在隐居。陈镒，明代诗人，丽水（今属浙江）人。

[2]《钦定四库全书总目·卷一百六十七》：“元陈镒撰。镒字伯铢，丽水人，尝官松阳教授，后筑室午溪上，遂以午溪名其集。”

奉和刘伯温员外漫兴诗韵并自述一十五首

苍岭愁云树压低，青田明月鹤高栖。也知天庇神仙境，秋色依然满好溪。

杜老从来隐草堂，每忧时事九回肠。如今稳驾扁舟去，且玩西江夜月凉。

经年为客在王门，慨古论今道自尊。应念山中贫病叟，独寻黄独斸云根。

曾记开尊向夜分，北山堂上共论文。可怜一炬成焦土，空有荒垣锁暮云。

鹤骨清癯称葛衣，翱翔湖海未言归。荷花开尽炎光老，又见江头木叶飞。

苍茫天地一邮亭，客里相看眼孰青。江北江南经乱后，故交零落似晨星。

未许身闲隐薜萝，府书辟起听鸣珂。知君久佩文章印，问字应多载酒过。

处世无为富贵酣，急流勇退是奇男。悠然自在樊笼外，闲对江山雪满簪。

我今老矣守林泉，破屋萧然一榻悬。每向秋宵看月色，怀人千里共婵娟。

猗绿亭前竹满林，纷纷苍雪落层阴。开轩载诵清风句，岁晚宁忘故旧心。

昔曾游览遍山川，泛泛身如不系舡。今日栖迟茅屋下，却怜多病对云眠。

门外清溪水气寒，喜无尘俗事相干。重阳谁共尊中酒，忍见黄花白露漙。

山深五月啭黄鹂，秋到惟闻乌夜啼。欲寄相思无便使，空吟短句付诗奚。

贫病真同涸辙鱼，浇愁幸有酒堪沽。秋来诗骨饶清健，自喜登高不用扶。

秋水溶溶绿一湾，青山迭迭白云闲。而今不作功名念，容我逍遥山水间。

(《午溪集》卷九，清文渊阁四库全书本)

2. 梁寅

小留豫章，袁尚志归自浙右，得刘伯温书，并寄吴兴温国宝笔十枚，感其远贶，一诗奉寄(伯温名基，处州青田人，举进士为高安丞，再迁江浙儒学副提举)[1]。

江西十载诵君诗，一见钱塘如故知。耽学自嫌科第早，论文何让古人为。湖州兔颖刀锋锐，浙水鱼笺锦字奇。珍赠千金意千里，长因明月动幽思。(《石门集》[2]卷四，清文渊阁四库全书本)

【笺注】:

[1]文中提及刘基官职为“再迁江浙儒学副提举”，或写于刘基初任江浙儒学副提举的1349年。

[2]元末明初梁寅撰。梁寅，新喻(今江西新余)人。出身农家，家贫自力于学。朱元璋征名儒，修述礼乐，被征时年已六十余。书成授官，以老病辞归。结庐石门山，学者称“梁五经”，又称“石门先生”。另著有《礼书演义》《周礼考注》《春秋考义》《周易参义》《诗演义》。

3. 朱右[1]

次刘伯温都事感兴[2]

大将宣威起执戈，功曹况复有萧何。共鸣鞞鼓来酣战，正拟前军奏凯歌。天外愁云连汴合，雨余腥水入淮多。平居殊觉成寥赖，静夜惊闻涕泗沱。(《列朝诗集》[3]甲集卷十五，清顺治九年毛氏汲古阁刻本)

【笺注】:

[1]朱右(1314—1376)，《列朝诗集》甲集卷十五：“字伯贤，临海(今属浙江)人……为文章

渊沦深博，元末累举不就。洪武三年(1370)，宋濂荐修《元史》。六年(1373)，纂修日历，除翰林院编修、明年，授经晋王，擢晋相府长史。九年(1376)，以疾终。有《白云稿》十二卷行于世。"《本朝分省人物》卷五十六又云，刘基在1360年赴金陵之前，"乃悉以众付其弟升，俾家人叶性、朱佑等参掌之"。不知"朱右""朱佑"是否为同一人，存之备考。

[2]标题以"都事"称刘基，应为刘基以江浙行省都事剿浙南山寇时(1356)。文中又言"大将宣威起执戈"，则显为回浙南不久。

[3][清]钱谦益(1582—1664)编辑。八十一卷。是书成于明清之际，选收明代二百七十六年间的诗作，入选诗人一千六百余人。收编体例仿金代元好问所编之《中州集》，以诗系人，以人系传，旨在以诗存史，保存一代文献。钱谦益，江苏常熟人，万历三十八年(1610)进士。授编修，累官礼部侍郎。天启元年(1621)典浙江试事，以关节案被控究。崇祯十年(1637)与瞿式耜被控里居不法，逮京究问，十一年(1638)放归。十七年(1644)福王朱由崧立，为礼部尚书。顺治二年(1645)清兵南下，谦益在南京率先迎降，旋被遣北行，任礼部侍郎兼管秘书院事。为名妓柳如是所恋，明亡，如是劝谦益殉国，不听。顺治三年(1646)引疾归里，以与如是唱和校勘为乐。谦益死，如是遂自殉之。另著有《投笔集》等。

4. 李骧[1]

和刘伯温来韵

自爱山中隐者家，杖藜随分踏江沙。岁时野老频分席，朝夕山僧共分茶。旅雁随阳寒有信，轻霜点染菊垂花。青山翠岫半秋色，清簟疏帘落照斜。(桐庐宣传部吴宏伟供稿)

【笺注】:

[1]李骧(一作李骧龙)，字仲骧，号南华老人。为人崇文尚义，声名四播，"一时有名之士皆欲识其人"。(据《今日桐庐》数字报 2015 年 4 月 4 日吴宏伟《南华老人李骧》一文整理)

5. 曹文晦[1]

和刘伯温感怀四首[2]

在昔曾闻夏变夷，台莱自足固邦基。为言横槊赋诗士，不是投戈讲艺时。野外观风忧稼穑，江边回首见旌旗。斩蛟未有旌阳术，安得相从问左慈。

旧时左辖下三台，坚壁相持久不开。但欲黄金留翠袖，岂知白骨长苍苔。两年征伐多荼毒，一旦功名付草莱。大谬最怜分阃帅，受降未了敌还来。

风雨萧萧震广川，前邨茅屋冷炊烟。潮声有信来还去，贼势无时断复连。胠篋难存悬磬室，污邪化作不毛田。何时甲洗天河水，月色满城江可怜。

入水无媒得纬萧，谁能驱退恶溪潮。沉沉城郭貔貅老，汹汹波涛蛟鳄骄。败舫似闻川鬼哭，畏途不奈客魂消。舞阶干羽今何在，千载曾闻格有苗。（《元诗选》二集卷十九，清文渊阁四库全书本）

【笺注】:

[1]曹文晦，元末人。《元诗选》二集卷十九："文晦字辉伯，天台（今属浙江）人。兄文炳，字君焕，号霞间老人，文晦少从之学。颖悟多识，而雅尚萧散，好吟咏，大有情致。鄞邑令许广大聘为儒学教谕，辞不赴。筑室读书，自号'新山道人'，元季台人能诗者，以辉伯为首称云。"有《新山集》。

[2]文中言"两年征伐多荼毒，一旦功名付草莱"时应在执政"右方氏者……夺其兵"的1358年。又言"受降未了敌还来"，与刘基所言"国珍首乱，不诛无以惩后"的想法相符。

6. 宋濂

和刘伯温秋怀韵

浚川泉窦疏，不浚川乃塞。凿牖漏檐明，弗凿坐深黑。感此益自愧，空负躯七尺。近方学心斋，万动一时寂。面对天阙山，终日如宾客。默默两无言，岩姿澹将夕。我家潜溪曲，正面溪上山。揉桂作阖庐，文杏为重关。新栽二尺松，毳毳杂黄菅。白鹤寄书来，问我何当还？移之万仞冈，瘦骨撑孱颜。（《御选宋金元明四朝诗》[1]御选明诗卷十六，清文渊阁四库全书本）

【笺注】:

[1][清]张豫章等奉敕编，初刊于康熙四十八年(1709)。张豫章生卒年、籍贯、仕履均不详。

步虚词五首同刘伯温、程邦民赋

大梵凝神霄，刚飙溯寥阳。一气上下通，冲华结灵长。五英回黄旛，清敳起中央。西若延颢气，东琼罗翠芗。

辽辽密密间，何从别圆方。欻然欲上征，斑龙为之襄。虚皇降大庭，肇自浩劫初。六角垂赤文，洞神流宝书。

龙节既开纪，鸿灵悉受符。藏之萧台中，霆鬼翼以扶。豁落七斗芒，发泄两曜枢。天真许度世，稽首朝元都。

太霞凝真和，绿璈隐玲珑。爟火浮朱陵，虚霧肃渊宫。紫坛升三成，薄夕祠天宗。帝一驾象舆，八神俨来从。

缝节九灵旗，卫以白玉童。飒尔神响合，元黄孰知踪。中天屹璇居，寥廓俯帝青。阊阖左右开，铜龙巧承楹。

力士列两观，呵卫执以兵。曾飔自中启，八鸾相和鸣。五畤凝天器，幽泠辟阳精。啸歌三洞章，心与万化冥。

七玄真皇君，赍以五炁文。龙泥入印紫，金检浮空温。曜罗郁红晶，结邻奠玄雯。招招九天使，飞盖随飙轮。三华吐明景，敞朗夜炁分。消摇大罗上，同礼天中尊。（《雅颂正音》[1]卷一，清文渊阁四库全书本）

【笺注】:

[1][明]刘仔肩编。刘仔肩，鄱阳（今属江西）人。生卒年不详。陶安守饶州时，荐其有文行，洪武初曾应召至京师。洪武三年（1370），他曾集一时名人，上至公卿，下至衲子，凡五十余人的诗作为《雅颂正音》五卷。

---

7. 陶安

送林彦明回括，兼简刘伯温、胡仲渊

为客二千里，离家五六年。词垣开省掖，宾席拥楼船。巢水栽花地，苍山种粟田。归心何浩荡，执手重留连。伯也温如玉，仲兮清比渊。悬知佳会近，烦以远音传。同郡成三杰，怀人共一天。赞兴邦国业，幸有主君贤。（《陶学士集》[1]卷三，清文渊阁四库全书本）

【笺注】:

[1][明]陶安撰。陶安，安徽当涂人，元至正四年（1344）举人。八年（1348），授明道书院山长。十三年（1353），调高节书院。十四年（1354）冬，归省，避乱居家。十五年（1355），与耆儒李习率父老出迎朱元璋，遂留参幕府，授江南行省都事，寻迁左司郎中，历任黄州、饶州知州。据城以守，打退陈友定进攻。吴元年（1367）召为翰林院学士。征诸儒议礼，任总裁官。又删定律令。明洪武元年（1368），命知制诰兼修国史。四月授江西行省参政，政绩益著。追封姑孰郡公。福王时追谥文宪。长于《易》。著有《陶学士集》。

寄刘伯温、宋景濂二公

水溢中原又旱干，风尘从此浩漫漫。东山好慰苍生望，南国那容皓发安。要整纲常崇黼黻，还成文物萃衣冠。圣贤事业平生志，幽乐何须恋《考盘》。（《陶学

士集》卷五，清文渊阁四库全书本）

喜伯温、景濂辈至新京

束帛征贤出硐阿，来从明主定山河。摅才要济邦家用，为治当调鼎鼐和。定见百年兴礼乐，先从四海戢干戈。当朝辅佐侔伊、吕，汗简芳名耿不磨。（《陶学士集》卷五，清文渊阁四库全书本）

8. 朱元璋

赠刘伯温

妙策良才建朕都，亡吴灭汉显英谟。不居凰阁调金鼎，却入云山炼玉炉。事业堪同商四皓，功劳早贱管夷吾。先生此去归何处，朝入青山暮泛湖。（《明太祖文集》卷二十）

附录：沈梦麟[1]与刘基孙辈唱和诗

【笺注】：

[1]沈梦麟，吴兴（今属浙江湖州）人，举后至元（1335—1340）乡荐。授婺源州学正，迁武康县尹。至正中解官归隐花溪故里。明初以贤良征，不起。洪武间五主文衡于闽浙间，朱元璋称之为“老试官”。卒年九十三岁。著有《花溪集》。其与刘基、刘廌的交往主要见《全浙诗话》。其卷二十八云：“（沈梦麟）元季隐于花溪，刘伯温曾相依溪上，赠以诗云‘杜陵老去诗千首，陶令归来酒一樽’。”“沈梦麟元季隐于花溪，田产颇饶，其子孙坐事谪戍，田亦没官，归于诚意伯刘廌。”

---

1. 与刘廌

皇甫廷玉赠刘士端[1]梅花道人山水图

道人造化蟠心胸，能写湖上之群峰。氤氲佳气吐烟壑，冉冉空翠浮云松。琼楼高驾九苞凤，银潢下飞双玉龙。刘公归去得此画，出门一笑登吴淞。（《花溪集》卷三，清文渊阁四库全书本）

【笺注】：

[1]指刘廌，字士端。青田南田（今属浙江文成南田）人。刘基之孙，刘琏之子。洪武二十三年（1390）袭封诚意伯。次年贬秩归里，筑室于南田西鸡山之下，取名“盘谷”。洪武三十年（1397），遣甘肃，不久赦还。永乐年间病卒。为人志行澹静，无贵游纨绔之习。著有《盘谷集》《盘谷唱和集》《翊运录》等。

和刘诚意伯韵

八景盘中事事宜，刘侯怪我懒题诗。自惭倚马才情尽，无奈濡毫制作迟。药裹每因贫病日，衣冠喜遇圣明时。多君肯说先公旧，令我重挥堕泪碑。（《花溪集》卷三，清文渊阁四库全书本）

诚意伯刘公盘谷八景[1]

鸡鸣山晓

青山积翠宛如鸡，昂首应同肺石栖。若木风生疑振羽，扶桑日上不闻啼。西来爽气浮青琐，东挹天光照紫泥。会见君王颁世禄，先生依旧上云梯。

龟山春意

穹隆翠巘类龟形，诸老题诗手不停。土作冈陵无卦策，气蒸云雨有神灵。天机漏泄梅先发，地脉勾萌草欲青。便拟郊行问花信，鸣驺先我扣林坰。

西冈稼浪

何事西畴起怒涛，南风昨夜长新苗。青浮吴甸三秋草，白涌胥江八月潮。田畯有疑频卜岁，溪翁欲渡不容舠。天时合应丰年兆，准拟家家醉浊醪。

北坞松涛

千尺青松满北林，谷风不动自成吟。春雷殷殷龙惊蛰，灵籁沨沨鹤在阴，世治欲闻韶武奏，心清如听海潮音。多君洗尽笙簧耳，能为松声一鼓琴。

双涧秋潭

刘侯自有神仙宅，近结衡茅俯涧阿。二水合流成大壑，双龙飞雨下天河。波光云影长相荡，玉鉴冰壶不用磨。老我荒村多茧足，无由同赋《考盘》歌。

三湾夜月

三峰玉立青云表，中有幽人望影娥。天上婵娟长莹洁，人间岁月自消磨。斓斑彩服清光近，照耀慈帏白发多。好奏埙篪拜家庆，不妨清夜饮金波。

松矶钓石

云松矫矫覆渔汀，石上苔痕扫复青。漫把文竿投剩水，可无赤鲤伏沧溟。先公已应非熊兆，北客犹容处士星，秖恐钓矶藏不久，天书早晚下青冥。

竹径书斋

新种琅玕绿可怜，中林有客欲逃禅。两阶苍雪飘衿佩，一径清风沐简编，日色上帘朝退食，书声出户夜无眠。案头不用然膏火，应有藜光照席前。（《花溪集》卷三，清文渊阁四库全书本）

【笺注】：

[1]刘廌有《盘谷八咏》五古、五绝两组，沈梦麟诗歌标题与之一致（见刘廌《盘谷集》卷之一、卷之六）。按：刘伯温家族定居于南田盘谷，始自刘基次子刘璟及长孙刘廌。本诗中有"会见君王颁世禄"之句，则此诗应作于约洪武二十三年（1390）。

2. 与刘虒[1]

送刘士祁舍人还括苍

老夫与尔通家好，前后论心六十年。吾道近来好佛法，名公何事每逃禅？束书夜发苕溪月，行李朝催越水船。不久相亲又相别，梅花开日到青田。（《花溪集》卷三，清文渊阁四库全书本）

【笺注】：

[1]刘虒，刘基孙，刘璟次子，字士祁，号静得斋。

附录三　刘基与浙江

1. 总论

国初学士宋濂、太史令刘基、待制王祎，皆以文章冠天下，三人者浙产也。同时者有胡翰、苏伯衡、张孟兼之属，后进有方希直、王叔英之属，又皆浙产也。濂子璲、基子琏、祎子绅，亦皆能文章，然皆不由科目。(《翰林记》卷十九，清文渊阁四库全书本)

当浙之先八十载而近而荐于乡者，盖三人，为孙忠烈燧、胡端敏世宁、王文成守仁，以后先成江西之烈而显名于天下。又前八十载而近而荐于乡，为于肃愍，握寸管而建中兴之绩。又前八十载而近而荐于乡者，为刘文成基易祚而佐英主，垂开天之勋。此其业亦岂能出于经学论策制表之外，而其所见长，亦岂能尽废训故骈偶记诵之习？然出而为瑞于宗庙社稷，使天下之荐绅先生艳言之，而归效于其主试者。夫一日而欲尽浙之才，一试而欲尽诸士子之生平，非不佞所敢。(《浙江乡试录后序》，见《弇州四部稿》卷七十文部，明万历刻本)

昭代之文至于今而极盛矣。而于越以东南大藩，翘然冠群省而出其上，其文之发为时义，以演绎圣真，宣泄儒术者，称极盛中之尤盛焉。盖自大禹涂山之盟，玉帛万国，实开辟以来文明所由肇，历汉、唐、宋氏，艺士代兴，至胜国而鹊起联翩佹，割天下十之七，以为明前导。迨我高皇帝统一区宇，宋文宪、刘文成旗鼓并建，若王、若方诸君子，羽翼而先后之，而经世大业遂咸萃于越之一方。乃今时义之工，特其余事，顾二百年来三试而皆首列者，仅越商文毅为然，而他方不一睹，即其故可推已。余故尝艳称越中文物之盛客，有盱衡而诘，恒为之神动色飞。兹猥以官守，揽辔而东，单车疾驰，不阅月而抵御儿之境，其山则天目、秦望，穹窿崒嵂，盘郁而造天；水则钱塘、富春，浩漾滉洋，澒洞而浮地，其外环以渤澥，峙以赭龛，洪涛巨汐之震荡激舂，为观之卓诡，有独擅于六合之内者，固宜钟为颖秀，缬为英华，光藻舄奕，与三吴分道互驰，即诸方之矫矫者亡论也。……诸所结撰，务约诸先民之轨，凡迩来占跸①流弊，汛扫而一空之，异日者由时义进之古文词，又进之而功而德，由文毅上之，而文宪、文成，又上之，而伊傅而姬孔，庶几尔今日之肄习为亡忝，而余他日所厚望为弗孤哉。(《观风录序》，见《少室山房集》卷八十六，清文渊阁四库全书本)

高皇帝初定建康，青田刘文成公实与景濂，及丽水叶景渊、龙泉章三益四人首先应聘而至。当是时，居礼贤馆，日与密议，浙东儒者皆在。盖国家兴礼乐，定制度，建学养士，科举之法，一出于宋儒，其渊源之所自如此。近岁以来，处之科第，至阖郡不见一人，或者遂目为深山荒绝之区，而不知假令县岁贡数十辈，岂尽谓之才贤得人耶？以瓯粤区区二百年有文成公为帝者师，不可谓之乏人也矣。(《震川集》[1]卷九，清文渊阁四库全书本)

【笺注】:

[1][明]归有光(1507—1571)撰。归有光，苏州府昆山县(今江苏昆山)，嘉靖四十四年(1565)进士。授长兴令。隆庆中，南京太仆寺丞。后留掌内阁制敕房，参与编修《世宗实录》。在文学上，反对前后七子"文必秦汉，诗必盛唐"的文学主张，与王慎中、唐顺之、茅坤等提倡唐宋散文，被称为"唐宋派"。著有《震川先生文集》。

洪武三年庚戌(1370)，御史中丞刘基以谋策功，封诚意伯；正德②十四年己巳(1449)，兵部尚书于谦以靖乱功，加少保；正德十六年辛巳(1521)，南京兵部尚书王守仁以擒叛功，封新建伯。文臣最为灼然者皆浙人。刘赠太师，于赠太傅，王赠侯，皆在易世论定之后，于事尤奇。(《浙江三大功文臣》，见《弇山堂别集》卷三，清文渊阁四库全书本)

今天下雄藩首吾浙，山川清淑之所渟毓，间生伟人，若刘文成、于忠肃、王文成，其巍伐振代，非它建树可万一望而至；于方学士之抗节、商文毅之科名，抑亦国朝无两焉。斯亦足为千古山川吐气矣！独于文章则二百余年来，远推北地信阳，近逊济南，江左令人抑抑无色。即前数君子者，其生平结撰非不扬芬秇苑，然论者求多，犹谓未及摩屈，宗两司马之垒，而名振代，岂文藻为功业所掩耶？抑灵气所钟，先其实者？巨者而后，及其华与绪耶，何以寥寥乎二百余年也？即余所

---

① 原文为"俾"，据文意改。

② 原文为"天顺"。按：于谦被封为少保在正统十四年(1449)明军的北京保卫战胜利之后。见《明史·列传五十八》

睹见二三作者，如胡元瑞、徐茂吴辈，非不炳烺一代。然欲与文成诸公之功业勋名埒，则吾未敢漫书以俟。（《读浙志偶书》，见《诒美堂集》[1]卷二十四，明天启刻本）

【笺注】：

[1][明]祝以豳（1551—1632）撰。祝以豳，浙江海宁袁花人，万历十四年（1586）进士。知随州，内调为兵部郎中。丰臣秀吉侵朝，建议出兵，为廷议所采。后出任广东佥事，视察粤东沿海边防，击退荷兰人的骚扰，并缴获其大炮，使中国得传其法。天启七年（1627），升应天府尹加南京工部右侍郎。

开国第一科。洪武四年辛亥（1371），始开科取士，时自畿辅外，加行中书省，凡十有一。列中式者一百二十名，而吾浙得三十一人，盖居四分之一，而会元俞友仁，复为仁和人，首藩首科盛事如此。是时，刘基、宋濂、章溢、王祎辈俱浙人，一时同为开创名臣，宜其声气之相感也。累朝教育，遂以科第甲海内，信非偶然。是科独湖广一省无一人中式，而高丽国中一人。（《万历野获编》卷十五，清道光七年姚氏刻同治八年补修本）

两浙天下首藩，不惟财赋、人物甲于天下，即健儿、奸雄亦为天下冠。异时刘诚意、王新建成大功者固浙人，然作奸犯科，扰乱天下者亦浙人也。今京师猾书及税监用事者，所在皆是天下无事，则已有则浙人，必为祸胎。所恃台台，镇以安静，而矿税使有孙隆为之倡，率不至虐暴生乱耳。若海上之事，则倭奴。（《柬尹春寰中丞》，见《数马集》[1]卷三十五，清刻本）

【笺注】：

[1][明]黄克缵（1550—1634）撰。黄克缵，晋江（今福建泉州）人，万历进士。历任副都御史，兵、刑、工部尚书，太子太师。有惠政，屡有平盗功。预受两朝顾命。清强有主见。另著有《古今疏治黄河全书》。

《西园杂记》论两浙人物，刘文成为谋臣之首，宋文宪为文臣之首，方正学为忠臣之首，于忠肃为功臣之首。（《浙江人物》，见《池北偶谈》[1]卷九，清文渊阁四库全书本）

【笺注】：

[1][清]王士祯（1634—1711）撰。本书为笔记体，因居宅西有圃，圃中有池，池北有屋数椽，故名。王士祯，见前注。

人物亦随山川，江南风气似胜，浙江古来人物，江南如范文正、朱文公，谁敢

有异论？浙中极烜赫，人物如宋之金华、永康，明之方正学、刘青田、于忠肃、王文成皆未能醇。本朝人物醇正者，陆稼书外，如杜肇余、彭羡门还朴实。浙中学问大抵好诋诃先儒，黄梨洲其尤者，万家兄弟《三礼》，亦少自得处。如顾亭林之音韵，梅定九之历算，真能有考究，不涉一字虚浮者无有也。陆宣公、宗汝霖、金仁山、王龟龄诸公，皆甚正然而少矣。（《榕村语录续集》[1]卷八，清光绪傅氏藏园刻本）

【笺注】：

[1][清]李光地（1642—1718）撰。李光地，福建安溪人，康熙九年（1670）进士。选庶吉士，授编修。十二年（1673），乞假归乡。十三年（1674），耿精忠反，光地秘密上疏，陈说破敌策略，后又举荐施琅熟悉海上形势，可重用，为朝廷采纳。官至吏部尚书、文渊阁大学士。雍正初，赠太子太保，祀贤良祠。平生致力于理学研究与著述，阐说经学的著作甚多，但是大都承袭旧说，很少创见。另著有《大学古本说》等。

今岁复奉简命偕前辈睢州汤先生来典浙试。浙为人材奥区，自唐陆宣公以经术佐其君，转乱为治，宋杨文元传金溪之学，通知正兵法，习吏事，为世名臣，有明刘文成翼兴王，推佐命元功，于忠肃扶危定倾，烈在社稷，至王文成勋业益弘伟，天下翕然称浙中事功，而此数君子者皆起于科目，盖有用之学无浙士若也。（《穆堂类稿》[1]初稿卷三十四，清道光十一年奉国堂刻本）

【笺注】：

[1][清]李绂（1673—1750）撰。李绂，临川（今属江西）人，康熙四十八年（1709）进士。改庶吉士，授编修。雍正时历官直隶总督、工部左侍郎。以事两次下狱治罪。在狱中，照旧饱吃、熟睡、读书，人称为"铁汉"。乾隆初年，召为户部侍郎，官至内阁学士。因病辞官。著有《穆堂初稿》等。

2. 处州

南田山，在青田县南一百五十里，上有稻田，岁旱则大熟。唐袁晁之乱，邑人多于此避难。（《明一统志》卷四十四，清文渊阁四库全书本）

栝州览其山川，层峦迭嶂，崎嵚崒嵂，延亘标峙，太史公谓"佐命五岳"，顾不然哉？且溪流迅澓，湍涛淙涢，声闻百里，故其人多慷慨激直之风。明兴，攀鳞崛起，若刘文成而下章、叶数君子，并以丰功伟烈，彪映史册。翁大夫者，亦旷世之选也。（《明湖广按察司佥事丹山翁大夫墓志铭》，见《皇甫司勋集》卷五十二）

景宁之为邑，分自青田。刘文成奋乎青田，桥褐为帝者师，夫独非国之子弟乎哉！文成愤元政紊乱盗贼，贿赂公行，至欲感概自裁，及其参石抹军事，与婺州诸将士角逐于冲车、飞矢之间①，自誓为元之遗民，没身而已矣。一旦风云玄感，致命怀节，触迕权奸，之死不悔。世之传文成者以为出鬼入神，乘风云而御六气，不知其希圣希贤，凛然忠孝人也。文成少授《春秋》经义，至今在人口，由文成之忠孝，溯其学问之原本，则先圣教人之指意可知已矣，故曰："吾志在《春秋》，行在《孝经》，儒者所童而习之者也。"为臣则忠，为子则孝，用以谋王断国，则可以成变化，而行鬼神。由文成之学，以溯于先圣、先师，一而已矣。景宁之人士游于斯学，有所观感而兴起焉，师文成而可矣！今天下虏寇交讧，王师在野，得文成一、二辈，庶可以慰天子拊髀之思，其当自文成之乡人始。(《景宁县改建儒学记》，见《牧斋初学集》[1]卷四十一记一，四部丛刊景明崇祯本)

【笺注】:

[1][清]钱谦益(1582—1664)撰。钱谦益，见前注。

处州古括苍地，南与闽壤相接，北界台、婺，东引瓯越，西连三衢，浙之南鄙也。初领县七，一丽水，一青田，一缙云，一松阳，一遂昌，一龙泉，一庆元，后增置云和、宣平、景宁，为县十。宋杨亿守州，尝曰"引领西目，群峰倚天，清溪南奔，深浅见底，盖东南名胜之区"云。明季矿税繁兴，胥徒云集，往往多不逞之辈啸聚山谷，虽驻道员弹压，而驿骚时闻。国朝特严开采之禁，先事预防，改平阳总兵官节镇于此，实久安长治之宏规也。自唐刺史李繁建学，昌黎韩愈为之记，而是邦始尊圣人之教，由是两宋以来，以理学名者，则有王光祖、龚原、叶味道、尹起华诸人；以功业著者，则有管师仁、邓熹、闾丘观、刘基诸人；以忠节显者，则为姜绶、朱光、梅宽夫、刘璟诸人。岂非山川光气有以钟其灵而泄其奇耶？而或者以州因处士星得名，举左慈、王方平、帛道猷辈以实之。然三人皆非州产也，姑存其说。(《雍正浙江通志》卷一，清文渊阁四库全书本)

青田县。刘基《湖山义塾记》："士多俊彦，室常殷阜。"宋濂《县学记》："素称文华之邦，声猷相尚。"《青田县志》："俗尚简朴，衣用大布，饮食不贵异物。贫士带经而锄，里巷市廛，所至辄闻读书声。"(《雍正浙江通志》卷一百，清文渊阁四库全书本)

温州青田县有石门洞，洞口有天然石门，因名传，是刘青田读书处也。有联

① 原文为"闲"，据文意改。

云:“似洞非洞,适成仙洞;无门有门,是为佛门。”闻为华亭沈某所题,而忘其名。(《楹联丛话》[1]卷六,清道光二十年桂林署斋刻本)

【笺注】:

[1][清]梁章钜(1775—1849)撰。是书为论述对联的著作,分十门。每联皆首叙缘起附以品题,对对联这种特殊文学艺术形式的起源和发展演进,以及各门类的特点,均有论述,尤其对联与胜迹相表衬,对联本身亦是一景。梁章钜,长乐县(今属福建福州市)人,嘉庆七年(1802)进士。历官礼部主事、军机章京、礼部员外郎及知府、布政使、巡抚等。居官之余,不废治学。其政事文章、经史著述皆为当世所推重,更被林则徐誉为“卓然当代伟人”。提倡“经国救时”之学,并以此与林则徐相砥砺。

南田山,在青田县西南一百五十里,周二百余里,上有沃土,多稻田,岁旱亦稔。《舆地纪胜》:“古称七十二福地,此其一也。唐广德中袁晁之乱,邑人多避难山中。明初刘基亦家于此。”(《嘉庆大清一统志》卷二百三十六,清文渊阁四库全书本)

3. 温州

梦草堂,在旧郡治后,宋建,即晋之西堂谢灵运梦惠连之处。元至元中,浙东宣慰使洪模复建,明正统间方伯谢、宏治己未(1499)署温卫陈侯两次重建……明刘基《梦草堂遣怀诗》:“即事在自得,强歌非正音。所以春草句,声价重兼金。若人千载下,遗响邈难寻。凄凉一池塘,赖尔得至今。我来当杪秋,天净潢潦沉。枯荷有余香,衰柳无残阴。鼓鼙响未已,山水意徒深。感时念兄弟,恻怆伤我心。”(《光绪永嘉县志》卷二十一古迹志一,清光绪八年刻本)

平水王庙碑。右碑在蛟翔巷平水王庙前。宋濂撰,刘基篆额,洪武八年(1375)立文。(《平水王庙碑》,见《光绪永嘉县志》卷二十三古迹志三,清光绪八年刻本)

4. 杭州

灵芝寺,在东花园崇新巷,俗称“蜡烛庵”。唐贞观间,郡人施光庆舍宅建,名“实际院”。元季毁。元统间,僧妙通重建。永乐、宣德、正统间,僧能守、如真、智淳皆以纂修释典,征入钱唐县,岁造土牛,迎春于此。元时刘伯温以行省都事坐法,宿庵中,简俊上人诗云:“城外春江动客愁,江边细草绿悠悠。还将短发临岐路,畏向东风忆旧游。斜日远天归雁急,薄云孤馆落花稠。青灯不放还家梦,一

夜肠回一万周。"(《西湖游览志》卷十八,明嘉靖本)

菊庄。刘伯温诗云:"碧眼乌员食有鱼,仰看蝴蝶坐阶除。春风漾漾吹花影,一任东风鼠化鴽。"真可谓豁达涵容,法禁不张,而奸宄自化,信乎王佐之才也!(《西湖游览志馀》卷二十四,清文渊阁四库全书本)

灵芝崇福律寺,在东花园崇新巷,俗称"蜡烛庵"。唐贞观己酉年(649),郡人施光庆舍宅建,名"实际院"。宋佛印禅师重兴。元季毁。元统间,僧妙通重建。洪武二十四年(1391),立为丛林。永乐间,征僧能守纂修《永乐大典》。宣德,征僧如真校修《藏典》。正统,征僧智淳说戒,开坛为天下传戒,宗师乙亥年(1455)辞朝,沐浴坐化,皇上遣礼部赵勗谕祭。智淳曰:"尔夙悟善缘,坚持梵行,迩膺荣命,为释宗师,方阐法音,导人为善,倏云示寂,良可悼嗟,灵其如存,服兹谕祭。"赐敕谕,祭碑额见存,为律宗第一山。钱塘县岁造土牛,迎春于此。元时刘伯温以行省都事坐法宿庵中,简俊上人诗云:"城外春江动客愁,江边细草绿悠悠。还将短发临岐路,畏向东风忆旧游。斜日远天归雁急,薄云孤馆落花稠。青灯不放还家梦,一夜肠回一万周。"万历壬寅(1602),僧如尧重修。(《武林梵志》卷一,清文渊阁四库全书本)

六一泉。《咸淳临安志》:"陈天嘉元年(560),改建名'永福'。"《西湖游览志》:"宋大中①祥符间,改为'广化',寺内有辟支佛骨塔,柏堂竹阁皆在焉。绍兴间,改创四圣延祥观。理宗时,复改西太乙宫。"《钱塘县志》:"元杨琏真伽改为'万寿寺'。元末毁。明洪武初诚意伯刘基复建,易名'六一泉',因苏轼守郡时,与僧惠勤怀欧阳公泉,出讲堂下,遂名'六一'。自宋迄元,泉没于二氏之居久矣。元季兵燹,泉始呈露复,构石亭以覆之,揭为寺额。岁久圮,崇祯甲申(1644)重修,仍名'广化',外构数峰阁,以祀自汉迄明诸先贤。又圮。"(《西湖志纂》[1]卷三,清文渊阁四库全书本)

【笺注】:

[1][清]梁诗正(1697—1763)、沈德潜(1673—1769)等同撰,乾隆十八年(1753)十二月奏进。梁诗正,钱塘(浙江杭州)人,雍正八年(1730)进士。授编修。历官侍读学士、户部侍郎、户部尚书、吏部尚书、东阁大学士,卒谥文庄。另著有《矢音集》。沈德潜,长洲(今属江苏苏州)人,乾隆四年(1739)进士,命入南书房。七年(1742)在翰林院任事,命校新、旧《唐书》,后擢礼部侍郎。十四年(1749)以年衰告归,原衔食俸。卒赠太子太师,谥文悫。德潜以诗文名世,为诗主严格律,与王士祯之主神韵,袁枚之主性灵,在当时诗坛上各占一势力。另著有《竹

① 原为"忠",据文意改。

啸轩诗钞》等。

宣化堂。刘基《杭州路重修府治记》:“杭为东南大郡,宝珂公为总管理而新之。其视事之堂,即其旧名曰‘宣化’。”(《雍正浙江通志》卷三十九,清文渊阁四库全书本)

明新楼。刘基《杭州路重修府治记》:“中宪大夫宝珂公,名其偃息之楼曰‘明新’。”(《雍正浙江通志》卷四十,清文渊阁四库全书本)

洪元诚至正九年(1349)典教富阳,见刘基《富阳重修文庙学宫记》。(《光绪永嘉县志》卷十一选举志一,清光绪八年刻本)

友梅轩。刘基《友梅轩记》:“皋亭之山有隐者,以‘友梅’字其轩,环其居皆梅也。隐者王姓昶名。”(《雍正浙江通志》卷三十九,清文渊阁四库全书本)

5. 湖州

梅花庄。刘基《梅颂序》:“吴兴章仲文筑室花溪之上,环植梅花。”(《雍正浙江通志》卷四十二,清文渊阁四库全书本)

6. 嘉兴

刘基《送张知县序》:“大民儒儒,小民愉愉,朝出暮归,讴歌满涂。”(《雍正浙江通志》卷九十九,清文渊阁四库全书本)

楝花轩。旧《浙江通志》:“去海宁县五十里,环溪多栋,因以名溪。宋安化王之裔构数椽于上,明青田刘基署曰‘楝花轩’。”(《雍正浙江通志》卷三十九,清文渊阁四库全书本)

7. 绍兴

裕轩记。越士王元实,治小室于居宅之旁门,窦侧出,仅可布榻,名曰“裕轩”。其友括苍刘伯温既为之记。(《玩斋集》[1]卷七,清文渊阁四库全书本)

【笺注】:

[1][元]贡师泰(1298—1362)撰。贡师泰,宣城(今属安徽)人,以国子生中江浙乡试。历任泰和州判官、应奉翰林文字、礼部尚书、户部尚书、参知政事。与虞集等友善。著有《玩斋集》。

许君遗爱碑。在元之时,慎择郡县吏。天台许君具瞻当治鄞,为文赠之者,余廷心先生也……其后，又读刘伯温先生所为鄞尹《许君遗爱碑》，于是益知其贤，庶乎古之所谓循吏者。因窃自叹天下之郡邑多矣，诚皆得如具瞻者治之民安，有失所者哉？（《题许氏家训诗后》，见《抑庵文集》[1]后集卷三十六，清文渊阁四库全书本）

【笺注】：

[1][明]王直(1379—1462)撰。王直，泰和（今属江西）人，永乐二年(1404)进士。授修撰，迁少詹事，兼侍读学士。英宗时累拜吏部尚书，秉铨十余年，为当时名臣。进少傅兼太子太师。谥文端。著有《抑庵集》。

怡怡山堂。《萧山县志》："在北山，又名'萧然山堂'，任长者之别墅。刘基、王祎多寓此，皆有记。"（《雍正浙江通志》卷四十四，清文渊阁四库全书本）

棣萼轩。《萧山县志》："在招贤坊包大同旧宅，刘基有记，其兄弟五人皆登仕籍，故名。"（《雍正浙江通志》卷四十四，清文渊阁四库全书本）

越山亭。刘基有《越山亭晓望》诗。（《雍正浙江通志》卷四十五，清文渊阁四库全书本）

8. 台州

白云楼，刘基有《永康胡元鼎白云楼》诗。（《雍正浙江通志》卷四十七，清文渊阁四库全书本）

参考文献

一、著作

[1](宋)张扩.东窗集[E].文渊阁四库全书电子版,上海:上海人民出版社,2001.

[2](宋)李心传.建炎以来系年要录[E].文渊阁四库全书电子版,上海:上海人民出版社,2001.

[3](宋)王应麟.玉海[E].文渊阁四库全书电子版,上海:上海人民出版社,2001.

[4](宋)张尧同.嘉禾百咏[E].爱如生中国基本古籍库,北京:北京大学,2005.

[5](宋)桑世昌.兰亭考[E].文渊阁四库全书电子版,上海:上海人民出版社,2001.

[6](元)虞集.道园遗稿[E].文渊阁四库全书电子版,上海:上海人民出版社,2001.

[7](元)杨维桢.东维子集[E].文渊阁四库全书电子版,上海:上海人民出版社,2001.

[8](元)贡师泰.玩斋集[E].文渊阁四库全书电子版,上海:上海人民出版社,2001.

[9](元)梁寅.石门集[E].文渊阁四库全书电子版,上海:上海人民出版社,2001.

[10](元)脱脱.宋史[E].文渊阁四库全书电子版,上海:上海人民出版社,2001.

[11](元)姚桐寿.乐郊私语[E].文渊阁四库全书电子版,上海:上海人民出版社,2001.

[12](元)陶宗仪.说郛[E].文渊阁四库全书电子版,上海:上海人民出版社,2001.

[13](元)陈镒.午溪集[E].文渊阁四库全书电子版,上海:上海人民出版社,2001.

[14](明)宋濂.宋学士文集[E].上海:上海商务印书馆,1936.

[15](明)宋濂.文宪集[E].文渊阁四库全书电子版,上海:上海人民出版社,2001.

[16](明)宋濂.洪武圣政记[E].文渊阁四库全书电子版,上海:上海人民出版社,2001.

[17](明)刘基.诚意伯文集[E].爱如生中国基本古籍库,北京:北京大学,2005.

[18](明)苏伯衡.苏平仲文集[E].文渊阁四库全书电子版,上海:上海人民出版社,2001.

[19](明)张孟兼.白石山房逸稿[E].文渊阁四库全书电子版,上海:上海人民出版社,2001.

[20](明)陶安.陶学士集[E].文渊阁四库全书电子版,上海:上海人民出版社,2001.

[21](明)刘仔肩.雅颂正音[E].文渊阁四库全书电子版,上海:上海人民出版社,2001.

[22](明)刘辰.国初事迹[E].爱如生中国基本古籍库,北京:北京大学,2005.

[23](明)刘琏.自怡集[E].文渊阁四库全书电子版,上海:上海人民出版社,2001.

[24](明)刘璟.易斋集[E].文渊阁四库全书电子版,上海:上海人民出版社,2001.

[25](明)刘廌.盘谷集[E].文成文史资料第二十三辑.文成:文成政协学习文史委员会,2010.

[26](明)杨士奇.东里集[E].文渊阁四库全书电子版,上海:上海人民出版社,2001.

[27](明)解缙.文毅集[E].文渊阁四库全书电子版,上海:上海人民出版社,2001.

[28](明)程通.贞白遗稿[E].文渊阁四库全书电子版,上海:上海人民出版社,2001.

[29](明)魏骥.南斋先生魏文靖公摘稿[E].爱如生中国基本古籍库,北京:北京大学,2005.

[30](明)王直.抑庵文集[E].文渊阁四库全书电子版,上海:上海人民出版

社,2001.

[31](明)曹安.谰言长语[E].文渊阁四库全书电子版,上海:上海人民出版社,2001.

[32](明)彭韶.彭惠安集[E].文渊阁四库全书电子版,上海:上海人民出版社,2001.

[33](明)李贤.明一统志[E].文渊阁四库全书电子版,上海:上海人民出版社,2001.

[34](明)胡居仁.居业录[E].文渊阁四库全书电子版,上海:上海人民出版社,2001.

[35](明)吴宽.平吴录[E].爱如生中国基本古籍库,北京:北京大学,2005.

[36](明)陆容.菽园杂记[E].文渊阁四库全书电子版,上海:上海人民出版社,2001.

[37](明)程敏政.明文衡[E].文渊阁四库全书电子版,上海:上海人民出版社,2001.

[38](明)程敏政.新安文献志[E].文渊阁四库全书电子版,上海:上海人民出版社,2001.

[39](明)邵宝.容春堂集[E].文渊阁四库全书电子版,上海:上海人民出版社,2001.

[40](明)徐纮.明名臣琬琰录[E].文渊阁四库全书电子版,上海:上海人民出版社,2001.

[41](明)湛若水.格物通[E].文渊阁四库全书电子版,上海:上海人民出版社,2001.

[42](明)罗钦顺.整庵存稿[E].文渊阁四库全书电子版,上海:上海人民出版社,2001.

[43](明)王守仁.王文成全书[E].文渊阁四库全书电子版,上海:上海人民出版社,2001.

[44](明)陈霆.渚山堂词话[E].文渊阁四库全书电子版,上海:上海人民出版社,2001.

[45](明)陈威,顾清.(正德)松江府志.[E].中国方志库,北京:北京大学,2008.

[46](明)王琼.双溪杂记[E].爱如生中国基本古籍库,北京:北京大学,2005.

[47](明)李梦阳.空同集[E].文渊阁四库全书电子版,上海:上海人民出版社,2001.

[48](明)朱应登.凌溪先生集[E].爱如生中国基本古籍库,北京:北京大学,2005.
[49](明)夏良胜.东洲初稿[E].文渊阁四库全书电子版,上海:上海人民出版社,2001.
[50](明)夏良胜.中庸衍义[E].文渊阁四库全书电子版,上海:上海人民出版社,2001.
[51](明)吕柟.泾野子内篇[E].文渊阁四库全书电子版,上海:上海人民出版社,2001.
[52](明)陆深.俨山集[E].文渊阁四库全书电子版,上海:上海人民出版社,2001.
[53](明)郑瑗.井观琐言[E].爱如生中国基本古籍库,北京:北京大学,2005.
[54](明)游潜.梦蕉诗话[E].爱如生中国基本古籍库,北京:北京大学,2005.
[55](明)夏言.夏桂洲文集[E].爱如生中国基本古籍库,北京:北京大学,2005.
[56](明)顾应祥.静虚斋惜阴录[E].爱如生中国基本古籍库,北京:北京大学,2005.
[57](明)刘瑞.五清集[E].文渊阁四库全书电子版,上海:上海人民出版社,2001.
[58](明)廖道南.殿阁词林记[E].文渊阁四库全书影印本第452册.上海:上海古籍出版社,2003.
[59](明)汪应轸.青湖先生文集[E].爱如生中国基本古籍库,北京:北京大学,2005.
[60](明)杨慎.丹铅余录[E].文渊阁四库全书电子版,上海:上海人民出版社,2001.
[61](明)杨慎.升庵集[E].文渊阁四库全书电子版,上海:上海人民出版社,2001.
[62](明)黄佐.翰林记[E].文渊阁四库全书电子版,上海:上海人民出版社,2001.
[63](明)葛昕.集玉山房稿[E].文渊阁四库全书电子版,上海:上海人民出版社,2001.
[64](明)李默.孤树裒谈[E].文渊阁四库全书电子版,上海:上海人民出版社,2001.
[65](明)陈汝锜.甘露园短书[E].爱如生中国基本古籍库,北京:北京大

学,2005.
[66](明)陆粲.庚巳编[E].爱如生中国基本古籍库,北京:北京大学,2005.
[67](明)袁袠.世纬[E]. 文渊阁四库全书电子版,上海:上海人民出版社,2001.
[68](明)陈建.皇明通纪法传全录[E].爱如生中国基本古籍库,北京:北京大学,2005.
[69](明)陈建.皇明从信录[E].爱如生中国基本古籍库,北京:北京大学,2005.
[70](明)皇甫汸.皇甫司勋集[E].爱如生中国基本古籍库,北京:北京大学,2005.
[71](明)姜南.蓉塘诗话[E].爱如生中国基本古籍库,北京:北京大学,2005.
[72](明)薛应旂.宪章录[E].爱如生中国基本古籍库,北京:北京大学,2005.
[73](明)田汝成.西湖游览志馀[E]. 文渊阁四库全书电子版,上海:上海人民出版社,2001.
[74](明)罗洪先.念庵文集[E]. 文渊阁四库全书电子版,上海:上海人民出版社,2001.
[75](明)雷礼.国朝列卿纪[E].爱如生中国基本古籍库,北京:北京大学,2005.
[76](明)黄光升.昭代典则[E].爱如生中国基本古籍库,北京:北京大学,2005.
[77](明)归有光.震川集[E].文渊阁四库全书电子版,上海:上海人民出版社,2001.
[78](明)何镗等.(万历)括苍汇纪[E].中国方志库,北京:北京大学,2008.
[79](明)高岱.鸿猷录[E].文渊阁四库全书电子版,上海:上海人民出版社,2001.
[80](明)海瑞.备忘集[E]. 文渊阁四库全书电子版,上海:上海人民出版社,2001.
[81](明)陆楫.古今说海[E]. 文渊阁四库全书电子版,上海:上海人民出版社,2001.
[82](明)不著撰人名氏.秘阁元龟政要[E].文渊阁四库全书电子版,上海:上海人民出版社,2001.
[83](明)陈士元.梦林玄解[E].文渊阁四库全书电子版,上海:上海人民出版社,2001.
[84](明)李豫亨.推篷寤语[E]. 文渊阁四库全书电子版,上海:上海人民出版社,2001.
[85](明)项笃寿.今献备遗[E].文渊阁四库全书电子版,上海:上海人民出版

社,2001.

[86](明)王樵.方麓集[E].文渊阁四库全书电子版,上海:上海人民出版社,2001.

[87](明)赵志皋.赵文懿公文集[E].文渊阁四库全书电子版,上海:上海人民出版社,2001.

[88](明)汪守昆.太函集[E].爱如生中国基本古籍库,北京:北京大学,2005.

[89](明)王世贞.弇州史料[E].文渊阁四库全书电子版,上海:上海人民出版社,2001.

[90](明)王世贞.弇山堂别集[E].文渊阁四库全书电子版,上海:上海人民出版社,2001.

[91](明)王世贞.弇州山人四部续稿[E].文渊阁四库全书电子版,上海:上海人民出版社,2001.

[92](明)李贽.续焚书[E].爱如生中国基本古籍库,北京:北京大学,2005.

[93](明)骆问礼.万一楼集[E].爱如生中国基本古籍库,北京:北京大学,2005.

[94](明)章潢.图书编[E].文渊阁四库全书电子版,上海:上海人民出版社,2001.

[95](明)凌迪知.万姓统谱[E].爱如生中国基本古籍库,北京:北京大学,2005.

[96](明)严从简.殊域周咨录.[E].爱如生中国基本古籍库,北京:北京大学,2005.

[97](明)董传策.董传策集[E].爱如生中国基本古籍库,北京:北京大学,2005.

[98](明)王圻.续文献通考[E].爱如生中国基本古籍库,北京:北京大学,2005.

[99](明)沈一贯.喙鸣诗文集[E].爱如生中国基本古籍库,北京:北京大学,2005.

[100](明)贾三近.皇明两朝疏抄[E].爱如生中国基本古籍库,北京:北京大学,2005.

[101](明)王同轨.耳谈类增[E].爱如生中国基本古籍库,北京:北京大学,2005.

[102](明)唐鹤征.皇明辅世编[E].爱如生中国基本古籍库,北京:北京大学,2005.

[103](明)张朝瑞.忠节录[E].爱如生中国基本古籍库,北京:北京大学,2005.

[104](明)张瀚.松窗梦语[E].爱如生中国基本古籍库,北京:北京大学,2005.

[105](明)屠隆.白榆集[E].文渊阁四库全书电子版,上海:上海人民出版

社,2001.
[106](明)范守己.皇明肃皇外史[E].爱如生中国基本古籍库,北京:北京大学,2005.
[107](明)王士性.五岳游草[E].爱如生中国基本古籍库,北京:北京大学,2005.
[108](明)郑汝璧.皇明功臣封爵考[E].爱如生中国基本古籍库,北京:北京大学,2005.
[109](明)李绍文.皇明世说新语[E].爱如生中国基本古籍库,北京:北京大学,2005.
[110](明)徐三重.采芹录[E]. 文渊阁四库全书电子版,上海:上海人民出版社,2001.
[111](明)屠叔方.建文朝野汇编[E]. 文渊阁四库全书电子版,上海:上海人民出版社,2001.
[112](明)蒋以化.西台漫纪[E].文渊阁四库全书电子版,上海:上海人民出版社,2001.
[113](明)尹守衡.皇明史窃[E].爱如生中国基本古籍库,北京:北京大学,2005.
[114](明)胡应麟.沙溪集[E].爱如生中国基本古籍库,北京:北京大学,2005.
[115](明)胡应麟.少室山房集[E].爱如生中国基本古籍库,北京:北京大学,2005.
[116](明)胡应麟.诗薮[E].爱如生中国基本古籍库,北京:北京大学,2005.
[117](明)徐学聚.国朝典汇[E].爱如生中国基本古籍库,北京:北京大学,2005.
[118](明)何乔远.名山藏[E].文渊阁四库全书电子版,上海:上海人民出版社,2001.
[119](明)陈继儒.明朝通纪会纂[E].爱如生中国基本古籍库,北京:北京大学,2005.
[120](明)林尧俞等.礼部志稿[E].文渊阁四库全书电子版,上海:上海人民出版社,2001.
[121](明)朱国祯.涌幢小品[E].爱如生中国基本古籍库,北京:北京大学,2005.
[122](明)王士骐.皇明驭倭录[E].爱如生中国基本古籍库,北京:北京大

学,2005.
[123](明)丁元荐.西山日记[E].文渊阁四库全书电子版,上海:上海人民出版社,2001.
[124](明)徐光启,龙华民等.新法算书[E].文渊阁四库全书电子版,上海:上海人民出版社,2001.
[125](明)陶望龄.陶文简公集[E].爱如生中国基本古籍库,北京:北京大学,2005.
[126](明)徐必达.南京都察院志[E].爱如生中国基本古籍库,北京:北京大学,2005.
[127](明)梅守箕.梅季豹居诸二集[E].爱如生中国基本古籍库,北京:北京大学,2005.
[128](明)郭良翰.明谥纪汇编[E].文渊阁四库全书电子版,上海:上海人民出版社,2001.
[129](明)过庭训.本朝分省人物考[E].续修四库全书本第534册.上海:上海古籍出版社, 2002.
[130](明)陈霆.两山墨谈[E].爱如生中国基本古籍库,北京:北京大学,2005.
[131](明)鲍应鳌.明臣谥考[E].文渊阁四库全书电子版,上海:上海人民出版社,2001.
[132](明)陆应旸.广舆记[E].爱如生中国基本古籍库,北京:北京大学,2005.
[133](明)周永春.丝纶录[E].文渊阁四库全书电子版,上海:上海人民出版社,2001.
[134](明)吴国仕.造命宗镜集[E].爱如生中国基本古籍库,北京:北京大学,2005.
[135](明)何三畏.云间志略[E].爱如生中国基本古籍库,北京:北京大学,2005.
[136](明)张鼐.宝日堂初集[E].爱如生中国基本古籍库,北京:北京大学,2005.
[137](明)汤宾尹.睡庵稿[E].爱如生中国基本古籍库,北京:北京大学,2005.
[138](明)王思任.谑庵文饭小品[E].爱如生中国基本古籍库,北京:北京大学,2005.
[139](明)沈德符.万历野获编[E].爱如生中国基本古籍库,北京:北京大学,2005.

[140](明)陈念祖.易用[E].文渊阁四库全书电子版,上海:上海人民出版社,2001.
[141](明)颜季亨.国朝武功纪胜通考[E].爱如生中国基本古籍库,北京:北京大学,2005.
[142](明)陈仁锡.无梦园初集[E].爱如生中国基本古籍库,北京:北京大学,2005.
[143](明)沈长卿.沈氏日旦[E].爱如生中国基本古籍库,北京:北京大学,2005.
[144](明)沈国元.两朝从信录[E].爱如生中国基本古籍库,北京:北京大学,2005.
[145](明)孙奇逢.四书近指[E].文渊阁四库全书电子版,上海:上海人民出版社,2001.
[146](明)孙奇逢.中州人物考[E].文渊阁四库全书电子版,上海:上海人民出版社,2001.
[147](明)黄道周.榕坛问业[E].文渊阁四库全书电子版,上海:上海人民出版社,2001.
[148](明)黄道周.广名将传[E].文渊阁四库全书电子版,上海:上海人民出版社,2001.
[149](明)黄道周.博物典汇[E].爱如生中国基本古籍库,北京:北京大学,2005.
[150](明)王槚.诗法指南[E].文渊阁四库全书电子版,上海:上海人民出版社,2001.
[151](明)吴之鲸.武林梵志[E].文渊阁四库全书电子版,上海:上海人民出版社,2001.
[152](明)邢昉.石臼集[E].爱如生中国基本古籍库,北京:北京大学,2005.
[153](明)孙承泽.春明梦余录[E].文渊阁四库全书电子版,上海:上海人民出版社,2001.
[154](明)孙承泽.庚子销夏记[116][E].文渊阁四库全书电子版,上海:上海人民出版社,2001.
[155](明)谈迁.枣林杂俎[E].爱如生中国基本古籍库,北京:北京大学,2005.
[156](明)谈迁.国榷[E].爱如生中国基本古籍库,北京:北京大学,2005.
[157](明)吴应箕.楼山堂集[E].爱如生中国基本古籍库,北京:北京大

学,2005.

[158](明)黄景昉.国史唯疑[E].爱如生中国基本古籍库,北京:北京大学,2005.

[159](明)茅元仪.石民四十集[E].爱如生中国基本古籍库,北京:北京大学,2005.

[160](明)张国维.吴中水利全书[E].文渊阁四库全书电子版,上海:上海人民出版社,2001.

[161](明)杨文骢.洵美堂诗集[E].文渊阁四库全书电子版,上海:上海人民出版社,2001.

[162](明)张岱.石匮书[E].爱如生中国基本古籍库,北京:北京大学,2005.

[163](明)张岱.陶庵梦忆[E].爱如生中国基本古籍库,北京:北京大学,2005.

[164](明)陈弘绪.江城名迹[E].文渊阁四库全书电子版,上海:上海人民出版社,2001.

[165](明)朱之瑜.舜水先生文集[E].文渊阁四库全书电子版,上海:上海人民出版社,2001.

[166](明)徐昌治.昭代芳摹[E].爱如生中国基本古籍库,北京:北京大学,2005.

[167](明)黄宗羲.明儒学案[E].文渊阁四库全书电子版,上海:上海人民出版社,2001.

[168](明)吴景旭.历代诗话[E].文渊阁四库全书电子版,上海:上海人民出版社,2001.

[169](明)陆世仪.思辨录辑要[E].文渊阁四库全书电子版,上海:上海人民出版社,2001.

[170](明)陶汝鼐.荣木堂集[E].爱如生中国基本古籍库,北京:北京大学,2005.

[171](明)吕毖.明朝小史[E].爱如生中国基本古籍库,北京:北京大学,2005.

[172](明)查继佐.罪惟录[E].爱如生中国基本古籍库,北京:北京大学,2005.

[173](明)李世熊.寒支集[E].爱如生中国基本古籍库,北京:北京大学,2005.

[174](明)黎景义.二丸居集选[E].爱如生中国基本古籍库,北京:北京大学,2005.

[175](明)郑仲夔.玉麈新谭[E].爱如生中国基本古籍库,北京:北京大学,2005.

[176](明)赵士锦.甲申纪事[E].爱如生中国基本古籍库,北京:北京大

学,2005.
[177](明)陈子龙,徐孚远,宋征璧.明经世文编[E].爱如生中国基本古籍库,北京:北京大学,2005.
[178](明)孟思.孟龙川文集[E].爱如生中国基本古籍库,北京:北京大学,2005.
[179](明)纪映钟.戆叟诗钞[E].爱如生中国基本古籍库,北京:北京大学,2005.
[180](明)赵时春.浚谷集[E].爱如生中国基本古籍库,北京:北京大学,2005.
[181](明)沈起.查东山先生年谱[E].爱如生中国基本古籍库,北京:北京大学,2005.
[182](明)徐芳.悬榻编[E].爱如生中国基本古籍库,北京:北京大学,2005.
[183](明)方以智.通雅[E].爱如生中国基本古籍库,北京:北京大学,2005.
[184](明)顾炎武.明季实录[E].爱如生中国基本古籍库,北京:北京大学,2005.
[185](明)吴景旭.历代诗话[E].文渊阁四库全书电子版,上海:上海人民出版社,2001.
[186](明)陆世仪.思辨录辑要[E].文渊阁四库全书电子版,上海:上海人民出版社,2001.
[187](明)彭孙贻.流寇志[E].爱如生中国基本古籍库,北京:北京大学,2005.
[188](明)彭孙贻.平寇志[E].爱如生中国基本古籍库,北京:北京大学,2005.
[189](明)陈鼎.东林列传[E].爱如生中国基本古籍库,北京:北京大学,2005.
[190](清)计六奇.明季北略[E].文渊阁四库全书电子版,上海:上海人民出版社,2001.
[191](清)计六奇.明季南略[E].文渊阁四库全书电子版,上海:上海人民出版社,2001.
[192]吴任臣.山海经广注[E].文渊阁四库全书电子版,上海人民出版社,2001.
[193](清)赵吉士.寄园寄所寄[E].文渊阁四库全书电子版,上海:上海人民出版社,2001.
[194](明)顾景行.顾景行诗集[E].爱如生中国基本古籍库,北京:北京大学,2005.
[195](明)王夫之.读通鉴论[E].爱如生中国基本古籍库,北京:北京大学,2005.
[196](明)王夫之.姜斋诗话[E].爱如生中国基本古籍库,北京:北京大

学,2005.
[197](明)胡维霖.胡维霖集[E].文渊阁四库全书电子版,上海:上海人民出版社,2001.
[198](明)张龙翼.兵机类纂[E].文渊阁四库全书电子版,上海:上海人民出版社,2001.
[199](清)褚人获.坚瓠集[E].爱如生中国基本古籍库,北京:北京大学,2005.
[200](清)钱谦益.牧斋初学集[E].爱如生中国基本古籍库,北京:北京大学,2005.
[201](清)钱谦益.列朝诗集[E].爱如生中国基本古籍库,北京:北京大学,2005.
[202](清)蒋薰.留素堂诗删[E].爱如生中国基本古籍库,北京:北京大学,2005.
[203](清)吴乔.围炉诗话[E].爱如生中国基本古籍库,北京:北京大学,2005.
[204](清)王政新等.(顺治)保安县志[E].爱如生中国基本古籍库,北京:北京大学,2005.
[205](清)孙默编.十五家词[E].文渊阁四库全书电子版,上海:上海人民出版社,2001.
[206](清)邹漪.明季遗闻[E].文渊阁四库全书电子版,上海:上海人民出版社,2001.
[207](清)魏裔介.兼济堂文集[E].文渊阁四库全书电子版,上海:上海人民出版社,2001.
[208](清)谷应泰.明史纪事本末[E].文渊阁四库全书电子版,上海:上海人民出版社,2001.
[209](清)孙枝蔚.溉堂集[E].爱如生中国基本古籍库,北京:北京大学,2005.
[210](清)叶矫然.龙性堂诗话[E].爱如生中国基本古籍库,北京:北京大学,2005.
[211](清)吴蕃昌.祇欠庵集[E].爱如生中国基本古籍库,北京:北京大学,2005.
[212](清)孙治.孙宇台集[E].爱如生中国基本古籍库,北京:北京大学,2005.
[213](清)毛奇龄.西河集[E].文渊阁四库全书电子版,上海:上海人民出版社,2001.
[214](清)汤斌.汤子遗书[E].文渊阁四库全书电子版,上海:上海人民出版

社,2001.
[215](清)黄虞稷. 千顷堂书目[E]. 文渊阁四库全书电子版,上海:上海人民出版社,2001.
[216](清)朱彝尊,汪森. 词综[E]. 文渊阁四库全书电子版,上海:上海人民出版社,2001.
[217](清)朱彝尊. 明诗综[E]. 爱如生中国基本古籍库,北京:北京大学,2005.
[218](清)陶越. 过庭纪余[E]. 爱如生中国基本古籍库,北京:北京大学,2005.
[219](清)张贵胜. 遣愁集 [E]. 爱如生中国基本古籍库,北京:北京大学,2005.
[220](清)沈雄. 古今词话 [E]. 爱如生中国基本古籍库,北京:北京大学,2005.
[221](清)陆陇其. 三鱼堂文集[E]. 文渊阁四库全书电子版,上海:上海人民出版社,2001.
[222](清)陆陇其. 三鱼堂剩言[E]. 文渊阁四库全书电子版,上海:上海人民出版社,2001.
[223](清)徐乾学. 读礼通考[E]. 文渊阁四库全书电子版,上海:上海人民出版社,2001.
[224](清)徐乾学. 资治通鉴后编[E]. 文渊阁四库全书电子版,上海:上海人民出版社,2001.
[225](清)张英. 御定渊鉴类函[E]. 爱如生中国基本古籍库,北京:北京大学,2005.
[226](清)王士祯. 居易录[E]. 文渊阁四库全书电子版,上海:上海人民出版社,2001.
[227](清)王士祯. 池北偶谈[E]. 爱如生中国基本古籍库,北京:北京大学,2005.
[228](清)徐釚. 词苑丛谈[E]. 文渊阁四库全书电子版,上海:上海人民出版社,2001.
[229](清)万斯同. 明史[E]. 爱如生中国基本古籍库,北京:北京大学,2005.
[230](清)孙岳颁. 御定佩文斋书画谱 [E]. 文渊阁四库全书电子版,上海:上海人民出版社,2001.
[231](清)李光地. 榕村语录[E]. 文渊阁四库全书电子版,上海:上海人民出版社,2001.
[232](清)潘耒. 遂初堂集[E]. 爱如生中国基本古籍库,北京:北京大学,2005.
[233](清)王源. 居业堂文集[E]. 爱如生中国基本古籍库,北京:北京大

学,2005.

[234](清)查慎行.敬业堂诗集[E].爱如生中国基本古籍库,北京:北京大学,2005.

[235](清)潘天成.铁庐集[E].爱如生中国基本古籍库,北京:北京大学,2005.

[236](清)宋长白.柳亭诗话[E].爱如生中国基本古籍库,北京:北京大学,2005.

[237](清)刘廷玑.在园杂志[E].爱如生中国基本古籍库,北京:北京大学,2005.

[238](清)周梦颜.苏松历代财赋考[E].爱如生中国基本古籍库,北京:北京大学,2005.

[239](清)沈辰垣.御选历代诗余[E].文渊阁四库全书,上海:上海人民出版社,2001.

[240](清)姚之骃.元明事类钞[E].文渊阁四库全书,上海:上海人民出版社,2001.

[241](清)储大文.存砚楼二集[E].文渊阁四库全书,上海:上海人民出版社,2001.

[242](清)徐文靖.管城硕记[E].文渊阁四库全书,上海:上海人民出版社,2001.

[243](清)王澍.竹云题跋[E].文渊阁四库全书,上海:上海人民出版社,2001.

[244](清)倪涛.六艺之一录[E].文渊阁四库全书,上海:上海人民出版社,2001.

[245](清)雍正世宗宪皇帝.圣祖仁皇帝圣训[E].文渊阁四库全书,上海:上海人民出版社,2001.

[246](清)蔡世远.二希堂文集[E].爱如生中国基本古籍库,北京:北京大学,2005.

[247](清)雍正世宗宪皇帝.钦定执中成宪[E].文渊阁四库全书,上海:上海人民出版社,2001.

[248](清)郝玉麟等.(雍正)广东通志[E].文渊阁四库全书,上海:上海人民出版社,2001.

[249](清)夏力恕等.(雍正)湖广通志[E].文渊阁四库全书,上海:上海人民出版社,2001.

[250](清)李卫等.(雍正)浙江通志[E].文渊阁四库全书,上海:上海人民出版

社,2001.
[251](清)唐执玉等.(雍正)畿辅通志[E]. 文渊阁四库全书,上海:上海人民出版社,2001.
[252](清)沈青崖等.(雍正)陕西通志[E].爱如生中国基本古籍库,北京:北京大学,2005.
[253](清)孙灏,顾栋高等.(雍正)河南通志[E]. 文渊阁四库全书,上海:上海人民出版社,2001.
[254](清)郭起元.介石堂集[E].爱如生中国基本古籍库,北京:北京大学,2005.
[255](清)阮元.两浙輶轩录[E].爱如生中国基本古籍库,北京:北京大学,2005.
[256](清)谢旻等.(雍正)江西通志[E].文渊阁四库全书,北京:北京大学,2005.
[257](清)张廷玉等.御定资治通鉴纲目三编[E].文渊阁四库全书,上海:上海人民出版社,2001.
[258](清)李迪等.(乾隆)甘肃通志[E]. 文渊阁四库全书,上海:上海人民出版社,2001.
[259](清)黄之隽等.(乾隆)江南通志[E]. 文渊阁四库全书,上海:上海人民出版社.
[260](清)鄂尔泰等.(乾隆)贵州通志[E]. 文渊阁四库全书,上海:上海人民出版社,2001.
[261](清)沈佳.明儒言行录[E].文渊阁四库全书,上海:上海人民出版社,2001.
[262](清)欧阳桂.西山志[E].爱如生中国基本古籍库,北京:北京大学,2005.
[263](清)张照等.石渠宝笈[E].爱如生中国基本古籍库,北京:北京大学,2005.
[264](清)梁诗正等.西湖志纂[E].文渊阁四库全书,上海:上海人民出版社,2001.
[265](清)吴敬梓.儒林外史[E]. 文渊阁四库全书,上海:上海人民出版社,2001.
[266](清)彭启丰.芝庭诗文稿[E].爱如生中国基本古籍库,北京:北京大学,2005.
[267](清)秦蕙田.五礼通考[E].文渊阁四库全书,上海:上海人民出版

社,2001.

[268](清)章楹.谔崖脞说[E].爱如生中国基本古籍库,北京:北京大学,2005.

[269](清)董天工.武夷山志[E].爱如生中国基本古籍库,北京:北京大学,2005.

[270](清)彭端淑.明人诗话补[E].爱如生中国基本古籍库,北京:北京大学,2005.

[271](清)齐召南.宝纶堂诗文钞[E].文渊阁四库全书,上海:上海人民出版社,2001.

[272](清)蔡新等.御选明臣奏议[E].文渊阁四库全书,上海:上海人民出版社,2001.

[273](清)刘统勋等.评鉴阐要[E].文渊阁四库全书,上海:上海人民出版社,2001.

[274](清)张豫章等.御选宋金元明四朝诗[E].文渊阁四库全书,上海:上海人民出版社,2001.

[275](清)嵇璜,曹仁虎.钦定续通典[E].文渊阁四库全书,上海:上海人民出版社,2001.

[276](清)嵇璜等.续通志[E].文渊阁四库全书,上海:上海人民出版社,2001.

[277](清)嵇璜等.续文献通考[E].文渊阁四库全书,上海:上海人民出版社,2001.

[278](清)于敏中等.钦定日下旧闻考[E].文渊阁四库全书,上海:上海人民出版社,2001.

[279](清)于敏中等.(乾隆)御制文集[E].文渊阁四库全书,上海:上海人民出版社,2001.

[280](清)周煌.海山存稿二十卷[E].爱如生中国基本古籍库,北京:北京大学,2005.

[281](清)袁枚.新齐谐[E].爱如生中国基本古籍库,北京:北京大学,2005.

[282](清)袁枚.小仓山房集[E].爱如生中国基本古籍库,北京:北京大学,2005.

[283](清)袁枚.随园随笔[E].爱如生中国基本古籍库,北京:北京大学,2005.

[284](清)史简等.鄱阳五家集[E].文渊阁四库全书,上海:上海人民出版社,2001.

[285](清)陶元藻.全浙诗话[E].爱如生中国基本古籍库,北京:北京大

学,2005.
[286](清)卢文弨.常郡八邑艺文志[E].爱如生中国基本古籍库,北京:北京大学,2005.
[287](清)王槭.秋灯丛话[E].爱如生中国基本古籍库,北京:北京大学,2005.
[288](清)王鸣盛.蛾术编[E].爱如生中国基本古籍库,北京:北京大学,2005.
[289](清)傅恒等.御批历代通鉴辑览[E].文渊阁四库全书,上海:上海人民出版社,2001.
[290](清)戴震.戴东原集[E].爱如生中国基本古籍库,北京:北京大学,2005.
[291](清)纪昀.四库全书总目提要[E].文渊阁四库全书,上海:上海人民出版社,2001.
[292](清)赵翼.瓯北集[E].爱如生中国基本古籍库,北京:北京大学,2005.
[293](清)毕沅.续资治通鉴[E].文渊阁四库全书,上海:上海人民出版社,2001.
[294](清)朱休度.小木子诗三刻[E].爱如生中国基本古籍库,北京:北京大学,2005.
[295](清)吴骞.阳羡名陶录[E].爱如生中国基本古籍库,北京:北京大学,2005.
[296](清)吴骞.拜经楼诗集[E].爱如生中国基本古籍库,北京:北京大学,2005.
[297](清)翁方纲.石洲诗话[E].爱如生中国基本古籍库,北京:北京大学,2005.
[298](清)秦瀛.小岘山人集[E].爱如生中国基本古籍库,北京:北京大学,2005.
[299](清)汪学金.娄东诗派[E].爱如生中国基本古籍库,北京:北京大学,2005.
[300](清)杨浣雨等.(乾隆)宁夏府志[E].爱如生中国方志库,北京:北京大学,2008.
[301](清)李赓芸.稻香吟馆集[E].爱如生中国基本古籍库,北京:北京大学,2005.
[302](清)黄钺.壹斋集[E].爱如生中国基本古籍库,北京:北京大学,2005.
[303](清)永瑆.诒晋斋集[E].爱如生中国基本古籍库,北京:北京大学,2005.
[304](清)杨凤苞.秋室集[E].爱如生中国基本古籍库,北京:北京大学,2005.

[305](清)吴元音.葬经笺注[E].爱如生中国基本古籍库,北京:北京大学,2005.
[306](清)王玉树.经史杂记[E].爱如生中国基本古籍库,北京:北京大学,2005.
[307](清)詹应甲.赐绮堂集[E].爱如生中国基本古籍库,北京:北京大学,2005.
[308](清)法式善.陶庐杂录[E].爱如生中国基本古籍库,北京:北京大学,2005.
[309](清)李兆洛.养一斋集[E].爱如生中国基本古籍库,北京:北京大学,2005.
[310](清)叶绍本.白鹤山房诗钞[E].爱如生中国基本古籍库,北京:北京大学,2005.
[311](清)方东树.昭昧詹言[E].爱如生中国基本古籍库,北京:北京大学,2005.
[312](清)梁章钜.楹联丛话[E].爱如生中国基本古籍库,北京:北京大学,2005.
[313](清)李祖陶.国朝文录续编[E].爱如生中国基本古籍库,北京:北京大学,2005.
[314](清)邓显鹤.沅湘耆旧集[E].爱如生中国基本古籍库,北京:北京大学,2005.
[315](清)穆彰阿.(嘉庆)大清一统志[E].爱如生中国基本古籍库,北京:北京大学,2005.
[316](清)潘德舆.养一斋诗话[E].爱如生中国基本古籍库,北京:北京大学,2005.
[317](清)托浑布.瑞榴堂诗集[E].爱如生中国基本古籍库,北京:北京大学,2005.
[318](清)张际亮.思伯子堂诗集[E].爱如生中国基本古籍库,北京:北京大学,2005.
[319](清)郭汝诚等.(咸丰)顺德县志[E].中国方志库,北京:北京大学,2008.
[320](清)陆以湉.冷庐杂识[E].爱如生中国基本古籍库,北京:北京大学,2005.
[321](清)林昌彝.衣讔山房诗集[E].爱如生中国基本古籍库,北京:北京大

学，2005.

[322]（清）郭梦星．午窗随笔[E]．爱如生中国基本古籍库，北京：北京大学，2005.

[323]（清）徐鼒．小腆纪年附考[E]．文渊阁四库全书，上海：上海人民出版社，2001.

[324]（清）徐鼒．小腆纪传[E]．文渊阁四库全书，上海：上海人民出版社，2001.

[325]（清）方浚颐．二知轩文存[E]．爱如生中国基本古籍库，北京：北京大学，2005.

[326]（清）吴仰贤．小匏庵诗话[E]．爱如生中国基本古籍库，北京：北京大学，2005.

[327]（清）熊松之等．（同治）高安县志[E]．爱如生中国基本古籍库，北京：北京大学，2005.

[328]（清）俞樾．春在堂诗编[E]．爱如生中国基本古籍库，北京：北京大学，2005.

[329]（清）龙文彬．明会要[E]．爱如生中国基本古籍库，北京：北京大学，2005.

[330]（清）丁申等．国朝杭郡诗三辑[E]．爱如生中国基本古籍库，北京：北京大学，2005.

[331]（清）雷铣等．（光绪）青田县志[E]．中国方志库，北京：北京大学，2008.

[332]（清）潘绍诒等．（光绪）处州府志[E]．中国方志库，北京：北京大学，2008.

[333]（清）何绍基等．（光绪）重修安徽通志[E]．中国方志库，北京：北京大学，2008.

[334]（清）李瀚章等．（光绪）湖南通志[E]．中国方志库，北京：北京大学，2008.

[335]（清）刘坤一等．（光绪）江西通志[E]．中国方志库，北京：北京大学，2008.

[336]（清）王棻等．（光绪）永嘉县志[E]．中国方志库，北京：北京大学，2008.

[337]（清）百一居士．壶天录[E]．爱如生中国基本古籍库，北京：北京大学，

[338]（清）丁丙．善本书室藏书志[E]．爱如生中国基本古籍库，北京：北京大学，

[339]（清）陈作霖．可园诗存[E]．爱如生中国基本古籍库，北京：北京大学，2005.

[340]（清）谭宗浚．荔村草堂诗钞[E]．爱如生中国基本古籍库，北京：北京大学，2005.

[341]（清）潘衍桐．两浙輶轩续录[E]．爱如生中国基本古籍库，北京：北京大学，2005.

[342](清)谢章铤.赌棋山庄词话[E].爱如生中国基本古籍库,北京:北京大学,2005.
[343](清)王颂蔚.明史考证攟逸[E].爱如生中国基本古籍库,北京:北京大学,2005.
[344](清)陈田.明诗纪事[E].爱如生中国基本古籍库,北京:北京大学,2005.
[345](清)马其昶.桐城耆旧传[E].爱如生中国基本古籍库,北京:北京大学,2005.
[346](清)奇生.庚子荓蜂录[E].爱如生中国基本古籍库,北京:北京大学,2005.
[347](清)屠寄.蒙兀儿史记[E].爱如生中国基本古籍库,北京:北京大学,2005.
[348](清)文廷式.纯常子枝语[E].爱如生中国基本古籍库,北京:北京大学,2005.
[349](清)王礼培.小招隐馆谈艺录初编[E].爱如生中国基本古籍库,北京:北京大学,2005.
[350](清)王国维.人间词话[E].爱如生中国基本古籍库,北京:北京大学,2005.
[351](清)许浚.许子诗文存[E].爱如生中国基本古籍库,北京:北京大学,2005.
[352](清)桑灵直.字触补[E].爱如生中国基本古籍库,北京:北京大学,2005.
[353](民国)章太炎.訄书[E].爱如生中国基本古籍库,北京:北京大学,2005.
[354](民国)孙宝瑄.忘山庐日记[E].爱如生中国基本古籍库,北京:北京大学,2005.
[355](民国)刘子芬.诗家正法眼藏[E].爱如生中国基本古籍库,北京:北京大学,2005.
[356](民国)刘耀东.南田山志[M].文成:文成政协文史委资料,2008.
[357]王馨一.元刘伯温先生基年谱[M].台湾:台湾商务印书馆,1980.
[358]浙江省桐庐县地名志[M].浙江:桐庐县地名委员会,1984.
[359]桐庐县志编纂委员会.桐庐县志[M].浙江:浙江人民出版社,1991.
[360]郝兆矩.增订刘伯温年谱[M].郑州:中州古籍出版社,1990.
[361]周松芳.自负一代文宗[M].广州:广东人民出版社,2006.

二、论文

[362]钱茂伟,叶建林. 高岱及其《鸿猷录》初探[J]. 宁波师范学院学报,1994(03):78-84.

[363]叶新民. 元代阴阳学初探[C]// 叶新民. 蒙古史研究(第六辑),2000.

[364]谢羽. 明代中后期家族与地方公益事业:以七宝镇徐氏为例[J]. 赤峰学院学报,2008,29(12):139-141.

[365]陈凌. 明清松江府进士人群研究[D]. 上海社会科学院,2010.

[366]蔡堂根.《萧山任氏家乘》中的刘基文献考述[J]. 文献,2012(01):127-137.

[367]吴仁安. 明朝开国元勋"诚意伯"刘基家族史述略[J]. 明史研究,2012(00):40-47.

[368]苏峰. 沈国元与《两朝从信录》研究[D]. 中央民族大学,2015.

[369]罗晓翔. "我将安所适乎?"——再论晚明士人城市交游与士林心态[J]. 史林,2016(04):1—8+219.

[370]朱仙林. 孟思生平家世小考[J]. 文艺评论,2016(06):90-94.

[371]陈刚. 王同轨生平著述考[J]. 中国文学研究(辑刊),2016.

[372]金建锋.《补续高僧传》撰者释明河生平事迹考述[J]. 古籍整理研究学刊,2017(06):79-82.

[373]孔祥惠. 赵士喆研究[D]. 福建师范大学,2018.

[374]周宇佳. 苏州派剧作家丘园研究[D]. 扬州大学,2018.

[375]高建国,李田田. 关于宋代保安军刘氏家族的三个问题[J]. 延安大学学报,2019,41(02):111-117.

图书在版编目(CIP)数据

刘伯温珍稀史料集 / 金邦一编著. —杭州：浙江大学出版社，2021.8(2022.8 重印)

ISBN 978-7-308-20408-8

Ⅰ.①刘… Ⅱ.①金… Ⅲ.①刘基(1311—1375)—生平事迹 Ⅳ.①K827=48

中国版本图书馆 CIP 数据核字(2020)第 134300 号

刘伯温珍稀史料集

金邦一 编著

责任编辑 傅百荣
责任校对 黄梦瑶
封面设计 周 灵
出版发行 浙江大学出版社
(杭州市天目山路 148 号 邮政编码 310007)
(网址：http://www.zjupress.com)
排 版 杭州隆盛图文制作有限公司
印 刷 广东虎彩云印刷有限公司绍兴分公司
开 本 710mm×1000mm 1/16
印 张 23.75
字 数 395 千
版 印 次 2021 年 8 月第 1 版 2022 年 8 月第 2 次印刷
书 号 ISBN 978-7-308-20408-8
定 价 78.00 元
